VISAYAN
CEBUANO-ENGLISH
DICTIONARY

Philippine Copyright 2014
by *Pricila Adobas Ortega*

Published and Distributed by:
Ropredave Books Supply & Gen. Mdse.
104-D. Jakusalem St., Cebu City

ISSN

Compiled by *Pricila Adobas Ortega*

Abbreviations used in this book:

v.	verb	prep.	preposition
adj.	adjective	pro.	pronoun
adv.	adverb	imper.	imperative
interj.	interjection	expres.	expression
n.	noun	interr.	interrogative

~A~

A, a [n] *Ceb.* ang una nga titik sa alpabeto nga Bisaya *Eng.* the first letter in Cebuano alphabet used in this dictionary (see also abakadahan)

Aba [n] *Ceb.* dughan sa hayop *Eng.* breast of animals (see also dughan)

Abag [n] *Ceb.* Bulig\ tabang\ hinabang *Eng.* aid \assistance \backing \help \support \relief.

Abaga [n] *Ceb.* bahin sa lawas sa tawo ubos sa liog diin ibabaw sa braso o panguna nga tiil sa hayop. *Eng.* Shoulder [v] *Ceb.* pag-ako. *Eng.* assume responsibility or obligation \take on \sustain.

Abahong [n] *Ceb.* usa ka matang sa kinhason sa dagat *Eng.* brown mussel.

Abaka [n] *Ceb.* tanom nga ingon og saging, lig-onon og lanot, ang bunga daghan og liso *Eng.* the abaca plant (sc.name: Musa textilis), a banana-like plant that has strong hemp fibers and bears seedy fruit. The hemps are popularly used in making ropes and textiles.

Abakada [n] *Ceb.* Alpabeto. *Eng.* alphabet (see also abakadahan)

Abakhan [n] *Ceb.* ang abakahan *Eng.* abaca plantation.

Abakadahan [n] *Ceb.* han-ay sa napulo ug siyam ka mga letra *nga gigamit sa pagsulat* \alpabeto \palatiti-kan *Eng.* Alphabet.

Abandono [n] *Ceb.* ang pagbiya. *Eng.* abandonment \leaving behind \desertion.

Abang [n] *Ceb.* plete para sahinulam o paggamit *Eng.* lease \rent (see also bayad)

Abangan [n] *Ceb.* bayad sa abang \kapletehan *Eng.* rental \lease payment.

Abanid [adj] *Ceb.* ganid *Eng.* consecutive \successive \in succession \in order \one after the other.

Abaniko [n] *Ceb.* Paypay *Eng.* hand-held fan \folding fan (see also paypay).

Abano [n] *Ceb.* pinigal o nilukot nga tabako *Eng.* cigar \rolled tobacco leaf (see also tabako).

Abante [adv.] *Ceb.* padulong sa giatubang. *Eng.* forward \forth.

Abat [n] *Ceb.* Multo \ungo. *Eng.* ghost \spirit \specter (US) \spectre (Brit.) \witch (see also aswang)

Abay (A) [n] *Ceb.* babaye nga tagaalagad sa kaslonon nga babaye \lalaki nga tagaalagad sa kaslonon nga lalaki \kuyog nga bantay *Eng.* Bridesmaid \best man \escort \bodyguard \chaperon (see also bantay)

Abay [n] *Ceb.* Migo. *Eng.* a Cebuano or any Visayan

friend (see also higala)

Abayan [n] *Ceb.* gabayan sa paglangoy. *Eng.* life-saver (see also salbabida) [v] *Ceb.* ubanan\ kuyogan\ pagkuyogay og larga sa mga sakyanan *Eng.* accompany \escort \convoy.

Abelyana [adj.] *Ceb.* abelyana *Eng.* light brown \brownish \hazel.

Aberya [n] *Ceb.* dili pagandar *Eng.* malfunction \breakdown.

Abgaw [n] *Ceb.* usa ka matang sa kahoy nga ang bulak puwede nga ipangtambal sa sakit *Eng.* Philippine tree with medicinal flowers (Bot., sc.name: Primma ordorota; Primma intergrifolin).

Abhong [adj] *Ceb.* bahong abhol *Eng.* smelly with staleness as rooting rice \musty \stale \spoiled \fusty

Abi [n] *Ceb.* panahom nga mao *Eng.* something assumed or perceived to be the one being referred to \presumption \thinking.

Abi ko [phr.] *Ceb.* kaingnon ko, nagdahom ko *Eng.* I thought \I presupposed \I presumed.

Abiabi [n] *Ceb.* Pagtagad. *Eng.* cordiality \entertainment \treat \hospitality.

Abilidad [n] *Ceb.* ang kapabilidad sa paghimo og usa ka buluhaton \kalaki *Eng.* ability \skill (see also kalaki) \ability \skill \capability \talent \potential \potentiality \competence \trick.

Abin [n] *Ceb.* kauban o kaabin sa buluhaton *Eng.* companion (see also kauban)

Abir [imper.] *Ceb.* ambi ipakita mo \pamatud-an mo *Eng.* let me see \let us see \show it to me \prove it.

Abiso *Ceb.* [n] pasabot \pahibalo \impormasyon \anunsyo \bandilyo *Eng.* notice \handbill \information \announcement \public announcement.

Abisohan [v] *Ceb.* Pagpasabot\ pagpahibalo *Eng.* notify \give notice to \inform\ advise.

Abiyerto [adj.] *Ceb.* dili sirado\ abri *Eng.* open \unclosed (see also abli)

Abiyo [n] *Ceb.* balon nga pagkaon *Eng.* food brought along in the journey or travel \provision \food supply (see also pagkaon)

Abla [n] *Ceb.* yawyaw nga walay pulos *Eng.* empty words \blah-blah.

Abli [adj.] *Ceb.* abiyerto *Eng.* open \uncovered.

Abo [n] *Ceb.* inugdaw sa nasunog *Eng.* Ash.

Abog [n] *Ceb.* Inagbon *Eng.* fine ashes or dusts (see also alitbo). [v] *Ceb.* pag-abog sa hayop. *Eng.* drive away.

Abogado [n] *Ceb.* manlalaban sa kaso sa korte

Eng. lawyer \attorney \legal counsel \counselor.

Abogon [adj.] **Ceb.** dunay abog o daw sama sa abog **Eng.** Dusty.

Abohan [n] **Ceb.** lutoan nga ginamitan og sugnod kahoy **Eng.** stove that uses firewood \hearth where firewood is burned \fireplace.

Abohon [adj.] **Ceb.** ingon sa abo ang bulok **Eng.** ashen \gray \grey in color \grey (Brit.) \greyish (Brit.) \livid (see also bulok)

Abokado [n] **Ceb.** usa ka kahoy nga ang prutas sagad hulma og botelya, may dako nga bugtong nga liso sa sulod **Eng.** avocado (sc.name: Persea Americana [Mill.]) \alligator pear (see also prutas)

Abolisyon [n] **Ceb.** panangtang aron ibalewala **Eng.** abolition (see also panangtang)

Abolisyonista [n] **Ceb.** tagatangtang o pabor sa pagkawala sa patakaran **Eng.** Abolitionist.

Abono [n] **Ceb.** igpapatambok sa yuta **Eng.** fertilizer \compost \phosphate.

Aborsiyon [n] **Ceb.** ang pagkuha sa gisabak nga bata **Eng.** abortion (see also kakuha)

Aborsyonista [n] **Ceb.** aborsiyonista **Eng.** Abortionist.

Abot [n] **Ceb.** produkto sa uma **Eng.** produce \harvest \crop (see also ani)\ earning \net income.

Abot-abot [adv.] **Ceb.** magpusot-pusot **Eng.** to arrive in quick succession.

Abotan [v] **Ceb.** Pagtunol **Eng.** hand over something to. [n] **Ceb.** balay dayonan **Eng.** hotel \motel \lodging house \inn \tavern (see also balay)

Abrasite [n] **Ceb.** Paggakos \hangkop **Eng.** Embrace \hug.

Abri [adj.] **Ceb.** dili sirado **Eng.** open \unclosed.

Abridor [n] **Ceb.** pang-abli **Eng.** opener (see also pang-abli)

Abrigana [n] **Ceb.** Igpapahinam\ pampagana **Eng.** Appetizer.

Abrilata [n] **Ceb.** igbubukas sa nilata **Eng.** can opener (US) \tin opener (Brit.) (see also pang-abli)

Absolusyon [n] **Ceb.** kapasayloan sa sala **Eng.** Absolution.

Absuwelto [adj.] **Ceb.** napawalay sala\ nakalingkawas sa kaso **Eng.** absolved \acquitted \cleared of charges.

Abtik [adj.] **Ceb.** Alisto\ igmat **Eng.** quick \smart \adroit \cunning *agile* \lively \snappy \nimble \prompt.

Abubho [n] **Ceb.** Selos\ abubho \abugho **Eng.** Jealousy.

Abubhoan [adj.] ***Ceb.*** seloso ***Eng.*** jealous \invidious.

Abunda [adj.] ***Ceb.*** daghan ang kahinguhaan\ daghan ang abot ***Eng.*** plenty \plentiful\ abundant \bounteous \bountiful.

Aburido [n] ***Ceb.*** nagsipok ang hunahuna \nagbisgo ***Eng.*** upset \vexed (see also nasuko)\ having a tantrum \fussy, as a baby.

Abusado [adj.] ***Ceb.*** Maabusohon ***Eng.*** Abusive.

Abusar [n] ***Ceb.*** Abusar \abuso ***Eng.*** abuse (see also pangabuso)

Abyan [v] ***Ceb.*** Abyan \ubanan ***Eng.*** Accompany \escort.

Ad-ad [v] ***Ceb.*** Paghiwahiwa\ paglapa ***Eng.*** cut or slice into pieces.

Ad-aran [v] ***Ceb.*** paoranan sa paghiwa \hiwaanan \tadtaran ***Eng.*** slicing board \chopping board.

Adelantado [adj.] ***Ceb.*** naguna ***Eng.*** advanced \ahead \fast as to time.

Adis-adis [n] ***Ceb.*** ang adik sa droga \ampiyonero ***Eng.*** addict \drug-addict \drug user \opium addict.

Adiyos [interj.] ***Ceb.*** panamilit sa pagbiya o panagbulag \pananghid o pasabot sa pagbiya ***Eng.*** bye-bye \goodbye \bye \farewell.

Adlaw (A) [n] ***Ceb.*** ang mainit ug masilaw nga higanteng bola sa kahayag diha sa kalangitan \ang panahon nga 24 ka oras \ang adlaw *sa* kalendaryo ***Eng.*** Sun \day.

Adlaw [n] ***Ceb.*** Kahulgan ***Eng.*** the day of celebration \the appointed date \the day the expected event or anniversary arrives.

Adlaw nga dako [adj., n] ***Ceb.*** may adlaw pa nga nagdan-ag sa palibot ***Eng.*** broad daylight.

Adlaw nga natawhan [n] ***Ceb.*** adlaw kanus-a natawo\ natibidad ***Eng.*** birthday \birth date \nativity.

Adlaw sunod ugma [n] ***Ceb.*** ang ikaduha nga adlaw nga moabot sukad karon ***Eng.*** day after tomorrow. [adv.] two days from now.

Adlaw-adlaw [adv.] ***Ceb.*** matag-adlaw \kada adlaw ***Eng.*** everyday \daily \day by day \day in, day out \day after day \each day.

Adlawan [n] ***Ceb.*** takna nga aduna pay adlaw ***Eng.*** daylight \daytime \sunny day.

Adlaw-gabii [adj.] ***Ceb.*** panahon sa adlaw ug gabii ***Eng.*** day and night.

Adobo [n] ***Ceb.*** sud-an nga niluto sa suka, toyo ug mga panakot ***Eng.*** dish or viand cooked in the mixture of vinegar, soy sauce, and spices or herbs, usually marinaded before cooking \pickled pork or chicken meat \pickled dishes (see also sud-an)

Adorno [n] *Ceb.* dayan-dayan \dekorasyon *Eng.* adornment \embellishment \trimming \decoration.

Aduna [v] *Ceb.* Aduna \may *Eng.* has \have (see also adunay). [adj.] *Ceb.* aduna ug puwede nga makuha *Eng.* Available.

Adunahan [n] *Ceb.* ang dato *Eng.* rich person \wealthy person [adj.] *Ceb.* adunay kuwarta \salapian \kuwartahan *Eng.* having a lot of money \moneyed \rich.

Adunay [adj.] *Ceb.* may sulod nga \adunay *Eng.* containing \loaded with \have \has \having.

Aduwana [n] *Ceb.* ang sangay sa panggobyernohan nga maoy tagasingil sa mga buhis sa importasyon sa mga butang nga gikan sa gawas sa nasod *Eng.* Bureau of Customs \customs.

Agad [v] *Ceb.* pagsalig *Eng.* depend on \be contingent on.

Agak [n] *Ceb.* Agak \sagakay \pag-alalay sa gibuhat *Eng.* supporting or helping along especially to walk \guide one in his work, etc.

Agalon [n] *Ceb.* ang nag-patrabaho \amo *Eng.* master \boss \employer.

Agas [n] *Ceb.* Dagayday \awas *Eng.* Flow.

Agasanan [n] *Ceb.* ang agian o lutsanan sa pag-awas \tubo nga dagaydayan

sa gipaawas *Eng.* Spillway \drainpipe \duct.

Agaw [n] *Ceb.* ang anak sa uyoan o iyaan\ sangdanay sa manag-ig-agaw *Eng.* Cousin \agaw" is used in addressing between cousins.

Agayan [n] *Ceb.* dagaydayan sa tubig *Eng.* waterway \sluice.

Agay-ay [n] *Ceb.* tai o hugaw sa bukbok, mga kinutkot nga parte sa kahoy *Eng.* saw dust falling from wood or bamboo eaten by beetle (see also bukbok)

Agbati [n] *Ceb.* alugbati, mautan ang dahon *Eng.* Ceylon spinach (sc.name: Basella rubra) \Philippine spinach \malabar nightshade.

Agbon [n] *Ceb.* pino nga abo o abog *Eng.* fine ashes or dusts \cloud of dusts.

Agda [n] *Ceb.* imbitasyon sa pagtambong *Eng.* invitation (see also pangagda)

Aghat [n] *Ceb.* pugos *Eng.* force \compulsion\ enticement \allurement. [adj.] *Ceb.* wala pa sa sakto nga panahon *Eng.* Premature.

Agi [n] *Ceb.* sinulatan\ marka sa pagguhit \ang nahimo \inagian, tunob *Eng.* Handwriting, penmanship \trace, imprint \work done, accomplishment \track.

Agipo [n] *Ceb.* baga sa kalayo nga nanglupad *Eng.* flying ember \firebrand \cinder.

Agos [n] *Ceb.* ang inagasan sa daghan kaayo nga tubig o likido *Eng.* flow \stream \torrent.

Agosto [n] *Ceb.* ang ikawalo nga bulan sa tuig *Eng.* August (see also bulan)

Agpas [n] *Ceb.* agpas\ pagapas *Eng.* fetching up \catching up.

Agraryo [n] *Ceb.* mahitungod sa kayutaan, pagpanag-iya, ug pagbahin-bahin sa luna *Eng.* Agrarian.

Agraryohan [adj.] *Ceb.* mahitungod sa agraryo *Eng.* agricultural.

Agresibo [adj.] *Ceb.* masigehon\ mapiliton *Eng.* aggressive (see also mapugsanon)

Agta [n] *Ceb.* mangtas nga dako ug maitom *Eng.* ogre (folklore)

Agtang [n] *Ceb.* ang lapad nga parte sa ulo ibabaw sa mata, alimpatakan\ agigising *Eng.* brow. forehead\ temple.

Aguha [n] *Ceb.* dako nga dagom *Eng.* big needle (see also dagom)

Agumod [n] *Ceb.* ngulob sa tingog, ingon og nasakitan *Eng.* grumble \moan.

Agup-op [n] *Ceb.* agup-op *Eng.* mildew \mold.

Aguroy [interj.] *Ceb.* ang isinggit kung masakitan, aguy! agaray! *Eng.* ouch!

Agwado [adj.] *Ceb.* adunay tubig, tubigon *Eng.* watery \serous \aqueous \hydrous.

Agwador [n] *Ceb.* magkakalos\ magtutubig *Eng.* water carrier \one who fetches water.

Agwanta [n] *Ceb.* ang pagantos sa kalisdanan o kasakit, antos *Eng.* forbearance \endurance \fortitude (see also sakripisyo)

Ahak [interj., n] *Ceb.* ahak *Eng.* gross; abscess; before any deductions; "gross income"\ damn.

Ahat [adj.] *Ceb.* wala pa sa panahon\ dili maiyanhon *Eng.* premature, untimely \unnatural.

Ahensiya [n] *Ceb.* buhatan nga mangangalagad\ ang prendahanan *Eng.* agency\ pawnshop.

Ahente [n] *Ceb.* mangangalagad \tinugyanan \ahente sa seguro *Eng.* agent \broker \insurance agent \underwriter.

Aho [pro.] *Ceb.* ang pagangkon nga gipanag-iya sa nagsulti \ako *Eng.* mine.

Ahos [n] *Ceb.* usa ka panakot sa pagpangluto nga linusok ang unod *Eng.* garlic (sc.name: Allium sativum) (see also panakot)

Akab [n] *Ceb.* iningkib, inakhab\ pag-ingkib *Eng.* portion sliced off or bitten off \bite off or tear off a portion.

Akademiya [n] *Ceb.* pribado nga tulonghaan sa sekondarya, o tulonghaan nga nagtudlo og espesyal nga natad sa pag-alam *Eng.* academy.

Ak-ak [n] *Ceb.* lagaak, kagiit\ laknit *Eng.* creak, squeak\ peeling of skin or surface coating \cracking or breaking without entire separation of the parts.

Akbay [n] *Ceb.* agbay *Eng.* placing or leaning one's arm on shoulder of another person.

Ako [pro.] *Ceb.* ang persona sa nagsulti *Eng.* I.

Ako mismo [pro.] *Ceb.* ako gayod *Eng.* I myself.

Akoa [pro.] *Ceb.* ang gipanag-iya naho *Eng.* mine (see also ambi)

Akoakohon [adj.] *Ceb.* akoakohon *Eng.* monopolistic \hoggish\ officious \obliging \venturesome.

Akong sayop [phr.] *Ceb.* ang akong kasal-anan *Eng.* my fault \my mistake. *Lat.* mea culpa.

Akop-akop [n] *Ceb.* akopakop, hatuhato *Eng.* monopoly.

Akrobata [n] *Ceb.* ang mosirko-sirko sa piryahan \sirkador *Eng.* acrobat.

Aksidente [adj.] *Ceb.* wala dahoma \disgrasya \trahedya *Eng.* unexpected, fortuitous \accident \tragedy.

Aksidentehanon [adj.] *Ceb.* sagad may aksidente o maaksidente *Eng.* accident-

prone. [adv.] *Ceb.* aksidentehanon *Eng.* accidentally.

Aktibidad [n] *Ceb.* buluhaton, kalihokan *Eng.* activity.

Aktibista [n] *Ceb.* magwewelga\ welgista *Eng.* activist \protester \demonstrator \picketer.

Aktibo [adj.] *Ceb.* buhi pa, naglihok pa\ naa pa sa katungdanan *Eng.* alive, moving, mobile, operative\ active \incumbent.

Aktor [n] *Ceb.* ang tagdala sa papel o tagahatag og kinabuhi sa usa ka persona diha sa drama o pasalida, ang magdudula sa sugilanon *Eng.* actor \performer (see also artista)

Aktres [n] *Ceb.* babaye nga aktor *Eng.* actress (see also aktor)

Akusasyon [n] *Ceb.* Tumotumo *Eng.* allegation \accusation \imputation \innuendo.

Akyat-bahay [n] *Ceb.* kawatan nga mosulod o mosaka sa balay *Eng.* housebreaker \house intruder (see also kawatan)

Alad [n] *Ceb.* ali, koral\ alad o tangkal sa baboy *Eng.* pen, corral, stall\ pigpen, sty, pigsty.

Alagad [n] *Ceb.* alalay, katabang, sulugoon *Eng.* assistant \helper \servant \attendant .

Alahas [n] *Ceb.* bililhon nga

dayan-dayan sa lawas *Eng.* jewelry (see also kaala-hasan)

Alahiro [n] *Ceb.* tagahimo og alahas \magbabaligya og alahas *Eng.* Jeweler.

Alak [n] *Ceb.* ilimnon nga makahubog *Eng.* alcoholic drink \liquor \spirits (see also ilimnon)

Al-al [adj.] *Ceb.* lamolamo o putol-putol nga sinultihan *Eng.* stuttering \stammering (see also kaka)

Alam-alam [n] *Ceb.* pakalma sa gibati \panlukmay *Eng.* words or speech that will get someone calm or pacified \pacification \appeasement.

Alamotan [n] *Ceb.* alamotan \amotan *Eng.* quota of contribution.

Alampoan [n] *Ceb.* ang lugar o puwesto diin ihalad ang pag-ampo *Eng.* place of worship \shrine.

Alampoon [n] *Ceb.* ang ibungat sa pag-ampo \pa-ngadyeon *Eng.* prayer (see also pag-ampo)

Alang [prep.] *Ceb.* para sa \ngadto sa *Eng.* to \for.

Alang-alang [adj.] *Ceb.* wala pa sa ensakto nga panahon *Eng.* too early to do some-thing \premature \immature \untimely \too early to do something. [n] *Ceb.* ka-walay seguro *Eng.* uncer-tainty \doubtfulness \dubious-ness.

Alangkan [n] *Ceb.* kapanga-

nakan \lawak panganakan *Eng.* date and place of gi-ving birth o' delivery date (see also natawhan)\ delivery room.

Alanihon [n] *Ceb.* ang abot sa pananom nga angay na anihon *Eng.* expected har-vest \crop ready for harvest.

Alantoson [n] *Ceb.* ang ag-wantahonon *Eng.* some-thing to bear \suffering \mi-sery \distress [adj.] *Ceb.* agwantahonon *Eng.* dis-tressful \tormenting.

Alaot [adj.] *Ceb.* gidimalas \makaluluoy *Eng.* unfortu-nate \unlucky \luckless mi-serable.

Alap-ap [n] *Ceb.* sakit sa panit nga mamuti ang iba-baw sa panit *Eng.* white fungal spot on skin \tenia flavia (Med.)

Alarma [n] *Ceb.* pasabot nga angay magbantay o mag-inalisto *Eng.* alarm (see also pasidaan)

Alas [adv.] *Ceb.* alas *Eng.* o'clock'. [prep.] *Ceb.* ang ihap sa takna nga lapas na sa ala una *Eng.* o'clock, used as a preceeding name in telling time, except that of one o'clock because it is preceeded by "ala" (Thus: ala una - one o'clock) (see also takna)

Alat [n] *Ceb.* bukag *Eng.* wide meshed basket.

Alatimanon [n] *Ceb.* bulu-haton nga pagaatenderan

Eng. assigned job \assignment \routine \chore.

Albularyo [n] **Ceb.** tambalan nga mogamit og orasyon ug mga butang sama sa lainlain nga mga tanom, o kaha kandila, lana, alak, ugbp. sa pagpanambal **Eng.** quack doctor (see also mananambal)

Alegoriya [n] **Ceb.** asoy o sugilanon nga pasambingay **Eng.** allegory \metaphor \simile \folk tale \moralizing story \parable.

Alegre [adj.] **Ceb.** masadyaon \makalingaw **Eng.** merry \vivacious \funny (see also masadya) \entertaining. [n] **Ceb.** Kalingaw **Eng.** tun.

Aleluya [interj.] **Ceb.** dalaygon ang ngalan sa Diyos **Eng.** Hallelujah \alleluia \Praise the Lord.

Alho [n] **Ceb.** ang hasok nga gamiton sa paglubok **Eng.** pestle.

Ali [n] **Ceb.** babag\barikada \atang **Eng.** bar \barrier (see also koral) \barricade \block.

Alibangbang [n] **Ceb.** kabakaba\ tanom nga kahoy nga ang dahon porma og duha ka pako sa alibangbang **Eng.** Butterfly \butterfly tree (sc.name: Piliostigma malabricum [Roxb.]) \orchid tree (sc.name: Bauhina Sp.)

Alibugyaw [n] **Ceb.** kadili

panagduyog sa tuno kayabag **Eng.** discord \disconcert \disharmony.

Alibwag [v] **Ceb.** pagtibulaag \pagpuhag **Eng.** disperse \scatter \spread.

Alibyo [n] **Ceb.** Kahuwasan **Eng.** relief \alleviation.

Alid-an [v] **Ceb.** ilisan\ pulihan **Eng.** replace \replenish \supersede \supplant \relieve.

Aligutgot [n] **Ceb.** kahiubos **Eng.** disappointment \rancor (US) \rancour (Brit.)

Alim [n] **Ceb.** katambal \kaayo \remedyo **Eng.** recovery from ailment, disease, or wound \healing period \convalescence \remedy. [v] **Ceb.** pag-alim **Eng.** heal \cure \treat (see also pagtambal)

Alima [v] **Ceb.** pag-atiman \pag-amoma **Eng.** take care \tend to \nurture \nurse \maintain.

Alimango [n] **Ceb.** kasag sa mamala **Eng.** big edible crab that lives and dig hole on dry ground \mud crab.

Alimasa [v] **Ceb.** paghimasa **Eng.** cleanse one's feet \wash one's feet.

Alimatok [n] **Ceb.** ulod nga manupsop og dugo sa laing hayop **Eng.** leech.

Alimgas [adj.] **Ceb.** himsog nga lusok sa liso **Eng.** good and healthy seed.

Alimpatakan [n] **Ceb.** agtang sa ulo \utok **Eng.** forehead

\mind \brain.

Alimpulo [n] *Ceb.* pusod sa buhok *Eng.* whorl of hair \crown of head.

Alimpulos [n] *Ceb.* nag-tuyok-tuyok nga huros sa hangin *Eng.* Whirlwind.

Alimugmog [v] *Ceb.* paglimugmog *Eng.* gargle.

Alimukaw [n] *Ceb.* alimukaw \alimungaw *Eng.* state of being semiconscious after being awaken from sleep \hypnopompic illusions.

Alimukawan [v] *Ceb.* alimungawan \alimukawan *Eng.* feel semiconscious just before complete awakening \let feel semiconscious just before complete awakening.

Alimuot [adj.] *Ceb.* mainit nga pamati sa palibot \igang \kaigang *Eng.* warm \sultry \muggy (see also init)

Alimyon [n] *Ceb.* alimyon *Eng.* fragrance \scent \sweet smell (see also baho)

Alinag [n] *Ceb.* pagtagad \atensyon *Eng.* focus \attention.

Alindahaw [n] *Ceb.* panalagsa nga taligsik sa ulan \talithi *Eng.* drizzle \shower (see also ulan)

Alindanaw [n] *Ceb.* insekto nga porma og helikopter \sandanaw \silisili *Eng.* dragonfly \damselfly \demoiselle \denilis-darning.

Alindasay [adj.] *Ceb.* nag-aliwaros \nag-higwaos \nag-alipasa *Eng.* restive \rest-less \tossing about in bed. [v] *Ceb.* pag-alipasa *Eng.* fidget (see also pagsali-moang)

Alingagngag [n] *Ceb.* atop-atop sa baba *Eng.* Palate.

Alingasa [adj.] *Ceb.* banha *Eng.* noisy (see also banha)

Alingawngaw [n] *Ceb.* tingog nga makusog ug maa-libugyaw *Eng.* loud echoing noise \blare (see also banha)

Alingiing [adj.] *Ceb.* alimuot kaayo *Eng.* very warm weather \very hot climate.

Alingiis [adj.] *Ceb.* tunog nga sakit sa dalunggan *Eng.* ear-splitting (see also alingis-ngis). [n] *Ceb.* Alingiis *Eng.* shrill sound \squeak.

Alingugngog [adj.] *Ceb.* banha kaayo *Eng.* very loud and noisy (see also banha)

Alipalong [n] *Ceb.* kamatay sa sindi \panglipong *Eng.* extinguishments \dizziness (see also kalipong)

Alipatpat [n] *Ceb.* malimbongon nga panan-aw *Eng.* hallucination \illusion \delusion \deceptive appearance \mirage.

Alirong [v] *Ceb.* pagpalibot *Eng.* gather around \encircle.

Alisbo [v] *Ceb.* alisngaw sa baho \alisbo sa alisngaw o aso *Eng.* exude (see also baho) \haze \cloud of fume or smoke.

Alisto [adj.] *Ceb.* ikmat\ abtik

Eng. alert \snappy \quick \astute \cursory \wide awake (see also malagsik)

Alitbo [n] *Ceb.* atbog *Eng.* rising cloud of blown dust, stones, earth, powder, etc.

Alkalde [n] *Ceb.* mayor sa lungsod *Eng.* municipal mayor.

Alkanse [adj.] *Ceb.* nalugi *Eng.* at loss \on deficit \not gaining.

Alkansiya [n] *Ceb.* kahon nga sudlanan sa inipon nga sensilyo o kuwarta *Eng.* money box \piggy bank (see also kahon)

Alkila [n] *Ceb.* abang *Eng.* rent \lease.

Alkitran [n] *Ceb.* itom nga bulitik *Eng.* pitch used in coating seams or hull of a boat or ship \tar.

Alkoba [n] *Ceb.* kisame sa atop *Eng.* alcove (see also atop)

Almirante [n] *Ceb.* kumandante sa puwersa nga pangdagat *Eng.* admiral \commander in chief of a navy.

Almirol [n] *Ceb.* linugaw nga tayubong o harina *Eng.* paste from flour or starch \starch.

Alom [n] *Ceb.* tulbok nga itom sa panit \awom \talpa *Eng.* Mole.

Alot [n] *Ceb.* pamutol sa buhok \tupi \awot *Eng.* Haircut.

Alsa [n] *Ceb.* baswat \sakwat *Eng.* lift \raise \heave up \pick up.

Alta presyon [n] *Ceb.* pagtaas sa puwersa sa dugo diha sa kaugatan *Eng.* high blood pressure \hypertension.

Alyado [n] *Ceb.* kadapig *Eng.* ally (see also kauban)

Amaama [n] *Ceb.* dili tinuod nga amahan *Eng.* stepfather.

Amahan [n] *Ceb.* tatay \abba *Eng.* father \daddy \dad \papa \patriarch \pop.

Am-am [n] *Ceb.* alam-alam *Eng.* words or speech that will get someone calm or pacified \pacification \appeasement.

Ambahan [n] *Ceb.* bahanbahan *Eng.* throng \drove of people \moving crowd \swarm of onlookers.

Ambak [n] *Ceb.* layat *Eng.* jump (see also lukso)

Ambi [imper.] *Ceb.* ihatag kanako *Eng.* give it to me \give me that \give me those (pl.)

Ambihas [adj., n] *Ceb.* balising \ambilas \pahilig *Eng.* slanting \turning ob-lique.

Ambit [n] *Ceb.* barol\ bahin *Eng.* share of goods.

Ambog [adv.] *Ceb.* panaog gikan sa bukid o bulod \palugsong \tugbong *Eng.* toward the bottom or foot of a hill \downhill.

Ambogon [adj.] *Ceb.* lugsongon \paubos ang direksyon *Eng.* downhill \downward

\descending.

Ambongan [adj.] *Ceb.* guwapo\ hitsuraan *Eng.* handsome \good-looking \elegant person \gorgeous man \personable.

Ambot [phr.] *Ceb.* wala ko kahibalo *Eng.* I do not know.

Ambus [n] *Ceb.* banhig \atang *Eng.* Ambush.

Amiga [n] *Ceb.* higala nga babaye *Eng.* a female friend (see also higala)

Amigas [n] *Ceb.* ang mananap nga hulmigas *Eng.* ant (see also hulmigas)

Amigo [n] *Ceb.* higala nga lalaki *Eng.* a male friend (see also higala)

Amihan [n] *Ceb.* amihan *Eng.* North.

Amo (A) [pro.] *Ceb.* panagiya sa nagsulti ug iya nga mga kauban *Eng.* our (see also amoa). [n] *Ceb.* amo *Eng.* master \boss \employer.

Amo [n] *Ceb.* unggoy *Eng.* ape \monkey.

Among-among [n] *Ceb.* pasipala o panamastamas sa pagkababaye, pagkalalaki o pagkatawo \pamugos sa pakighilawas *Eng.* molestation \corruption \sexual assault \rape (see also panglugos) [n] *Ceb.* pangbababoy \pangbabastos \panampalas *Eng.* desecration \blasphemy \impiousness \profanity \profanation \sacri-

lege \irreverence \desecration \ungodlines \sacrilegiousness.

Amot [n] *Ceb.* hatag nga tabang *Eng.* contribution \subsidy.

Ampay [adj.] *Ceb.* Kinaham *Eng.* favorite (US) \favourite (Brit.) \favored \preferred \desired (see also kaampay). [n] *Ceb.* hilig *Eng.* Penchant.

Anaa [adj.] *Ceb.* naa nagbutho *Eng.* present \existing (see also adunay)

Anad [adj.] *Ceb.* dili ilahan \dili ihalas, \hanas *Eng.* tame \docile \domestic, used to \accustomed \versed in \wont.

Anak [n] *Ceb.* ang anak sa tawo *Eng.* child \youngster \scion (see also bata, kaliwat)

Anakan [adj.] *Ceb.* may anak having *Eng.* child or children \have offspring.

Anak-anak [n] *Ceb.* sinagop nga anak \dili tinuod nga anak *Eng.* adopted child \foster-child.

Anapog [n] *Ceb.* puti nga bato nga himoonon nga semento *Eng.* Limestone.

Anay (A) [n] *Ceb.* baboy nga anakan *Eng.* sow (see also baboy)

Anay [n] *Ceb.* pution nga hulmigas nga mokutkot og kahoy *Eng.* termite \white ant.

Andam [n] *Ceb.* panagana sa

unsay mahitabo *Eng.* precaution \anticipation \forethought.

Andana [n] *Ceb.* salog *Eng.* floor \floor level inside the building \storey.

Andar [n] *Ceb.* dagan sa makina *Eng.* running condition \performance of machine.

Anduhaw [n] *Ceb.* matang sa isda *Eng.* Indian mackerel \mackerel.

Anemik [adj.] *Ceb.* kulang sa dugo *Eng.* anemic \anemic.

Ang [art.] *Ceb.* gamiton sa paghisgot kung unsa *Eng.* ang" is used in singular form, its plural form is "ang mga" \the \a \an.

Ang-ang (A) [adj.] *Ceb.* ang-ang *Eng.* too early to do something \premature \immature \untimely \too early to do something. [n] *Ceb.* kadili paigo *Eng.* insufficiency (see also alang-alang)

Ang-ang [n] *Ceb.* tikanganan sa hagdan *Eng.* step \doorstep \riser \rung \stutter \stile \landing.

Angay [adj.] *Ceb.* angayan kay sakto, sibo o haom *Eng.* appropriate \suitable \suited \fitting \fit. [adv.] *Ceb.* kinahanglan buhaton *Eng.* must \should \ought.

Angayan [adj.] *Ceb.* angayan *Eng.* desirable \relevant \just \apposite \beco-

ming \befitting \competent \germane \worthy \apposite \apropos \expedient.

Angay-angay [adj.] *Ceb.* walay gipalabi o gidapigan *Eng.* fair \equal \impartial \no bias (see also patas)

Angga [n] *Ceb.* minubo nga tawag sa pangalan *Eng.* nickname.

Anghel [n] *Ceb.* ang alagad sa diyos nga adunay mga pako *Eng.* Angel.

Anghit [n] *Ceb.* angsod nga baho sa lawas *Eng.* body odor.

Angkas [n] *Ceb.* sakay sa likoran *Eng.* a passenger seated at the back of the bioyole or motorcycle \back rider.

Angkat [n] *Ceb.* ang pagkuha og produkto nga hinimo sa uban aron itumod o ibaligya *Eng.* Consignment.

Angkla [n] *Ceb.* ang hiniktan nga itundag ilawom sa tubig aron dili maanod ang barko o sakayan \pundo *Eng.* Anchor.

Angkon [n] *Ceb.* angkon *Eng.* Claim.

Angkonon [v] *Ceb.* kuhaon aron panag-iyahon *Eng.* Claim own \possess \acquire.

Angol [adj.] *Ceb.* baldado \samaran *Eng.* disabled \wounded (see also nadaot)

Angot [n] *Ceb.* Agwanta *Eng.* forbearance \endurance \fortitude \perseverance (see also sakripisyo)

Angso [n] *Ceb.* baho sa ihi *Eng.* smell of urine \urinous smell \urinous \urinose.

Angtod [n] *Ceb.* baho nga sunog *Eng.* smell of burned or scorched food, paper, hair, plastic, rubber, and synthetic materials.

Anguango [n] *Ceb.* kango-kango \bangkong *Eng.* Senility.

Anhing [adj.] *Ceb.* kanhi nga si kuan \patay na *Eng.* late \deceased.

Ani [n] *Ceb.* abot sa yuta \pamupo *Eng.* produce \harvest \crop \product \picking of fruits, leaves.

Ania [adv.] *Ceb.* nia \dia *Eng.* Here.

Anig-ig [n] *Ceb.* dagayday *Eng.* stream \flowage.

Anihon [n] *Ceb.* ang ala-nihon \ang pupoonon *Eng.* expected harvest \fruit or crop to be harvested.

Aninaw [n] *Ceb.* ang pag-usisa sa palibot pinaagi sa paglantaw *Eng.* inspection of place or surroundings as far as the eye can see \scanning.

Anindot [adj.] *Ceb.* maanyag sa panan-aw *Eng.* bonny \beautiful \nice \pleasant.

Aninipot [n] *Ceb.* insekto nga adunay dala nga ka-hayag sa lubot *Eng.* Firefly.

Anino [n] *Ceb.* ang wala mahayagi sa dan-ag *Eng.* shadow \shade.

Aniningsing [n] *Ceb.* ku-minglay nga tudlo \sing-singan *Eng.* ring finger.

Anis [n] *Ceb.* liso nga gagmitoy, pampahumot sa niluto o tinapay *Eng.* anise \aniseed.

Anito [n] *Ceb.* diyos-diyos *Eng.* icon \idol \a figure or sculpture adored or wor-shipped as god \false god (see also diyos)

Anlalabaw [n] *Ceb.* kinatung-an nga tudlo sa kamot o tiil \dalagangan \tambubusog *Eng.* middle finger

Anod [n] *Ceb.* dinala sa tubig *Eng.* driftwood \flotsam.

Anti-bispera [n] *Ceb.* ang adlaw nga gisundan sa bis-pera *Eng.* two days before the actual day of celebration or festivity (see also bis-peras)

Antigo [adj.] *Ceb.* maalam \karaan na *Eng.* knowing, knowledgeable \antique (see also daan)

Antimano [adv.] *Ceb.* yuna pa \usa pa *Eng.* Before-hand.

Anting-anting [n] *Ceb.* pa-ngontra-malas \birtud *Eng.* amulet \talisman.

Antipara [n] *Ceb.* salamin sa mata kung maligo o mo-salom ilalom sa tubig *Eng.* goggles (see also antiyohos)

Antiyohos [n] *Ceb.* salamin sa mata *Eng.* a pair of eyeglasses \glasses.

Antog [n] *Ceb.* palas-anon

nga bug-at *Eng.* burden \heavy to bear.

Antos [n] *Ceb.* pailob agwanta *Eng.* suffering \bearing of pain \endurance.

Anuos [n] *Ceb.* uling o huġaw gikan sa aso \aso nga namilit *Eng.* soot \smut.

Anyo [n] *Ceb.* ang tuig *Eng.* year (see also tuig)

Anyos [n] *Ceb.* panuigon \pangedaron *Eng.* age (see also edad)

Apa [n] *Ceb.* sopas nga sudlanan sa sorbetes *Eng.* wafer \cone.

Ap-ap sakit nga mamuti ang panit *Eng.* white fungal spot on skin \tinia flavia (Med.)

Aparador [n] *Ceb.* pinatindog nga kahon \tipiganan sa sapot \gamit sa kusina, ugbp. mga gagmay nga kagamitan *Eng.* cupboard \drawer \safe \wardrobe.

Apdo [n] *Ceb.* ang mapait, madalag o berdehon nga iniga sa atay *Eng.* bile \gall \gall bladder.

Apelyido [n] *Ceb.* pangalan sa banay *Eng.* family name \surname.

Apiki [adj.] *Ceb.* kulang na sa panahon \daghan kaayo og buluhaton \pit-os *Eng.* running out of time \busy \tight, cramped.

Apil [n] *Ceb.* ang apil \kabakas *Eng.* Participant \associate (see also kauban)

Aping [n] *Ceb.* ang lapad nga parte kilid sa nawong *Eng.* Cheek.

Apo [n] *Ceb.* ang anak sa anak *Eng.* Grandchild.

Apohan [n] *Ceb.* ang ginikanan sa amahan o inahan *Eng.* grandparent.

Aplod [adj.] *Ceb.* apla ang lami *Eng.* bitter and harsh to taste as unripe banana.

Apud-apod [n] *Ceb.* pagpanghatag ngadto matag usa *Eng.* distribute something to everyone.

Apurado [adj.] *Ceb.* nagapura *Eng.* in a hurry \hasty \urgent (see also nagdali)

Arang [adj.] *Ceb.* paigo ang gidak-on o gidaghanon *Eng.* fitting \of the right size or amount \fit exactly (see also sakto)

Arang-arang [adj.] *Ceb.* maayoayo \burobentaha *Eng.* Better.

Aranyas [n] *Ceb.* Kandilaan *Eng.* Chandelier.

Aras [n] *Ceb.* bugay \duga o nikotina nga makuha gikan sa tabako *Eng.* coins which bridegroom gives to bride at marriage ritual \nicotine.

Aray [interj.] *Ceb.* ang isinggit kung masakitan *Eng.* ouch!

Aregla [n] *Ceb.* Pahamutang *Eng.* placement (see also areglar)

Areglado [adj.] *Ceb.* hapnig \human na *Eng.* well done, well arranged \done \finished \fixed up \settled \okay (inf.)

Areglar [n]   *Ceb.* pag-panghan-ay \pahamutang *Eng.* arrangement, adjustment \placement, settlement.

Areglo [n] *Ceb.* husay sa maayo \kasabotan *Eng.* arrangement \agreement (see also suborno)

Arena [n] *Ceb.* lugar diin hi-moon ang dako nga pasundayag sa paugnat sa kusog o panag-indigay sa abilidad *Eng.* arena \grandstand \amphitheater (U.S.) \amphitheatre (Brit.) (see also pasundayaganan)

Aresto [v] *Ceb.* Pagsikop *Eng.* apprehend \arrest \bust \capture \catch \nab \seize (see also pagdakop)

Arinola [n] *Ceb.* saloranan o sanggaan sa ihi nga isulod sa lawak *Eng.* chamber pot.

Arisgado [adj.] *Ceb.* mapangahason *Eng.* daring \bold \intrepid \venturesome.

Aristokrata [n] *Ceb.* membro sa halangdon kaayo nga mga pamilya mapahitas-on *Eng.* Aristocrat.

Ariyos [n] *Ceb.* bitay-bitay o alahas sa dalunggan *Eng.* earring \eardrop.

Asa [interr.] *Ceb.* unsa nga lugara \asa nga butang *Eng.* where? \which.

Asad [n] *Ceb.* agianan sa sakayan latas sa batoon nga baybayon *Eng.* passage for canoe or small boat in stony shore.

Asawa [n] *Ceb.* ang babaye nga giminyoan \ang babaye nga kapikas sa kinabuhi (id.) *Eng.* Wife.

Asdan [v] *Ceb.* banos-banosan sa paglubok *Eng.* to assist someone in pounding the mortar.

Asdang [n] *Ceb.* sulong, das-das \ang pagsagubang sa atake *Eng.* forward attack (see also atake) \facing the attack, confrontation.

Asensado [adj.] *Ceb.* miusbaw ang kahimtang *Eng.* Progressive.

Asenso [n] *Ceb.* kalamboan \kausbawan *Eng.* advancement \progress \improvement \boom \uplift.

Asilo [n] *Ceb.* balay dalangpan *Eng.* asylum \orphanage \poorhouse (see also balay)

Asin [n] *Ceb.* parat nga minerales *Eng.* salt \sodium chloride (chem. abbr.: NaCl)

Aslanan [n] *Ceb.* ang puwesto diin himoon ang pag-asal *Eng.* roasting pit.

Aslay [v] *Ceb.* pag-awas \pagsuyla *Eng.* spill over.

Aslom [adj.] *Ceb.* kisom *Eng.* sour \acetic \acetous \acerb \acerbic \tart.

Aso [n] *Ceb.* ang binulhot sa kalayo *Eng.* Smoke.

Asoran [v] *Ceb.* makig-banos-banos sa paghasok og alho diha sa lubkanan *Eng.* help somebody pound the pestles alternately into the mortar's hole.

Asoy [n] *Ceb.* sugilon sa

panghitabo *Eng.* report \declaration \statement \narration.

Asukal [n] *Ceb.* matam-is nga mga kristal gikan sa initos nga duga sa tubo o uban pang matam-is nga duga *Eng.* sugar \glucose \lactose.

Asul [adj., n] *Ceb.* asul *Eng.* blue \bluish \ultramarine

Aswang [n] *Ceb.* aswang \ungo *Eng.* witch \sorcerer \sorceress \warlock \enchantress.

Ata [n] *Ceb.* ang itomon nga pidla sa nukos ug kugita *Eng.* squid or octopus ink.

Atabay [n] *Ceb.* ang tuboran sa tubig ilawom sa kinubkoban nga yuta *Eng.* Well.

Atad [n] *Ceb.* han-ay sa mga gamit *Eng.* arrangement \file.

Atake [n] *Ceb.* sulong sa pag-away *Eng.* attack \assault \charge.

Atang [n] *Ceb.* ang paghulat sa molabay \atang *Eng.* Ambush \obstruction, barrier, block, hindrance.

Atangan [v] *Ceb.* paghulat sa molabay *Eng.* wait someone to pass by \ambush.

Atay (A) [n] *Ceb.* ang parte ilawom sa tiyan nga maoy gigikanan sa apdo *Eng.* liver.

Atay [n] *Ceb.* Epidemya *Eng.* plague \pestilence \epidemic.

Atay-atay [n] *Ceb.* taliwala nga parte sa palad o lapalapa *Eng.* center part of palm or sole.

Atbang [adj.] *Ceb.* Katugbang *Eng.* vis-à-vis \facing with. [n] *Ceb.* ang pikas bahin sa tabok *Eng.* the other side.

Atik-atik [n] *Ceb.* paagi kung unsaon \lansis *Eng.* technique \trick, artifice, hocus-pocus (see also paagi)

Atiman [n] *Ceb.* Atiman *Eng.* care \after-care \nurse \nurture \cherish.

Atngal [n] *Ceb.* ang tumoy sa suso *Eng.* nipple \teat (see also tutoy)

Ato (a-tô, rw ato) *Ceb.* gipanag-iya sa nagsulti ug mga kauban niya; ang gipanag-iya nato; atoa; atong *Eng.* [adj.\pron.] our \ours.

Atoato [adj.] *Ceb.* sekreto lang *Eng.* confidential \secretly between us.

Atop [n] *Ceb.* bubong \salimbong *Eng.* roof (see also silonganan)

Atras [n] *Ceb.* ang pagbalik sa agi *Eng.* withdrawal \retreat \retrogression.

Atrasado [adj.] *Ceb.* atrasado *Eng.* short of time \no enough time [adj.] *Ceb.* ulahi na nga miabot *Eng.* late \behind time \behindhand \belated

Atsa [n] *Ceb.* ang hinagiban nga adunay lapad, dako ug

mahait ang silab nga puthaw nga gitaod tumoy sa taas nga pul-an, sagad gamiton sa pagputol o pagbugha sa kahoy **_Eng._** ax (US) \axe (Brit.)

Atubangan [n] **_Ceb._** ang unahan \atubangan sa edipisyo o balay **_Eng._** Front \façade (see also dagway)

Atuli [n] **_Ceb._** bungog nga nauga, o hugaw sulod sa dalunggan **_Eng._** earwax \cerumen.

Atutong [n] **_Ceb._** hugaw nga nanapot sa ngipon \kîkî **_Eng._** tartar \tooth decay.

Awa [n] **_Ceb._** dako nga bangus **_Eng._** big milkfish (see also bangus)

Awahi [adj.] **_Ceb._** wala moabot sa sakto nga oras kay naulahi **_Eng._** late \came late \tardy (see also ulahi)

Awas [n] **_Ceb._** dagayday sa tubig **_Eng._** flow \gush \overflow \spill.

Awat-awat [n] **_Ceb._** panundog \pangopya sa sinulat sa uban **_Eng._** copying, imitation, mimicry \plagiarism.

Away [n] **_Ceb._** bugno \kombate \bugno **_Eng._** combat \hand to hand combat \hand to hand fight \skirmish \action \affray \fray.

Awhag [n] **_Ceb._** agni \agda **_Eng._** approach \invitation \urge (see also pangagda)

Awit [n] **_Ceb._** kanta **_Eng._** Song.

Awop [adj.] **_Ceb._** kahalap sa

dan-ag **_Eng._** dim \dull \faint.

Awot [n] **_Ceb._** pamutol sa buhok \tupi **_Eng._** Haircut.

Ay`lag [phr.] **_Ceb._** minubo sa "ayaw lang og" **_Eng._** constricted form of "ayaw lang og, " which means "do not be" \don't be.

Ay`sa [adv.] **_Ceb._** minubo sa "ayaw usa" **_Eng._** constricted form of "ayaw usa, " which means "hold it first" \hold it \hold for a while \wait for a while.

Aya [n] **_Ceb._** Yaya **_Eng._** baby sitter \nanny.

Ayaay [n] **_Ceb._** dili dako nga taob **_Eng._** neap tide (see also taob) lowest tide during the lunar month \neap tide.

Ay-ag [n] **_Ceb._** panala sa tibugon gikan sa pino o pagpihig sa dagko gikan sa gagmay pinaagi sa pagpalusot diha sa nga mga buslot sa ay-agan **_Eng._** sifting \screening.

Ay-agan [n] **_Ceb._** ang gamiton sa pagsala **_Eng._** sifter \strainer \sieve \screen.

Ayat [n] **_Ceb._** haylo \dani \hagit \paibog **_Eng._** enticement \allurement \temptation \seduction.

Ayaw [imper.] **_Ceb._** dili mo puwede nga buhaton **_Eng._** do not \don't.

Ayay [interj.] **_Ceb._** dalayeg ingon og dili makatuo nga mao **_Eng._** wow!

Aydanan [n] **_Ceb._** puwesto o lugar diin himoon ang pag-ayo *Eng.* repair shop (see also ayohanan)

Ayo [v] *Ceb.* pag-ayad sa guba o diperensya *Eng.* repair \fixing of defect or damage.

Ayohanan [n] *Ceb.* puwesto o lugar diin himoon ang pag-ayo *Eng.* repair shop.

Ayon [adj.] *Ceb.* Nahiuyon \kinaham *Eng.* Favorable \agreeable (see also gusto)

Ayonan [v] *Ceb.* Higustohan *Eng.* be liken \be the type. agree \concede \accede \accord (see also pagsabot)

Ayopan [v] *Ceb.* pabukalan o pasigaan sa hinayhinay \paanokan *Eng.* simmer down.

Ayuda [n] *Ceb.* hinabang nga hatag *Eng.* aid \relief \assistance \subsidy (see also tabang)

Ayudante [n] *Ceb.* kaabag sa pinakapuno nga opisyal sa militarya, tagaalagad sa administratibo nga kalihokan sa militarya *Eng.* Adjutant.

~B~

B, b [n] *Ceb.* ang ikaduha nga titik sa alpabeto nga Bisaya *Eng.* the second letter in Cebuano alphabet used in this dictionary (see also abakadahan)

B`laan [n] *Ceb.* ang lumad-non nga lahi sa mga Bilaan nga namuyo sa Mindanao *Eng.* a member of B'laan tribe in Mindanao.

Ba [exp.] *Ceb.* Gamiton usab kini pagpangutana ingon og panegurado sa gusto nga itubag o isulti, sama sa "diay ba?" "mao ba?" "tinuod ba?" Ang mga pangutana nga ingon niani sagad nga pagatubagon lamang og "Oo" o "Dili." *Eng.* it is used in asking question and expect a "Yes" or "No" answer, as in: [adv.] *Ceb.* ba *Eng.* huh \really.

Baang [v] *Ceb.* paak-bitbit *Eng.* to bite and carry something around or keep the whole piece in the mouth.

Baba (A) [n] *Ceb.* ang lungag nga parte sa ulo nga maoy gamiton sa pagkaon o pagsulti *Eng.* Mouth.

Baba [n] *Ceb.* ang pagsablay diha sa likod *Eng.* piggyback \saddleback.

Babag [n] *Ceb.* ali \ulang *Eng.* Barrier, blockade, obstruction \hindrance \obstacle.

Babaye [n] *Ceb.* nilalang nga adunay bisong ug sabakan aron manamkon sa liwat *Eng.* woman \female creature (see also pagkababaye)

Babaye o lalaki [adj.] *Ceb.* may kinaiya nga pareho nga iya sa lalaki ug babaye *Eng.* unisex \epicene \bisexual \gynandrous.

Babayen-on [adj.] *Ceb.* may kinaiya nga iya sa babaye *Eng.* effeminate \girlish.

Baboy [n] *Ceb.* ang hayop nga moiwik, lapad ang simod diin nahimutang ang duha ka lungag sa ilong, ang hayop nga pakaonon og pasaw, ang paborito nga hayop nga litsonon sa Pilipinas *Eng.* pig (see also ihalas)

Baboy ihalas [n] *Ceb.* ihalas baboy nga namuyo sa lasang, yagpis, balhiboon, og tag-as ang tango *Eng.* wild boar \wild pig \warthog \peccary (see also baboy)

Bad-ay [n] *Ceb.* ang pagpatong sa ibabaw *Eng.* state of being laid on top of another \motionless and lying on top of another \the overlapping.

Badbad [n] *Ceb.* ang paghubad sa bangan \ang pagtangtang sa gaid *Eng.* untying of knot \loosening a tie \unwinding \unfastening \unreeling \disentanglement.

Badlis [n] *Ceb.* bagis \kudlis *Eng.* line \drawn line.

Badlong [n] *Ceb.* akgang \saway *Eng.* reprehension \reproof \objection \censorship.

Badlongon [adj.] *Ceb.* sawayonon \balaslokon \siaw *Eng.* naughty \mischievous incorrigible \remiss \ornery.

Baga [adj.] *Ceb.* dili nipis *Eng.* bristling \bushy \thick \voluminous \dense \stumpy. [n] *Ceb.* nagsiga nga uling *Eng.* ember \glowing cinder \burning charcoal \live coal.

[n] *Ceb.* parte sa pangginhawa sa lawas nga pundohan sa hangin nga hiningos *Eng.* Lung.

Baga og nawong [n] *Ceb.* walay ulaw dili maulaw *Eng.* shameless \thick-skinned (id.)

Baga-baga [adj.] *Ceb.* dili kaayo baga *Eng.* bit thicker.

Bagahe [n] *Ceb.* ang dala-dala sa biyahe kargamento *Eng.* baggage \accouterments (US); accoutrements (Brit.)

Bagakay [n] *Ceb.* klase sa nipison nga kawayan, tagason og buko *Eng.* a kind of thin bamboo \reed (see also kawayan)

Bagal [n] *Ceb.* balay sa kinhason *Eng.* seashell (see also bayanan)

Bag-ang [n] *Ceb.* ngipon sa apapangig *Eng.* molar tooth.

Bagat [n] *Ceb.* sabot nga magkitaay \panagkitaay *Eng.* appointment \engagement \date. (see also tagbo)

Bagaybay [n] *Ceb.* balahibo sa liog sa sunoy *Eng.* hackle \neck feathers of a cock (see also balahibo)

Bagayong [n] *Ceb.* yayong dayong *Eng.* carrying of object on shoulder of two or more persons. (see also dayong)

Bagdoy [n] *Ceb.* laag *Eng.* wandering \tramp \bumming around \odyssey.

Baghod [adj.] *Ceb.* dili edukado *Eng.* uneducated (see also inosente)

Baghot [n] *Ceb.* ang nagpasamok o nagpagubot sa kahimtang \pahangit *Eng.* something that incites agitation \that stirs up one's temper.

Bag-id [n] *Ceb.* bagnod \kuskos *Eng.* a rub, as if to scrape or to scratch an itch \friction.

Bagis [n] *Ceb.* linya nga gisulat *Eng.* a drawn line \hyphen \dash (see also linya)

Bagnos [n] *Ceb.* panarapo nga pabagnod *Eng.* wiping off \a hard rub against something.

Bag-o [adj.] *Ceb.* dili daan \presko \primero mano *Eng.* new \fresh first hand, brand new.

Bag-ohay [n] *Ceb.* nobato *Eng.* newcomer \freshmen \neophyte \novice \first-timer.

Bagol [n] *Ceb.* alukabhang o bagal sa lubi *Eng.* coco shell \shell of coconut and the like.

Bagol-bagol [n] *Ceb.* ang lingin nga bukog sa ulo o kalabera *Eng.* skull \craniums \crania.

Bagon [n] *Ceb.* tanom nga mokatay ang punoan *Eng.* vine \creeper.

Bag-ong tawo [n] *Ceb.* bagong tubo *Eng.* teenager \teener (inf.) (see also bayong-bayong)

Bag-ong tuig [n] *Ceb.* ang bag-o nga anyo *Eng.* New Year (see also tuig)

Bagtak [n] *Ceb.* unod sa bitiis *Eng.* calf \shin (see also bitiis)

Bagtas [n] *Ceb.* baktas \laktanay \lakaway \baklay *Eng.* hike \a journey by foot (see also lakat)

Bagtik [adj.] *Ceb.* migahi ang kanhi humok o likido *Eng.* hardened or caked, said of what used to be soft, tender or liquid (see also gahi)

Bagting [n] *Ceb.* tingog sa lingganay *Eng.* ring \bell \toll \ding \clang.

Bagtok [adj.] *Ceb.* migahi *Eng.* hard \firm \tough (see also gahi). [n] *Ceb.* bagtok *Eng.* Rat.

Bagtos [n] *Ceb.* ang anak nga bata \batos *Eng.* child \kid \brat (see also anak)

Bagulbol [n] *Ceb.* ang pagmulo og sulti *Eng.* murmur \grumble \muttering \growling (see also reklamo)

Baguod [n] *Ceb.* lihok nga guyoron ang mga tiil *Eng.* umbering along \dragging one's feet along.

Bagyo [adj.] *Ceb.* kusog kaayo nga huros sa hangin ug ulan *Eng.* typhoon \storm \windstorm \hurricane \tempest \blast (see also ulan)

Bagyobagyo [n] *Ceb.* ang karaan nga ngalan sa bulan

nga Oktobre *Eng.* old Visayan name for the month of October (see also bulan)

Baha [n] *Ceb.* banaw sa daghan kaayo nga tubig *Eng.* flood \spate \deluge \inundation.

Bahad [n] *Ceb.* pasidaan \talhog *Eng.* warning, precaution \threat, intimidation, black mail, blacklist.

Bahada [n] *Ceb.* kunhod sa balor \bahar sa presyo *Eng.* devaluation \depreciation \reduction of value or prices (see also kunhod) [n] *Ceb.* tipaubos *Eng.* hillside \slope.

Bahag ang ikog [adj.] *Ceb.* talawan *Eng.* tucked tail (id.) \turned tail (id.) \coward (see also talawan)

Bahak [n] *Ceb.* kabahong o dako nga ugahip sa panit nga nagnana *Eng.* skin cancer \pus oozing carbuncle (see also nuka)

Bahal [n] *Ceb.* ang tuba kagahapon, may lawog pa pero wala nay bula *Eng.* a coconut wine fermented for just few days, usually maroon in color and bitter in taste due to the mixture of tungog \few days old coconut wine.

Bahala [n] *Ceb.* ang tagtungod sa pag-asikaso *Eng.* someone who is responsible or will take care of something.

Bahalina [n] *Ceb.* tuba nga dugay na kaayo sa tipiganan, halos wala nay lawog nga makita, sagad dagtomon na ang bulok ug maaroma ang kahumot *Eng.* coconut wine fermented over a long period of time, an more aged version of bahal, usually having dark color and smells aromatic \old coconut wine \aged tuba.

Bahandi [n] *Ceb.* katigayonan *Eng.* wealth \riches \treasure \valuables \fortunes.

Bahandian [adj.] *Ceb.* bahandian *Eng.* wealthy \rich \well-off \well-to-do \affluent.

Bahar [n] *Ceb.* kunhod sa presyo *Eng.* reduction or loss of value \devaluation.

Baharan [v] *Ceb.* pasidan-an sa dili maayo nga mahitabo *Eng.* threaten \warn.

Bahas [n] *Ceb.* ang pagtangtang o pagkuha sa lisensiya *Eng.* cancellation of permit or license (see also tangtang)

Bahaw [n] *Ceb.* daan na nga kan-on *Eng.* cold rice (see also kan-on)

Bahignit [adj.] *Ceb.* bigatlon *Eng.* flirty \flirtatious \coquettish \provocative (see also ulagan)

Bahin [n] *Ceb.* bahin *Eng.* share \appropriation \allocation \allotment \cut \section \division \component.

Bahin-bahin [n] *Ceb.* pangapud-apod *Eng.* distribution \apportionment \rationing.

Baho [n] *Ceb.* kabakag \kalangto \alisngag *Eng.* foulness of odor \stench \stink \bad odor.

Bahog [n] *Ceb.* pagbutang og sabaw o sarsa diha sa pagkaon *Eng.* pouring of broth or sauce on top the food, usually to a cooked rice, corn, potatoes etc. \topping food with soup or sauce.

Baid [n] *Ceb.* ang pagbag-id sa silab aron mohait *Eng.* whetting \honing \sharpening.

Baiid [n] *Ceb.* bag-id sama sa iring *Eng.* brush one's body as cat against the leg of somebody.

Bairan [n] *Ceb.* ang gamiton sa pagpahait sa kutsilyo o sundang *Eng.* sharpening stone \whetstone.

Baka [n] *Ceb.* hayop nga mounga, gatasan og pangkarne *Eng.* cow \cattle.

Bakag [n] *Ceb.* baho nga maot kaayo sa panimhotan *Eng.* stench \stinking smell (see also baho)

Bakak [adj.] *Ceb.* dili tinuod nga pahayag *Eng.* untrue \false \unfounded (see also kabakakan)

Bakakon [adj.] *Ceb.* dili matug-anon sa matuod *Eng.* untruthful \dishonest \spurious \mendacious \denying \declaring that a statement or something is untrue.

Bakante [adj.] *Ceb.* walay sulod *Eng.* empty (see also basiyo)

Bakas [n] *Ceb.* kasosyo *Eng.* copartner \associate \co-owner. [n] *Ceb.* dako nga isda nga binulad *Eng.* dried meat of big fish (see also binulad)

Bakasi [n] *Ceb.* gagmayon nga kasili sa dagat *Eng.* eel-like edible sea water fish but smaller than the eel \snake fish.

Bakhaw [n] *Ceb.* kahoy sa katunggan \marka-tungog *Eng.* mangrove tree growing in swampy shore usually used for fuel. \tan bark tree.

Bakho [n] *Ceb.* dangoyngoy *Eng.* sob \lament \whimper \fuss \cry (see also hilak)

Bakikaw [adj.] *Ceb.* kiwag \kiwaw *Eng.* gangling \queer \awkward \ungraceful \gawky.

Bakilid [adj.] *Ceb.* hanayhay \banghilig *Eng.* sloppy \cragged.

Bakla [adj.] *Ceb.* lalaki nga babayen-on ang pamay-ong o kinaiya *Eng.* gay \homosexual.

Baklag [n] *Ceb.* tapun-og sa sagbot o basura *Eng.* heap of garbage or spoiled trash. [adj.] *Ceb.* daot na *Eng.* spoiled \rotten \putrid \decomposed \decayed.

Baklay [n] *Ceb.* baklay \baktas *Eng.* walk \hike

\promenading \a journey by foot (see also baktasay)

Bakod [v] *Ceb.* pagbangon *Eng.* raise \stand up.

Bakos [n] *Ceb.* bugkos sa hawak \habak sa pantalon palibot sa hawak *Eng.* belt corsage \girdle.

Baktasay [n] *Ceb.* panaw \lakaw *Eng.* walk \trek \hike \hiking \stroll \trudge \tramp \promenading \sauntering \rambling.

Baktin [n] *Ceb.* anak sa baboy *Eng.* piglet \suckling pig (see also baboy)

Bakukang [n] *Ceb.* abatod *Eng.* rhinoceros beetle.

Bakuna [n] *Ceb.* ineksyon nga pangontra sakit *Eng.* Vaccine.

Bakunawa [n] *Ceb.* usa ka higante nga dargon nga segun sa patuotuo molamon sa bulan o adlaw hinungdan nga adunay eklipse *Eng.* a fabulous dragon believed to devour the moon or sun thereby causing the eclipse (see also eklipse)

Bakwi [n] *Ceb.* bawi sa gipanulti *Eng.* retraction \recantation \taking back one's word \eating one's word. [n] *Ceb.* ang pagbalewala sa kasabotan o katugotan *Eng.* annulment \revocation \rescission.

Bakwit [n] *Ceb.* pamalhin sa pagpuyo diin hakoton ang tanan nga mga gamit sa panimalay \hikling *Eng.* eva-cuation.

Bakya [n] *Ceb.* kahoy nga sandalya o sapin sa tiil *Eng.* wooden sandal.

Bala [n] *Ceb.* igbabala sa armas *Eng.* bullet \ammunition. [adj.] *Ceb.* bulok \slow-learner *Eng.* dull \unintelligent \thick-skulled (id.)

Balaan [n] *Ceb.* amoy *Eng.* holy person \sacred \holy \divine \blessed \inviolable.

Balahibo [n] *Ceb.* ang balahibo sa langgam, manok, itik, ug sama nila *Eng.* Feather.

Balak [n] *Ceb.* sinulat nga ginaray ang matag pulong *Eng.* Poem.

Balangaw [n] *Ceb.* arko sa mabulokon nga dan-ag sa kahayag *Eng.* Rainbow.

Balangay [n] *Ceb.* hut-ong sa mga sityo nga gipamunoan sa usa ka Kapitan del Baryo, o Barangay Chairman \baryo *Eng.* Village \barrio.

Balang-balang [n] *Ceb.* bagting sa kampana *Eng.* ring of church bells \clang of bells \peal (see also bagting) [n] *Ceb.* balang-balang *Eng.* Stretcher.

Balanghoy [n] *Ceb.* kamoteng-kahoy *Eng.* Cassava \manioc (sc.name: Manihot esculenta) (see also kalibre)

Balani [n] *Ceb.* panit sa punoan sa saging \bani *Eng.* leaf sheath or bark that wraps around the trunk of banana or abaca.

Balaod [n] *Ceb.* patakaran nga angay sundon \kasugoan *Eng.* Law, rule, guidelines \order \commandment, edict (see also sugo)

Balaraw [n] *Ceb.* kutsilyo nga ipangdunggab dagger \poniard (see also punyal)

Balas [n] *Ceb.* bunbon \dugmok ug pino nga bato *Eng.* sand \grit.

Balasahon [n] *Ceb.* basahon *Eng.* reading materials (see also libro; pamantalaan)

Balasolan [adj.,n] *Ceb.* mahayanan \basolanan *Eng.* scapegoat \whipping boy.

Balasubas [n] *Ceb.* tihik \inot *Eng.* tightwad \tight-fisted (see also tihik)

Balatian [n] *Ceb.* sakit *Eng.* ailment \sickness (see also sakit) [n] *Ceb.* pagbati *Eng.* emotion \feeling \sensation.

Balay [n] *Ceb.* pinuy-anan \puloy-anan *Eng.* house \shelter.

Balay-balay [n] *Ceb.* gamay nga balay *Eng.* small house \miniature house \arbor \arbour (Brit.). [n] *Ceb.* dula-dula og balay-balay *Eng.* home-making play.

Balayranan [n] *Ceb.* ang pagabayaran *Eng.* something to pay \dues \bill \charges (see also bayad)

Balayut [n] *Ceb.* bag nga hinimo sa hinabi nga dahon sa buli o lilas \buyot \bayong *Eng.* bag of woven buri or pandan strips.

Balbakuwa [n] *Ceb.* nilat-ang ikog, tiil, tuhod, ug dalunggan sa baka *Eng.* well stewed calf's tail, foot, shin and earlap. Sometimes, bones with meat sticking on it is used as replacement. Cooking is done by stewing the meaty bones and simmered it for a long time until meat are too tender and fall off from the bone (see also sudan)

Balbal [n] *Ceb.* aswang o mangtas nga mokaon og tawo \tirong *Eng.* legendary man-eating creature \ogre.

Balbangaan [adj.] *Ceb.* kalbangaan *Eng.* near-ripe \ripening \not so ripe.

Balbas [n] *Ceb.* bungot sa suwang ug patilya *Eng.* beard (see also bungot)

Balda [n] *Ceb.* pakgang *Eng.* interruption \disruption \encumbrance (see also babag). [n] *Ceb.* baraw *Eng.* drive away one's luck.

Balde [n] *Ceb.* dako nga timba nga sudlanan sa tubig *Eng.* Pail.

Baldeyo [n] *Ceb.* pamanlas *Eng.* splashing or flushing of floor.

Baldosa [n] *Ceb.* kuwadrado nga salog o bongbong *Eng.* Tile.

Bale [n] *Ceb.* sulat sa pagutang *Eng.* credit note \chit. [n] *Ceb.* bale *Eng.* impor-tance \emphasis \merit \rate.

Balewala [n] *Ceb.* bakwi sa kasabotan o katugotan *Eng.* revocation \annulment \withdrawal \recession of contract (see also bawi)

Balhibo [n] *Ceb.* buhok sa lawas *Eng.* Hair.

Balhin [n] *Ceb.* sibog \irog *Eng.* change location or placement \transfer \move.

Balhog [n] *Ceb.* banlod \labog o itsa ngadto sa sulod *Eng.* throwing into \shoving into.

Bali [n] *Ceb.* kabanggi ingon og lipak, sanga, bareta, ugbp. *Eng.* break, as in stake, branch, bar, etc. [n] *Ceb.* balit-ad *Eng.* inverting \turning side \turning upside down.

Baliad [n] *Ceb.* tiad \piko sa lawas nga patalikod *Eng.* a backward bend or fall.

Balibad [n] *Ceb.* pag-ayaw \dili pag-uyon \dili pagsugot o pagtangdo *Eng.* refusal \rejection \declination \denial \disavowal \rebuff.

Balibag [n] *Ceb.* labay \labog \itsa *Eng.* casting \throwing \hurling \flinging \discarding.

Balighot [n] *Ceb.* baligtos *Eng.* twist \twine \knot.

Baligya [n] *Ceb.* palaliton \tinda *Eng.* goods for sale \merchandise \commodity \grocery items.

Balik [n] *Ceb.* buwelta sa agi o gigikanan \pauli \buwelta *Eng.* the coming back \going back \return. [adv.] *Ceb.* buhaton og usab \utro *Eng.* again \repeat.

Balikas [n] *Ceb.* pulong nga mahugaw *Eng.* curse \imprecation \vulgarism \scurrilous word \nasty expression \indecent word \expletive (see also panghimaraot)

Balik-balik [adj.] *Ceb.* usab-usab \utroutro *Eng.* routine \again and again \repetitious (see also utro). [n] *Ceb.* pabalik-balik \pautroutro \pasubli-subli *Eng.* redundancy \repetition \reiteration \repeating \reappearance \recurrence \reoccurrence.

Baliko [adj.] *Ceb.* dili tul-id *Eng.* curved \crooked.

Balikos [n] *Ceb.* balikis likos *Eng.* curl around \coil \entwine \convolution \spiral.

Balikwaot [adj.] *Ceb.* salikwaot *Eng.* awkward \clumsy.

Balili [n] *Ceb.* lunhaw nga kasagbotan o sabsaban *Eng.* meadow \grass (see also kasagbotan)

Balimbing [n] *Ceb.* prutas nga balingbing *Eng.* Carambola. [n] *Ceb.* ang pagbalhin sa kandidato ngadto sa kakontra o lain nga partido *Eng.* defection or renouncement of one's own party and with the intention of joining with the opponent's or other party.

Baling [n] *Ceb.* hinabi nga sinulid o naylon nga igsisikop sa isda *Eng.* net \dragnet

\trawl.

Balintuwad [n] *Ceb.* balitok \simplan *Eng.* tumble forward with face down and bottom up \a somersault \tumbling down \overturn.

Baliog [n] *Ceb.* panyo o tela nga ibaliktos sa liog *Eng.* scarf that is worn around the neck \neckcloth (see also bandana)

Balisbis [n] *Ceb.* tumoy sa pinakaubos nga bahin sa atop diin motulo ang tubig sa ulan *Eng.* Eaves.

Balisbisan [n] *Ceb.* ang natungdan sa balisbis diin mahulog ang tinulo sa tubig *Eng.* ground directly below the eaves.

Balising [adj.] *Ceb.* ambihas \balhin ngadto sa mas bantang nga puwesto pero sa pareho nga gilay-on *Eng.* oblique \sidelong \sideways \indirect \indent \shift \transfer \move \translocation.

Baliskad [n] *Ceb.* limbuwad \katumba nga nabalit-ad *Eng.* a turn about \turn upside down \a turn turtle (see also katumba)

Balita [n] *Ceb.* kasayoran sa mga panghitabo \taho *Eng.* news \report

Balitaw [n] *Ceb.* awit sa gugma *Eng.* courtship dance with singing \love song.

Balitok [n] *Ceb.* balintong nga patalikod *Eng.* back tumbling (see also katumba)

Baliwon [n] *Ceb.* tunglo gumi-kan sa pakighilawas sa kapamilya *Eng.* curse due to incest (see also baliyon)

Baliyon [adj.] *Ceb.* may relasyon nga sekswal sa kapamilya o kadugo *Eng.* incestuous

Balkon [n] *Ceb.* ang kayda sa balay *Eng.* balcony \porch.

Balo [n] *Ceb.* asawa nga patay na ang bana \bana nga patay na ang asawa *Eng.* Widow. [n] *Ceb.* lamat sa engkanto o espiritu *Eng.* charm caused by fairies or spirits \enchantment.

Balod [n] *Ceb.* bukdo ibabaw sa tubig *Eng.* wave \surf.

Balog [n] *Ceb.* bawog \balikog *Eng.* curve \arch \twist.

Balok [n] *Ceb.* panit sa kahoy nga tungog nga pangtina o pangsagol sa tuba aron mopula ug mopait \tungog *Eng.* a kind of mangrove bark used in flavoring coconut wine and for tanning hide.

Balon [n] *Ceb.* dala nga pagkaon *Eng.* provision (see also pagkaon) bawon. [n] *Ceb.* goma o plastik nga pinaburot sa hangin *Eng.* Balloon.

Baloron [adj.] *Ceb.* ingon og may balor \mahalon *Eng.* somewhat valuable. [adj.] *Ceb.* mabalod *Eng.* wavy \billowy.

Balos [n] *Ceb.* balos panimalos *Eng.* retaliation \revenge \vengeance \getting back at somebody \counterattack [n] *Ceb.* ganti *Eng.* reward \return \recompense \prize \repay. [n] *Ceb.* tubag *Eng.* answer \reply \repayment \reaction.

Balosay [adj.] *Ceb.* balosay *Eng.* reciprocal \give and take \to and pro.

Balos-balos [adj.] *Ceb.* mobuhat o mohatag sa usa'gusa *Eng.* give-and-take \reciprocal.

Balsa [n] *Ceb.* balsa *Eng.* cart pulled by buffalo, carabao, or cow. [n] *Ceb.* binugkos o tinuhog nga troso sa kahoy, bos sa kawayan, bani sa saging, o unsa pa nga puwede nga molutaw nga maoy magsilbi nga sakayan sa tubig \gakit *Eng.* improvised life raft.

Balse [n] *Ceb.* usa ka sayaw sa managpares nga magbitad-bitad *Eng.* Waltz.

Balugbog [n] *Ceb.* dulaan nga dyolins \bawugbog *Eng.* play marble.

Balukag [n] *Ceb.* ang mga tuskigon nga uhay o balahibo sa hayop, gam-onon nga brutsa *Eng.* Bristles.

Balukot [n] *Ceb.* bukot sa habol o tabon *Eng.* hiding or taking cover under the blanket \swath.

Balulong [n] *Ceb.* kulang-kulang *Eng.* half-witted \stupid (see also buangon)

Balung-balong [n] *Ceb.* barong-barong \tinakumba \payag *Eng.* a lean-to \shanty.

Balungsod [n] *Ceb.* dalin-as \dakin-as *Eng.* slip of one's footing.

Balut [n] *Ceb.* nilapwaan nga itlog sa itik nga aduna nay piso sa sulod *Eng.* hard boiled fertilized duck egg with almost fully developed embryo or chick in it \boiled fertilized duck egg.

Balwarte [n] *Ceb.* baluwarte \kuta o kampo nga gipalibotan og pader nga bato *Eng.* fort \fortress \bulwark \bastion \battlement.

Bana [n] *Ceb.* ang kapikas sa asawa *Eng.* husband \spouse \hubby (inf.). [n] *Ceb.* matikod *Eng.* notice \awareness.

Banaag [adj.] *Ceb.* hayag kaayo *Eng.* brilliant light \flashing light \bright light.

Banaba [n] *Ceb.* matang sa kahoy nga tambal ang bulak ug dahon *Eng.* banaba (see also kahoy)

Banabana [n] *Ceb.* kalkulo \karkulo \banta-banta *Eng.* estimate \estimation \approximation \valuation \conjecture \surmise. [n] *Ceb.* lalaki nga gikapuyo, inisip nga bana *Eng.* common-law husband.

Banag-banag [n] *Ceb.* danag sa sayo nga kabuntagon \basibas *Eng.* dawn \morning light \day break \day spring (poetic)

Banahon [n] *Ceb.* banahon banahonon *Eng.* Groom.

Banaw [n] *Ceb.* banaw \apaw \baganaw \danaw *Eng.* pool of water or any-thing liquid \overflow \inundation.

Banay [n] *Ceb.* pamilya \bubong *Eng.* family \household. [n] *Ceb.* kaparyentehan *Eng.* relatives \kin (see also kabanay)

Bandana [n] *Ceb.* lapad nga panyo nga ipandong sa ulo o ibangan sa liog *Eng.* bandanna \scarf (see also panyo)

Bandehado [n] *Ceb.* dako nga plato o bandeha *Eng.* big serving platter (see also plato)

Bandera [n] *Ceb.* ang tela o panapton nga gibitay sa lukon o poste *Eng.* flag \banner.

Bandido [n] *Ceb.* tulisan *Eng.* bandit \bandito \brigand \highwayman \footpad \stick-up man \robber (see also kawatan)

Bandilyo [n] *Ceb.* pahibalo nga gisinggit o pasabot sa publiko *Eng.* public announcement sent through a crier \shouting of public announcement so that the people will know \public announcement (see also abiso)

Banga [n] *Ceb.* banga \tibod \tadyaw *Eng.* big earthen or porcelain jar \crock. [adj.]

Ceb. dili hingigo *Eng.* cannot hit the mark or target \dull.

Bangag [n] *Ceb.* lungag \buho *Eng.* hole \opening.

Bangan [n] *Ceb.* higot \bug-kos \gaid *Eng.* tie \string \cord \strap \band.

Bangas [n] *Ceb.* bungot ubos sa patilya *Eng.* beard (see also bungot)

Bangaw [n] *Ceb.* ang mabu-lokon nga balangaw sa kalangitan *Eng.* Rainbow.

Bangga [n] *Ceb.* indigay *Eng.* showdown \contest (see also pag-indigay) [n] *Ceb.* bunggo \panagsugat og bangga *Eng.* crash \crush \bump \collision \impact.

Banggaan [v] *Ceb.* hasma-gan \pagbangga *Eng.* hit \bump \collide \strike \bash.

Banggera [n] *Ceb.* buta-nganan sa mga gamit sa kusina ug sa pagkaon *Eng.* window shelf for kitchen wares and utensils.

Banggi [n] *Ceb.* banggi *Eng.* break, as in stake, branch, bar, etc.

Banghag [n] *Ceb.* singhag \kalit nga pagsingka *Eng.* bawl \shout. [n] *Ceb.* ang pagpaak og kalit *Eng.* sudden bite, as a striking snake or quick bite of a dog.

Bangi [n] *Ceb.* sungi *Eng.* loggerheads \discord \mis-understanding \contradiction.

Bangil [n] *Ceb.* sangga sa

ilawom aron dili moluhag *Eng.* bridge \prop \scotch

Bangis [adj.] *Ceb.* mabangis \mapintas *Eng.* wild \ferocious \fierce \brute \brutal \cruel \violent \barbarian \barbaric \barbarous \thuggish. [adj.] *Ceb.* dili maluoy *Eng.* pitiless \merciless \unmerciful \ruthless \unkind \soulless.

Bangka [n] *Ceb.* gamay nga barko *Eng.* small ship, usually motorized (see also sakayan)

Bangkete [n] *Ceb.* salosalo sa pangaon *Eng.* banquet \feast.

Bangkil [n] *Ceb.* ang talinis nga ngipon \tango *Eng.* canine tooth \bucktooth \dogtooth \eyetooth.

Bangkito [n] *Ceb.* gamay nga bangko *Eng.* Stool.

Bangko [n] *Ceb.* depositohanan sa salapi o bahandi *Eng.* bank \vault \treasury. [n] *Ceb.* ang lingkoran nga pataas pababag *Eng.* Bench.

Bangkog [n] *Ceb.* kahingalimtanon *Eng.* Senility \decline in old age \feeblemindedness \mental infirmity.

Bangon [n] *Ceb.* bangon \bakod *Eng.* getting up \rising up.

Bangotan [n] *Ceb.* bangotan \kahisubo *Eng.* sadness \grief \misery \gloom \sorrow \woe \distress \depression \melancholy.

Bangus [n] *Ceb.* ang nasod-non nga isda sa Pilipinas, mapilakon ang himbison nga lawas, adunay daghan nga pino nga mga bukog sa kaunoran, walay ngipon ug mokaon lamang sa mga "planktons" ug mga lumot nga nanglutaw o nanubo sa tubig-tab-ang o maalan-alan nga katubigan duol sa dagat \awa \akaawa *Eng.* (sc.name: Chanos chanos) milkfish.

Banha [n] *Ceb.* banha \saba \alingugngog \alingisig \alibadyaw \alibugyaw *Eng.* noisy \rousing \loud \loud and rowdy \uproarious \clattery.

Banhaan [n] *Ceb.* banhaan \yawitan \tabian *Eng.* talkative \boisterous \vociferous \rowdy.

Banhig [n] *Ceb.* atang sa moagi *Eng.* ambush \ambuscade.

Banhod [n] *Ceb.* paminhod \binhod sa kaugatan ug kaunoran sa kalawasan diin dili na maabat ang pamati sa panghikap *Eng.* numbness \insensibility.

Bani [n] *Ceb.* balani \bakbak o panit sa punoan sa saging *Eng.* bark from the stalk of banana, abaca, and the like \leaf sheath or bark that wraps around the trunk of banana or abaca.

Banig [n] *Ceb.* hinabi nga lilas o lapnis, sagad gamiton nga panghapin sa higdaan *Eng.* woven mat \pallet.

Banilad [n] *Ceb.* dapit sa may baybayon *Eng.* coastal place \a place near the sea (see also baybayon)

Baniog [adj.] *Ceb.* baniog \ilado *Eng.* famous \renowned \well-known \widely known \great.

Banlas [n] *Ceb.* banlas *Eng.* erosion \landslide \washout [adj.] *Ceb.* banlod *Eng.* will easily erode.

Banlaw [n] *Ceb.* ang paghugas gamit ang tubig nga limpiyo \waswas \banwas *Eng.* wash \rinsing.

Banog [n] *Ceb.* langgam nga mananagit *Eng.* falcon \hawk \brahminy kite (sc.name: Haliaster indus)

Banog-banog [n] *Ceb.* dulaan nga paluparon sa kahanginan, adunay higot aron dili mapadpad *Eng.* Kite.

Banos-banos [n] *Ceb.* maghatagay sa usa'g-usa *Eng.* reciprocal \give-and-take \mutual \acting reciprocally.

Bansag [adj.] *Ceb.* bansag \bantog \sikat \inila *Eng.* renowned \noted.

Bansay [n] *Ceb.* ensayo *Eng.* exercises \training \drill.

Bansayanan [n] *Ceb.* praktisanan *Eng.* training ground \drilling ground.

Bansil [n] *Ceb.* postiso nga hinimo sa bulawan *Eng.* gold or any metallic dental jacket, brace or embedment laid on the tooth.

Bansiwag [n] *Ceb.* bansiwag \sikil \siwil *Eng.* protrusion \protuberance \outgrowth.

Bantaag [adj.] *Ceb.* diretso ug nga walay nakasalipod *Eng.* open to view \conspicuous.

Bantang [adj.] *Ceb.* tul-id sa panan-aw *Eng.* clear and straight to view (see also bantaag)

Bantawan [n] *Ceb.* bantawan *Eng.* Platform.

Bantay [n] *Ceb.* tanod \magbalantay *Eng.* watcher \watchman \lookout \overseer \guardian.

Bantilis [n] *Ceb.* usa ka bato nga matig-a \buhi nga bato *Eng.* granite stone.

Danting [n] *Ceb.* tukon sa balay *Eng.* shoring or brace installed to support the entire house from falling down.

Bantogan [adj.] *Ceb.* gibantog \baniog \sikat *Eng.* famous \renowned \well-known \widely known \great

Bantok [adj.] *Ceb.* migahi bagtok *Eng.* caked as a hardened clay or frozen water \hardened.

Banwag [n] *Ceb.* dan-ag sa kahayag \iwag *Eng.* illumination \light \searchlight \limelight \shine.

Banyo [n] *Ceb.* lawak kaligoanan *Eng.* Bathroom.

Banyos [n] *Ceb.* ang ibanyos o ipahid sa paghilot *Eng.* rubbing solution \liniment

Bao [n] *Ceb.* hayop nga gipas-an ang bagal, hinay

molihok **Eng.** Turtle.

Baog [n] **Ceb.** dili maka-paanak \dili makapamabdos **Eng.** incapable to impreg-nate, said of a man or male animal \sterile.

Bapor [n] **Ceb.** dako kaayo nga sakyanan sa dagat nga pinaandar sa inalisngaw sa pinabukal nga tubig **Eng.** steamship \steamboat \stea-mer (see also barko)

Baradero [n] **Ceb.** lugar nga ayohanan sa mga barko **Eng.** Dockyard.

Barag [n] **Ceb.** katumbahon nga porma **Eng.** tilted po-sition \inclination \slant.

Barang [n] **Ceb.** usa ka gahom o mahika nga pu-wedeng gamiton aron ma-kahatag og kadaot, sakit o pagtambal sa usa ka tawo **Eng.** a witch's curse \sor-cery \witchcraft \voodooism.

Barangay [n] **Ceb.** baryo \usa ka grupo sa managsikbit nga mga sitio o tribu nga gipamunoan sa usa ka ka-pitan del baryo **Eng.** Ba-rangay \barrio.

Barangay kapitan [n] **Ceb.** ang lider nga gipili sa kadaghanan nga mga mo-lupyo aron maoy mamuno sa ilang barangay **Eng.** ba-rangay captain \barangay chairman.

Barangay tanod [n] **Ceb.** pulis-pulis nga maoy mag-balantay sa kalinaw sa ba-rangay **Eng.** barangay po-lice.

Barat [n] **Ceb.** hilabihan kakubos kung manghangyo sa presyo **Eng.** haggler \price haggler.

Barato [adj.] **Ceb.** dili mahal **Eng.** Cheap. [n] **Ceb.** hatag gikan sa daogan **Eng.** Tip.

Baratohon [adj.] **Ceb.** barato ang kantidad o presyo **Eng.** inexpensive \low-cost \trashy \low-priced \dog-cheap.

Barbekyu [n] **Ceb.** sinugba nga tinuhog sa tirongan **Eng.** grilled meat in skewer or stick \barbecue. [n] **Ceb** kebab **Eng.** cubes or slices of marinated meat placed on skewers alternately with chunks of tomatoes, onions, bell peppers and other vege-tables, and broiled; also called shish kebab.

Bareta [n] **Ceb.** hinulma nga bara **Eng.** bar, as of soap, chocolate, etc. \bullion, as of gold.

Barikada [n] **Ceb.** ali nga giatang **Eng.** barricade \barrier.

Barikos [n] **Ceb.** ugat sa tiil o paa nga makita nga nag-burot-burot o nagbutol-butol ilawom sa panit **Eng.** va-ricose vein.

Barina [n] **Ceb.** himan nga ipambangag \panglungag nga tuyok-tuyokon **Eng.** drill \auger \gimlet.

Barkada [n] **Ceb.** higala nga kauban-uban \ang mga managhigala \mga managamigo *Eng.* gang mates \gang.

Barko [n] *Ceb.* dako kaayo nga sakyanan nga pangdagat *Eng.* ship \vessel.

Barog [n] *Ceb.* tindog \panindog \pamarog \bayhon \pamayhon *Eng.* bearing of person \stance \stature \carriage. [n] *Ceb.* ang pagbarog og tindog *Eng.* rise \getting up \standing up.

Barunday [n] *Ceb.* isda nga tamban *Eng.* rounded sardine.

Barungoy [n] *Ceb.* isda nga marungoy *Eng.* flying fish \sailfish.

Baruto [n] *Ceb.* baluto \sakayan nga kinatigan *Eng.* small outrigger boat \skiff (see also sakayan)

Basa [n] *Ceb.* nahumod \nahamogan \nahumod *Eng.* Wet. [n] *Ceb.* ang pagtanaw o paglitok sa nakasulat o nakapatik aron makuha o ipadungog ang mensahe *Eng.* Reading.

Basakan [n] *Ceb.* lapokon nga umahan sa humay \banikanhan *Eng.* rice field \paddy.

Basal [n] *Ceb.* pakang sa tambol *Eng.* Drumstick.

Base [conj.] *Ceb.* segun sa *Eng.* base on \according to \because \forasmuch \inasmuch as \on the strength of.

Basehan [n] *Ceb.* pasikaranan *Eng.* basis \premise \foundation \criterion (see also pangatarongan)

Basilika [n] *Ceb.* dako nga simbahan sa mga Romano Katoliko nga haluag kaayo ang pasilyo ug habog ang mga haligi, sagad buhaton ang mga pribilihiyoso nga mga seremonyas *Eng.* Basilica.

Basin [adv.] *Ceb.* pamasin nga *Eng.* in the hope that \perchance. [adv.] *Ceb.* tingali *Eng.* apparently \probably.

Basiyo [n] *Ceb* walay sulod *Eng.* empty \void \void of contents.

Basket [n] *Ceb* sudlanan nga hinimo sa hinabi o nilikong nga mga lapnis, bagon, nito, \hapag alambre o uway *Eng.* Basket.

Baskog [adj.] *Ceb.* lagsik \limsog \himsog *Eng.* healthy \briskly \robust \vim.

Baso [n] *Ceb* ipisan o tagayan sa ilimnon \saro *Eng.* drinking glass.

Bason [adj.] *Ceb.* balason \bunbonon *Eng.* Sandy.

Bas-oy [n] *Ceb.* sud-an nga nilapwaan nga dahon sa utanon, tinimplahan og unâ sa ginamos *Eng.* boiled leafy vegetables flavored with fish paste or briny sauce; also a soup dish made of chopped pork tenderloin with slices of ginger and scallions, poured with scoop of freshly boiled water.

Basta [conj.] *Ceb.* sa kondisyon nga *Eng.* provided that \with a condition that [exp.] *Ceb.* gayod lang *Eng.* that's it \just it \you know...

Bastos [adj.] *Ceb.* malaw-ay kung manulti o magpahayag *Eng.* foulmouthed \vulgar \scurrilous (see also kabastos)

Basura [n] *Ceb.* hugaw nga gilabog *Eng.* garbage \trash \refuse \rubbish \spoilage.

Bata [n] *Ceb.* anak sa tawo nga dili pa linghod \bagtos *Eng.* child \kid \youngster (see also anak)

Batabataon [adj.] *Ceb.* sama sa bata ang pangisip o kinaiya *Eng.* childish \immature.

Batakang balaod [n] *Ceb.* konstitusyon *Eng.* the Constitution \the fundamental law of the land.

Bat-ang [n] *Ceb.* parte sa lawas ubos sa may kiliran nga bahin sa hawak, ibabaw sa sampot \hiyod-hiyod \pangakyoran *Eng.* hip \pelvis.

Batan-on [adj.] *Ceb.* dili pa linghod ang panuigon *Eng.* young \youthful.

Batasan [n] *Ceb.* kinaiya sa pagkatawo \taras *Eng.* attitude \behavior \habit \trait \manner \custom \normal or customary behavior.

Batayan [n] *Ceb.* hawiranan

ngilit sa hagdan o balkonahe \gabayan \barendilya *Eng.* balustrade \banister \railing.

Batbat [n] *Ceb.* patim-aw sa buot ipasabot \pasabot *Eng.* explanation \exposition \clarification.

Bati [adj.] *Ceb.* malaksot *Eng.* Ugly \unpleasant \disagreeable. [adj.] *Ceb.* may daot \may diperensya \may guba *Eng.* defective \faulty.

Batid [adj.] *Ceb.* batid *Eng.* knowing \knowledgeable [adj.] *Ceb.* maantigo og maayo *Eng.* expert \experienced \proficient (see also hanas)

Batiis [n] *Ceb.* ang undanon nga parte likod sa tiil *Eng.* calf (see also bitiis)

Batikon [n] *Ceb.* ang batikulon *Eng.* Gizzard.

Batil [n] *Ceb.* batil *Eng.* whisking \beating, as egg \mixing or stirring liquid by beating.

Batingaw [n] *Ceb.* tubo sa kawayan nga panglit-ag sa alimango, ilaga, ug uban pang gagmay nga mga hayop *Eng.* bamboo tube designed for trapping crabs, rats, and other small animals \a bamboo trap.

Bato [n] *Ceb.* bagtok ug gahi nga elemento sa yuta *Eng.* stone \rock.

Bato-balani [n] *Ceb.* batobalani \magneto *Eng.* Magnet.

Batog [v] *Ceb.* pagtugpa sa

batoganan \tugdon *Eng.* alight or rest upon a perch \roost.

Batok [n] *Ceb.* pagsukol \pangontra \panukol *Eng.* resistance \defiance \rebellion \opposition.

Batya [n] *Ceb.* kahoy nga dulang *Eng.* tub \big basin.

Bawi [n] *Ceb.* kuha og balik sa gihatag *Eng.* repossession (see also bakwi)

Bayad [n] *Ceb.* kuwarta o baylo sa pinalit \balos *Eng.* payment \fee [n] *Ceb* suhol *Eng.* compensation \recompense \service fee \wage \salary.

Bayaw [n] *Ceb.* ang igsoon nga lalaki sa asawa o bana *Eng.* brother-in-law. [n] *Ceb.* isa pataas *Eng.* ascension (see also alsa)

Baybayon [n] *Ceb.* yuta daplin sa dagat \lapyahan *Eng.* seashore \seacoast \seaside \shoreline \beach \seafront \beachhead \bay \spit strand (poet)

Bayle [n] *Ceb.* romantiko nga sayaw nga magparesay *Eng.* a dance with a partner, usually romantic (see also sayaw)

Baylo [n] *Ceb.* ilis \bugti *Eng.* replacement \switch \exchange \in lieu of \barter.

Bayong-bayong [n] *Ceb.* balay-balay nga gamay kaayo *Eng.* shanty (see also payag). [n] *Ceb.* hamtong nga bata *Eng.* adolescent \youth \pubescent \juvenile

Bayot [n] *Ceb.* lalaki nga adunay kaibog nga hilawasnon sa isigkalalaki \bakla *Eng.* Homosexual.

Bayranan [n] *Ceb.* ang pagabayaran *Eng.* fee \due \bill.

Bawi [n] *Ceb.* kuha og balik sa gihatag *Eng.* repossession (see also bakwi)

Belar [n] *Ceb.* pagtukaw sa kagabhion \pagminata magbuntag *Eng.* wake \vigil.

Belo [n] *Ceb.* tabon pasalipod sa ulo o nawong *Eng.* Veil \yashmak.

Bendisyon [n] *Ceb.* panalangin *Eng.* Blessing \benediction.

Bendita [n] *Ceb.* sagrado nga tubig *Eng.* The Holy Water of the Catholic Church.

Bendita sa lukay [n] *Ceb.* Dominggo sa Lukay nga saulogon sa adlaw nga Dominggo, sinugdanan sa Semana Santa *Eng.* Palm Sunday celebrated by the Catholic Church on Sunday at the start of the Holy Week.

Bentaha [adj.] *Ceb.* dili makadaot \makaayo *Eng.* advantageous \favorable (US) \favourable (Brit.)

Bentahoso [adj.] *Ceb.* mapalabwon kay sa uban *Eng.* taking advantage.

Beranda [n] *Ceb.* lantawanan sa ibabaw nga bahin sa balay *Eng.* veranda \terrace.

Berde [n] *Ceb.* lunhaw nga bulok *Eng.* green color \green (see also bulok)

Beriberi [n] *Ceb.* balatian sa panghupong tungod nga kulang ang bitamina B sa lawas *Eng.* Beriberi.

Bernes [n] *Ceb.* ikaunom nga adlaw sa semana diha sa kalendaryo *Eng.* Friday (see also adlaw)

Beto [n] *Ceb.* ang dili pag-aprobar sa gipasa nga bala-oron *Eng.* Veto.

Biaybiay [n] *Ceb.* tamay \pakaulaw *Eng.* mockery \jeering \ridicule \sarcasm.

Biberon [n] *Ceb.* botelya nga patutoyan sa bata *Eng.* feeding bottle (see also botelya)

Bibi [n] *Ceb.* itik *Eng.* Duck [n] *Ceb.* ngilit sa baba sa sudlanan *Eng.* the edge along the mouth of a jar, bottle, or basket \brim.

Bibingka [n] *Ceb.* bugas ginaling nga hinurno sa pugon *Eng.* Philippine native rice cake, a mixture of rice flour, coconut cream, coconut wine (tuba) and sugar, mixed together and cooked in oven, the special kind has whole egg, salted egg, or chunk of cheese added on top \devil's food cake.

Bibliya [n] *Ceb.* ang balaan nga libro sa mga Kristiyano *Eng.* Bible.

Bida [n] *Ceb.* ang bayani sa sugilanon *Eng.* Hero. [n] *Ceb.* babaye nga bida *Eng.* Heroine.

Bidhan [adj.] *Ceb.* hayop nga nagmabdos og daghan nga itlog *Eng.* spawn bearing.

Bidli [n] *Ceb.* ngilngig sa lami *Eng.* taste of being cloyed \surfeit.

Bidlisiw [n] *Ceb.* silaw sa kahayag *Eng.* ray (see also kahayag)

Bidyo [n] *Ceb.* sapang nga igsisikop sa isda *Eng.* harpoon \spear for fish [n] *Ceb.* ang larawan sa pasalida *Eng.* Video.

Biga [n] *Ceb.* pangulag sa babaye *Eng.* coquettish-ness \flirting.

Bigaon [n] *Ceb.* unaunahon og pangulag *Eng.* flirty \flirtatious \sexually provoc-ative \coquettishness (see also ulagan)

Bigote [n] *Ceb.* ang bungot taliwala sa ilong ug baba *Eng.* mustache \whisker (see also bungot)

Bihag [n] *Ceb.* manok nga dinag-an sa sabong *Eng.* a cock defeated in a cockfight and became part of the prize won by the owner of the winning cock \prize cock [n] *Ceb.* ang nadakop \dinak-pan *Eng.* Captive.

Bikaka [n] *Ceb.* bikangkang sa gunting, tiil o paa *Eng.* opening of scissors or legs wide apart.

Bikang [n] *Ceb.* dako nga lakang *Eng.* wide step or spread of legs.

Bikil [n] *Ceb.* babag segun sa balaod *Eng.* legal impediment \encumbrance [n] *Ceb.* ang makasabod *Eng.* snag \catch \tangle.

Biko [n] *Ceb.* luto nga bugas pilit nga kinamayan *Eng.* glutinous rice cooked in coconut cream with lots of sugar.

Bikog [n] *Ceb.* panakit ug panggahi sa kaunoran \pamikog \kalambri \himbig *Eng.* stiffness of muscles \muscle cramp \cramp \muscular spasm \tennis muscle.

Biktima [n] *Ceb.* ang nahiagom *Eng.* prey \victim.

Bilahan [n] *Ceb.* bahin sa lawas diin nahimutang ang kinatawo *Eng.* crotch \groin.

Bilanggo [n] *Ceb.* priso *Eng.* prisoner \detainee \inmate \convict.

Bilanggoan [n] *Ceb.* prisohan *Eng.* jail \prison \lockup \penitentiary \correctional \detention camp.

Bilas [n] *Ceb.* kalabotan o panagparyente sa mga bana o mga asawa sa magsoon *Eng.* relative by affinity.

Bilbil [n] *Ceb.* buy-ay *Eng.* Belly.

Bildo [n] *Ceb.* ang mabuong sama sa *Eng.* kristal glass (see also salamin)

Binagos [n] *Ceb.* kinagos *Eng.* whittling waste \parings.

Binaklid [n] *Ceb.* gigapos ang tiil ug kamot nga patalikod *Eng.* a hog-tie.

Binastos [adv.] *Ceb.* sa kawalay pagtahod *Eng.* rudely \discourteously \disrespectfully \impolitely \unmannerly way \vulgarly. [adv.] *Ceb.* sa kawalay pagrespeto sa diyos o mga balaan *Eng.* blasphemously \sacrilegiously \impiously.

Binat [n] *Ceb.* ang pagbitad aron modako, motaas, o molapad *Eng.* stretch \expansion.

Binata [adv.] *Ceb.* sa kinaiya o pamaagi nga iya sa bata *Eng.* Childishly.

Binhi [n] *Ceb.* liso nga igpupugas *Eng.* seeds for seeding \seeds for sowing in the field.

Binhod [n] *Ceb.* paminhod sa kaunoran ug kaugatan \kawala sa pamati sa panghikap *Eng.* numbness \insensibility.

Binignit [n] *Ceb.* linugaw nga pilit nga may tuno sa lubi, inasukaran, sinagolan og mga prutas ug mga lagutmon sama sa gabi, kamote, ugbp. *Eng.* glutinous rice porridge with coconut cream, blended with some fruits and root crops like yam, sweet potato, and the like, sweetened with sugar.

Binirahay [n] *Ceb.* binirahay *Eng.* tug-of-war \pulling each other's end.

Binitay [n] *Ceb.* ang nilam-bitin \binitin *Eng.* something that hangs down.

Bino [n] *Ceb.* ilimnon nga makahubog *Eng.* wine \liquor \spirit \alcoholic drink (see also alak)

Bintana [n] *Ceb.* lantawanan sa balay *Eng.* Window.

Binuang [adj.] *Ceb.* dili tinarong *Eng.* nonsense \folly \preposterous \unwise \spoof \nonsensical \foolish \silly \frivolous (see also kabuang)

Binuga [n] *Ceb.* nilagsik sa pagbuga *Eng.* ejected matter (see also binugwak)

Binugwak [n] *Ceb.* nilugwa nga misupot *Eng.* ejecta \emission.

Binugkal [n] *Ceb.* dinaro \binungkag nga yuta pero wala tamni *Eng.* plowed \ploughed (Brit.) \fallow land.

Binugok [adj.] *Ceb.* kuaw, sama sa itlog nga wala mapiso kay daoton *Eng.* spoiled as rotten eggs (see also bugok)

binuhat [n] *Ceb.* nilalang *Eng.* creature \creation \being \entity. [adj.] *Ceb.* hinimo o ginama sa kamot *Eng.* hand-made \artifact.

Binuhat-buhat [adj.] *Ceb.* dili tinuod kay hinimohimo lamang *Eng.* fabricated \fictitious dili tinuod kay. [adj.] *Ceb.* walay basehan *Eng.* baseless [n] *Ceb.* hinimohimo lamang *Eng.* fabri-

cated \fictitious.

Binuhi [adj.] *Ceb.* ginalam nga hayop *Eng.* domesticated \cultured.

Binulad [adj.] *Ceb.* pinauga sa pagbulad *Eng.* Dried.

Birig [n] *Ceb.* ibid-ibid nga pamarayeg ngadto sa gipanguyaban, ingon og sunoy nga mosayaw paduol sa babaye nga manok *Eng.* gesture of courtship \courtship dance \wooing gesture \cock's amorous attention to a hen.

Bisagra [n] *Ceb.* ang sabitan sa sira sa pultahan aron motabyog kung isira o ablihan \misagra *Eng.* Hinge.

Bisan [adv.] *Ceb.* sa walay pagtagad nga *Eng.* Though.

Bisaya [n] *Ceb.* Bisaya *Eng.* the Visayan people, mainly composed of Cebuano (Sugboanon), Hiligaynon (Ilonggo), Waray (Waray-waray), Boholano (Bul-anon) \a native of Visayas \a Visayan or any habitual speaker of Visayan dialect though they live outside the Visayan territory, such as most of the Mindanawanon, Palawanon, and Masbateño.

Bisayas [n] *Ceb.* ang mga isla sa kinatung-an nga parte sa arkipelago sa Pilipinas *Eng.* Visayas, the group of islands found in the middle part of the Philippine archipelago that is consists of the following islands: Visayas is composed of the following three regional political territories.

Bisbis [n] *Ceb.* ang pagpatak og daghan nga tubig \ang pagbubo og tubig sa tanom *Eng.* sprinkling of water, shower \watering of plants.

Bisdak [adj.] *Ceb.* minubo sa "Bisaya nga dako" *Eng.* pure Visayan, commonly referring to a native in Visayas islands \big Visayan.

Biseklita [n] *Ceb.* sakyanan nga duhay ligid, padaganon pinaagi sa pagbanyak sa pedal *Eng.* bicycle \bike.

Bisgo [n] *Ceb.* ang hinilakan sa bata nga may sakit o gisapot *Eng.* restless cry of a sick or irritated child \tantrum.

Bisita [n] *Ceb.* ang miduaw *Eng.* visitor \guest.

Biskwet [n] *Ceb.* gagmay, lagpad, nigpis, ug tagumkom nga tinapay *Eng.* biscuit \cracker.

Bisong [n] *Ceb.* bilat sa babaye *Eng.* vagina (see also babaye)

Bisperas [n] *Ceb.* ang adlaw yuna pa ang kahulgan sa kasaulogan o buluhaton \kasingabotan *Eng.* the day before \advent (see also adlaw) \the day before the actual day of celebration or festivity.

Biste [n] *Ceb.* sapot *Eng.* dress \clothing \clothes

\apparel \garments.

Bisteda [n] *Ceb.* taas nga sapot pambabaye, halos motugkad sa salog ang gitas-on *Eng.* gown (see also sinina)

Bisyo [n] *Ceb.* nabatasan nga dili maayo nga hilig o buluhaton \hilay *Eng.* Vice \Vices.

Bisyoso [adj.] *Ceb.* mahilig sa bisyo \mahilayon *Eng.* Vicious.

Bitad [n] *Ceb.* bunlot nga pakalit ug palabnot *Eng.* Yank \pull \traction

Bitaw [adv.] *Ceb.* sa tinuoray lang *Eng.* Really.

Bitay [adj.] *Ceb.* layo na ang biya sa puntos \naulahi *Eng.* left behind \far behind \loft for behind \lagging.

Bitay-bitay [n] *Ceb.* dayandayan nga nagbitay \ang gibitay nga adorno *Eng.* hanging decoration.

Bitbit [n] *Ceb.* ang dala sa kamot *Eng.* hand-held item \hand carried item.

Bitiis [n] *Ceb.* ang parte likod sa tiil, taliwala sa lukon-lukon ug tikod *Eng.* lower leg \shank (see also tiil).

Bitik [n] *Ceb.* lit-ag *Eng.* Trap \lasso \snare \meshes.

Bitin [n] *Ceb.* halas *Eng.* snake (see also halas)

Bitok [n] *Ceb.* wati nga nabuhi sulod sa tinai sa buhi nga tawo o hayop *Eng.* intestinal worm.

Bitoon [n] *Ceb.* ang makislapon nga mga tuldok sa

kalangitan nga makita sa gabii **Eng.** Star.

Biya [n] **Ceb.** biya **Eng.** abandonment \leaving behind \desertion. [adj.] **Ceb.** nabiyaan na sa puntos, gidaghanon o gilay-on **Eng.** outdistanced \behind \lagging behind.

Biyaan [v] **Ceb.** pagbilin aron dili mauban **Eng.** left \left behind.

Biyahe [n] **Ceb.** panaw \ang pag-adto sa lain nga lugar **Eng.** travel \trip \journey \tour. [n] **Ceb.** lakat **Eng.** appointment \a business to be attended somewhere.

Biyahedor [n] **Ceb.** ang biyahero paingon sa lain nga lugar **Eng.** traveler \journeyer \rover.

Biyernes [n] **Ceb.** ikaunom nga adlaw sa semana diha sa kalendaryo **Eng.** Friday.

Biyernes santo [n] **Ceb.** ang adlaw nga Biyernes sa kuwaresma, kasumaran sa pagkamatay ni Hesukristo **Eng.** Good Friday (see also adlaw)

Biyoleta [n] **Ceb.** bulok nga pula ug asul **Eng.** violet.

Biyuda [n] **Ceb.** namatay na ang bana **Eng.** the widow.

Biyudang-buhi [n] **Ceb.** babaye nga binulagan sa bana **Eng.** grass widow.

Biyudo [n] **Ceb.** ang namatyan na og asawa **Eng.** the widower.

Boda [n] **Ceb.** sapot sa kaslonon nga babaye **Eng.** wedding gown.

Bodega [n] **Ceb.** balay o lawak nga tipiganan sa produkto o kagamitan **Eng.** storage \warehouse \barn \byre \lockup.

Bokal [n] **Ceb.** ang mga titik nga may tunog **Eng.** vowel \the Visayan vowels are: a, e, i, o, u

Boksidor [n] **Ceb.** ang manunula sa boksing **Eng.** boxer

Bola [n] **Ceb.** ang dulaan nga linginon, sagad pinaburot sa hangin **Eng.** Ball.

Bolitas [n] **Ceb.** gagmitoy nga bulang puthaw **Eng.** ball bearing.

Bombero [n] **Ceb.** ang tagapatay sa sunog **Eng.** fireman \firefighter.

Bongbong [n] **Ceb.** ang salipod palibot sa lawak o balay **Eng.** Wall.

Bonus [n] **Ceb.** hinatag nga pasobra o libre **Eng.** Bonus.

Borda [n] **Ceb.** desinyo nga tahi sa tela **Eng.** Embroidery.

Bosal [n] **Ceb.** bangan sa baba aron dili makatingog o makapaak **Eng.** gag \muzzle.

Bosero [n] **Ceb.** ang mamboboso sa tubig **Eng.** scuba diver \deep water or deep sea diver. [n] **Ceb.** manglilili og hubo nga lawas, naghukas sa sapot, kinatawo, o naghilawasay **Eng.**

peeping tom \prying watcher \someone who peep or peek somebody else.

Boso [n] *Ceb.* ang pagsalom ilawom sa tubig nga magdala og tangke sa hangin ug magsul-ot og antipara *Eng.* scuba diving [n] *Ceb.* ang paghiling og tan-aw o paglili diha sa buslot o lungag *Eng.* maliciously watching somebody through a hole or slit \peek.

Botelya [n] *Ceb.* sudlanan nga bildo, gamay ang lungag sa baba *Eng.* Bottle.

Botika [n] *Ceb.* baligyaanan sa mga tambal o medisina *Eng.* Drugstore \ pharmacy.

Boto [n] *Ceb.* ang listahan sa gipili sa botante *Eng.* Vote. [n] *Ceb.* lagay *Eng.* penis (see also lalaki)

Bowa [n] *Ceb.* bula \burot sa tubig *Eng.* Bubble.

Boy [n] *Ceb.* sulugoon nga lalaki *Eng.* male helper or laborer \errand boy \copyboy \footman.

Boya [n] *Ceb.* palutaw sa tubig o dagat *Eng.* Buoy

Bra [n] *Ceb.* sapin o panangga sa tutoy *Eng.* Bra.

Braso [n] *Ceb.* itaas nga parte sa bukton *Eng.* upper arm.

Brutsa [n] *Ceb.* igduduhig o pamahid nga mga uhay sama sa balahibo o nylon *Eng.* brush \whisk.

Buang [adj.] *Ceb.* walay sakto nga pangisip \kulokoy \kulongo \hanggaw \amaw \nabiyog *Eng.* insane \mad \lunatic \crack-brained \idiot \crazy \deranged \fool \moonstruck \inane \madman \idiot \mentally retarded \moron.

Buangon [adj.] *Ceb.* kulang-kulang sa pangisip *Eng.* feeble-minded \nutty \idiot \screwy \simpleton \moron \moronic \lumpish \crackpot \donkey \bird-brained \muttonhead \distracted \dunce \bobby \nitwit (inf.) \juggins (inf.) \daffy (Colloq.) \berk (Brit. slang) \dumbbell (inf.)

Buaya [n] *Ceb.* hayop nga banghitaw *Eng.* alligator \crocodile \croc \mugger (Ind.). [n] *Ceb.* ang kurakot \kilkilero \kutongero *Eng.* corrupt person \a person in authority who mulcts those who ask for an illicit favor.

Buayahon [adj.] *Ceb* sama sa buaya *Eng.* crocodile-like \alligator-like.

Bubho [n] *Ceb.* sabon panglinis sa buhok *Eng.* Shampoo.

Bubo [n] *Ceb.* ang pagyabo sa sulod \hulad \huwad *Eng.* pouring out, as of water or anything liquid from the container \emptying of contents out \dumping of rubbish out.

Budbod [n] *Ceb.* ang pagbubod sa higot *Eng.* spooling \reeling \winding

[n] *Ceb.* niluto nga bugas pilit ug tuno sa lubi nga nilikit sa dahon *Eng.* rice stick rolled and usually wrapped in banana leaf, the delicacy is a mixture of glutinous rice, coconut cream, and salt \rolled gelatinous rice. Budbod is more elongated in shape and wrapped in an assortment of leaves.

Budboran [n] *Ceb.* ang buboran *Eng.* reel \spool.

Budhi [n] *Ceb.* ang pagtraydor \luib \lipot *Eng.* betrayal \unfaithfulness \disloyalty.

Budlay [adj.] *Ceb.* makapoy kaayo nga trabaho \makalapoy makahago *Eng.* tiring \tiresome \arduous \strenuous \laborious.

Budlis [n] *Ceb.* tudlis nga guhit sa kahayag *Eng.* streak \fine stripe.

Budlisiw [n] *Ceb.* sidlak sa adlaw *Eng.* ray of sunlight \sunrays \beam of light.

Budlot [adj.] *Ceb.* budlat ang mata *Eng.* having a popping or bulging eyes.

Budyong [n] *Ceb.* bosina sa sakyanan *Eng.* horn \honk. [n] *Ceb.* bagal sa kinhason nga lagang *Eng.* shell of conch. [n] *Ceb.* labong nga pagtubo *Eng.* bloom \flourish.

Buga [n] *Ceb.* bato nga lapok *Eng.* stone made of naturally hardened clay. [n] *Ceb.* bugwak sa gininhawa *Eng.*

belching of breath.

Bugal-bugal [n] *Ceb.* yaga-yaga nga nakatamay o nakadaot sa pagbati o pag-katawo \biaybiay \yubit *Eng.* mockery \ridicule.

Bugal-bugalon [adj.] *Ceb.* mayubiton \matamayon \mabiaybiayon *Eng.* mocking \sarcastic \insulting

Bugan [n] *Ceb.* ang parte sa paa ngilit sa kinatawo o bilahan \bulugan *Eng.* inner thigh \crotch.

Bugang [n] *Ceb.* balili nga tag-as kaayo ug dapawon ang dahon *Eng.* reed (see also kasagbotan)

Bugas [n] *Ceb.* unod sa humay, trigo, sebada, mais ug uban pa nga mga lugas nga gipanitan na sa tahop *Eng.* hulled kernel of rice grain, wheat, barley, corn, and some other hulled grains \hulled grain. [n] *Ceb.* ginaling nga mais *Eng.* corn grits \milled corn \corn meal.

Bugas-bugas [n] *Ceb.* gagmay nga butol-butol sa panit sa nawong *Eng.* pimple \acne. [n] *Ceb.* bugas-bugas nga may nana *Eng.* pustule (Med.)

Bugason [adj.] *Ceb.* may bugas sa nawong *Eng.* pimply \having acne \having pimples.

Bugas-pilit [n] *Ceb.* matang sa humay nga magpilit-piltt ang unod kung maluto *Eng.* glutinous rice \gelatinous rice

Bug-at [adj.] *Ceb.* dili gaan \antog kaayo \maantog \ugdang *Eng.* heavy. [adj.] *Ceb.* undanon sa katarongan *Eng.* forceful and to the point \very convincing in argument.

Bug-at bug-at [adj.] *Ceb.* dili kaayo bug-at *Eng.* little heavier \somewhat heavy.

Bug-at og nawong [adj.] *Ceb.* mug-oton og dagway \nagmug-ot *Eng.* grim-faced.

Bugaw [n] *Ceb.* tabog palayo \pamugaw sa hayop *Eng.* driving away of animals \shooing. [n] *Ceb.* ang paraghanyag sa mga burikat ngadto sa mga parokyano *Eng.* act of pimping \peddling a prostitute to a would-be customer.

Bugay [n] *Ceb.* ang bahandi o kantidad nga ihatag ngadto sa mga ginikanan sa pangasaw-onon *Eng.* valuable gift for the bride-to-be and to her parents \dowry, \coins which bridegroom gives to bride at marriage ritual.

Bugdo [n] *Ceb.* bugdo \bukdo *Eng.* bulge \protrusion \hump (see also bukdo)

Bugha [n] *Ceb.* pamugha sa kahoy \pagsiak sa kahoy *Eng.* chopping the wood \splitting the wood.

Bughat [n] *Ceb.* pagsugmat sa sakit \balik-utro sa balatian *Eng.* Relapse.

Bughaw [adj., n.] *Ceb.* asul nga bulok *Eng.* blue (see also bulok)

Buging [n] *Ceb.* gagmay nga puso o bunga sa mais *Eng.* small ear of corn.

Bugirit [n] *Ceb.* bugirit *Eng.* boastful \showy \braggart \bragging \flaunty \flashy \flamboyant \pompous \haughty \garish.

Bugkos [n] *Ceb.* higot *Eng.* tie \fastener \cord \strap (see also bangan)

Bugna [n] *Ceb.* butyag \panug-an \pamutyag *Eng.* revelation \disclosure \exposé

Bugnaw [adj.] *Ceb.* kamig \nangamig \tigni \tignaw *Eng.* cold \chilly. [adj.] *Ceb.* walay gana *Eng.* indifferent \cold \nonchalant.

Bugnaw nga buot [adj.] *Ceb.* walay sapot ang buot *Eng.* serene \cool tempered.

Bugnay [n] *Ceb.* kahoy nga lignginon ug gagmitoy ang bunga, sibaonon sa mga langgam *Eng.* spreng (Bot., sc.name: Antidesma bunius)

Bugno [n] *Ceb.* dinumogay *Eng.* scuffle \affray \scrimmage \action. [n] *Ceb.* pakigbisog *Eng.* struggle (see also away)

Bugnot [n] *Ceb.* lagnot *Eng.* pulling away from one's grip or hold \grabbing away (see also bunlot)

Bugo [adj.] *Ceb.* dili dayon makasantop \bulok \bulalo

Eng. dull \slow learner \slow witted \unintelligent \bone-headed (id.)

Bugok [adj.] **Ceb.** bugok **Eng.** dunce \dullard \numb-skull \numskull \fathead \empty-headed \fuddy-duddy (inf.) [n] **Ceb.** itlog nga daot **Eng.** rotten egg.

Bug-os [adj.] **Ceb.** walay kulang \tibuok **Eng.** whole \complete number, shape, or size \grossly \entirely \totally

Bugoy [n] **Ceb.** dili buotan **Eng.** bad boy \ill-mannered person \scoundrel (see also maldito). [n] **Ceb.** tawo nga walay pulos **Eng.** scamp \scalawag, [adj.] very naughty \mischievous \toughie \rogue \boorish \bullish.

Bugoyon [n] **Ceb.** maldi-tohon **Eng.** ill-mannered.

Bugsay [n] **Ceb.** lapad nga pangkabig sa tubig aron molarga ang sakayan **Eng.** oar \scull \paddle.

Bugti [n] **Ceb.** ang baylo sa utang o hatag \ilis **Eng.** swap \exchange \collateral replacement \switch (see also puli)

Bugto [n] **Ceb.** putol \hagtos **Eng.** break \disconnection \cut.

Bugtong [n] **Ceb.** usa lamang \wala nay lain \nag-inusara **Eng.** alone \sole \solo \single-handed. [adv.] **Ceb.** lamang **Eng.** Only.

Bugwal [n] **Ceb.** bungkag sa yuta **Eng.** plough \breaking up of the ground.

Buhagay [n] **Ceb.** dako ug kusog nga pag-agas **Eng.** pouring forth \gush \effusion.

Buhaghag [adj.] **Ceb.** dili hapsay \kalkag **Eng.** Un-kempt. [n] **Ceb.** dali nga mapulpog **Eng.** friable \ea-sily pulverized.

Buhakhak [n] **Ceb.** katawa nga walay pugong-pugong **Eng.** loud laugh \guffaw \gale (inf.)

Buhat [n] **Ceb.** trabaho **Eng.** act \deed.

Buhatonon [n] **Ceb.** bulu-haton **Eng.** things to do \assignment \task.

Buhawi [n] **Ceb.** nagtuyok-tuyok nga unos, kusog kaayo **Eng.** hurricane \waterspout.

Buhi [adj.] **Ceb.** adunay kinabuhi **Eng.** alive \live \living \active \on the hoof. [n] [v] **Ceb.** pagtangtang sa higot \paglibre **Eng.** release \set free.

Buhion [v] **Ceb.** paghatag kinabuhi \pagbanhaw **Eng.** vivify \give life \resurrect \raise from the dead.

Buhis [n] **Ceb.** ang parte sa kinitaan o abot nga ihatag ngadto so gobyerno **Eng.** Tax. [n] **Ceb.** taripa **Eng.** tariff \duty.

Buho [n] **Ceb.** lungag \buslot **Eng.** hole (see also bangag)

Buhok [n] **Ceb.** mga uhay sa balahibo nga mitubo sa ulo

Eng. hair (see also balhibo)

Buhong [n] *Ceb.* puno sa \abunda sa *Eng.* affluent \self sufficient \opulent.

Buhos [v] *Ceb.* bubo sa sulod \hulad \pagpaawas *Eng.* Pour.

Buhot [n] *Ceb.* buga sa aso *Eng.* puff of smoke \thick smoke.

Buka [adj.] *Ceb.* dili sirado *Eng.* open \spreading out to open \unfolding \stretching out to open \open wide out (see also buliskad)

Bukad [n] *Ceb.* ang pagpanguha sa unod sa lagutmon gikan sa ilawom sa yuta *Eng.* harvesting of root crops.

Bukag [n] *Ceb.* dako nga basket *Eng.* big and wide wicker basket.

Bukal [n] *Ceb.* bulabula sa tubig gumikan sa kainit *Eng.* boiling of water.

Bukas [adj.] *Ceb.* bukas *Eng.* Open. [n] *Ceb.* bulkas *Eng.* gathering of clothes from the clothesline \collecting what is being dried under the sun.

Bukbok [n] *Ceb.* insekto nga mokutkot sa kahoy *Eng.* bugs that digs and gnaws bamboo, timber and wood \wood louse \furniture beetle [n] *Ceb.* pangastigo *Eng.* the act of beating \beating \mauling \maltreatment (see also kastigo)

Bukdo [n] *Ceb.* bugdo *Eng.*

bulge \hump. [n] *Ceb.* burot \butoy \huboy *Eng.* swell \swelling (see also hubag)

Bukhad [n] *Ceb.* ang pagbukhad sa pinilo *Eng.* unfolding \folding out.

Bukid [n] *Ceb.* higante nga bungtod sa yuta *Eng.* mountain \upland.

Bukid-bukid [n] *Ceb.* dili tinuod nga bukid *Eng.* fake mountain \simulation of a mountain.

Bukidnon [adj.] *Ceb.* binukid *Eng.* rustic \rural. [n] *Ceb.* molupyo sa bukid *Eng.* mountaineer \highlander.

Buko [n] *Ceb.* tinakdoan parte sa punoan sa kawayan, tubo, uway, etc. *Eng.* node \knot.

Bukobuko [n] *Ceb.* ang kabukogan sa likod *Eng.* backbone \spine \spinal column (see also bukog)

Bukog [n] *Ceb.* mga parte sa kalabera \kalabera sa lawas *Eng.* Bone \bakagan \skeleton (see also kalabera)

Bukogon [n] *Ceb.* mimarka na ang mga bukog sa kaniwang *Eng.* skin and bone \thin and bony.

Bukong [n] *Ceb.* binuongan sa lubi *Eng.* coconut husk with split coconut shell still intact with the husk. [n] *Ceb.* ang pag-ipsot sa pagbayad sa pamasahe *Eng.* the act of evading to pay the transportation fare after riding a passenger car \non-payment of fare.

Bukot [n] *Ceb.* tabon o tago ilawom sa habol *Eng.* swaddling with blanket \hiding in a blanket.

Bukton [n] *Ceb.* ubos nga parte sa kamot *Eng.* arm \forearm \lower arm \fore-limb. [n] *Ceb.* bukton sa sinina *Eng.* Sleeve.

Bukya [adj.] *Ceb.* bulbog sa dagat, hayop nga masilhag, humokon, ug walay bukog ang lawas *Eng.* Jellyfish.

Bula [n] *Ceb.* bola nga tubig \burot-burot *Eng.* Bubble [n] *Ceb.* pasan sa pagkarga *Eng.* tossing up the load \help lifting the load.

Bulad [n] *Ceb.* ang pinauga o binulad sa adlaw *Eng.* something that is sun-dried (see also binulad)

Bulag [n] *Ceb.* dili na manag-uban \nagkabúlagay *Eng.* separate \apart \autonomous \disunited.

Bulagaw [adj.] *Ceb.* buwag-aw ang bulok \bulaw *Eng.* Blonde.

Bulahan [adj.] *Ceb.* palaran \masuwerte *Eng.* fortunate \lucky \prosperous \blessed. [n] *Ceb.* prutas nga lan-sones *Eng.* lanzon tree and its fruit \lanzones.

Bulak [n] *Ceb.* mabulokon mugna sa tanom *Eng.* flower \blossom.

Bulakbol [n] *Ceb.* estu-dyante nga dili mosulod sa

klase kay laagan *Eng.* a student who wanders around instead of attending classes at school.

Bulalakaw [n] *Ceb.* nag-kalayo nga bato sa kala-ngitan nga nahulog *Eng.* meteor \meteorite \shooting star.

Bulalo [adj.] *Ceb.* bugo *Eng.* dull (see also bugo). [n] *Ceb.* kinhason nga mura og dako nga sigay *Eng.* cyprea tigris.

Bulan [n] *Ceb.* planeta nga naglibot-libot sa kalibotan o uban nga planeta *Eng.* moon \satellite. [n] *Ceb.* bahin sa tuig nga katloan ka adlaw \ang usa sa dose ka mga bulan sa tuig *Eng.* Month.

Bulang [n] *Ceb.* tari sa manok nga panabong *Eng.* gaff \steel spur of gamecock

Bulangan [n] *Ceb.* lugar diin magsabongay ang mga ma-nok *Eng.* cockpit \cockpit arena.

Bulanghoy [n] *Ceb.* kamo-teng kahoy *Eng.* cassava (see also kalibre)

Bul-anon [adj., n] *Ceb.* taga-Bohol *Eng.* native from Bohol island \Boholano (see also bisaya)

Bulaon [adj.] *Ceb.* may bula *Eng.* bubbly \foamy \lathery.

Bulaos [n] *Ceb.* turok sa binhi *Eng.* sprout \germi-nation (see also binhi)

Bulasot [n] *Ceb.* kahulog sa

lungag \buwasot **_Eng._** shooting or slipping something through the hole \slipping one's footing into the hole \a shoot in the hole.

Bulaw [adj.] **_Ceb._** bulaw **_Eng._** golden color \bright yellow \blonde \ruddy \crimson

Bulawan [n] **_Ceb._** bato nga oro \buwawan \aurum **_Eng._** Gold.

Bulawanon [adj.] **_Ceb._** bulawanon **_Eng._** Golden.

Bulhog [adj.] **_Ceb._** buta ang usa ka mata **_Eng._** wall-eyed \blind in one eye.

Bulhot [n] **_Ceb._** buga \huyop **_Eng._** blow \emission with force.

Buli [n] **_Ceb._** ang tanom nga buri, lig-onon og dahon **_Eng._** a buri palm. [n] **_Ceb._** igot-igot sa lubot \butbot **_Eng._** buttock \rump \coccyx.

Bulibod [n] **_Ceb._** balikis \balikos **_Eng._** curl around \coil \entwine \convolution \volute \wind \spiral. [n] **_Ceb._** laid sa asukal, asin o pinulbos nga igsasagol **_Eng._** sprinkling with or rolling on grain of sugar, salt, or powdered ingredients.

Bulig [n] **_Ceb._** tabang **_Eng._** aid \assistance \backing \help \support \relief. [n] **_Ceb._** pungpong sa bunga **_Eng._** bunch of big fruits as in banana and coconuts.

Bulikat [n] **_Ceb._** bukitkit **_Eng._** probing an opening, such as wound, eye, pocket, etc. by stretching it or by turning it inside out.

Bulinaw [n] **_Ceb._** matang sa isda nga gagmitoy **_Eng._** anchovy (sc.name: Stolephornus commersonii) \long-jawed anchovy (see also isda)

Buling [n] **_Ceb._** hugaw \mulitsing **_Eng._** grime \smudge \smut \soil \dirt.

Bulinggit [n] **_Ceb._** hubag o butoy ngilit sa pilok sa mata \buyinggit \buwinggit **_Eng._** stye (see also hubag)

Bulingon [adj.] **_Ceb._** hugawon \himion **_Eng._** dirty \soiled \smutty \smeared \untidy.

Bulintang [n] **_Ceb._** katumba nga pahagba **_Eng._** tumbling down \a sudden fall or collapse \a collapse of \toppling off \overturn.

Buliskad [n] **_Ceb._** pamuliskad **_Eng._** bloom \efflorescence \full flowering (see also bukhad). [n] **_Ceb._** balit-ad **_Eng._** turning inside out

Bul-og [n] **_Ceb._** dako o kusog nga agos sa tubig **_Eng._** onrush of water, as flood \gush \surge \current.

Bulok [adj.] **_Ceb._** hinayon og panabot **_Eng._** dull \dullard (see also bugo). [n] **_Ceb._** kolor **_Eng._** color (US) \colour (Brit) \hue.

Bulos [n] **_Ceb._** panimawos **_Eng._** payback \response

\vengeance (see also pani-malos). [n] *Ceb.* regla *Eng.* menstruation \mense (see also dinugo)

Bulsa [n] *Ceb.* puyo sa sapot nga suksokan o buta-nganan *Eng.* pocket \pouch.

Buluhaton [n] *Ceb.* tra-bahoon \gimbuhaton *Eng.* work \task \duty \function \toil \assignment \field work \project \routine \undertaking \vocation.

Bunal [n] *Ceb.* bunal *Eng.* beat \beating \clubbing \beating (see also puspos)

Bunbon [n] *Ceb.* bato nga pino kaayo ang grano *Eng.* Sand.

Bundak [n] *Ceb.* pusdak *Eng.* dropping something heavily on the ground.

Bundak sa tingog [n] *Ceb.* sulti og pakalit aron pag-pakita og importansya *Eng.* stress \accentuate.

Bundak-bundak [n] *Ceb.* pagsige og dakdak *Eng.* successive stamping or slamming.

Bunga [n] *Ceb.* abot sa tanom o kahoy *Eng.* Fruit. [n] *Ceb.* produkto *Eng.* Product.

Bungag singot [n] *Ceb.* butoy-butoy sa panit nga makatol tungod sa pag-siningot *Eng.* prickly heat.

Bung-aw [n] *Ceb.* ngilit sa pangpang o bakilid nga nag-dungaw *Eng.* overlooking

cliff \ridge (see also pang-pang)

Bunggo [n] *Ceb.* bangga *Eng.* collision \impact \smashup.

Bungi [adj.] *Ceb.* ang hiwa sa wait *Eng.* harelip \cleft lip.

Bungisngis [n] *Ceb.* katawa nga pinugngan diin sa ilong agi ang tingog samtang sa mga ngipon palusot ang hagishis sa gininhawa \bung-si *Eng.* horselaugh \snicker \snigger (see also katawa)

Bungkag [adj.] *Ceb.* nagka-bulag-bulag ang mga parte *Eng.* dismantled \disas-sembled \knocked down \taken apart \scattered parts.

Bungkig [adj.] *Ceb.* dili pares ang ihap *Eng.* odd \uneven.

Bungog [n] *Ceb.* kalipong sa ulo *Eng.* stupor \daze \grogginess [n] *Ceb.* ba-kagon nga nana sulod sa dalunggan *Eng.* pus se-cretion of ears \otitis media

Bungol [n] *Ceb.* dili ma-kadungog *Eng.* Deaf.

Bungot [n] *Ceb.* balahibo nga nanubo palibot sa baba o nawong *Eng.* mustache \moustache \whisker. [n] *Ceb.* bungot sa suwang *Eng.* Goatee. [n] *Ceb.* bungot sa patilya *Eng.* Sideburns

Bungso [n] *Ceb.* inugbok nga tusok \ugsok *Eng.* Stake.

Bungsod [n] *Ceb.* kinoral nga sikopanan sa mga isda \bunsod *Eng.* fish pen.

Bungtod [n] *Ceb.* gamay nga bukid *Eng.* Hill. [n] *Ceb.* bungdo sa yuta *Eng.* knoll \mound.

Bunhok [n] *Ceb.* kuto sa manok *Eng.* chicken flea \birds flea.

Bun-i [n] *Ceb.* sakit sa panit nga mamuti ang kutis *Eng.* Ringworm.

Bunlot [n] *Ceb.* bitad pakalit \bira \labnot *Eng.* pull \yank \traction (see also bitad)

Buno [n] *Ceb.* labay \itsa \bato \labog *Eng.* throwing of things against somebody or something \hurling of stone \cast. [n] *Ceb.* tinigbasay bolo *Eng.* fight \sword fight \act of hacking. [n] *Ceb.* ang napatay sa sabong *Eng.* cock killed in a cockfight \prized cock.

Bunog [n] *Ceb.* usa ka matang sa isda *Eng.* goby fish.

Bun-og [n] *Ceb.* lagom sa panit nga naigo sa pagdapat o napisil *Eng.* bruise \contusion (Med.). [n] *Ceb.* lagom sa prutas *Eng.* bruise on fruit.

Bunok [n] *Ceb.* kusog nga buhos sa ulan *Eng.* heavy downpour of rain \heavy rainfall \bucket down (id.)

Bunol [n] *Ceb.* panggahi sa dugo diha sa unod o ugat nga nabun-og *Eng.* Hematoma.

Buntag [n] *Ceb.* ang mga takna human molabay ang tungang gabii hangtod mosubang ang adlaw *Eng.* morning \forenoon.

Buntagay [adv.] *Ceb.* hangtod sa buntag *Eng.* overnight \till morning \until the morning comes.

Buntaog [n] *Ceb.* hilabihan kadako nga katas-on *Eng.* enormous size with towering height.

Buntaw [n] *Ceb.* salibay \labog *Eng.* throwing away of something.

Buntog [n] *Ceb.* pamilde \pamarot \pamuntog *Eng.* act of defeating \outwitting \overcoming. [n] *Ceb.* ihalas ug idlas kaayo nga puti nga kalapati *Eng.* a wild and very elusive white pigeon.

Bunwag [n] *Ceb.* semilya sa isda *Eng.* fry of fishes \fingerlings.

Bunyag [n] *Ceb.* ang paghatag og kristiyano nga ngalan sa bata diha sa usa ka seremonya sa bawtismo \ang paghatag sa bendisyon ngadto sa bag-ong membro sa simbahan o tinuhoan *Eng.* baptism \christening.

Buog [n] *Ceb.* bakagon nga nana sulod sa dalunggan \bungog *Eng.* pus secretion of ears \otitis media (Med.)

Buok [n] *Ceb.* ang piraso

Eng. Piece.

Buot [n] *Ceb.* kaisipan nga may panabot \kalibotan \panimuot *Eng.* consciousness \awareness.

Buotan [adj.] *Ceb.* maayo og batasan *Eng.* well-behave \well-mannered \good fellow \gentleman \gentlewoman \modest.

Burgahoy [adj.] *Ceb.* suroyan *Eng.* wandering \bumming around \roving around places.

Burgis [adj.] *Ceb.* badlongon *Eng.* naughty (see also bugoy)

Burikat [n] *Ceb.* babaye nga bayaran o magpabayad sa gusto nga makighilawas *Eng.* prostitute \whore \hooker \sex worker.

Buringog [adj.] *Ceb.* kulokoy *Eng.* crazy \stupid (see also buangon)

Burong [adj.] *Ceb.* maulawon kaayo *Eng.* bashful \demure.

Buros [adj.] *Ceb.* mabdos *Eng.* pregnant (see also nagsabak)

Burot [n] *Ceb.* mibugdo \milubo *Eng.* bulge \billow [n] *Ceb.* lubo *Eng.* swell \inflation \dilation \expansion.

Busa [adv.] *Ceb.* busa *Eng.* that is why \therefore \consequently \hence \so \ergo \as a result.

Busagak [n] *Ceb.* buhagay sa awas nga magpusotpusot *Eng.* spurting big flow of stream \spurting stream \spout \burst.

Busal [n] *Ceb.* baat sa baba *Eng.* Gag.

Bus-aw [n] *Ceb.* sige ang pag-inihi *Eng.* frequent urination, usually discharging little quantity of urine.

Busay [n] *Ceb.* dagayday sa dako nga tubig nga nagpatihulog sa pag-awas, o paambak sa pangpang *Eng.* Waterfall.

Busdak [n] *Ceb.* pusdak sa paghulog *Eng.* dropping something heavily \slam.

Buskag [n] *Ceb.* ang pagguba nga ibulag-bulag ang mga parte *Eng.* dismantlement \disassembly \rupture.

Buslot [n] *Ceb.* lungag *Eng.* hole \puncture \rupture \ventricle \leak.

Busog [adj.] *Ceb.* napuno ang tiyan ug nawala ang kagutom o kauhaw *Eng.* full \filled.

Bus-ok [adj.] *Ceb.* dasok ang sulod o unod *Eng.* massy \portly [adj.] *Ceb.* himsog ug undanon ang lawas *Eng.* muscular \stuffy.

Busyad [adj.] *Ceb.* dako ang tiyan *Eng.* having a fat belly.

Buta [adj.] *Ceb.* nawad-an sa panan-aw *Eng.* blind \sightless \cannot see.

Butakal [adj.] *Ceb.* baboy nga buto, tagatakmag sa baye nga baboy aron masemilyahan sa liwat *Eng.* boar \male swine.

But-an [adj.] *Ceb.* naa sa sakto nga pamuot o pangisip \adunay buot *Eng.* lucid \sane \of sound mind \sensible.

Butanding [n] *Ceb.* usa ka higante nga isda sa dagat nga ang pamanit sa lawas adunay tulbok-tulbok nga puti, mosanay pinaagi sa pagpangitlog, dili mamaak o mousap sa pagkaon, magsige lamang og higop sa tubig dagat aron masala sa hasang ang mga gagmitoy nga mga "planktons," pasayan, ug gagmay nga mga isda *Eng.* whale shark (see also iho)

Butang [n] *Ceb.* bagay-bagay \ang gamit *Eng.* thing \item \matter \object.

Butang-butang [n] *Ceb.* dili tinuod nga akusasyon \tumotumo \akusasyon *Eng.* accusation \imputation \false accusation \libel \slander.

Butay [n] *Ceb.* pungpongan sa bunga sa lubi *Eng.* coconut stalk.

Butbot [n] *Ceb.* dili tinuod nga panugilon *Eng.* false report \false story \a lie \a hoax. [n] *Ceb.* butbot sa lubot *Eng.* protruding tissue at the rectum.

Buti [n] *Ceb.* sakit sa panit nga magbutoy-butoy *Eng.* Smallpox.

Buto [n] *Ceb.* ang lanog nga tunog sa pabuto *Eng.* explosion \blast \boom \detonation \bang. [n] *Ceb.* buto *Eng.* penis (see also lalaki)

Butong [n] *Ceb.* dabong nga bunga sa lubi nga luyat ug mahumok pa ang unod *Eng.* young coconut.

Butoy [n] *Ceb.* hubag nga mibukdo sa panit *Eng.* swelling on the skin \boil (see also hubag)

Buwad [n] *Ceb.* bulad *Eng.* something dried (see also binulad)

Buwan [n] *Ceb.* bulan sa kalendaryo *Eng.* Month [n] *Ceb.* bulan sa kalangitan *Eng.* moon \satellite (Astron.)

Buwawan [n] *Ceb.* bulawan *Eng.* gold \aurum (Chem.)

Buwenas [n] *Ceb.* suwerte \buynas *Eng.* good luck \good fortune \jackpot \windfall \bonanza \affluence.

Buya [n] *Ceb.* panagsabot sa mga ginikanan mahitungod sa pagminyo sa ilang anak *Eng.* parents' plan or pre-arrangement of their child's future marriage.

Buyag [n] *Ceb.* badlong *Eng.* telling or asking someone to stop misbehaving. [n] *Ceb.* maot nga gipamulong mahitungod sa nakita, may dala nga dimalas o sakit ngadto sa gihisgotan *Eng.* malignant remark \curse.

Buyagan [n] *Ceb.* may buyag ang dila kung manulti **Eng.** malignant-tongued person, whose remark can afflict sickness or misfortune to the subject.

Buyboy [n] **Ceb.** sudya sa nahatag nga utang kabubut-on \panumboy \pamuyboy **Eng.** recounting of past favors.

Buylas [n] **Ceb.** panagsaylo sa pagtagbo \hibuylas \kahibuylas **Eng.** crossing each other's path along the way \failure to meet along the way.

Buylog [adj.] **Ceb.** nagubanay sa lakat \kuyogay **Eng.** going together as a group.

Buynas [n] **Ceb.** suwerte **Eng.** good luck \good fortune (see also buwenas)

Buyo [n] **Ceb.** pundohanan sa ihi ilawom sa lawas **Eng.** Kidney. [n] **Ceb.** bagon nga ang dahon maoy gamiton sa pag-usap og mama **Eng.** betel vine, and its leaf that is used in chewing as nourishment for the teeth (see also bagon) [n] **Ceb.** ang pagsugkay sa niluto nga kan-on **Eng.** stirring of rice while it is being cooked.

Buy-od [n] **Ceb.** higda nga magbuy-od pahayang **Eng.** sprawl \lying in full length \lying stretched and flat.

Buyog [n] **Ceb.** ang insekto nga bubuyog, maninigom og dugos gikan sa kabulakan

Eng. bee \bumblebee \drone \wasp.

Buyot [n] **Ceb.** baluyot nga hinimo sa hinabi nga dahon sa buli o lapnis sa pandan **Eng.** bag of woven buri or pandan strips.

~K~

K, k [n] **Ceb.** ang ikatulo nga titik sa alpabeto nga Bisaya **Eng.** the third letter in Cebuano alphabet used in this dictionary (see also abakadahan)

Ka [pro] **Ceb.** lain nga pulong alang sa 'ikaw' **Eng.** you (see also ta). [adv.] **Ceb.** diha sa lugar ni kuan **Eng.** If ka is used immediately preceding a proper noun would mean "at someone's place."

ka`ibao (inf.) **Ceb.** minubo o nilamolamo nga pagsulti sa 'kahibalo' **Eng.** [adj., v.] knew \have known (see also kahibalo)

kaabag [n] **Ceb.** kaabay \katabang \alalay **Eng.** assistant \helper \aide \staff.

Kaabaga [n] **Ceb.** katabang **Eng.** assistant (see also kaabag)

Kaabakhan [n] **Ceb.** ang pananom nga mga abaka **Eng.** abaca plantation.

Kaabangan [n] **Ceb.** puwede nga abangan \kapletehan **Eng.** can be rented, leased or hired.

Kaabay [n] *Ceb.* kaabay *Eng.* assistant \helper \aide \staff \fellow \comrade \co-mate.

Kaabayan [n] *Ceb.* kahigalaan nga mga Sugboanon \kaamigohan *Eng.* friends (see also kahigalaan)

Kaabhol [n] *Ceb.* kabaho nga pan-os *Eng.* staleness of smell as rooting rice \fustiness.

Kaabhong [n] *Ceb.* aabhong *Eng.* staleness of smell as rooting rice \fustiness.

Kaabin [n] *Ceb.* kaanib *Eng.* ally \comrade \confederate \confrere \congregant.

Kaabogon [n] *Ceb.* kung unsa kaabog *Eng.* Dustiness.

Kaabtik [n] *Ceb.* kaalisto molihok \kaigmat *Eng.* agility \quickness \swiftness \alertness \briskness \nimbleness \promptness \activeness \vitality \adroitness \adeptness. [n] *Ceb.* kaintap sa pangisip *Eng.* acuity \profundity \acumen \cleverness \sharpness of thought \mental alertness.

Kaabunda [n] *Ceb.* kadaghan sa kahinguhaan \kabuhong *Eng.* abundance \richness \bounteousness \copiousness \plentifulness \plenitude.

Kaadlawan [n] *Ceb.* adlaw nga natawhan *Eng.* birthday (see also natawhan)

Kaadlawon [n] *Ceb.* mga takna katapos sa tunga nga gabii *Eng.* Dawn \Morning.

Kaadunahan [n] *Ceb.* kadato \kasapian *Eng.* wealthiness \richness \opulence (see also kaabunda)

Kaaghop [n] *Ceb.* kalumok sa pagbati *Eng.* meekness \cordiality \cordialness \sensible. [n] *Ceb.* kaugdang sa lihok *Eng.* gentleness \docility \tameness.

Kaagi [n] *Ceb.* sugilanon sa mga nanglabay nga panghitabo *Eng.* history \story in the past \account of past events \memoir \background. [n] *Ceb.* ang kagahapon *Eng.* Yesterday.

Kaagian [adj.] *Ceb.* puwede nga agian *Eng.* Passable.

Kaagwanta [n] *Ceb.* kapailob *Eng.* endurance (see also kaantosan)

Kaakohan [n] *Ceb.* giangkon nga responsibilidad o buluhaton *Eng.* assumed responsibility or duty.

Kaalahasan [n] *Ceb.* ang mga hiyas o alahas *Eng.* Jewelries.

Kaalam [n] *Ceb.* kaalam *Eng.* knowledge \wisdom \intelligence (see also pagtulon-an)

Kaalegre [n] *Ceb.* kasadya \kamasadya *Eng.* joyfulness \happiness \merriment \merriness \gleefulness \gaiety \joviality.

Kaalibugyaw [n] *Ceb.* kaalingugngog \kabanha *Eng.* blare of noises \noise \fracas \uproariousness (see also kabanha) \very loud and noisy (see also banha)

Kaalinduot [n] *Ceb.* kadasok *Eng.* stuffiness \compactness \density.

Kaalingiing [n] *Ceb.* kainit og maayo sa panahon \kaalimuot *Eng.* heat \sultriness \fervency hotness of weather.

Kaamaw kagaral \katonto \kahungog *Eng.* stupidity \insanity \craziness (see also kabuang)

Kaambakon [adj.] *Ceb.* kaluksohon \kalayaton *Eng.* about to leap \about to jump \about to plunge.

Kaambid [adj.] *Ceb.* kapareho og dagway *Eng.* look-alike \resembling (see also kapareho)

Kaambihas [n] *Ceb.* kadili diretso o kaigo sa puntirya *Eng.* indirectness \obliqueness \a miss on target \being not into the point.

Kaambiran [n] *Ceb.* kaamgiran sa hitsura *Eng.* Resemblance.

Kaambisyoso [n] *Ceb.* kamapangandoyon *Eng.* ambitiousness \wishfulness [n] *Ceb.* kamadamgohon *Eng.* Dreaminess.

Kaambitan [n] *Ceb.* ang pakighatag sa uban *Eng.* sharing of something to others.

Kaambongan [n] *Ceb.* kaguwapo *Eng.* being a good-looking guy \elegance of being a man \handsomeness \good looks.

Kaamgid [n] *Ceb.* kaparehoan \panagsama *Eng.* likeness \similarity \identical (see also kapareho)

Kaamgohan [n] *Ceb.* kasayoran kung unsa \salabotan *Eng.* awareness \consciousness \knowledge (see also kahibalo)

Kaang [n] *Ceb.* masetasan *Eng.* pot for plants \plant pot.

Kaangay [n] *Ceb.* kapatasan *Eng.* equality \fairness \justness \equity \fairness \impartiality \equitableness \equality

Kaangayan [n] *Ceb.* kapatasan *Eng.* appropriateness \relevance \consonance \pertinence \compatibility equality \fairness \impartiality.

Kaanggid [adj.] *Ceb.* kahitsura *Eng.* look-alike \similar.

Kaanib [n] *Ceb.* kaanib *Eng.* member \co-member \affiliate.

Kaanindot [n] *Ceb.* katahom *Eng.* beauty (see also kaanyag)

Kaantigo [n] *Ceb.* ang pagkadugay na kaayo *Eng.* Antiquity. [n] *Ceb.* kaantigo *Eng.* Competence.

Kaantosan [n] *Ceb.* kung \giunsa pag-agwanta *Eng.*

endurance \fortitude \perseverance \sufferance.

Kaanugon [n] *Ceb.* kausik *Eng.* big loss \loss \wastage \wastefulness [n] *Ceb.* kaanugon gud *Eng.* what a loss \what a waste.

Kaanyag [n] *Ceb.* kaanindot \katahom \kamakaiibog *Eng.* beauty \loveliness \daintiness \fairness appeal \attractiveness \attractivity \charm \comeliness \glamour.

Kaarab [n] *Ceb.* kamadali nga masunog *Eng.* inflammability \inflammableness \combustibility.

Kaarisgado [n] *Ceb.* kapangahasan *Eng.* assertiveness \boldness \bravery \daringness \venturesome \gut \venturousness \hardihood. [n] *Ceb.* kaagresibo *Eng.* Aggressiveness.

Kaaslom [n] *Ceb.* kung unsa nga aslom \kakisom *Eng.* sourness \acidity.

Kaatbang [n] *Ceb.* kaindig \katandi *Eng.* Contender. [n] *Ceb.* silingan sa atbang *Eng.* front neighbor \things in front or across \the opposite side (see also kaatubang). [n] *Ceb.* kakontra *Eng.* opponent (see also kaaway)

Kaatubang [n] *Ceb.* ang gikaatubang *Eng.* someone who is being confronted with \persons who are in face to face \the opposite in front \things in front or across \the

opposite side (see also kaatbang)

Kaaway [n] *Ceb.* kakontra \kabatok *Eng.* enemy \foe \adversary.

Kaayo [n] *Ceb.* kaayo *Eng.* goodness \fineness \efficiency. [n] *Ceb.* kaayo *Eng.* recovery from ailment, disease, or wound \healing period \convalescence.

Kaayohan [n] *Ceb.* kaayohan *Eng.* goodness \fineness \being advantageous or beneficial.

Kabaga [n] *Ceb.* ang gibagon *Eng.* thickness \density.

Kabagis [n] *Ceb.* kawalay pag-amping sa lihok *Eng.* roughness \rudeness \rascality.

Kabaho [n] *Ceb.* kabakag *Eng.* foulness of odor \stink \bad-odor \stench.

Kabala [n] *Ceb.* kahinay og panabot *Eng.* dullness \slow-wittedness. [n] *Ceb.* kawalay maabat sa pamati *Eng.* numbness \insensibility.

Kabalaka [n] *Ceb.* kahingawa \kaguol *Eng.* uneasiness \restlessness \anxiety \angst \misgiving.

Kabalayan [n] *Ceb.* lugar diin nahimutang ang mga pinuyanan sa molupyo *Eng.* group of houses \village \residential district \residen-tial area \housing area.

Kabalisa [n] *Ceb.* kaguol *Eng.* worry \anxiety \uneasiness \restlessness (see also kabalaka)

Kabalo [adj.] *Ceb.* kabalo *Eng.* knew \learned \understood \have known. [n] *Ceb.* kawala nay bana, tungod nga namatay na ang iyang bana *Eng.* Widowhood.

Kabanay [n] *Ceb.* kapamilya \kaliwat *Eng.* member of the clan \family member \kin \kinfolk \kinsmen (see also kaliwat)

Kabang [n] *Ceb.* kabang *Eng.* spot, patch, dot or stripe of different color on the body or hair of an animal. [n] *Ceb.* pahak-pahak nga pagkaalot o pagkaahit sa buhok *Eng.* uneven haircut or shave \crew cut.

Kabangkaagan [n] *Ceb.* kaalam *Eng.* knowledge \expertise \skill (see also kahibalo)

Kabangkarote [n] *Ceb.* kabangkarota *Eng.* Bankruptcy.

Kabangkong [n] *Ceb.* kahingalimtanon *Eng.* senility \dotage \mental infirmity \feeble-mindedness.

Kabanha [n] *Ceb.* kaalingugngog *Eng.* blare of noises \noise \fracas \uproariousness.

Kabanhawan [n] *Ceb.* ang pagkabuhi og balik *Eng.* resurrection \revival.

Kabantang [n] *Ceb.* kawalay salipod kung tan-awon *Eng.*

conspicuousness \clearness of sight (see also kabantaaw)

Kabatawan [n] *Ceb.* taligmata *Eng.* sightings \vision \apparition (see also talan-awon)

Kabantog [n] *Ceb.* kasikat \kailado *Eng.* popularity \fame.

Kabarato [n] *Ceb.* kadili mahal sa presyo *Eng.* cheapness \inexpensiveness.

Kabasa [n] *Ceb.* kadili uga *Eng.* Wetness. [n] *Ceb.* ang pagkabasa sa sinulat o pinatik *Eng.* the way of reading \how it is being read.

Kabaskog [n] *Ceb.* kamaayo sa panglawas \kahimsog \kalagsik *Eng.* healthiness \fitness \wellness \heartiness \wholeness \state of wellbeing \vigorousness \energetic \virility \soundness.

Kabastos [n] *Ceb.* kawalay tahod *Eng.* discourtesy \discourteousness \disrespect \disrespectfulness \rudeness \impoliteness \meanness \impudence \impertinence \unmannerliness (see also bastos). [n] *Ceb.* kawalay pagrespeto sa diyos o mga balaan *Eng.* blasphemy \impiousness \sacrilegiousness

Kabata [n] *Ceb.* ang pagkadili pa linghod *Eng.* Childhood.

Kabataan [n] *Ceb.* ang mga bata *Eng.* children \the

young people \the young ones \youths (see also bata)

Kabati [n] *Ceb.* kalaksot \kamaoton *Eng.* ugliness \unpleasantness.

Kabatoan [n] *Ceb.* dapit nga adunay daghan nga bato *Eng.* rocky ground \rocky place \stony place.

Kabaw [n] *Ceb.* usa ka dako nga hayop nga gamiton sa pagdaro sa umahan o pagguyod sa balsa, sagad itom ang bagaon nga panit, adunay duha ka mga sungay nga mituybo kilid sa ulo ug mikurba paingon sa likod, manabsab og sagbot, molunang sa lapok o tubigan aron mapreskohan *Eng.* carabao \water buffalo. [adj.] *Ceb.* kabaw *Eng.* short for "nakahibalo" \knew (see also nahibalo)

Kabayat [n] *Ceb.* kagidlay *Eng.* shabbiness \dilapidation \disrepair \raggedness \seediness.

Kabayo [n] *Ceb.* hayop nga kusog modagan, gamit sa pagguyod og karatilya o sakyanan sa kabalyero *Eng.* Horse. [n] *Ceb.* kabayo nga buto *Eng.* Stallion [n] *Ceb.* babaye nga kabayo *Eng.* Mare.

Kabigaon [n] *Ceb.* ulagon nga kinaiya sa babaye \kabigatlon \kaiyaton *Eng.* coquettishness \flirtatiousness (see also kaulagon)

Kabilin [n] *Ceb.* bahandi o katigayonan nga masunod gikan sa namatay *Eng.* inheritance \heirloom \bequeathed properties \dower.

Kabit [n] *Ceb.* ang babaye nga giuyab o gipuyopuyo sa may asawa na \kerida *Eng.* mistress \kept woman \concubine (Law) \kept woman \inamorata.

kab-it [n] *Ceb.* ang mikapyot sa pagsakay *Eng.* hangeron.

Kablit [n] *Ceb.* kubit o kuhit gamit ang tudlo *Eng.* tapping with a finger.

Kabo [n] *Ceb.* igkakalos sa tubig *Eng.* Dipper. [n] *Ceb.* pagkabo *Eng.* fetching water.

Kabos [n] *Ceb.* walay bahandi \timawa \pobre *Eng.* poor \indigent \penniless \hard up \needy (see also pobre). [n] *Ceb.* palos \ligas \duyas *Eng.* displacement from proper alignment \slipping off.

Kab-ot [n] *Ceb.* ang pagkawhat gamit ang kamot, kuhit, o dughit *Eng.* reach \reaching out.

Kabtangan [n] *Ceb.* mga bahandi nga naangkon *Eng.* properties owned by somebody \possession \properties \belongings \estate.

Kabuang [n] *Ceb.* kawala sa sakto nga pangisip \sakit sa utok \kahungog *Eng.* insanity \derangement \madness \lunacy \craziness.

Kabubut-on [n] *Ceb.* kaugali-kaugalingon nga pagbuot *Eng.* will \prerogative \own call \willingness \voluntarily.

Kabuhi [n] *Ceb.* ang pag-kaadunay kinabuhi *Eng.* being alive \being with life \existence. [n] *Ceb.* suol sa tiyan *Eng.* gastric upset (see also suol)

Kabuhian [n] *Ceb.* gidugayon sa kinabuhi *Eng.* continuance of existence or life \period of existence \duration of life \span of life \life span \length of life \lifetime. [adj.] *Ceb.* kabuhian *Eng.* habitable \viable.

Kabukiran [n] *Ceb.* ang mga bukid *Eng.* mountains \mountain ranges \ranges.

Kabuntagon [n] *Ceb.* sayo sa kaadlawan \inigkahuman sa kagabhion *Eng.* early morning \morning (see also buntag).

Kada [adv.] *Ceb.* matag *Eng.* every \each \per.

kada adlaw [adv.] *Ceb.* matag adlaw *Eng.* day after day \day by day \day in, day out \everyday.

kada [adv.] *Ceb.* bulan matag bulan *Eng.* monthly \every month.

kada gabii [adv.] *Ceb.* matag gabii *Eng.* nightly \every night.

Kadagatan [n] *Ceb.* ang mga dagat *Eng.* the seas.

Kadagkoan [n] *Ceb.* ang mga pangulo nga opisyales *Eng.* official leaders \high ranking officers \top leaders (see also pangulo)

Kadahig [n] *Ceb.* katakod *Eng.* contamination \contagion.

Kadaitan [n] *Ceb.* kalinaw sa pagpuyo o pakiglambigit \ang panagdait *Eng.* peaceful living \peaceful relationship \amity \harmonious living \friendliness.

Kadaiya [adj.] *Ceb.* sagol-sagol *Eng.* diverse \many kind of \mixed \various \assorted.

Kadaiyang [adj.] *Ceb.* lain-lain *Eng.* diverse \many kind of \mixed \various \assorted.

Kadaklit [n] *Ceb.* kadaklit \ang pagkadiyot sa panghitabo o higayon *Eng.* briefness of time or occurrence \shortness of time \suddenness.

Kadako [n] *Ceb.* ang pagkadako *Eng.* bigness \hugeness \greatness \magnitude.

Kadalaga [n] *Ceb.* kahamtong sa dili pa minyo nga babaye *Eng.* being single or unmarried \maidenhood \maidhood

Kadali [n] *Ceb.* kamubo sa higayon *Eng.* short-lived \briefness \momentariness.

Kadali lang [imper.] *Ceb.* kadali lang *Eng.* wait a minute \wait for a while.

Kadanlog [n] *Ceb.* kadangog *Eng.* slipperiness \unctuousness [n] **Ceb.** kahamis **Eng.** smoothness \slickness.

Kadaogan [n] **Ceb.** ang pagdaog sa away o lumba **Eng.** victory \triumph \win \winning.

Kadaot [n] **Ceb.** kamaot sa kahimtang **Eng.** bad situation \misfortune \ill fate \bad luck. [n] **Ceb.** dili maayo nga mahitabo **Eng.** bad effect \bad result \adverse effect \adverse result.

Kadasig [n] **Ceb.** gana sa pagbuhat \kasibot **Eng.** enthusiasm \ardor \courage \inspiration \zeal \fervor \fervour (Brit.)

Kadato [n] **Ceb.** kaadunahan **Eng.** being financially rich \wealthiness \richness.

Kadaugan [n] **Ceb.** kadaugan **Eng.** conquest; success; triumph; victory.

Kadena [n] **Ceb.** higot nga hinimo sa dinugtong-dugtong nga likong nga pulhaw \talikala **Eng.** chain \hackle.

Kadiyotay [n] **Ceb.** kagamay **Eng.** smallness \fewness \scarcity \sparseness \sparsity.

Kadlit [n] **Ceb.** kiskis **Eng.** Scratch.

Kadula [n] **Ceb.** kaduwa **Eng.** playmate

Kaduol [n] **Ceb.** kadili layo **Eng.** nearness \proximity \closeness \adjacency.

Kaduwa [n] **Ceb.** kauban sa pagdula **Eng.** Playmate (see also kadula)

Kaka [n] **Ceb.** lawalawa nga dako **Eng.** big spider (see also lawalawa). [n] **Ceb.** pagkalisod sa paglitok **Eng.** stutter \stammer.

Kagabhion [n] **Ceb.** ang takna atol sa gabii **Eng.** nighttime \evening.

Kagabii [n] **Ceb.** ang miagi nga gabii **Eng.** last night.

Kagahapon [n] **Ceb.** ang miagi nga adlaw nga gisundan karong adlawa **Eng.** Yesterday.

Kagahoman [n] **Ceb.** kagamhanan **Eng.** supremacy \powerfulness \almightiness.

Kagamay [n] **Ceb.** kadili dako **Eng.** smallness \littleness \diminutiveness \paucity \petiteness (see also kadiyotay)

Kaganina [adv.] **Ceb.** kaganiha **Eng.** a while ago.

Kagaw [n] **Ceb.** mikrobyo nga hugaw **Eng.** microbe \germ \virus.

Kagawad [n] **Ceb.** kasapi sa konseho **Eng.** councilor \board member (see also konsehal)

Kagawasan [n] **Ceb.** kalibrehan **Eng.** Freedom.

Kagawian [n] **Ceb.** kalihokan sa katilingban \naandan nga mga gawi **Eng.** practices \common usage \norm.

Kagay [n] **Ceb.** tunog sa kagilkil **Eng.** smashing sound, as in broken glass or plates (see also tunog)

Kagikan [n] **Ceb.** kaliwatan

nga maoy gigikanan *Eng.*
ascendant \ancestry \parent-
age \forebear \predecessor
\forerunner (see also kaliwat)
[n] *Ceb.* sukaranan *Eng.*
place of origin (see also gigi-
kanan)

Kaging [n] *Ceb.* mibagtok
\migahi \tuskig *Eng.* hard
\caked as hardened clay
\stiffened (see also gahi)

Kagiw [n] *Ceb.* layas palayo
sa panimalay *Eng.* run away
\flee. [n] *Ceb.* diaspora
Eng. any scattering of peo-
ple with a common origin,
background, beliefs, etc., as
in any group migration or
flight from a country or
region.

Kagkag [n] *Ceb.* ang ipang-
kakha sa yuta *Eng.* Rake.

Kagod [n] *Ceb.* kuskos sa
unod \kudkod *Eng.* Grating.
[n] *Ceb.* kaut-ot sa puthaw
Eng. Corrosion.

Kagon [n] *Ceb.* ang taga-
kitakita o tagapahiluna sa
mahimo nga kaminyoon
Eng. go between to effect
marriage.

Kagoran [n] *Ceb.* pang-
kudkod sa unod, ilabina sa
lubi \kagdanan \kalagoran
Eng. grater, especially for
coconut meat.

Kagot [n] *Ceb.* tunog sa
ngipon nga gibag-id bag-id
\kagitkit sa ngipon *Eng.*
gnashing of teeth \sound of
grinding teeth.

Kagubaon [n] *Ceb.* hapit na

maguba o magun-ob *Eng.*
about to collapse or be
destroyed \about to be
ruined.

Kagubkob [adj.] *Ceb.* ka-
gumkom kung usapon \ta-
gumkom *Eng.* crispy \crun-
chy.

Kagubot [n] *Ceb.* away
\gubot \kaguliyang *Eng.* un-
rest \revolution \disorder
\trouble (see also kasamok)

Kagulang [n] *Ceb.* kalagas
Eng. oldness \elderliness
\agedness (see also kati-
gulang)

Kagutom [n] *Ceb.* kagutom
Eng. Hunger.

Kaguwapa [n] *Ceb.* kamaayo
og panagway sa babaye
Eng. prettiness \beauty \be-
ing beautiful.

Kaguwapo [n] *Ceb.* ka-
maayo og panagway sa la-
laki \kaambongan *Eng.*
handsomeness \good looks
\being a good-looking guy
\elegance of being a man.

Kagyo [n] *Ceb.* layas pahi-
layo *Eng.* running away
\flee.

Kahabog [n] *Ceb.* ang ka-
taas sa habog *Eng.* Ele-
vation.

Kahadlok [n] *Ceb.* kahadlok
\kakulba *Eng.* fear \fright
\phobia \dread (see also
kalisang)

kahagip-ot [n] *Ceb.* kadili
haluag \kapiot *Eng.* slim-
ness of passage \narrow-
ness.

Kahago [n] *Ceb.* kakapoy og maayo \kakapoy *Eng.* fatigue \strain \tiredness \weariness.

Kahait [n] *Ceb.* kaintap sa silab *Eng.* Sharpness. [n] *Ceb.* kahait sa panabot o pang-abat *Eng.* keenness \shrewdness. [n] *Ceb.* kahait sa pulong *Eng.* Acerbity.

Kahakog [n] *Ceb.* kadili manggihatagon \kadalo *Eng.* selfishness \unwillingness to give or share something to others \self-regard.

Kahalang [n] *Ceb.* kung unsa kahapdos o kainit sa panlami ang halang *Eng.* pungency of taste \hotness.

Kahalap [n] *Ceb.* kahanap sa panan-aw *Eng.* blurriness of vision.

Kahalawom [n] *Ceb.* kahiladmon *Eng.* depth \deepness. [n] *Ceb.* katulogkaron sa buot ipasabot *Eng.* profundity \intellectual depth.

Kaham [n] *Ceb.* hinol \hikap *Eng.* groping or feeling the touch using the hand \malicious way of touching.

Kahamabaw [n] *Ceb.* kadili lalom *Eng.* Shallowness.

Kahamis [n] *Ceb.* kahanglos \kakinis *Eng.* smoothness \glossiness (see also kadanlog)

Kahamtong [n] *Ceb.* pangedaron diin magsugod na ang dili pagkabata *Eng.* adolescence \puberty \maturity.

Kahamubo [n] *Ceb.* kung unsa kamubo *Eng.* brevity \shortness (see also kamubo)

Kahanas [n] *Ceb.* kasuheto \kamaalam og maayo \kabatid \kahalod *Eng.* articulateness \skillfulness \mastery \ingenuity \know-how \expertise \expertness \proficiency \specialty.

Kahan-ay [n] *Ceb.* kasunodsunod sa han-ay *Eng.* sequence \order \arrangement \array \course.

Kahanginan [n] *Ceb.* kahanginan palibot sa kalibotan *Eng.* Atmosphere.

Kahangtoran [n] *Ceb.* kawalay kataposan \kawalay kinutoban *Eng.* posterity \eternity \infinity \endlessness \eternity \perpetuity \boundlessness.

Kahanugon [n] *Ceb.* kausik *Eng.* big loss \loss \wastage \wastefulness \ feeling of loss (see also kaanugon)

Kahapdos [n] *Ceb.* kangutngot sa sakit *Eng.* soreness \painfulness \poignancy.

Kahapon [n] *Ceb.* kapalis *Eng.* afternoon (see also kahaponon)

Kahaponon [n] *Ceb.* takna sa pagsalop sa adlaw *Eng.* few hours before sunset \time in the afternoon.

Kahaposan [n] *Ceb.* limitasyon \kinutoban *Eng.* \ulti-mateness \ultimacy \ultima-tum \ultimate \limit (see also kataposan)

Kahawod [n] *Ceb.* kaintap sa pangisip *Eng.* being very intelligent.

Kahayag [n] *Ceb.* hayag \banwag \kalamdagon *Eng.* light \radiance \limelight \shine \brilliance \luster \glow.

Kahera [n] *Ceb.* ang taga-dawat sa bayad, halin sa tindahan, o kita sa opisina *Eng.* cashier \teller.

Kahibalo [n] *Ceb.* kaalam \kinaadman \kahibawo *Eng.* knowledge \wisdom \intel-ligence (see also pagtulon-an)

Kahibudngan [adj.] *Ceb.* kahibudngan *Eng.* Amazing \wonderful \wondrous \mar-velous \bizarre \astonishing \astounding (see also kahi-bulongan)

Kahibulongan [adj.] *Ceb.* dili katuhoan *Eng.* amazing \wonderful.

Kahidlaw [n] *Ceb.* kamingaw nga gibati sa lugar nga kanhi gipuy-an o gigikanan *Eng.* homesickness \nostalgia.

Kahig [n] *Ceb.* ang pagkahig \kakha *Eng.* scraping \scratching \raking.

Kahigal [n] *Ceb.* kaibog \kaibog *Eng.* liking \craving \desire (see also kaibog)

Kahigalaan [n] *Ceb.* kaami-gohan *Eng.* friends \pals.

Kahigayonan [n] *Ceb.* higa-yon \oportunidad *Eng.* Mo-ment \time \opportunity (see also panahon)

Kahigpitan [n] *Ceb.* ang pagkahigpit *Eng.* strictness \sternness \stringency.

Kahigwaos [n] *Ceb.* alipasa nga gibati *Eng.* restiveness \restlessness \the act of tos-sing about in bed.

Kahilas [n] *Ceb.* ang pagka-bastos \kalaw-ay *Eng.* obs-cenity \lewdness \indecency \vulgarity \vulgarism \harlotry.

Kahilo [n] *Ceb.* kalanag *Eng.* toxicity

Kahimanan [n] *Ceb.* mga ga-lamiton sa trabaho *Eng.* tools \kit \gadget.

Kahimayaan [n] *Ceb.* kahi-mayaan *Eng.* bliss \rapture \pleasure (see also kalipay, kamalipayon). [n] *Ceb.* kahimayaan nga bation kung gawsan na sa pakighilawas *Eng.* Ecstasy.

Kahimtang [n] *Ceb.* ang pagkabutang *Eng.* state \status \standing \circums-tance \condition.

Kahinam [n] *Ceb.* kaukyab sa pagbati *Eng.* suspense \excitement \thrill.

Kahingag [n] *Ceb.* kadang-hag *Eng.* Carelessness \imprudence \thoughtless-ness \inattention.

Kahingpitan [n] *Ceb.* kabug-osan \kakompletohan *Eng.* completion \fulfillment \reali-zation \finality \perfection.

Kahista [n] *Ceb.* tigpahimutang sa mga molde sa titik nga pang-imprenta *Eng.* Typesetter.

Kahitas-an [n] *Ceb.* kahalangdon *Eng.* highness \prominence \eminence \superiority. [n] *Ceb.* ang gingharian sa diyos *Eng.* kingdom of god. [n] *Ceb.* kawanangan *Eng.* outer space.

Kahiubos [n] *Ceb.* ang gibati nga sentimento \kasilo \kaligutgot *Eng.* downheartedness \hurt feelings \rancor \rancour (Brit.) \disappointment.

Kahiyasan [n] *Ceb.* ang mga hiyas *Eng.* Jewelries.

Kahon [n] *Ceb.* kaban *Eng.* case \casing \box \packaging.

Kahoy [n] *Ceb.* tanom nga dako ug gahi ang punoan *Eng.* Tree.

Kahubo [n] *Ceb.* kahukas sa sapot o gisul-ot \kahuboan *Eng.* undressing \donning off \undressing \removal of whatever worn \nakedness \nudity \bareness \being undressed.

Kahugaw [n] *Ceb.* kadili limpiyo *Eng.* being unclean \dirtiness \filthiness \uncleanness \messiness \mucky.

Kahugno [n] *Ceb.* kahugno *Eng.* ravage \havoc \destruction \wreckage (see also kadaot)

Kahumanan [n] *Ceb.* ang

pagkahuman *Eng.* completeness \ending \finish.

Kahumayan [n] *Ceb.* umahan o tanaman sa humay \banikanhan *Eng.* rice field \rice farm \paddy \rice paddy. (see also umahan)

Kahumok [n] *Ceb.* kadili gahi \kalumo *Eng.* softness \gentleness \meekness \tenderness.

Kahumot [n] *Ceb.* kanindot sa baho \alimyon *Eng.* fragrance \scent \sweet smell (see also kabaho, baho)

Kahungog [n] *Ceb.* kahungog \kagaral \katonto \kakanahan *Eng.* insanity \derangement \madness \lunacy \craziness \stupidity \insanity \craziness (see also kabuang)

Kahuot [n] *Ceb.* kadili luag sa sulod \kapiot *Eng.* congestion \compactness \Narrowness.

Kahupayan [n] *Ceb.* kaayo gikan sa balatian *Eng.* recovery \relief.

Kahuyang [n] *Ceb.* ang kaluyahon *Eng.* being lack of strength \weakness \powerless \infirmness \frailty \powerlessness (see also hinay, luya)

Kaibog [n] *Ceb.* ang gibati nga pagkagusto \kaikag \kadani *Eng.* attraction \liking \enthusiasm \inclination \fondness \willingness to have (see also gusto)

Kaidlas [n] *Ceb.* kadili ma

dakpan *Eng.* elusiveness \being tricky or elusive \shiftiness \being not easy to catch.

Kaikag [n] *Ceb.* ang pagkagusto sa usa ka butang *Eng.* interest \liking (see also kaibog)

Kaila [adj.] *Ceb.* kaila \kasinati *Eng.* acquaintance \someone who is intimate or close to somebody \a close friend \an intimate friend \a close associate. (see also kauban)

Kailayahan [n] *Ceb.* ang paibabaw o pasaka nga parte subay sa suba *Eng.* upstream (see also itaas)

Kaimit [n] *Ceb.* kadaginotan *Eng.* frugality \sparingness \thriftiness (see also katihik)

Kaimito [n] *Ceb.* ang kahoy ug prutas nga kayomito *Eng.* star apple.

Kaindig [n] *Ceb.* kakontra sa lumba o piniliay *Eng.* contender \contestant \equivalent.

Kaingin [n] *Ceb.* panunog sa lasang o kalibonan aron himoon nga umahan *Eng.* setting fire on forest or thick shrubs to clear the field and cultivate farming on it \slash-and-burn farming \swidden farm.

Kaingnon [adj.] *Ceb.* nahisaypan \maalaan *Eng.* mistaken as \thought to be as \can be mistaken as.

Kainit [n] *Ceb.* kataas sa

temperatura *Eng.* heat \hotness \warmness \high temperature.

Kainutil [n] *Ceb.* kapilay *Eng.* inability to use or move own feet \loss of bodily motion \inability to move \inability to move.

Kaisdaan [n] *Ceb.* kaisdaan *Eng.* fishes \shoal.

Kaislahan [n] *Ceb.* ang mga pulo *Eng.* the islands \a group of islands or islets.

Kaisog [n] *Ceb.* kadili mahadlok *Eng.* bravery \boldness \valor \nerve.

Kaistorya [n] *Ceb.* ang gikaistoryahanay *Eng.* the one involved in a talk or conversation.

Kaistrikto [n] *Ceb.* kapig-ot \kahigpit *Eng.* strictness \being so tight on rules or law \tight rein \iron hand \firm hand. [n] *Ceb.* kamapantonon *Eng.* being a disciplinarian or discipliner.

Kaiyaton [n] *Ceb.* kaparaygon sa babaye ngadto sa lalaki *Eng.* coquettishness \flirtatiousness (see also kaulagon)

Kakapoy [n] *Ceb.* kalapoy *Eng.* tiredness \weariness \fatigue \lassitude \burn out (see also kahago)

Kakuha [n] *Ceb.* kakuha *Eng.* removal \detachment. [n] *Ceb.* kahulog sa gisabak *Eng.* miscarriage \spontaneous \abortion (see also kawala, katangtang)

Kakulian [n] *Ceb.* kahimtang nga lisod \kalisdanan *Eng.* difficulty \hardship \toughness \adversity.

Kakuyaw [n] *Ceb.* kapeligroso \kadelikado *Eng.* dangerousness \danger.

Kalaay [n] *Ceb.* kawalay lingaw \kapuol \kabanga *Eng.* boredom \dullness \monotony \tediousness.

Kalabasa [n] *Ceb.* tanom nga mokatay, utanonon ang bunga nga linginon ug sagad guroguntod ang porma *Eng.* squash (sc.name: any plant under genus Cucurbita)

Kalabaw [n] *Ceb.* kahataas sa puwesto *Eng.* sovereignty \superiority \highness.

Kalabera [n] *Ceb.* ang kabugokan sa lawas *Eng.* skeleton \skeletal frame (see also bukog)

Kalabotan [n] *Ceb.* kaapil \kalambigitan *Eng.* involvemen \relationship \participation \association \embroilment.

Kalag [n] *Ceb.* kalag *Eng.* soul \spirit \psyche. [n] *Ceb.* multo *Eng.* soul \ghost.

Kalagas [n] *Ceb.* katigulang *Eng.* oldness \agedness (see also katigulang)

Kalag-kalag [n] *Ceb.* adlaw sa mga kalag o sa mga tawo nga nangamatay na *Eng.* All Soul's Day, in the Philippines this is a holiday and is celebrated every 2nd day of November.

Kalagmitan [n] *Ceb.* kapuwede nga mahitabo \posibilidad *Eng.* possibility \probability \tendency \likelihood \chances are.

Kalagot [n] *Ceb.* kapungot \kayugot *Eng.* anger \temper \bad temper \ire \rage (see also kasuko)

Kalaha [n] *Ceb.* lutoanan nga kaha *Eng.* pan \skillet.

Kalahi [n] *Ceb.* kalahi *Eng.* oddity \strangeness \peculiarity \queerness. [adj.] *Ceb.* kalahi *Eng.* of the same race or specie \of the same kind.

Kalaksot [n] *Ceb.* kalaksot *Eng.* ugliness \unsightliness \bad looks \repulsiveness \loathsomeness \ill looks \inelegance \odiousness.

Kalalis [n] *Ceb.* ang kadebati *Eng.* opponent in a debate \person argued with \disputant \arguer \debater.

Kalalom [n] *Ceb.* ang sukod sa giladmon *Eng.* Depth.

Kalamansi [n] *Ceb.* usa ka gamay nga kahoy nga tunokon og punoan, mamunga og linginon nga berde og panit, aslom og duga *Eng.* Philippine lime \citrus.

Kalamay [n] *Ceb.* kinamayan nga niluto nga malasado ug mapilit-pilit nga niluto nga harina o ginaling nga bugas tapol, ubi, o gabi nga tapol *Eng.* sweet rice pastry \sweet meat of black rice \ubi jam.

Kalambigit [adj.] **Ceb.** kasosyo **Eng.** affiliate \associate (see also kauban). [adj.] **Ceb.** nalambigit **Eng.** related \involved.

Kalamboan [n] **Ceb.** kalamboan **Eng.** advancement \progress \improvement \boom \uplift.

Kalambri [n] **Ceb.** panakit ug panggahi sa kaunoran **Eng.** cramp \muscle cramp.

Kalamdag [n] **Ceb.** kahayag **Eng.** light \brightness \illumination \lighting.

Kalami [n] **Ceb.** kamaayo sa panilaw **Eng.** Delectability. [n] **Ceb.** kahimayaan nga gibati sa pakighilawas **Eng.** ecstasy \sexual climax.

Kalamidad [n] **Ceb.** katalagman o kadaot nga nabuhat sa kinaiyahan **Eng.** Calamity.

Kalamposan [n] **Ceb.** katumanan sa pangandoy o tinguha **Eng.** Realization \accomplishment \fulfillment \success.

Kalamunggay [n] **Ceb.** kahoy nga inuhay ang pungpong sa gagmitoy ug paiton nga mga dahon, mautan ang hinagpat nga mga dahon o unod sa bunga **Eng.** moringa (sc.name: Moringa cleifera [Lam])

Kalan [n] **Ceb.** lutoanan diin itak-ang ang kaldero **Eng.** stove

Kalanag [n] **Ceb.** ang kahim-

tang kung nahilo sa pagkaon **Eng.** the conditioned of being poisoned by food (see also kahilo)

Kalanangan [n] **Ceb.** katubigan nga naglim-aw **Eng.** puddle \swamp \pond.

Kalandrakas [adj.] **Ceb.** bisan unsa na lang **Eng.** mixed \assorted \medley (see also kadaiyang)

Kalangay [n] **Ceb.** ang pagkasagabal kalangay **Eng.** delay (see also langan)

Kalangitan [n] **Ceb.** kawanangan **Eng.** space \outer space. [n] **Ceb.** ang gingharian sa diyos **Eng.** Heaven.

kalan-on [n] **Ceb.** ang makaon **Eng.** Food.

Kalas [adj.] **Ceb.** mausikon **Eng.** wasteful \uneconomical \extravagant.

Kalasag [n] **Ceb.** pasabot o anunsyo mahitungod sa namatay **Eng.** death notice \obituary. [n] **Ceb.** taming \panagang **Eng.** Shield.

Kalas-ay [n] **Ceb.** katab-ang **Eng.** flatness of taste \tastelessness.

Kalawasan [n] **Ceb.** ang kinatibuk-an nga bahin sa lawas \human or animal constitution **Eng.** the entire body.

Kalawat [n] **Ceb.** ang pagdawat sa tinapay nga ostiya atol sa balaan nga misa **Eng.** the receiving and eating of host in the Holy Communion.

Kalaw-ay [n] **Ceb.** kalaw-ay **Eng.** obscenity \lewdness \indecency \vulgarity \vulgarism \harlotry (see also kabastos)

kalawmon [n] **Ceb.** kalawmon **Eng.** depth (see also kalalom)

Kalawran [n] **Ceb.** ang kalaworan **Eng.** ocean (see also kalaworan)

Kalaworan [n] **Ceb.** ang dako nga bahin sa kadagatan **Eng.** ocean \high seas.

Kalayo [n] **Ceb.** ang siga sa pagkasunog \silaab **Eng.** fire \flame \combustion [n] **Ceb.** sunog **Eng.** fire \blaze \conflagration.

Kalbaryo [n] **Ceb.** ang bukid o lugar diin gilansang sa krus si Hesukristo \bukid sa pasakit **Eng.** the Calvary \suffering \agony.

Kalboro [n] **Ceb.** matang sa mineral nga pution, sagad gamiton sa pilit nga pagpahinog sa mga prutas, o kaha sa pagpintura **Eng.** Carbide.

Kaldero [n] **Ceb.** ang puthaw nga lutoan **Eng.** metal cooking pot \pot.

Kaldohan [n] **Ceb.** tasa nga sudlan sa tsokolate o sikwate \eskoriya **Eng.** chocolate cup.

Kalendaryo [n] **Ceb.** talaan sa mga bulan, semana ug adlaw sa usa ka tuig **Eng.** Calendar.

Kalibang [n] **Ceb.** ang pagtai **Eng.** defecation \excretion \bowel movement.

Kalibkib [n] **Ceb.** ugatugaton nga unod sa lubi nga namilit sa bagol **Eng.** brown fibrous part of coconut meat adhering in the coconut shell.

Kaliboan [n] **Ceb.** ang libolibo nga ihap **Eng.** Thousands.

Kalibog [n] **Ceb.** kadili makasabot kung unsa o ngano ba **Eng.** confusion \puzzlement \bafflement \bewilderment \disorientation \mix-up \perplexity.

Kalibotan [n] **Ceb.** ang planeta nga atong gipuy-an **Eng.** earth \world [n] **Ceb.** kalibotan **Eng.** consciousness \awareness.

Kalibotanon [adj.] **Ceb.** mga butang o kalipay nga matagamtaman dinhi sa kalibotan **Eng.** worldly \earthly \mundane \temporal.

kalibre [n] **Ceb.** usa kalagutmon nga ang unod tugob sa harina **Eng.** cassava \manioc (sc.name: Manihot esculenta). [n] **Ceb.** matang o sukod sa pusil **Eng.** Caliber. [n] **Ceb.** kalibre **Eng.** freedom \liberality (see also kagawasan)

kalidad [n] **Ceb.** kung unsa kamaayo ang matang **Eng.** Quality.

Kaligdong [n] **Ceb.** kamatinud-anon *Eng.* honesty \fidelity \self possession \politeness \sincerity.

Kaligid [n] *Ceb.* kaliring nga pabalibali ingon og miligid nga lawas *Eng.* turning over and over from side to side as in a rolling trunk or body.

Kaligo [n] *Ceb.* ang paghumod sa tibuok lawas aron mahinlo o mapreskohan *Eng.* Bath.

kalilong [n] *Ceb.* kadili bulgar *Eng.* being undisclosed \concealment \covertness (see also kasekreto)

kalim-an [adj.,n] *Ceb.* lima ka napulo \singkuwenta *Eng.* Fifty.

Kalimot [n] *Ceb.* kawala sa panumdoman *Eng.* failure to remember \inability to recall \having no recollection \forgetfulness \mental block.

Kalimutaw [n] *Ceb.* ang itom nga lingin sa mata *Eng.* pupil \iris (see also mata)

Kalinaw [n] *Ceb.* kawalay samok *Eng.* peace \peacefulness \tranquility \placidity.

Kalingawan [n] *Ceb.* lulinghayawan *Eng.* amusement \entertainment \fair \funfair \fanfare \pleasure. [n] *Ceb.* ang gikalingawan nga buluhaton *Eng.* fun \hobby \pastime \recreation.

Kalinghod [n] *Ceb.* kadili pa kaayo hamtong *Eng.* adolescence \puberty (see also kaulitawo, kadalaga)

Kalingig [n] *Ceb.* kahiwi \kalubag *Eng.* distortion \twist.

Kalipay [n] *Ceb.* ang gibati nga kahimuot \kangaya \kasadya *Eng.* happiness \joy \gladness \glee \pleasure (see also kamalipayon)

Kalipong [n] *Ceb.* ang pagbati og kalurong sa pamati sa ulo \alipalong \panglipong *Eng.* dizziness \vertigo \giddiness \faint \fuddle.

Kalisang [n] *Ceb.* ang gibati nga hilabihan nga kahadlok *Eng.* intense fear \fright \dread \phobia \morbidity \trauma \horror.

Kalisdanan [n] *Ceb.* ang kalisod *Eng.* difficulty \hardship \toughness \adversity.

Kalisod [n] *Ceb.* kadili sayon *Eng.* hardship \difficulty (see also kalisdanan)

Kalit [adv.] *Ceb.* sa daklit lang *Eng.* suddenly \abruptly \in a flash \instantly \quick [adj.] *Ceb.* wala damha *Eng.* Unexpected.

Kaliwat [n] *Ceb.* kaliwat \kadugo *Eng.* member of the clan \family member \kin \kinfolk \kinsmen (see also kaliwat)

Kaliwatan [n] *Ceb.* ang kinaiya nga nasunod sa lahi o liwat *Eng.* Heredity \race \breed \progeny \kind \blood \lineage.

Kaliyog [n] *Ceb.* kalubag \kabalikog *Eng.* curvature \crookedness.

Kalma [adj.] *Ceb.* dili nag-kaguliyang \kalmado *Eng.* calm \sedate \relax.

Kalmado [adj.] *Ceb.* wala mataranta *Eng.* calm \imperturbable \unperturbed.

Kalo [n] *Ceb.* pandong nga isul-ot sa ulo *Eng.* Cap.

Kalog [adj.] *Ceb.* kalog *Eng.* feeble-minded \nutty \idiot \screwy \simpleton \moron \moronic \lumpish \crackpot \donkey \bird-brained \juggins (inf.) \daffy (Colloq.) \berk (Brit. slang) \dumbbell (inf.)

Kalos [n] *Ceb.* pangkandos *Eng.* scoop \hand shovel \dipper.

Kalot [n] *Ceb.* kakha gamit ang kamot *Eng.* scratching with the fingers.

Kalsada [n] *Ceb.* kalsada \agianan *Eng.* way \road \path (see also dalan)

Kalsones [n] *Ceb.* pantalon nga taas og manggas *Eng.* trouser (see also karsones)

Kaluag [n] *Ceb.* kadili guot o hugot *Eng.* Looseness.

Kalubag [n] *Ceb.* ang pagkalubag *Eng.* contortion \distortion \torsion (see also kalingig)

Kaluha [n] *Ceb.* duha ka mga anak nga gidungan sa pagpanamkon ug gihimugso sa usa ka kapanganakan sa pareho nga inahan *Eng.* Twin.

Kaluho [n] *Ceb.* kaharuhay sa pamuyo *Eng.* the comfort of living \luxury \luxuriousness.

Kalumo [n] *Ceb.* kahumok sa pagbati kalumok *Eng.* meekness \mildness \tenderness \kindness.

Kalumoy [n] *Ceb.* kahinog og maayo \kalumoy *Eng.* being ripe and tender \the well ripening and tenderness of fruit \well ripeness.

Kalunangan [n] *Ceb.* lugar diin adunay mga lunang o tubigon nga kalapokan *Eng.* Wetland.

Kalungtaran [n] *Ceb.* kadugayon sa paglungtad *Eng.* lastingness (see also lungtad) span of time \life span \lifetime \duration \durability.

Kalunsay [n] *Ceb.* kawalay sagol *Eng.* purity \pureness (see also kaputli)

Kaluod [n] *Ceb.* kadaot sa gana sa panlami nga maoy hinungdan sa pamati nga ingon og kasukaon \bidli *Eng.* distaste \cloying on food.

Kaluoy [n] *Ceb.* kaaghop *Eng.* mercy \pity \kindness.

Kaluparan [n] *Ceb.* ang pagpalupad o pagpalawig diha sa kahanginan o kawananngan *Eng.* aviation \flying \flight.

Kaluspad [n] *Ceb.* pamuti sa panit o wait *Eng.* paleness \pallor.

Kaluwasan [n] *Ceb.* kasalbaran *Eng.* delivery \redemption \safety \salvation

(see also kagawasan)
Kaluya [n] *Ceb.* kakapoy *Eng.* weakness \weariness.
Kaluyat [n] *Ceb.* kayagpis *Eng.* slenderness \thinness (see also kaniwang)
Kalye [n] *Ceb.* agianan *Eng.* street (see also dalan)
Kalyo [n] *Ceb.* kubal sa panit *Eng.* corn \callus.
Kama [n] *Ceb.* katre *Eng.* Bed. [n] *Ceb.* ang isulat nga kuwit *Eng.* comma (,)
Kamaalam [n] *Ceb.* kaalam nga gibaton *Eng.* knowledgeability \know-how.
Kamaandam [n] *Ceb.* ang pagkaandam sa unsa man *Eng.* readiness \preparedness.
Kamaanindot [n] *Ceb.* kamaanyag *Eng.* beauty \prettiness (see also kaanyag)
Kamaayo [n] *Ceb.* kamaayo sa kondisyon \kadili masakiton *Eng.* goodness of condition \stability \healthiness (see also kabaskog)
Kamabaw [n] *Ceb.* kung unsa katugkad ang mabaw *Eng.* shallowness (see also mabaw)
Kamada [n] *Ceb.* han-ay \hapnig *Eng.* file \pile \arrangement \stack.
Kamahal [n] *Ceb.* kataas sa kantidad, balor, o presyo *Eng.* preciousness \expensiveness [n] *Ceb.* kahinigugma *Eng.* dearness \being loved.
Kamahalan [n] *Ceb.* kataas sa katungdanan *Eng.* Highness. [n] *Ceb.* kataasan sa kantidad *Eng.* expensiveness \inflation \high prices \costliness.
Kamahayan [adj.] *Ceb.* kamahayan *Eng.* deserving blame \blameworthy \blamable \blameful \culpable.
Kamalig [n] *Ceb.* balay tipiganan sa umahan o hayopan \kamarin *Eng.* barn \byre \lockup \storage \warehouse (see also bodega)
Kamaligdong [n] *Ceb.* ang pagkaligdong \kamatarong \kamatinud-anon *Eng.* uprightness \honesty \rectitude.
Kamalimbongon [n] *Ceb.* kamalimbongon *Eng.* being a cheater \trickiness.
Kamalimtanon [n] *Ceb.* dili mahinumdomon being *Eng.* forgetful or having poor memory \inability to recall \forgetfulness.
Kamalipayon [n] *Ceb.* ang pagbati sa kahimuot *Eng.* happiness \joyfulness \gladness (see also kalipay)
Kamang [n] *Ceb.* ang paglakaw gamit ang mga kamot og tiil *Eng.* Crawl.
Kamao [n] *Ceb.* kasakto *Eng.* correctness \rightness.
Kamarote [n] *Ceb.* lawak sa barko *Eng.* cabin (see also lawak)
Kamatay [n] *Ceb.* ang pagkawala sa kinabuhi *Eng.* death (see also kamatayon). [n] *Ceb.* kamatay sa siga sa

kalayo *Eng.* extinguishment (see also kapalong)

Kamatayon [n] *Ceb.* kahunos sa kinabuhi \pagpanaw sa buhi *Eng.* death \demise \expiration \perish \end.

Kamatinabangon [n] *Ceb.* ang kamabuligon *Eng.* helpfulness \philanthropy.

Kamatinahoron [n] *Ceb.* ang pagpakita og respeto ngadto sa uban *Eng.* politeness \courteousness \respectfulness \reverence.

kamatinud-anon [n] *Ceb.* kamatinuoron *Eng.* honesty \truthfulness (see also kamaligdong)

Kamatis [n] *Ceb.* bunga sa utanon nga mapula o dalag, sagad linginon o binakat ang porma *Eng.* tomato \love apple.

Kamatsili [n] *Ceb.* kamatsili madras *Eng.* Thorn.

Kamatuhoan [n] *Ceb.* kaangayan tuhoan *Eng.* believability \credulity (see also kasaligan)

Kamatuoran [n] *Ceb.* ang tinuoray *Eng.* truth \factuality \fact \true facts.

Kamay [n] *Ceb.* asukal gikan sa tubo *Eng.* raw sugar from sugarcane \red sugar (see also asukal)

Kami [pro.] *Ceb.* ang nagsulti ug ang iyang mga kauban *Eng.* We.

Kamig [n] *Ceb.* kabugnaw *Eng.* coldness \coolness.

Kamingaw [n] *Ceb.* kahidlaw nga gibati sa gigikanan o sa usa ka lugar *Eng.* homesickness \nostalgia. [n] *Ceb.* kawalay banha *Eng.* placidity \stillness \tranquility \serenity \quietness (see also hilom)

Kamiseta [n] *Ceb.* sinina nga pangluon *Eng.* undershirt (see also kamison)

Kamisin [n] *Ceb.* sinina nga pangluon *Eng.* undershirt (see also kamison)

Kamison [n] *Ceb.* sinina pang-itaas nga nipison ang tela *Eng.* shirt \T-shirt \tee-shirt \tee \camise (see also sinina)

Kamo [pro.] *Ceb.* ang gisultian ug ang mga kauban niya *Eng.* You.

Kamot [n] *Ceb.* ang parte sa lawas tumoy sa bukton nga adunay mga tudlo, gamit sa paggunit, pagsulat, paghungit sa pagkaon o pagtrabaho *Eng.* Hand.

Kamote [n] *Ceb.* lagutmon nga sama sa patatas, harinahon ug tam-ison ang unod *Eng.* sweet potato (sc.name: Ipomoea batatas)

Kamubo [n] *Ceb.* kamubo \kadili taas *Eng.* shortness \briefness \brevity \conciseness.

Kampana [n] *Ceb.* bagtinganan nga puthaw, diin sagad nakataod sa kampanaryo *Eng.* bell, usually referring to a bell installed in a belfry or bell tower.

Kampanaryo [n] *Ceb.* ang tore nga gitaoran sa kampana *Eng.* belfry \bell tower (see also tore)

Kampanya [n] *Ceb.* pangawhag sa uban *Eng.* Campaign.

Kampo [n] *Ceb.* lugar diin nagtapok pagpuyo \teritoryo sa kasundalohan *Eng.* Camp.

Kamubo [n] *Ceb.* kadili taas *Eng.* shortness \briefness \brevity \conciseness.

Kanal [n] *Ceb.* dagaydayan sa tubig *Eng.* canal \ditch \culvert \drainage \gully \gutter \sewer \aqueduct

Kan-anan [n] *Ceb.* ang pangaonan *Eng.* dining area \mess hall \dining hall \luncheon area \luncheonette.

Kanaog [n] *Ceb.* ang pagpaingon sa ubos nga bahin *Eng.* coming down \declination \stepping down \walking down \moving down.

Kanato [pro.] *Ceb.* sa tanan, apil na ang nagsulti ug ang gisultihan *Eng.* us \to us.

Kandado [n] *Ceb.* ang ipamugong aron dili maabli *Eng.* lock (see also trangka)

Kandiis [n] *Ceb.* lumping sa aping kung magpahiyom *Eng.* Dimple.

Kandila [n] *Ceb.* ang hinulma nga talo o sebo nga adunay pabilo sa tunga nga maoy dagkotan aron magsilbi nga iwag *Eng.* candle stick.

Kanding [n] *Ceb.* ang hayop nga momihihi *Eng.* Goat.

Kandos [n] *Ceb.* taksanan nga iharop o ikandos \hand shovel \dipper *Eng.* Scoop.

Kangho [n] *Ceb.* bahandi \katigayonan *Eng.* wealth \property \richness \assets (see also salapi)

Kanhi [adj.] *Ceb.* sa panahon nga nanglabay na *Eng.* before \in the olden days \long time ago (see also kaniadto)

Kaniadto [adv.] *Ceb.* sa nanglabay nga panahon *Eng.* in the past.

Kanila [pro.] *Ceb.* iya sa gitudlo ug mga kauban niani *Eng.* their \theirs.

Kanimo [pro.] *Ceb.* diha nimo *Eng.* to you.

Kanindot [n] *Ceb.* kanindot *Eng.* attractiveness \appeal \glamour (see also kaanyag)

Kanipis [n] *Ceb.* kadili baga *Eng.* thinness (see also kaniwang)

Kaniwang [n] *Ceb.* kanipis sa lawas *Eng.* slimness \slenderness \thinness.

Kankan [n] *Ceb.* ang nakakha \ang nabanlas nga yuta *Eng.* landslide \landslip \erosion \soil erosion.

Kan-on [n] *Ceb.* niluto nga bugas *Eng.* cooked rice \in the Philippines, cooked rice is prepared by boiling rice grains in a pot until all the water is completely soaked into the grains, in other Asian countries, the grains are placed on a bamboo matting over a steamer, thus, it is called "steamed rice"　[n] *Ceb.* kan-on mais *Eng.* cooked corn grits.

Kanta [n] *Ceb.* mga pulong o huni nga laylayon *Eng.* Song.

Kantidad [n] *Ceb.* bili *Eng.* amount \cost \rate \worth \sum \value \worth \appraisal.

Kantil [n] *Ceb.* pangpang ilawom sa dagat *Eng.* steep cliff at the edge of the sea bed or ocean floor \cliff or slope on the sea ground \continental slope \continental shelf \reef.

Kanunay [adj.] *Ceb.* walay kinutoban *Eng.* perpetual \infinite.

Kaon [n] *Ceb.* pangaon *Eng.* eating \dining (see also pagkaon)

Kapait [n] *Ceb.* kung unsa kalami ang pait *Eng.* Bitterness.

Kapakyasan [n] *Ceb.* kadili paglampos \kapaltosan *Eng.* failure \unsuccessfulness \frustration \fiasco.

Kapalaran [n] *Ceb.* ang palad sa kinabuhi *Eng.* fate \destiny.

Kapalong [n] *Ceb.* ang pagkawala o pagkamatay sa siga *Eng.* extinguishment \smothering.

Kapan [n] *Ceb.* insekto nga apan-apan, maglukso-lukso ug namuyo sa kasagbotan *Eng.* Grasshopper.

Kapareha [n] *Ceb.* ang panagpareho *Eng.* simila-rity \sameness likeness.

Kapareho [adj.] *Ceb.* kapareho \kaamgid *Eng.* look-alike \similar something that looks similar to \resemblance.

Kaparte [adj.] *Ceb.* kaparte *Eng.* adjunct \attached \connected \related.

Kapay [n] *Ceb.* palikpik sa isda, o sa unsa man nga hayop sa dagat o katubigan *Eng.* flipper wing \fin (see also silik)

Kapayas [n] *Ceb.* usa ka matang sa prutas *Eng.* papaya (sc.name: Carica papaya)

Kape [n] *Ceb.* ilimnon nga pait, gikan sa ginaling nga liso *Eng.* Coffee.

Kapilya [n] *Ceb.* simbahan nga gamay *Eng.* chapel (see also simbahan)

Kapitulo [n] *Ceb.* ang mga yugto sa libro *Eng.* chapter (see also kaparte)

Kapiyalan [n] *Ceb.* kahatagan sa pagsalig *Eng.* trustworthy \reliable \can be trusted \worthy of trust (see also kasaligan)

Kaplag [n] *Ceb.* kadiskobre *Eng.* discovery \establishment \finding \uncovering.

Kapon [n] *Ceb.* ang gikuhaan sa itlog *Eng.* a castrated person or male animal (see also pangatli)

Kapot [n] *Ceb.* hawid sa kamot *Eng.* handle \grip \hold \possession.

Kapoy [adj.] *Ceb.* makahago *Eng.* tiring \obsequious \strenuous.

Kapritso [adj.] *Ceb.* manya sa gusto \paaro *Eng.* caprice \whim \whimsy.

Kapug-aw [n] *Ceb.* kawala sa kolor *Eng.* fading of color \disappearance of color \becoming colorless \discoloration (see also kalubad)

Kapungot [n] *Ceb.* kalagot *Eng.* anger \fury \rage (see also kasuko)

Kaputi [n] *Ceb.* ang pagkaputi sa bulok whiteness *Eng.* kaput/on sa kutis fairness of complexion.

Kaputli [n] *Ceb.* kalinis sa pagkababaye \kalinis sa dungog *Eng.* purity of one's honor or reputation \dignity.

Kapyot [n] *Ceb.* hawid nga magbitay *Eng.* hanging on \cling.

Karaan [adj.] *Ceb.* kaniadto pa *Eng.* obsolete \out of date \dated \old-fashioned \vintage.

Karang [n] *Ceb.* tukon nga tungtongan sa nagdala, gamit sa paglakat *Eng.* stilt.

Karatil [n] *Ceb.* dalagan og paspas *Eng.* speedy running on foot \fast run \sprint (see also dalagan)

Karatola [n] *Ceb.* pasabot nga nakasulat o nakaimprenta sa lapad nga plego *Eng.* placard \sign board

\billboard.

Karga [n] *Ceb.* lulan nga mga dala *Eng.* cargo \load \freight.

Karibal [n] *Ceb.* ang kailog sa pag-angkon *Eng.* rival (see also kaatbang)

Kariton [n] *Ceb.* ang ipanghakot nga itulod ug dunay ligid *Eng.* cart \trolley.

Karne [n] *Ceb.* unod sa hayop nga makaon *Eng.* Meat.

Karon [adv.] *Ceb.* niining higayon *Eng.* Now \at present \presently.

Karosa [n] *Ceb.* ang kariton nga guyoron sa hayop *Eng.* cart (see also karwahe)

Karsada [n] *Ceb.* agianan sa mga sakyanan *Eng.* road (see also dalan)

Karsones [n] *Ceb.* sapot nga adunay duha ka mga manggas para sa mga tiil *Eng.* pair of trousers \long pants.

Karsonsilyo [n] *Ceb.* sapot nga pangkaligo \sapot pangilawom luon sa sinina *Eng.* bathing trunks \swimming trunks \swimming apparel. \underwear \underclothes (see also sinina)

Kartera [n] *Ceb.* gamay nga maleta nga sudlanan sa mga papeles *Eng.* briefcase \attaché case \portfolio \brief bag.

Kartero [n] *Ceb.* ang tagahatod og mga sulat gikan sa koreyo *Eng.* mailman \postman.

Kartil [n] *Ceb.* paskin *Eng.* billboard \signboard (see also karatola)

Karwahe [n] *Ceb.* kariton \balsa *Eng.* Cart.

Kasaba [n] *Ceb.* sulti sa kasuko *Eng.* Scolding \noise \cacophony (see also kabanha)

Kasabotan [n] *Ceb.* kauyonan *Eng.* agreement \understanding \stipulation \consonance \conformity \accord \covenant.

Kasadpan [n] *Ceb.* kung asa mosalop ang adlaw *Eng.* west \occident \occidental.

Kasadya [n] *Ceb.* kasadya *Eng.* joyfulness \happiness \merriment \merriness \gleefulness \gaiety \joviality.

Kasag [n] *Ceb.* alimango sa tubig tab-ang *Eng.* fresh water edible crab \aquatic crab (see also alimango)

Kasagabay [n] *Ceb.* kaabay \kaduyog \kadungan *Eng.* companion \company (see also kauban)

Kasagaran [adj.] *Ceb.* dili talagsaon *Eng.* usual \typical.

Kasagbotan [n] *Ceb.* ang mga sagbot nga nanubo sa hawanan *Eng.* grassland \meadow.

Kasagrado [n] *Ceb.* kung unsa ka kabalaan *Eng.* holiness \sanctity.

Kasakit [n] *Ceb.* kahapdos *Eng.* pang of pain \a tingling pain \soreness.

Kasal [n] *Ceb.* ang seremonya sa kaminyoon sa mag-asawahay *Eng.* wedding \nuptial.

Kasal-anan [n] *Ceb.* ang sala *Eng.* Sin \malfeasance \infraction \offense (see also sala)

Kasaligan [n] *Ceb.* kahatagan sa pagsalig *Eng.* reliable \trustworthy \can be trusted \worthy of trust.

Kasalopan [n] *Ceb.* takna sa pagsalop sa adlaw *Eng.* sunset (see also kahaponon)

Kasalumsom [n] *Ceb.* ang pagkilum-kilom sa kahaponon *Eng.* dimness that follows few moments after the sunset \duskiness.

Kasamok [n] *Ceb.* kasamok \kagubot \kaguliyang *Eng.* trouble \frenzy \muddle \riot \unrest \violence \confusion (see also away)

Kasayoran [n] *Ceb.* kaalam knowledge \kaamgohan \salabotan *Eng.* Knowledge \awareness \consciousness.

Kasekreto [n] *Ceb.* kadili dayag *Eng.* secrecy \secretiveness \confidentiality \covertness \clandestineness.

Kasera [n] *Ceb.* umaabang sa balay \sumasaka sa balay nga nag-abang *Eng.* house tenant \tenant \paying house guest \Boarder (see also tag-abang).

Kaserola [n] *Ceb.* kaldero o lutoan nga hinimo sa nipis nga metal *Eng.* casserole

(see also luto-anan)

Kasiboan [n] *Ceb.* kasiboan *Eng.* exactness \suitability \precision \fitness.

Kasibot [n] *Ceb.* kadasig *Eng.* encouragement \inspiration \stimulation \motivation \courage \zest \morale \will \willpower \ardor \spirit.

Kasihag [n] *Ceb.* ang pagkalapos sa panan-aw *Eng.* transparency \transparence \translucence \diaphanousness.

Kasikas [n] *Ceb.* hinaganas nga tunog *Eng.* rustle \swish.

Kasikbit [adj.] *Ceb.* kasikbit *Eng.* contiguous \adjacent \adjoining \vicinity \neighborhood.

Kasilag [n] *Ceb.* kasuko o kalagot nga may pagdumot *Eng.* hatred (see also kasuko)

Kasilyas [n] *Ceb.* lawak o lugar diin malibang o mangihi \pansayan *Eng.* toilet \john (slang) \rest room \restroom \comfort room or CR (Phil. English)

Kasina [n] *Ceb.* selos ngadto sa uban tungod sa kaayohan nga ilang nakuha *Eng.* jealousy over the favor or success of others \envy \green-eyed monster \igi.

Kasinatian [n] *Ceb.* kabangkaagan \kabatiran *Eng.* experience \familiarity (see also kahibalo)

Kasing [n] *Ceb.* dulaan nga bola nga kahoy, linginon ug adunay tusok, patuyokon pinaagi sa pagbunlot sa binubod nga higot *Eng.* Top.

Kasing-kasing [n] *Ceb.* ang parte sa lawas nga maoy mobomba sa dugo, sa tawo kini may pagbati *Eng.* Heart.

Kaso [n] *Ceb.* ang keha nga gipasaka sa korte *Eng.* lawsuit \litigation \court case (see also keha)

Kasosyo [n] *Ceb.* kauban sa negosyo *Eng.* associate in business \partner in business \co-investor.

Kasoy [n] *Ceb.* kahoy nga ang prutas may milugwa nga liso sa lubot *Eng.* cashew apple (sc.name: Anarcadium occidentale)

Kaspa [n] *Ceb.* ang makatol nga pagpanghuk-ap sa anit sa bagol-bagol gumikan sa agup-op o bakterya *Eng.* Dandruff.

Kastigo [n] *Ceb.* panapat \pamun-og *Eng.* castigation \physical harm \inflicted punishment \infliction.

Kastilyo [n] *Ceb.* palasyo *Eng.* Castle.

Kasubo [n] *Ceb.* kasubo *Eng.* sorrow \grief \sadness.

Kasugoan [n] *Ceb.* kasugoan *Eng.* order \commandment \edict (see also sugo)

Kasuko [n] *Ceb.* kainit sa ulo *Eng.* anger \anxiety \animosity.

Kasulatan [n] *Ceb.* sinulat nga kasabotan *Eng.* written agreement.

Kasumaran [n] *Ceb.* ang paghandom og pagsaulog sa pagsumad sa mga nanglabay na nga mga panghitabo *Eng.* Commemoration.

Kasway [n] *Ceb.* galamay *Eng.* Tentacle.

Katabang [n] *Ceb.* katabang *Eng.* assistant \helper \aide \staff.

Katab-ang [n] *Ceb.* kawalay \kalas-ay lami sa panilaw *Eng.* flatness of taste \tastelessness.

Katabian [n] *Ceb.* kayawitan \kahinultihon *Eng.* talkativeness \garrulity \loquacity.

Katag [n] *Ceb.* kay-ag *Eng.* Spread.

Katagumkom [n] *Ceb.* katagumkom *Eng.* crispiness \crunchiness.

Katahap [n] *Ceb.* katahap *Eng.* doubt \suspicion.

Katahom [n] *Ceb.* katahom *Eng.* beauty \prettiness.

Katahoran [n] *Ceb.* respeto *Eng.* the giving of honor \respect \courtesy.

Katakos [n] *Ceb.* kamapangahason *Eng.* courageousness \gallantry \being a daring person.

Katalagman [n] *Ceb.* kakuyaw *Eng.* danger \disaster \menace \peril.

Katangtang [n] *Ceb.* kaukang *Eng.* removal \detachment.

Katapolan [n] *Ceb.* kawalay hilig motrabaho *Eng.* laziness \indolence \idleness.

Kataposan [n] *Ceb.* ang ulahi nga yugto *Eng.* the end \ending \finality \last part \final part \culmination \conclusion \finale.

Katarongan [n] *Ceb.* pangatarongan \kaangayan sa tanan *Eng.* Reasoning \fairness \equality \impartiality (see also kaangay)

Katawa [n] *Ceb.* tingog nga ibungat tungod sa kalipay o kahimuot *Eng.* laugh \laughter.

kataw-anan [n] *Ceb.* makapaaghat sa pagkatawa *Eng.* funny \laughable \comic \comical.

Katawhan [n] *Ceb.* ang mga tawo *Eng.* humanity \humankind \mankind \people \folk.

Katay [n] *Ceb.* kanap sa tanom *Eng.* Crawling of the vine.

Katig [n] *Ceb.* ang palutaw nga babag sa kahoy o bos sa kawayan nga maoy mobalanse sa paglutaw sa sakayan *Eng.* outrigger, the boat's balance beam.

Katigayonan [n] *Ceb.* katigayonan *Eng.* wealth \riches \treasure \valuables \fortunes.

Katigulang [n] *Ceb.* kalagas *Eng.* oldness \agedness \elderliness.

Katigulangan [n] *Ceb.* ang

mga tigulang *Eng.* the old people \group of the aged

Katin-aw [n] *Ceb.* kaklaro *Eng.* clearness \clarity \limpidity \limpidness.

Katingala [n] *Ceb.* kahibulong *Eng.* amazement \astonishment \wonder \wonderment \marvel \bewilderment.

Katinuoran [n] *Ceb.* kamatuoran *Eng.* Truthfulness.

Katli [n] *Ceb.* panghimuto *Eng.* Vasectomy.

Katloan [adj., n] *Ceb.* tulo ka napulo *Eng.* thirty \30.

Katog [n] *Ceb.* katulog *Eng.* Sleep.

Katol [n] *Ceb.* ang gilok nga sakit, lami kaloton sa kamot *Eng.* Itch.

Katre [n] *Ceb.* katre *Eng.* Bed.

Katuhoan [n] *Ceb.* kahatagan sa pagtuo *Eng.* credent \credible \believable \reliable.

Katuigan [n] *Ceb.* ang napulo ka tuig *Eng.* ten-year period \decade.

Katulo [adj.] *Ceb.* katulo *Eng.* trine \triple.

Katumba [n] *Ceb.* katumba *Eng.* fall \breakdown \ruin \destruction \collapse \fate.

Katungod [n] *Ceb.* ang gipanag-iya nga gahom sa pagbuhat sa angay buhaton *Eng.* right.

Katuyoan [n] *Ceb.* katuyoan *Eng.* aim \purpose.

Kauban [n] *Ceb.* kaabay *Eng.* fellow \comrade \co-mate.

Kaugalingon [adj.] *Ceb.* sa personal nga gamit lamang *Eng.* personal \own \exclusive.

Kaulagon [n] *Ceb.* kagusto makipaghilawas *Eng.* lustfulness \lasciviousness \prurience

Kaulitawo [n] *Ceb.* kalinghoran sa lalaki *Eng.* puberty \adolescence of male.

Kaumahan [n] *Ceb.* ang mga umahan *Eng.* farm \field \rural area.

Kausaban [n] *Ceb.* kalainan sa porma o kahimtang *Eng.* change \alteration \conversion \modification \evolution.

Kausahan [n] *Ceb.* panaghiusa \katigoman *Eng.* confederation \federation \unification \integration.

Kausbawan [n] *Ceb.* kausbawan \kaayohan *Eng.* advancement \progress \improvement \boom \uplift.

Kaulaw [n] *Ceb.* ang gibati nga kaikod *Eng.* shyness \diffidence.

Kausik [n] *Ceb.* kaanugon *Eng.* wastage \loss.

Kauswagan [n] *Ceb.* kaasensohan *Eng.* improvement \betterment \advancement \enhancement \upliftment \bonanza.

Kawala [n] *Ceb.* kawagtang *Eng.* disappearance \banishment.

Kawanangan [n] *Ceb.* espasyo o kahanginan sa wanang *Eng.* airspace \sky.

Kawat [n] *Ceb.* pangawat *Eng.* robbery \thief \burglary (see also pangawat). [n] *Ceb.* kawat *Eng.* wire \tie wire.

Kawatan [n] *Ceb.* kawatan \tikasan *Eng.* thief \stealer \pilferer \robber.

Kaway [n] *Ceb.* ang pag-kiway *Eng.* wag \wagging \waggle \wiggle.

Kawayan [n] *Ceb.* tanom nga ang punoan linginon ug hunggal sa ilawom sama sa tubo, adunay buko sa matag gutlod *Eng.* Bamboo.

Kawhaan [adj., n] *Ceb.* duha ka napulo \bayente *Eng.* twenty \20.

Kawras [n] *Ceb.* kawras *Eng.* scratch \claw.

Kay [conj.] *Ceb.* tungod nga \sa hinungdan nga *Eng.* Because.

Kayat [n] *Ceb.* ang pag-takmag sa lalaki ngadto sa babaye atol sa pakighilawas, sagad mahitungod sa mga hayop diin ang lalaki mopa-tong sa babaye nga naka-talikod *Eng.* copulation (see also pakighilawas)

Kayda [n] *Ceb.* lantawanan nga nahimutang tapot sa ga-was nga bahin sa bongbong sa balay, sagad napalibotan og barandilya o ali ang ngilit *Eng.* balcony \porch \veran-dah.

Kaylap [n] *Ceb.* kanap \katap *Eng.* diffusion \diffuseness

\diffusiveness (see also katag)

Kayo [n] *Ceb.* ang kalayo *Eng.* Fire.

Kayutaan [n] *Ceb.* ang mga yuta *Eng.* lands \soils \ground \earth (see also yuta)

Keda [n] *Ceb.* bahar *Eng.* discount \deduction \reduc-tion.

Keha [n] *Ceb.* keha \asunto *Eng.* court case \litigation \lawsuit \case \court case \charges in court \court trial \test case \action \prose-cution \indictment (see also pagkeha)

Kerida [n] *Ceb.* kabit nga babaye *Eng.* paramour \mistress (see also kabit)

Kiat [adj.] *Ceb.* siaw \kiat *Eng.* naughty \mischievous \keeps on moving \fidgety.

Kiaykiay [n] *Ceb.* pakibot-kibot sa bat-ang *Eng.* waddle \wiggling of hips.

Kibang [n] *Ceb.* bungi sa silab *Eng.* a nicked or chipped edge of the blade (see also bungi)

Kibido [n] *Ceb.* salamin sa mata aron molinaw ang pa-nan-aw *Eng.* a pair of eye-glasses (see also antiyohos)

Kidhat [n] *Ceb.* senyas nga pagpilok sa usa ka mata *Eng.* wink.

Kidlap [n] *Ceb.* kalit nga pagbuga og dan-ag sa ka-hayag *Eng.* flash (see also iwag)

Kigol [n] *Ceb.* pook nga parte diin nagdugtong ang paa ug lawas *Eng.* the folds or connecting point between the upper leg and trunk \crotch.

Kiki [n] *Ceb.* hugaw o dunot nga nanapot sa ngipon *Eng.* tartar \tooth decay \dental caries.

Kilab [n] *Ceb.* kabad \sutoy \karatil *Eng.* flitting speed \darting off rapidly \quick motion \fast forward motion.

Kilat [n] *Ceb.* kislap sa kalit nga pagbadlis sa kalayo o kahayag diha sa kalangitan \lipak \liti *Eng.* lightning \streak of lightning \lightning flash.

Kilaw [n] *Ceb.* ang pagkaon og dili niluto sa init *Eng.* eating of raw food, or dish made of raw ingredients and served without cooking or heating (see also kinilaw)

Kilay [n] *Ceb.* ang linya sa diyotay nga balahibo ibabaw sa mata *Eng.* eyebrow.

Kilid [n] *Ceb.* ngilit nga bahin sa kiliran \ngilit *Eng.* side \edge \border.

Kiling [n] *Ceb.* takiling *Eng.* tilting (see also takilid)   [n] *Ceb.* ang karaang nga ngalan sa bulan nga Abril *Eng.* old Cebuano name for the month of April.

Kiliran [n] *Ceb.* ang kilid nga bahin *Eng.* the side part (see also kilid)

Kilkil [n] *Ceb.* panghuthot

Eng. exploitation of someone else's wealth \extortion.

Kilum-kilom [n] *Ceb.* ang kangitngit nga taliabot human mosalop ang adlaw *Eng.* dusk \twilight \afterglow.

Kimba [n] *Ceb.* habog o halawom nga pangpang *Eng.* gorge \steep cliff \very deep ravine (see also pangpang)

Kimpang [adj.] *Ceb.* dili tupong ang nilaktan sa mga tiil *Eng.* lame \limping.

Kinaadman [n] *Ceb.* kaalam *Eng.* knowledge \wisdom \intelligence (see also pagtulon-an)

Kinabuhi [n] *Ceb.* ang pagkadili patay \panahon samtang buhi pa *Eng.* life \being \lifetime.

Kinaham [adj.] *Ceb.* gusto *Eng.* favorite (US) \favourite (Brit.) \choice \preferred \desired.

Kinahanglan [adj.] *Ceb.* importante nga naa aron mahimo o mahitabo ang angay *Eng.* necessary \needed \required (see also kinahanglanon)

Kinahanglanon [adj.] *Ceb.* dili puwede kung wala *Eng.* essential \functional \indispensable \needful \vital \necessary \must.

Kinaiya [n] *Ceb.* batasan *Eng.* behavior \behaviour (Brit.) \manner \attitude \trait \instinct (see also gawi)

Kinaiyahan [n] *Ceb.* ang natural nga palibot *Eng.* nature \environment.

Kinalotan [n] *Ceb.* kinub-koban *Eng.* place or area where digging, burrowing, quarrying or excavation was done \excavated place

Kinamagulangan [adj.] *Ceb.* pinakauna nga anak *Eng.* eldest child.

Kinamanghoran [n] *Ceb.* pinakabata nga anak *Eng.* youngest child.

Kinamot [adj.] *Ceb.* ginamitan og kamot \manomano *Eng.* manual \by hand \hand-operated.

Kinaraan [adj.] *Ceb.* sa karaan nga pamaagi *Eng.* old style \obsolete means \old way.

Kinastigo [adj.] *Ceb.* dinapatan *Eng.* battered \physical abused \ill-treated \maltreated \beaten.

Kinatawo [n] *Ceb.* ang parte sa lawas nga maoy gamiton sa pagpasanay sa liwat o pakighilawas *Eng.* genitals \sex organ.

kinatibok-an [n] *Ceb.* ang tanan-tanan *Eng.* total \totality \entirety \summary \general (see also tanan)

kinatumyan [n] *Ceb.* ang pinakatumoy nga bahin *Eng.* end-most \extreme \topmost \peak (see also tumoy)

Kinawat [adj.] *Ceb.* kinuha nga walay pagtugot sa tagiya \tinulis *Eng.* stolen \ill-gotten \looted \embezzled.

Kinawtan [n] *Ceb.* kinubko-ban *Eng.* excavation.

Kinhason [n] *Ceb.* mga hayop sa dagat nga may bagal *Eng.* snail \sea snail \marine snail \shellfish \mussel.

Kini [pron.] *Ceb.* ang isulti kung magpaila sa gigunitan o gitudlo nga haduol sa nagsulti ('kini' is used in singular form. The plural form is 'kining mga' or 'kini sila') *Eng.* this.

Kinilaw [n] *Ceb.* pagkaon nga hilaw *Eng.* food made of raw ingredients and served without cooking or heating, the meat is dipped in vinegar soaked with spices \uncooked food \raw food (see also sud-an)

Kinitaan [n] *Ceb.* ang kita nga halin *Eng.* sales income \earnings.

Kinit-an [n] *Ceb.* ang napalgan *Eng.* find \things found \found item.

Kinopya [adj.] *Ceb.* inawat *Eng.* copied

Kinsa [pron.] *Ceb.* panguna kung unsay ngalan o unsang tawhana *Eng.* who.

Kinta [n] *Ceb.* ikalima *Eng.* fifth \5th.

Kinubkob [n] *Ceb.* kinubkob *Eng.* excavation \diggings \burrowing.

Kinugos [n] *Ceb.* ang inanak sa bunyag *Eng.* godchild (see also inanak)

Kinutil [n] *Ceb.* sinagol nga binatil nga itlog ug ilimnon *Eng.* eggnog.

Kinutlo [n] *Ceb.* tudling sa balasahon o panulat nga nakuha gikan sa lain nga balasahon o panulat *Eng.* excerpt \citation \extract (see also balasahon)

Kinutoban [n] *Ceb.* kinutoban \utlanan *Eng.* limitation \maximum \ultimatum.

Kinuykoy [n] *Ceb.* kinubkoban *Eng.* excavation \diggings (see also kinalotan)

Kinyentos [n, adj.] *Ceb.* ang numero o ihap nga lima ka gatos *Eng.* five hundred \500 (see also gatos)

Kirap-kirap [n] *Ceb.* alopalop nga siga *Eng.* flicker \flickering \fluctuation.

Kirig [n] *Ceb.* kurog sa lawas *Eng.* violent shaking of the body \convulsion.

Kiriwan [adj.] *Ceb.* hilabtanon sa mga gamit nga dili iya *Eng.* fond of taking or using things without asking permission from the owner or handler.

Kisdom [n] *Ceb.* mug-ot sa dagway *Eng.* frown.

Kisikisi [n] *Ceb.* kisikisi *Eng.* squirm \writhe \wriggle.

Kisom [adj.] *Ceb.* aslom ang lami *Eng.* sour \acidic \tart.

Kita [pron.] *Ceb.* bahin kanato *Eng.* we \ourselves \us. [n] *Ceb.* abot sa patigayon *Eng.* income \proceeds \production \takings \revenue \return. [adj.] *Ceb.* matan-aw *Eng.* visible \can be seen.

Kitkit [n] *Ceb.* paak o pahit nga ginagmay *Eng.* nibble.

Kiway [n] *Ceb.* kiwil-kiwil *Eng.* wag \wagging \waggle \wiggle.

Kiyosko [n] *Ceb.* payag nga halos walay bongbong *Eng.* kiosk (see also balay)

Klaro [adj.] *Ceb.* dili hanap sa panan-aw \tin-aw *Eng.* visually clear \clear \visible.

Klase [n] *Ceb.* kung unsa nga matang *Eng.* kind \class \sort \assortment \genre.

Klase-klase [n] *Ceb.* lainlain segun sa matang *Eng.* of different classes \of different kinds \variable \variant \varied \various.

Kodak [n] *Ceb.* litrato nga nakuha sa kamera retrato *Eng.* photograph \picture (see also hulagway)

Kodaker [n] *Ceb.* litratista \maniniyot \mangongodak *Eng.* photographer.

Kolintas [n] *Ceb.* ang pabitay nga dekorasyon sa alahas, ilabina sa kuwintas *Eng.* pendant (see also bitay-bitay)

Kolon [n] *Ceb.* lutoanan o kaldero nga hinimo sa hinurno nga lapok *Eng.* clay pot (see also lutoanan)

Kombira [n] *Ceb.* pangaon sa dako nga hikay *Eng.* banquet \feast \big dinner party \regale.

Komedor [n] *Ceb.* lawak o pwesto diin mangaon *Eng.*

dining place \mess hall.

Kompesal [n] *Ceb.* panugid sa nahimo nga mga kasalanan *Eng.* confession.

Konsehal [n] *Ceb.* ang magbabalaod sa usa ka lungsod *Eng.* councilor.

Kontra [prep.] *Ceb.* batok sa *Eng.* versus \against (see also tutol)

Kontrabando [n] *Ceb.* pinalusot nga ilegal nga paninda gikan sa lain nga nasod *Eng.* contraband \smuggled merchandise \smuggled goods.

Kopa [n] *Ceb.* ipisanan sa alak *Eng.* goblet (see also baso)

Koral [n] *Ceb.* lukob o ali sa palibot *Eng.* fence \enclosure \pen (see also ali)

Korehir [n] *Ceb.* pagmao sa sayop *Eng.* correct the error.

Koridor [n] *Ceb.* hagip-ot nga pasilyo *Eng.* corridor \aisle.

Korna [v] *Ceb.* pagguyod sa likod *Eng.* trail \tow \drag along \haul (see also guyod)

Korpinyo [n] *Ceb.* habak nga hugot aron pagamayon ang hawak o suportahan ang piang sa likod *Eng.* corset.

Korta [n] *Ceb.* gamitoy nga kutsilyo nga mapikopiko *Eng.* small folding knife \jackknife (see also punyal)

Korte [n] *Ceb.* hawanan sa husgado *Eng.* court \court of justice. [n] *Ceb.* hulma *Eng.* form (see also porma)

Kotse [n] *Ceb.* sakyanan nga hamubo ang barog *Eng.* automobile \car.

Kris [n] *Ceb.* espada sa Muslim nga parehong adunay sulab ang luyo ug likod nga ngilit sa nagpakurba-kurba nga silab *Eng.* a double-edged, wavy Muslim or Malay sword \kris (see also espada)

Kubal [n] *Ceb.* baga nga panit *Eng.* callus.

Kublan [adj.] *Ceb.* dili dutlan *Eng.* callus \invulnerable \resistant.

Kudkoran [n] *Ceb.* kudkoran *Eng.* grater, especially for coconut meat.

Kudlit [n] *Ceb.* guhit nga gamiton sa pagbulag sa sinulat nga letra o tatak *Eng.* hyphen \dash.

Kugang [n] *Ceb.* kahikurat nga halos dili na makalihok *Eng.* shock \stun.

Kugi [n] *Ceb.* kamanggibuhaton *Eng.* industriousness \diligence.

Kugihan [adj.] *Ceb.* kugihan *Eng.* diligent \industrious \hard working \sedulous \zealous.

Kugita [n] *Ceb.* hayop sa dagat nga adunay walo ka galamay *Eng.* octopus.

Kugmo [n] *Ceb.* hugaw o sip-on nga nauga sulod sa ilong *Eng.* bogey.

Kuha [n] *Ceb.* ang pagkuha *Eng.* act of getting something from(see also panguha)

Kuko [n] *Ceb.* ang bukogon ug magahi nga tabon sa tumoy nga parte sa tudlo *Eng.* nail.

Kulaknit [n] *Ceb.* kuwaknit *Eng.* small bat.

Kulang [adj.] *Ceb.* kulang *Eng.* not enough \insufficient \inadequate incomplete \lack.

Kulba [n] *Ceb.* kahadlok nga gibati *Eng.* fear \dread.

Kulbahinam [adj.] *Ceb.* makapahinam \makapakitbi *Eng.* suspenseful \breath taking \thrilling.

Kuldas [n] *Ceb.* higot sa tulonggon nga kabliton aron motunog \kuwerdas *Eng.* string used for musical instrument.

Kulibog [n] *Ceb.* mestiso nga lahi o liwat *Eng.* hybrid \hybrid variety \half-breed \half-blood \crossbreed \of mixed blood.

Kulit [n] *Ceb.* ang pag-ukit *Eng.* engraving \carving (see also pangulit)

Kulokabildo [n] *Ceb.* panagsultianay \panaghinabi \panag-istorya *Eng.* talk \conversation.

Kultura [n] *Ceb.* ang pamatasan, panghunahuna, ug mga pamaagi sa arte ug kinabuhi nga gipanag-ambitan o gibuhat sa usa ka sosyodad sa katawhan o katilingban *Eng.* culture.

Kumagko [n] *Ceb.* ang pinakadako nga tudlo nga nahimutang sa pinakadaplin nga parte sa tiil o palad *Eng.* big toe \thumb \thumb finger (see also tudlo)

Kumakuma [n] *Ceb.* putolputol nga pagsulti *Eng.* stuttering \stammering (see also kaka)

Kumayingking [n] *Ceb.* pinakagamay nga tudlo nga nahimutang sa pinakadaplin nga parte sa tiil o palad *Eng.* small finger \little finger \pinkie (see also tudlo)

Kumbitay [n] *Ceb.* hawid nga magbitay *Eng.* hanging on \cling.

Kumo [n] *Ceb.* tiniklop nga palad ug mga tudlo *Eng.* fist.

Kumos [n] *Ceb.* kunot \gumos *Eng.* wrinkle \crease \rumple \crinkle \fold.

Kumot [n] *Ceb.* ang pagkumos *Eng.* crumple (see also kumos)

Kumpas [n] *Ceb.* senyas gamit ang lihok sa mga parte sa lawas *Eng.* gesture.

Kumpayot [n] *Ceb.* hawid nga magbitay *Eng.* hanging on \cling.

Kumusta [interj.] *Ceb.* timbaya sa nakahimamat *Eng.* hello \hi. [interr.] *Ceb.* unsa ka na? *Eng.* how are you?

Kuna [n] *Ceb.* higdaanan o lugwayanan sa gamay nga bata nga adunay palibot nga ali o babag aron dili makagawas ang bata *Eng.* crib.

Kundatan [adj.] *Ceb.* kundatan **Eng.** flirty \flirtatious \coquettish \provocative (see also ulagan) [adj.] **Ceb.** badlongon \siaw **Eng.** naughty \mischievous.

Kunhod [n] **Ceb.** ang nakuha nga makapaus-os sa ihap o kantidad **Eng.** reduction \deduction \decrease.

Kunis [n] **Ceb.** ang paggisi-gisi og pino sa unod **Eng.** rending off into pieces \tearing off into pieces.

Kuno [adv.] **Ceb.** matod pa **Eng.** according to \as it was told by \they say so \as what was said.

Kunot [adj.] **Ceb.** kunot **Eng.** wrinkled \rumpled \wizened \crinkled \folded. [n] **Ceb.** lubaq sa panit gamit ang mga tudlo \kusi \lusi **Eng.** pinch \tweak \nip \finger wave.

Kupos [adj.] **Ceb.** wala na moburot **Eng.** deflated \flat.

Kupot [n] **Ceb.** hupot \gunit \kapot **Eng.** grip \hold.

Kurakot [n] **Ceb.** kurakot **Eng.** corruption.

Kurat [n] **Ceb.** ang bation kung nakalitan **Eng.** surprise \wonderment \awe.

Kuratsoy [n] **Ceb.** sukang pinakurat nga sinagolan og toyo ug duga sa sotil **Eng.** concoction of sukang pina-kurat, soy sauce, and cala-mansi extract (see also suka)

Kurbata [n] **Ceb.** ang lapad nga tela nga ibitay sa liog kung magsul-ob og pormal

nga panapot **Eng.** necktie \tie.

Kurenta [adj., n] **Ceb.** upat ka napulo **Eng.** forty \40.

Kurente [n] **Ceb.** elektrisidad **Eng.** electric \electric power \current \electric current.

Kuridas [adj.] **Ceb.** sagolsa-gol nga kuhaon **Eng.** random pick.

Kuripot [adj.] **Ceb.** dili usikan o gastador **Eng.** thrifty \stingy.

Kurog [n] **Ceb.** bay-og **Eng.** shake \tremble \quake.

Kurtina [n] **Ceb.** tabil o tela nga ibitay aron ipangsalipod sa bintana, pultahan, o bongbong **Eng.** curtain \drapery.

Kusahos [n] **Ceb.** binulad nga karne, hiniwahiwa og tag-as **Eng.** biltong (see also binulad)

Kusgan [adj.] **Ceb.** may kusog **Eng.** strong \mighty \powerful \forceful \stre-nuous.

Kusi [n] **Ceb.** kunot gamit ang tudlo **Eng.** pinch.

Kusina [n] **Ceb.** ang parte sa balay diin himoon ang pagpangluto ug pagpanglim-piyo sa mga gamit sa pag-kaon **Eng.** kitchen. [n] **Ceb.** kusina sulod sa barko, eroplano, o sakyanan **Eng.** galley.

Kuskos [n] **Ceb.** kuskos **Eng.** a rub, as if to scrape or to scratch an itch \friction.

Kusmod [n] **Ceb.** pangunot

sa agtang tungod pagminug-ot sa dagway \diyong *Eng.* scowl \frown.

Kusog [adj.] *Ceb.* lanog ang tunog *Eng.* loud \aloud \intense \full blast [n] *Ceb.* puwersado *Eng.* forceful \violent [n] *Ceb.* paspas *Eng.* speedy \fast.

Kuta [n] *Ceb.* ali nga bato o pader aron ipanalipod sa kampo kontra sa kaaway *Eng.* fort \fortress \bulwark \battlement \bastion.

Kutas [n] *Ceb.* kutas *Eng.* panting of breath \pant \gasping breath \shortness of one's breath (see also gininhawa)

Kutihan [adj.] *Ceb.* maukit-ukiton sa detalye *Eng.* meticulous \fastidious \fussy \perfectionist.

Kuting [n] *Ceb.* anak sa iring *Eng.* kitten \kitty.

Kutkot [n] *Ceb.* kutkot *Eng.* nibble.

Kuto [adv.] *Ceb.* paspas kaayo *Eng.* rapid. [n] *Ceb.* pulgas *Eng.* flea \flea louse.

Kutsara [n] *Ceb.* ang ikandos ug ipanghungit sa pagkaon *Eng.* spoon \tablespoon.

Kutsarita [n] *Ceb.* gamay nga kutsara, sagad gamiton sa pagkutaw og kape o tsa-a *Eng.* teaspoon.

Kutsero [n] *Ceb.* ang tigmaneho sa kalisa *Eng.* coachman.

Kutsilyo [n] *Ceb.* punyal nga gamiton sa paghiwa o pagdunggab *Eng.* knife (see also punyal)

Kutson [n] *Ceb.* ang mahumok ug mahuyon-huyon nga matres sa higdaanan *Eng.* mattress. [n] *Ceb.* kutson *Eng.* cushion \couch.

Kuwadrado [n] *Ceb.* eskinado ang porma, diin pareho ang sukod sa upat ka kilid *Eng.* square.

Kuwarta [n] *Ceb.* ang papel de bangko o sensilyo nga gamiton sa pagbayad sa palitonon o utang *Eng.* money.

Kuwartahan [n] *Ceb.* daghan og salapi *Eng.* having plenty of money \rich \moneyed (see also adunahan)

Kuwarto [n] *Ceb.* sibay sa balay *Eng.* room (see also lawak)

Kuwaw [n] *Ceb.* langgam nga mingok *Eng.* owl (see also langgam)

Kuwelyo [n] *Ceb.* ang parte sa sinina nga napilo likod o palibot sa liog *Eng.* collar.

Kuwenta [n] *Ceb.* ang pagihap *Eng.* count (see also ihap)

Kuwintas [n] *Ceb.* alahas o dayan-dayan nga isul-ot sa liog *Eng.* necklace (see also kaalahasan)

Kuyap [n] *Ceb.* kawala sa panimuot *Eng.* loss of consciousness \faint \swoon.

Kuyaw [adj.] *Ceb.* naa sa kakuyaw \delikado \peligro

\peligroso *Eng.* risky \dangerous \critical \unsafe \perilous \prejudicial \disastrous \hypercritical \disadvantageous.

Kuyog [n] *Ceb.* ang kakuyog *Eng.* companion \company.

Kwik-kwik [n] *Ceb.* kwik-kwik *Eng.* deeply fried one-day old chick from duck's egg or fried content of balut or penoy egg.

~D~

D, d [n] *Ceb.* ang ikaupat nga titik sa alpabeto nga Bisaya *Eng.* the fourth letter in Cebuano alphabet used in this dictionary (see also abakadahan)

Da [adv.] *Ceb.* wala nay lain pa \lamang *Eng.* only \and no other \and nothing else.

Da uroy! [interj.] *Ceb.* ayaw na og hunahunaa *Eng.* never mind! \forget it! \anyway.

Daan [adj.] *Ceb.* dili na bago \kaniadto pa \sa kanhiay nga panahon *Eng.* old \obsolete \long time ago \in the olden days. [adj.] *Ceb.* bahaw na *Eng.* stale \no longer fresh.

Daang kasulatan [n] *Ceb.* Daan nga Testamento sa Bibliya *Eng.* Old Testament (see also bibliya)

Dagami [n] *Ceb.* uhay sa ginarab o inani nga humay *Eng.* rice straw \hay \rick (see also humay)

Dagan [n] *Ceb.* paspas nga bikang sa mga tiil *Eng.* run (see also dalagan)

Dagang [n] *Ceb.* igsusulat \pluma *Eng.* plume \pen.

Dabong [n] *Ceb.* dili pa gulang ang unod o bunga *Eng.* young fruit \immature [n] *Ceb.* dabong nga kawayan *Eng.* young bamboo shoot (see also ubod)

Dagat [n] *Ceb.* dako nga katubigan sa kalibotan nga mabalod ug parat *Eng.* Sea.

Dagaton [adj.] *Ceb.* pagsinuka nga may panglipong *Eng.* nausea \seasickness (see also kalipong)

Dagayday [n] *Ceb.* ang pagawas sa tubig \agos \buhagay \anig-ig *Eng.* flow \stream \water course.

Daghan [adj.] *Ceb.* dili diyotay *Eng.* many \plural.

Daghong [n] *Ceb.* agulo \dangoyngoy \agulo *Eng.* groan \moan \whine \whinge (Brit.& Austral. inf.) (see also hilak)

Daginot [n] *Ceb.* ang dili pagusik-usik \pangiyawat *Eng.* frugality \thrift \economy.

Daginotan [adj.] *Ceb.* dili usikan *Eng.* sparing \economical \provident \scrimpy \stingy [adj.] *Ceb.* dili gastador *Eng.* thrifty \frugal (see also tihik)

Dagitab [n] *Ceb.* dan-ag o suga nga dekurente gikan sa elektrisidad *Eng.* Electricity \electric light.

Dagko [n] *Ceb.* mga dako *Eng.* big in sizes (see also dako)

Dagma [n] *Ceb.* sukamod sa nilaktan \bikil sa tiil *Eng.* stumble \trip.

Dagmal [n] *Ceb.* panapat \panakit \panagmal *Eng.* battering \physical abuse \ill-treatment \maltreatment.

Dagom [n] *Ceb.* gagmitoy nga pantusok *Eng.* Needle. [n] *Ceb.* aguha *Eng.* big sewing needle.

Dag-om [n] *Ceb.* panganod sa langit nga dagtom ingon og kaulanon *Eng.* gloomy cloud \dark cloud \nimbus cloud.

Dagpi [n] *Ceb.* dagpas sa kamot *Eng.* pat of an open hand.

Dagsa [n] *Ceb.* ang inanod nga miabot sa mamala *Eng.* driftage \driftwood \flotsam that are washed ashore.

Dagtom [adj.] *Ceb.* itomon *Eng.* dark (see also itom)

Daguos [n] *Ceb.* ang pag-iniga sa duga *Eng.* Ooze.

Dagway [n] *Ceb.* hitsura sa nawong *Eng.* face (see also nawong, atubangan)

Dahili [n] *Ceb.* ankan sa yuta nga nagpadaus-os o nahulog gikan sa mas itaas nga bahin sa bakilid o pangpang \anas *Eng.* land-slide (see also kankan)

Dahon [n] *Ceb.* ang lapad nga panid nga nanubo sa tanom, sagad berde ang bulok *Eng.* Leaf.

Dahunog [n] *Ceb.* ang hinagurob nga tunog ingon og dunay miligid nga dako nga butang *Eng.* rumble \rumbling sound.

Daitlanan [n] *Ceb.* paoranan *Eng.* pad (see also paod)

Dakbayan [n] *Ceb.* siyudad *Eng.* city

Dakit [n] *Ceb.* kahoy nga balite *Eng.* banyan tree \Indian rubber tree (see also kahoy)

Daklit [adv.] *Ceb.* kadali lang *Eng.* instantly \suddenly (see also kalit) [adj.] prompt (see also lagmit)

Dako [adj.] *Ceb.* dili gamay ang gidak-on *Eng.* big \huge \large.

Dakong [n] *Ceb.* hapak o pukpok sa ulo *Eng.* a beat or knock on the head.

Dakop [n] *Ceb.* paniko \panakop *Eng.* apprehension \arrest (see also panakop)

Dala [n] *Ceb.* bagahe *Eng.* baggage \accouterments (US); accoutrements (Brit.) [n] *Ceb.* ang gibitbit *Eng.* things being carried \hand-carry item (see also karga)

Dalag [n] *Ceb.* dilaw nga bulok *Eng.* Yellow.

Dalaga [n] *Ceb.* hamtong nga babaye ug nga wala pa maminyo *Eng.* maiden \maid

\Miss \unmarried woman \lass \lassie.

Dalagan [n] *Ceb.* paspas nga mga bikang sa mga tiil *Eng.* Run.

Dalan [n] *Ceb.* agianan *Eng.* way \road. [n] *Ceb.* dalan sa mga magbalaktas *Eng.* footpath \walkway.

Dalandan [n] *Ceb.* ang prutas nga kahil *Eng.* ladu orange.

Dalangpan [n] *Ceb.* duolanan panahon sa kalisod *Eng.* Refuge.

Dalangpanan [n] *Ceb.* ang tawo nga maduol aron kapangayoan og hinabang o panalipod *Eng.* somebody from whom you can approach and ask for help.

Dalayeg [n] *Ceb.* sulti nga makapasidungog *Eng.* praise \commendation \appreciation \compliment \laudation \adulation.

Dalaygon [adj.] *Ceb.* angay hatagan sa pagdalayeg \kapasidunggan *Eng.* praise worthy \laudable \adorable \remarkable.

Dali [adj.] *Ceb.* dihadiha *Eng.* prompt (see also lagmit) [imper.] *Ceb.* tawag sa pagpaduol *Eng.* come \come here [adv.] *Ceb.* paspas *Eng.* quick \fast.

Dalin-as [n] *Ceb.* dakin-as \balungsod *Eng.* slip of one's footing \downward slide \skid \slide.

Dalisay [adj.] *Ceb.* walay sagol \putli \lunsay *Eng.* sterling \pure \100%

Dalit [n] *Ceb.* halad nga gasa \hatag nga ipaambit *Eng.* Offering.

Dalo [n] *Ceb.* dili manggihatagon \hakogan *Eng.* stingy \avaricious (see also hakog)

Dalugdog [n] *Ceb.* dahunog sa kalangitan gumikan sa kilat o liti *Eng.* Thunder.

Dalunggan [n] *Ceb.* ang parte sa lawas nga gamiton sa pagpamati *Eng.* Ear.

Dam [n] *Ceb.* inalihan nga tubig sa suba aron matigom ug mahimo nga lawa *Eng.* Dam.

Dama [n] *Ceb.* sukod sa likido nga moabot og usa hangtod napulo ka galon *Eng.* measurement of liquid content that holds a capacity from one to ten gallons.

Dam-agay [n] *Ceb.* banggaanay hasmagay *Eng.* collision \crash.

Daman [n] *Ceb.* ang paglakaw o pagsulti samtang natulog \pagdaman *Eng.* sleepwalking \somnambulism.

Dambana [n] *Ceb.* altar sa santos, diyos o unsa man nga balaan nga butang *Eng.* Shrine.

Damgo [n] *Ceb.* mga paghitabo o talan-awon nga makit-an sa pangisip samtang nahikatulog ang lawas *Eng.* dream \reverie \wood gathering.

Damlag [adv.] *Ceb.* sa uma-labot nga mga adlaw \puhon *Eng.* expectedly \somehow \someday. [n] *Ceb.* ang gidahom nga umalabot *Eng.* prospective \expectation.

Dampig [n] *Ceb.* ang pag-sandig aron dili matumba *Eng.* lean \leaning against something \inclination for support.

Damping [n] *Ceb.* trak nga panghakot og yuta ug mag-kinaugalingon sa paghu-wad sa karga *Eng.* dump truck (see also sakyanan)

Dampog [n] *Ceb.* panganod nga ubos kaayo nga mo-sangyad na sa yuta \gabon *Eng.* floating thick mist in the air \fog.

Damyo [n] *Ceb.* tabla nga latayanan sa pagsakay sa bangka o barko *Eng.* gang-plank \plank.

Damyos [n] *Ceb.* damyos *Eng.* damage.

Dan-ag [n] *Ceb.* hayag \siga *Eng.* light \illumination \glow \shine.

Dangan [n] *Ceb.* gagmay nga mga mananap nga mangaon sa tanom \insekto sa tanom *Eng.* Insect.

Dangaw [n] *Ceb.* ang sukod sa kalapdon sa nakabuka nga mga tudlo *Eng.* span of fingers.

Dangatan [n] *Ceb.* ang sang-potan *Eng.* consequence \eventuality \outcome \upshot \resulta.

Dangaw [n] *Ceb.* ang sukod sa kalapdon . sa nakabuka nga mga tudlo *Eng.* span of fingers.

Danghag [adj.] *Ceb.* dili ma-ampingon \hingag *Eng.* careless \imprudent \negli-gent \improvident \inadver-tent \slack \sloppy \unwary.

Dangog [adj.] *Ceb.* modalin-as \hanglas *Eng.* smooth \slippery \slick [n] *Ceb.* ang pampadangog *Eng.* lubrica-tion \lubricant.

Dangoyngoy [n] *Ceb.* hilak nga maglubad-lubad ang pinautong nga tingog, ingon og namatyan *Eng.* wailing \lamentation (see also hilak)

Dani [n] *Ceb.* awhag sa pagbuhat \ayat \aghat \kabig *Eng.* enticement \induce-ment \incitement \persuasion \come-on \exhortation \insti-gation \impulsion \motivation.

Danlog [n] *Ceb.* kadangog *Eng.* lubrication \lubricity \grease (see also dangog)

Daob [n] *Ceb.* haling sa kalayo *Eng.* bonfire \buil-ding fire.

Daog [n] *Ceb.* ang premyo nga nakuha *Eng.* winnings \prize (see also dinaogan)

Daot [n] *Ceb.* apan \diperen-sya *Eng.* defect (see also depekto) [adj.] *Ceb.* gubaon \may damyos *Eng.* dama-ged spoiled \defective \junk. [adj.] *Ceb.* niwangon *Eng.* skinny \thin.

Daotan [n] *Ceb.* dili maayo

Eng. not good \bad.

Daotan og gawi [adj.] *Ceb.* daotan og gawi *Eng.* ill-mannered \ill-disposed.

Daoton [n] *Ceb.* may daot *Eng.* defective \damaged.

Dap-ag [n] *Ceb.* hayop sa dagat nga porma og bitoon, tag-as og malala ang tunok sa likod *Eng.* crown-of-thorns starfish (sc.name: Acanthaster planci)

Dapat [n] *Ceb.* sabod \kadat-ol *Eng.* Contact. [n] *Ceb.* kahikap *Eng.* touch (see also hikap)

Dapidapi [n] *Ceb.* kilid nga bahin sa bat-ang, ubos sa hawak *Eng.* Hip \side of the butt or hip.

Dapig [n] *Ceb.* suporta sa paglaban *Eng.* giving one's side in favor of \allegiance \side \preference.

Dapit [n] *Ceb.* awhag sa pag-apil \agda \panapit *Eng.* invitation to come or to join (see also pangagda)

Dapit [n] *Ceb.* lugar \nahimu-tangan *Eng.* area \place \spot \venue \vicinity \site. [n] *Ceb.* palibot sa usa ka dapit o lugar *Eng.* vicinity \surrounding.

Daplin [n] *Ceb.* ngilit *Eng.* border \edge \verge \wayside (see also kilid)

Daro [n] *Ceb.* pamugwal sa yuta nga guyoron sa hayop sama sa kabayo o baka *Eng.* plow (US) \plough (Brit.)

Dasdas [n] *Ceb.* atake nga pasulong *Eng.* forward attack (see also atake)

Dasig [n] *Ceb.* kabaskog sa pagbuhat *Eng.* encourage-ment (see also kadasig)

Dasmagay [n] *Ceb.* bang-gaanay \bunggoanay \has-magay \dam-agay *Eng.* co-llision \crash.

Dasok [adj.] *Ceb.* siksik kaayo ang sulod *Eng.* packed-full \crammed \stu-ffed \filled to the brim \chock-full \stodgy. [adj.] *Ceb.* siksik \dug-ot \dugkot *Eng.* very close to each other \tightly spaced \congested \compact.

Datadata [n] *Ceb.* bayad nga anam-anam kutob maimpas *Eng.* installment pay.

Dato [adj.] *Ceb.* bahandian *Eng.* Wealthy \rich \well-off \well-to-do \affluent (see also adunahan)

Daus-os [n] *Ceb.* padalin-as paubos *Eng.* downward slide or glide \ coming down \going down \lowering \descent \declination.

Dawat [n] *Ceb.* ang pagda-wat sa gihatag o gipadala *Eng.* acceptance \acknow-ledgment (see also pag-dawat) [n] *Ceb.* pasabot nga nadawat *Eng.* acknow-ledgement \notice of receipt.

Dawo [n] *Ceb.* dalo *Eng.* selfish \stingy \avaricious (see also hakog)

Day [n] *Ceb.* minubo nga

tawag sa "inday" *Eng.* short for "inday" when addressing to a young Visayan girl or younger lady.

Dayag [n] *Ceb.* plastado \makita \nakaplasta *Eng.* open \visible \overt \not hidden \not concealed \displayed \conspicuous (see also nadayag)

Dayagdag [n] *Ceb.* dayagdag *Eng.* sudden change of topic in the conversation \digression. [n] *Ceb.* simang og istorya \alibagbag \alibawbaw *Eng.* a deviation or change of topic in the conversation \digression (see also simang)

Dayan-dayan [n] *Ceb.* adorno *Eng.* adornment \embellishment \trimming.

Dayeg [n] *Ceb.* gihatag o gisulti nga pasidungog *Eng.* appreciation \praise (see also dalayeg)

Dayo [n] *Ceb.* tagalain nga dapit \tagalain nga lugar *Eng.* someone who comes from another place \foreigner \alien.

Dayon [adv.] *Ceb.* dayon *Eng.* immediately \right away \instantly \straightway \forthwith. [adv.] *Ceb.* diha dayon pagkahuman *Eng.* immediately there after \right then.

Dayong [n] *Ceb.* yayong sa pagpas-an o pag-abaga *Eng.* carrying on shoulders of two or more persons \carrying of object on shoulder of two or more persons [n] *Ceb.* tabangay sa pag-alsa o pagdala *Eng.* helping to carry something altogether.

Debulto [n] *Ceb.* inukit o hinulma nga imahen o porma sa usa ka nilalang *Eng.* statue (see also estatuwa)

Debuto [n] *Ceb.* ang adunay lig-on nga pagtuo o pagsalig sa diyos, sa usa ka santo, sa gituohan nga relihiyon, o sa balaan nga butang *Eng.* devotee \devout person \devotionalist.

Dekalugo [n] *Ceb.* ang napulo ka sugo *Eng.* Decalogue \the Ten Commandments.

Delana [n] *Ceb.* panapton nga hinimo gikan sa balahibo sa karnero *Eng.* wool \alpaca.

Delata [adj.] *Ceb.* gisulod o pinutos sa lata *Eng.* packed in tin can \canned.

Delegado [n] *Ceb.* tinaglawas \tinugyanan *Eng.* delegate (see also tinaglawas)

Delikado [adj.] *Ceb.* peligroso \peligro *Eng.* unsafe \dangerous \perilous \delicate \precarious [adj.] *Ceb.* delikado *Eng.* risky \dangerous \critical \unsafe \perilous \prejudicial \disastrous \hypercritical \disadvantageous \delicate.

Demanda [n] *Ceb.* kaso nga gipasaka sa piskal o korte \keha *Eng.* complaint in court \charge pressed in court \legal complaint [n] *Ceb.* ang gusto nga mahitabo *Eng.* demand (see also keha)

Demano [imper.] *Ceb.* liko sa tuo *Eng.* right turn [adv.] *Ceb.* demano *Eng.* toward the right \rightward.

Demokrasya [n] *Ceb.* panggobyernohan nga gawasnon ang katawhan, makapili sa ilang gusto nga pangulo diha sa usa ka eleksiyon *Eng.* democracy (see also kagawasan)

Demokratiko [adj.] *Ceb.* gihimo sa pamaagi diin ang matag usa dunay patas nga katungod sa pag-apil diha sa paghimo og mga desisyon *Eng.* Democratic.

Demolista [n] *Ceb.* mangguguba *Eng.* demolisher \demolition team \demolition crew \destroyer.

Demonyo [n] *Ceb.* demonyo *Eng.* demon (US) \daemon (Brit.) \devil \evil.

Dentista [n] *Ceb.* doktor sa ngipon *Eng.* dentist \dental practitioner \dental specialist (see also mananambal)

Depektado [adj.] *Ceb.* adunay apan \may diperensya *Eng.* defective \faulty \ damaged (see also gubaon)

Depekto [n] *Ceb.* kaapanan \diperensya *Eng.* defect \deficiency \discrepancy \flaw \amiss.

Depende [n] *Ceb.* ang pag-agad *Eng.* Dependence.

Depensa [n] *Ceb.* panalipod \panagang *Eng.* defense (US) \defence (Brit.)

Desidido [adj.] *Ceb.* pursigedo *Eng.* Willing [adj.] *Ceb.* may desisyon na *Eng.* Decided.

Desisyon [n] *Ceb.* hukom *Eng.* Decision [n] *Ceb.* kahusgahan *Eng.* judgement \verdict. [n] *Ceb.* konklusyon *Eng.* Conclusion.

Desperado [adj.] *Ceb.* nawad-an sa paglaom o kompiyansa sa kaugalingon *Eng.* despaired \desperate \losing hope \losing self-confidence.

Desperasyon [n] *Ceb.* ang pagkawala sa paglaom *Eng.* despair \desperation.

Detalye [n] *Ceb.* paghulagway sa matag parte *Eng.* detail \specification \particular \detailed description or illustration.

Determinado [adj.] *Ceb.* may gusto sa mahitabo o buhaton *Eng.* determined \dedicated.

Determinasyon [n] *Ceb.* ang gusto nga mahingadtoan o buhaton *Eng.* determination \self-determination.

Di [adv.] *Ceb.* minubo sa 'dili' *Eng.* no \not.

Di ba [interr.] *Ceb.* di ba? minubo sa sukna nga 'dili ba?' *Eng.* right? \isn't it? (for 'is not it?') \aren't they? (for 'are not they?')

Dia [adv.] *Ceb.* dia *Eng.* Here [phr., prep.] *Ceb.* naa diri *Eng.* it is here.

Dibidendo [n] *Ceb.* kita sa negosyo nga pagpartidahan *Eng.* dividend (see also kita)

Dibuhista [n] *Ceb.* ang tagahulagway *Eng.* illustrator \graphic artist \portrayer \depictor \artist \draftsman (see also litratista).

Dibuho [n] *Ceb.* drowing *Eng.* drawing \drafting \picture \sketch. [adj.] *Ceb.* pintura nga dibuho *Eng.* Painting.

Digkit [adj.] *Ceb.* nagpilitay sa usa'g-usa \naglingkitay *Eng.* conjoined \joined \attached to each other \sticking to each other. [adj.] *Ceb.* dug-ol ang distansya *Eng.* narrowly spaced \very close to each other \closely situated \at a very close distance between or from each other.

Dignidad [n] *Ceb.* kaligdong sa dungog o pagkatawo *Eng.* Dignity \dignity \honorability \honorableness.

Diha [adv.] *Ceb.* ana nga lugara *Eng.* there \therein \thereupon [adj.] *Ceb.* naa mitungha *Eng.* Present. [interr.] *Ceb.* diin *Eng.* where? [adv.] *Ceb.* kung asa *Eng.* Where.

Dikta [n] *Ceb.* sulti nga sundon sa pagbuhat *Eng.* dictation (see also panudlo)

Dila [n] *Ceb.* ang lapad nga unod sulod sa baba nga ga-miton sa pagtila, panilaw, ug paghilwas *Eng.* Tongue.

Dilaab [n] *Ceb.* dako nga siga sa kalayo *Eng.* flare \flame.

Dilamita [n] *Ceb.* pulbora nga nilikit sa papel, may pabilo nga dagkotan aron mobuto *Eng.* Dynamite.

Dili [adj.] *Ceb.* walay gusto \miayaw *Eng.* do not \will not \not willing \unwilling.

Dili ingon nato [n] *Ceb.* nilalang nga dili sama kanato *Eng.* not like us [n] *Ceb.* engkanto *Eng.* spirit \supernatural being (see also diwata)

Dimalas [adj.] *Ceb.* walay suwerte *Eng.* unfortunate \unlucky \hapless. [n] *Ceb.* kawalay suwerte *Eng.* misfortune \ill fortune \bad luck \ill luck \mischance \misadventure \haplessness \adverse fortune.

Dimalason [adj.] *Ceb.* pirme nga walay suwerte *Eng.* luckless \unlucky \benighted.

Dinakpan [n] *Ceb.* ang nadakop *Eng.* Catch \captive (see also bihag)

Dinalian [adj.] *Ceb.* inapura \pinaspasan *Eng.* urgent \rush \emergent.

Dinanghag [adv.] *Ceb.* sa walay pag-amping *Eng.* carelessly \thoughtlessly \imprudently.

Dinaogan [n] *Ceb.* ang premyo nga nakuha *Eng.* Winnings.

Dinapatan [adj.] *Ceb.* kinastigo *Eng.* battered \physical abused \ill-treated \maltreated \beaten.

Dinapit [n] *Ceb.* ang inimbitar *Eng.* invited guest or attendant.

Dinaugdaog [adj.] *Ceb.* nilupigan *Eng.* oppressed \tyrannized \browbeaten \persecuted \mistreated (see also dinapatan)

Dinhi [adv.] *Ceb.* niani nga lugara o puwesto diin kita nahimutang *Eng.* Here.

Dinugo [n] *Ceb.* ang pagdinugo *Eng.* Bleeding.

Dinukdok [adj.] *Ceb.* pinukpok *Eng.* beaten \struck (see also dugmok)

Dinumtan [n] *Ceb.* ang gikasuk-an og maayo *Eng.* a person or thing greatly detested [adj.] *Ceb.* gikalagotan og maayo *Eng.* hated \damned \accursed \abhorred \abominated \detested.

Diperensiya [n] *Ceb.* ang daot *Eng.* defect (see also depekto) [n] *Ceb.* kalainan kay sa uban *Eng.* Difference [n] *Ceb.* diperensiya *Eng.* difference \dissimilarity \unlikeness \disparity.

Diperensiyado [adj.] *Ceb.* adunay apan *Eng.* defective (see also depektado)

Diplomasiya [n] *Ceb.* panumala sa relasyon tali sa mga nasod, o usa ka nasod ngadto sa lain nga nasod *Eng.* management of relation between countries especially in negotiating agreement on particular problems or aspect of international relations \diplomacy

Diputado [n] *Ceb.* ang tinaglawas kun dili makatambong ang tagtungod o opisyal *Eng.* deputy (see also tinaglawas)

Diretso [adj., adv.] *Ceb.* walay likoliko \walay lipudlipod *Eng.* straight forward \forthright.

Dis-a ka [interr.] *Ceb.* dis-a ka \asa ka gikan? diin ka? *Eng.* where you came from?

Disembre [n] *Ceb.* Disembre *Eng.* December.

Disgrasya [n] *Ceb.* aksidente *Eng.* disgrace \mishap \accident.

Diskanso [n] *Ceb.* pahulay aron mahiulian *Eng.* rest \relaxation (see also pahulay)

Diutay [adj.] *Ceb.* gamay lang kaayo *Eng.* few (see also diyotay)

Diwa [n] *Ceb.* kalag *Eng.* spirit (see also espiritu)

Diwaanon [adj.] *Ceb.* may diwa *Eng.* Spiritual.

Diwal [n] *Ceb.* usa ka matang sa halaan *Eng.* angel wing clam (see also kinhason)

Diwata [n] *Ceb.* engkantada \banwahanon *Eng.* fairy \fay \enchantress \supernatural being.

Diyamante [n] *Ceb.* ang masilhag nga kristal sa pinakagahi og pinakamahal nga matang sa bato *Eng.* Diamond.

Diyaryo [n] *Ceb.* pamantalaan nga pahayagan sa adlaw-adlaw *Eng.* newspaper \dailies \journal (see also pamantalaan)

Diyos [n] *Ceb.* ang giila ug gisimba nga ginoo \bathala *Eng.* God \deity.

Diyosa [n] *Ceb.* babaye nga bathala *Eng.* goddess \Muse.

Diyos-díyos [n] *Ceb.* ang butang nga gisimba ug giila isip usa ka diyos *Eng.* the image or statue being worshipped as god \idol \totem \pagan deity.

Diyot [adv.] *Ceb.* hapit na \diriyot *Eng.* Almost [adv.] *Ceb.* pipila lang kabuok \diyotay *Eng.* Few.

Diyotay [adj.] *Ceb.* gamay lang kaayo ang gidaghanon *Eng.* few \least \little \iota (see also gamay)

Doble [adj.] *Ceb.* duha ka buok *Eng.* Double.

Doble-kara [adj.] *Ceb.* duhay nawong \duhay dagway *Eng.* having two faces \two-faced.

Dogdog [n] *Ceb.* tunog sa dalugdog *Eng.* Thunder.

Doktor [n] *Ceb.* ang nag-alam mahitungod sa mga sakit ug kung unsaon pagtambal niani, sagad mag-ala-gad sa mga pasyente sulod sa kliinika ug mga ospital *Eng.* doctor \physician (see also mananambal)

Doktrina [n] *Ceb.* pagtulon-an sa tinuhoan o pagtuo nga wala nay lain pa *Eng.* Doctrine.

Doldog [n] *Ceb.* pamisapisa aron madugmok \pamigsat *Eng.* mash \squashing.

Doldol [n] *Ceb.* kahoy nga mamunga og gapas *Eng.* cotton tree (see also kahoy)

Dominggo [n] *Ceb.* una nga adlaw sa semana sa ka-sagaran nga kalendaryo *Eng.* Sunday.

Donselya [n] *Ceb.* nakuha na ang pagkababaye *Eng.* deflowered \divirginized (inf.) \no longer a virgin \already had experienced sexual intercourse.

Dosena [n] *Ceb.* ihap, ba-ngan, o tapok nga napulo ug duha kabuok ang sulod *Eng.* dozen \twelve.

Drama [n] *Ceb.* dula o pasa-lida sa \dula sa usa ka sugilanon entablado *Eng.* stage play \stage show.

Drayber [n] *Ceb.* tagama-neho sa sakyanan *Eng.* Driver.

Duaw [n] *Ceb.* duaw sa usa ka gipanaaran nga balaan nga lugar *Eng.* Pilgrimage [n] *Ceb.* duaw *Eng.* visit \visitation.

Duay [n] *Ceb.* pagtinulo sa laway gikan sa baba *Eng.*

slaver \drooling (see also paglinaway)

Dubok [adj.] *Ceb.* dunoton na og unod *Eng.* spoiled, as fish or meat \putrid (see also nadaot)

Duda [n] *Ceb.* katahap \tahap *Eng.* doubt \suspicion.

Dug [n] *Ceb.* panagtupad sa paghigda \dulog *Eng.* sleeping together on the same bed \sleeping or lying down side by side.

Duga [n] *Ceb.* ang iniga o piniga nga likido *Eng.* juice \extract [n] *Ceb.* duga sa kahoy *Eng.* Sap.

Dugang [n] *Ceb.* pasobra \pakapin *Eng.* extra \more additional \supplement \affix \suffix \addend \filler \accession.

Dugaon [adj.] *Ceb.* may duga *Eng.* Juicy \slushy \sappy (see also madugaon)

Dugay [adj.] *Ceb.* dili dali nga mahuman *Eng.* will take long \long \lengthy [adj.] *Ceb.* dili dali nga mahurot *Eng.* long lasting \will last long \will take time to consume.

Dughan [n] *Ceb.* aba \susohan *Eng.* bust \chest \breast \bosom.

Dughit [n] *Ceb.* sungkit \kuhit *Eng.* a long stick or pole for use in picking, poking or reaching out something.

Dugho [n] *Ceb.* gagmitoy nga insekto nga manuksok sa ngilit-ngilit sa higdaan o lingkoranan \tugho *Eng.* bedbug.

Dugkot [adj.] *Ceb.* dug-ol kaayo \dug-ot *Eng.* very close to each other \tightly spaced \congested \jammed \crowded \compact (see also dasok)

Dugmok [adj.] *Ceb.* nagkabuakbuak sa pino \napulpog *Eng.* crumbled \broken into small pieces \disintegrated \cracked \decrepitated.

Dugo [n] *Ceb.* ang mapula nga likido nga nagdagayday sa kaugatan *Eng.* Blood.

Dugok [n] *Ceb.* ang pagpanuol sa katawhan *Eng.* gathering \rally.

Dug-ol [adj.] *Ceb.* dili lagyo *Eng.* near to each other \close \nearby (see also dug-ot)

Dugos [n] *Ceb.* matam-is nga duga sa mga bulak nga kolektahon ug iponon sa mga kabuyogan ngadto sa ilang salag *Eng.* Honey.

Dug-ot [n] *Ceb.* panagdug-ol og maayo *Eng.* being too close to each other \congestion.

Dugta [n] *Ceb.* daot \ang dunot *Eng.* latarot \decay \compost.

Dugtong [n] *Ceb.* dugang nga sumpay *Eng.* extension \expansion \addition.

Duha [n., adj.] *Ceb.* ng ihap o numero nga dos two \ 2.

Duhaduha [n] *Ceb.* kawalay

salig duda \kadili piho *Eng.* doubt (see also duda)

Duka [n] *Ceb.* katulogon *Eng.* sleepiness \drowsiness \somnolence.

Dukdok [n] *Ceb.* ang ipukpok *Eng.* something used for pounding (see also pukpok)

Duko [n] *Ceb.* yuko sa ulo *Eng.* bow (see also pagyuko)

Dukot [n] *Ceb.* ang nasunog nga parte sa linun-ag nga mipilit ngilit sa kaldero *Eng.* burned part of steamed-rice that sticks on the side of the cooking pot [adj.] *Ceb.* dikit kaayo *Eng.* staying or sticking too close together as if they are pressing each other \sticking together (see also dasok)

Dula [n] *Ceb.* kalingawan sa buhat *Eng.* game \play.

Dulang [n] *Ceb.* dako nga saloranan sa tubig \palanggana *Eng.* big basin.

Dulaw [n] *Ceb.* panakot nga porma og luy-a, dalag og unod \duwaw *Eng.* turmeric \yellow ginger.

Dulog [n] *Ceb.* panagtupad sa pagkatulog *Eng.* sleeping together on the same bed \sleeping or lying down side by side.

Dulom [adj.] *Ceb.* ngitngit ang palibot *Eng.* not well lighted \dim \dark (see also ngitngit)

Dulong [n] *Ceb.* ang unahan nga tumoy sa sakayan barko o ilong sa eroplano *Eng.* bow \prow (see also tumoy) [n] *Ceb.* panulong *Eng.* sculptured and elaborately designed end beams that is placed in front or at side of the roof.

Dulot [n] *Ceb.* dumala sa pagdulot \silbi *Eng.* service \act of serving.

Dulsi [n] *Ceb.* pagkaon nga hinimo sa asukal *Eng.* candy \sweets.

Dumadapig [n] *Ceb.* ang kalaban *Eng.* ally \sympathizer \upholder (see also kauban)

Dumalaga [n] *Ceb.* babaye nga may pagkalinghod na ang panuigon *Eng.* young lady \female teenager \big girl.

Dumbol [n] *Ceb.* dumbol *Eng.* poke \prod \bump \ram \hit \cue, as in billiard [n] *Ceb.* bangga banging *Eng.* against \slamming \battering \pounding against.

Dumdum [n] *Ceb.* hinumdom \panumdom *Eng.* recollection \reminiscence remembering \commemoration.

Dumili [n] *Ceb.* ang pagdili \pag-ayaw \balibad *Eng.* refusal \denial.

Dumog [n] *Ceb.* bugno nga magdinumogay o maglayogay *Eng.* Wrestling.

Dumot [n] *Ceb.* ang dili paghikalimot sa kasuko kay gusto nga makabalos *Eng.* feud \grudge \resentment

\hatred (see also panimalos)

Dumuduong [n] *Ceb.* dumu-duong \dumuluong *Eng.* throng of people coming as audience or spectator [n] *Ceb.* dayo *Eng.* stranger \immigrant.

Duna [adj.] *Ceb.* aduna *Eng.* has (see also dunay)

Dunay [adj.] *Ceb.* nagbaton \naay *Eng.* have \has \having.

Dungan [adj.] *Ceb.* nahitabo sa pareho nga higayon \nagkadungan *Eng.* coincident \simultaneous \synchronous [adv.] *Ceb.* sa sama nga gipaspason o katulinon *Eng.* Abreast.

Dungawv [n] *Ceb.* tan-aw sa ubos *Eng* a downward look.

Dungdong [n] *Ceb.* panapton nga ipandong sa ulo *Eng.* shawl \mantilla [n] *Ceb.* belo *Eng.* Veil.

Dunggab [n] *Ceb.* ang pagbuno o pagtusok sa lawas gamit ang mahait o talinis nga hinagiban \panunggab \pagduslak *Eng.* stab \stabbing.

Dunggan [n] *Ceb.* dalunggan *Eng.* Ear.

Dungganan [adj.] inila ang maayo nga dungog \halangdon *Eng.* of repute \reputable \honorable \noble \grand \prestigious (see also bantogan)

Dunggoanan [n] *Ceb.* ang lugar diin moabot sa pag-

dunggo ang barko o sakayan \pantalan. *Eng.* port \seaport \dock.

Dungog [adj.] *Ceb.* madungog \mabatian *Eng.* can be heard \hearable \audible. [n] *Ceb.* maayo nga pag-ila sa pangalan o dignidad *Eng.* prestige \honor (US) \honour (Brit.). [n] *Ceb.* kasikatan *Eng.* fame \popularity [n] *Ceb.* reputasyon *Eng.* Reputation.

Dunot [adj.] *Ceb.* dunot \dubok \lata *Eng.* spoiled \rotten \putrid \decomposed \decayed.

Duol [adj.] *Ceb.* dili halayo \haduol *Eng.* situated nearby \close to \near \proximate \nearby [adj.] *Ceb.* sikbit \kanait *Eng.* contiguous \adjacent \neighboring.

Duot [n] *Ceb.* duso \tulod *Eng.* Push [n] *Ceb.* pindot \pislit *Eng.* Press.

Dusingot [adj.] *Ceb.* dusingot \bulingit *Eng.* looks dirty \sweaty and soiled \untidy.

Duslak [n] *Ceb.* duso \tulod *Eng.* push \thrust (see also duot)

Dusmo [n] *Ceb.* hasmag, dasmag, sukamod, o bangga sa nawong *Eng.* banging the face \bumping the face.

Dusol [n] *Ceb.* ang milabaw \gitiw \usli *Eng.* protrusion \protuberance \jutting [n] *Ceb.* dusol *Eng.* boil \swe-

Iling.

Dutdot [n] *Ceb.* dusdos paduol \sibog paduol *Eng.* intrusion \encroachment.

Dutlan [adj.] *Ceb.* dili kublan \madutlan \masamaran *Eng.* Vulnerable.

Duwelo [n] *Ceb.* magharongay sa pagsangka o pagpinatyanay *Eng.* Duel.

Duwende [n] *Ceb.* gagmitoy nga nilalang nga sama sa tawo ang porma *Eng.* dwarf \elf.

Duweto [n] *Ceb.* panagsagbat sa duha ka tingog o mangantahay *Eng.* Duet.

Duyan [n] *Ceb.* higdaanan nga gibitay aron magtabyogtabyog *Eng.* Hammock \sway \swing \pendulum [n] *Ceb.* duyan sa bata *Eng.* Cradle.

Duyog [n] *Ceb.* ang tunog o tulonggon nga patunogon dungan sa pagkanta *Eng.* Accompaniment.

Dyolins [n] *Ceb.* bola nga bildo o marmol \balugbog bawugbog *Eng.* play marble.

~E~

E, e *Ceb.* ang ikalima nga titik sa alpabeto nga Bisaya *Eng.* the fifth letter in Cebuano alphabet used in this dictionary (see also abakadahan)

Ebanghelyo [n] *Ceb.* ang maayo nga balita o mensahe nga mabasa sa bibliya *Eng.* evangel \gospel.

Edad [n] *Ceb.* panuigon \pangedaron \anyos *Eng.* age.

Edaran [adj.] *Ceb.* hamtong na ang panuigon *Eng.* matured (see also tigulang)

Edipisyo [n] *Ceb.* dagko nga balay *Eng.* edifice \building \skyscraper (see also balay)

Edisyon [n] *Ceb.* patik sa usa ka balasahon nga giimprenta *Eng.* edition.

Edukado [adj.] *Ceb.* nakakaton og kaalam sa pageskuwela *Eng.* has been to school \educated \has learned \literate (see also maalam)

Edukasyon [n] *Ceb.* ang pagtuon sa kaalam \pangeskuwela *Eng.* education (see also kahibalo)

Ehemplo [n] *Ceb.* sanglitanan *Eng.* example (see also pananglitan) [n] *Ceb.* tamdanan *Eng.* sample copy [n] *Ceb.* ang panundogan *Eng.* prototype \pattern \standard (see also sulundon)

Ehersisyo [n] *Ceb.* paugnat sa lawas *Eng.* exercise (see also paugnat)

Ekipahe [n] *Ceb.* ang dagko nga kagamitan *Eng.* equipment (see also kahimanan)

Eklesiyastika [adj.] *Ceb.* mahitungod sa Kristiyano nga simbahan o kaparian *Eng.* ecclesiastic.

Eklipse [n] *Ceb.* ang pagtabon sa anino sa kalibotan ngadto sa bulan *Eng.* lunar eclipse.

Ekonomiya [n] *Ceb.* pamalakat o sistema kung unsa ang panumala sa panalapi, patigayon, ug industriya sa usa ka nasod, lugar, o kapanahonan *Eng.* economics.

Eksamin [n] *Ceb.* ang eksaminasyon *Eng.* examination (see also eksaminasyon)

Eksaminasyon [n] *Ceb.* ang pagsuta kung unsa *Eng.* exam \examination \test \evaluation \screening \tryout.

Eksena [n] *Ceb.* yugto o talan-awon sa usa ka dula o pasalida *Eng.* scene \part \act \scenario.

Eksperto [n] *Ceb.* maantigo kaayo\batid *Eng.* expert \well versed.

Eksri [n] *Ceb.* usa ka aparatu nga gamiton sa pagkuha og hulagway sa ilawom nga parte sa lawas o kung unsay anaa sulod sa usa ka butang gamit ang dan-ag sa kahayag *Eng.* x-ray \x-ray machine.

Ektarya [n] *Ceb.* sukod sa usa ka luna sa yuta nga may gidak-on nga katumbas sa napulo-ka-libo (10, 000) ka metro-kuwadrado *Eng.* hectare.

Elektripikasyon [n] *Ceb.* kaadunay dagitabnon nga pasilidad *Eng.* electrification.

Elektrisidad [n] *Ceb.* dagitabnon nga kurente *Eng.* electricity.

Elektrisyan [n] *Ceb.* mangangayo og mga kahimanan nga elektriko *Eng.* electrician.

Elementarya [n] *Ceb.* ang pag-alam sa ubos nga tulonghaan *Eng.* elementary \primary school.

Elemento [n] *Ceb.* lintunganay nga butang *Eng.* element.

Elikopter [n] *Ceb.* sakyanan sa kahanginan nga molupad gamit ang dako nga sabad *Eng.* helicopter \chopper.

Embahada [n] *Ceb.* hugpong sa mga opisyales sa goberno nga gipamunoan sa usa ka ambasador, tua papuy-a sa lain nga nasod isip tinaglawas sa nasod nga nagpadala kanila *Eng.* embassy.

Embalsama [n] *Ceb.* ang pagpreserbar sa patay nga lawas *Eng.* embalmment.

Embargo [n] *Ceb.* pangompiska *Eng.* confiscation \seizure \sequestration \takeover \expropriation \forfeiture.

Embudo [n] *Ceb.* sanggaan sa isulod nga likido aron dili mahuwad o mausik inigsulod, haluag ang baba ug may tubo sa lubot aron maoy dagaydayan sa likido pasulod sa sudlanan *Eng.* funnel.

Empanada [n] *Ceb.* tinapay nga sinudlan ug sud-an ang ilawom *Eng.* meat pie.

Empatiko [n] *Ceb.* pinabundak ang pagkasulti aron kahatagan og importansiya ang buot ipahayag *Eng.* emphatic.

Emperador [n] *Ceb.* ang hari sa usa ka emperyo *Eng.* emperor.

Emperadora [n] *Ceb.* babaye nga emperador *Eng.* empress.

Empero [n] *Ceb.* kaharian sa usa ka emperador *Eng.* empire.

Empleyado [n] *Ceb.* ang nagtrabaho sa usa ka buhatan *Eng.* handyman \employee \worker (see also magtatrabaho)

Endorsar [n] *Ceb.* pagtuboy \paghatag *Eng.* endorse \entrust \give \forward to.

Enero [n] *Ceb.* una nga bulan sa tuig diha sa kalendaryo \Ulalong *Eng.* January.

Engkantada [n] *Ceb.* babaye nga banwahanon *Eng.* fairy (see also diwata)

Engkanto [n] *Ceb.* mga nilalang nga dili ingon nato *Eng.* fairy \spirit \supernatural being (see also diwata)

Ensakto [adj.] *Ceb.* ensakto *Eng.* enough \exact \sufficient \ample \self-sufficient \substantial \satisfactory.

Ensalada [n] *Ceb.* kinilaw nga utanon *Eng.* salad \vegetable salad.

Ensayo [n] *Ceb.* bansaybansay *Eng.* practice \exercise \rehearsal \dry run.

Entablado [n] *Ceb.* bantawan *Eng.* stage.

Entero [n] *Ceb.* ang tibuok *Eng.* entirety \the whole \the entire \everything.

Entrada [n] *Ceb.* agianan o ganghaan sa pagsulod *Eng.* entrance (see also ganghaan)

Epektibo [n] *Ceb.* mosaler *Eng.* effective.

Epekto [n] *Ceb.* sangpotan *Eng.* effect.

Epiko [n] *Ceb.* libro, balak, o pasalida mahitungod sa sugilanon sa bayanihon nga buhat, sagad dugay mahuman tungod sa daghan ug hilabihan nga mga detalye *Eng.* epic.

Epipanya [n] *Ceb.* kapistahan sa mga Kristiyano nga saulogon sa ikaunom nga adlaw sa Enero ug paghumod sa pag-abot didto sa Belen sa tulo ka mga mago nga nangita sa bag-ong natawo nga bata nga si Hesus *Eng.* Epiphany.

Epokrito [n] *Ceb.* mapasumanginlon *Eng.* pretentious.

Ermitanyo [n] *Ceb.* tawo nga nagpalayo sa katawhan aron manimuyo nga mag-inusara sa yano nga kinabuhi alang sa relihiyoso nga tinuhoan *Eng.* hermit \recluse.

Eroplano [n] *Ceb.* sakyanan sa kahanginan *Eng.* airplane

\aeroplane (Brit) \aircraft \plane \airship.

Eskabetse [n] *Ceb.* eskabetse *Eng.* fried fish in a sweet and sour sauce.

Eskandalo [n] *Ceb.* makauulaw o imoral nga buhat o panghitabo nga nabulgar ngadto sa kadaghanan *Eng.* scandal.

Eskapo [n] *Ceb.* ang mipuga \pag-ipsot *Eng.* escape \flee (see also layas)

Eskina [n] *Ceb.* kanto *Eng.* corner.

Eskinado [n] *Ceb.* kahon nga managpareho ang sukod sa gitas-on o kalapdon sa tanan nga mga kilid *Eng.* square.

Eskopita [n] *Ceb.* pusil nga "de bomba" *Eng.* air gun (see also pusil)

Eskoriya [n] *Ceb.* tasa nga sudlan sa tsokolate o sikwate \kaldohan *Eng.* chocolate cup.

Eskriba [n] *Ceb.* ang manunulat panahon sa bibliya, diin maoy tagahulad sa mga dokumento kaniadto nga wala pa maimbento ang imprentahan sa pagpatik *Eng.* scribe.

Eskripta [n] *Ceb.* panulat nga nilikit *Eng.* script \scripture (see also panulat)

Eskultor [n] *Ceb.* mag-uukit sa mga dibuho *Eng.* sculptor \carver.

Eskuwelahan [n] *Ceb.* ang balay o lugar diin himoon ang pag-alam *Eng.* school (see also tulonghaan)

Eskwater [n] *Ceb.* ang nagpuyo sa bakante nga yuta nga gipanag-iya sa gobyerno o lain nga tawo *Eng.* squatter \illegal tenant.

Espada [n] *Ceb.* taas nga hinagiban nga pangtigbas *Eng.* sword.

Espaltado [n] *Ceb.* may aspalto na *Eng.* asphalted.

Espalto [n] *Ceb.* itomon ug pilit-pilit nga pangtapak sa salog sa kalsada o atop \bulitik *Eng.* asphalt.

Espasyo [n] *Ceb.* bakante nga luna o butanganan *Eng.* space.

Espeho [n] *Ceb.* bildo o salamin nga tan-awanan *Eng.* mirror \looking glass (see also salamin)

Esperma [n] *Ceb.* ang himoonon nga kandila *Eng.* beeswax \wax \sperm candle.

Espeso [n] *Ceb.* dili lapsaw *Eng.* thick and sticky, said of liquid constitution.

Espiritu [n] *Ceb.* ang diwa sa patay \kalag *Eng.* soul \spirit \psyche.

Espirituhanon [adj.] *Ceb.* sa espiritu o kalag *Eng.* of or about the soul \spiritual \psychic.

Espiya [n] *Ceb.* tagabantay sa lihok sa uban aron masayoran kung unsay ilang mga lihok, plano, o kahimtang \maniniktik *Eng.* spy

\mole (see also paragpaniid)

Esplikasyon [n] *Ceb.* pahayag sa buot ipasabot *Eng.* explanation.

Espongha [n] *Ceb.* ang humokon ug buslot-busloton nga pampahunob sa tubig o likido *Eng.* sponge.

Esposa [n] *Ceb.* ang asawa o bana *Eng.* spouse.

Estadista [n] *Ceb.* inila nga dako nga tawo sa pangagamhanan sa iyang nasod *Eng.* statesman.

Estante [n] *Ceb.* ang sangatan nga pahimutangan sa mga paninda o mga gamit \panang-atan *Eng.* shelf.

Estatuwa [n] *Ceb.* ebulto sa usa ka nilalang *Eng.* statue \statuette.

Estibador [n] *Ceb.* kargador sa barko *Eng.* stevedore.

Estilo [n] *Ceb.* desinyo sa pagkahimo *Eng.* style \design

Estoryahe [n] *Ceb.* estoryahe *Eng.* talk; (see also istorya)

Estranghero [n] *Ceb.* taga lain nga dapit *Eng.* strange (see also langyaw)

Estribo [n] *Ceb.* ang hagdanan sa may pultahan nga bahin sa sakyanan *Eng.* the footstep at the door of a car or bus \running board.

Estropa [n] *Ceb.* ang estansa sa panulat *Eng.* stanza.

Estudyante [n] *Ceb.* tinun-an \mag-aalam \pupil *Eng.* student \scholar (see also mag-aalam)

Etiketa [n] *Ceb.* marka o timaan kung unsa *Eng.* label.

Eyukaristiya [n] *Ceb.* sa simbahan nga Katoliko, ang sakramento sa mahal nga lawas ug dugo ni Hesukristo nga gihulagway sa pan ug bino *Eng.* Eucharist.

~G~

G, g [n] *Ceb.* ang ikaunom nga titik sa alpabeto nga Bisaya *Eng.* the sixth letter in Cebuano alphabet used in this dictionary (see also abakadahan)

Gaagas [adj.] *Ceb.* nag-agas *Eng.* flowing (see also nagtinulo)

Gaagay [adj.] *Ceb.* nag-agay *Eng.* oozing (see also nagtinulo)

Gaagwanta [adj.] *Ceb.* nagantos *Eng.* enduring (see also nag-agwanta)

Gaan [n] *Ceb.* dili bug-at ang timbang *Eng.* light [n] *Ceb.* dili bug-at sa bulsa *Eng.* inexpensive \affordable \lesser in cost.

Gaay [adj.] *Ceb.* uga ug gaan kaayo *Eng.* very dry and light.

Gabas [adj.] *Ceb.* ang gamiton sa pagputol sa kahoy nga may mga ngipon nga hait *Eng.* saw.

Gabi [n] *Ceb.* usa ka lagutmon nga mura og istaring pero gagmay og unod ang punoan nga ugat ilawom sa yuta *Eng.* taro (sc.name: Colocasia esculenta) (see also lagutmon)

Gabii [n] *Ceb.* ang mga takna sa kagabhion, diin ngitngit ang palibot tungod nga wala na ang kahayag sa adlaw *Eng.* evening \night (see also kagabhion)

Gabok [n] *Ceb.* dali nga mabali o maputol *Eng.* frail \easy to break \easily broken \breakable \fragile (see also mabali)

Gabon [n] *Ceb.* panganod sa tun-og o inalisngaw *Eng.* fog \haze.

Gagmay [adj.] *Ceb.* ang mga gamay *Eng.* small things (see also gamay)

Gagmitoy [adj.] *Ceb.* ang mga gagmay kaayo *Eng.* tiny objects \very small things \miniatures (see also gamay)

Gahi [adj.] *Ceb.* dili humok *Eng.* hard \hardy \firm \rigid \stiff.

Gahi og ulo [adj.] *Ceb.* lisod badlongon kay dili maminaw sa saway *Eng.* hard-headed \headstrong \stubborn.

Gahin [n] *Ceb.* partida *Eng.* share \appropriation \allocation \allotment \cut.

Gahom [n] *Ceb.* ang gibaton nga puwersa *Eng.* power.

Gahong [n] *Ceb.* bangag sa salog o yuta nga gihimo nga

lit-ag *Eng.* pitfall \pit \deadfall (see also laang)

Gaid [n] *Ceb.* higot *Eng.* tie \bind (see also bangan)

Gakit [n] *Ceb.* binangan o tinuhog nga kahoy, bani, o kawayan nga palutawon sa tubig aron sakyan \balsa *Eng.* raft \improvised life raft.

Gakos [n] *Ceb.* palibot nga yapos sa mga bukton *Eng.* embrace \embracement.

Galab [n] *Ceb.* hinagiban nga sama sa sanggot nga gamiton sa pagpamutol o pagpul-ong sa tanom o kasagbotan *Eng.* scythe \sickle.

Galam [n] *Ceb.* galam *Eng.* care \after-care \nurse \nurture \cherish.

Galamhan [n] *Ceb.* ang gahom sa hunahuna *Eng.* mental power (see also hunahuna) [n] *Ceb.* pangabat *Eng.* faculty \senses.

Galamiton [n] *Ceb.* ang mga butang sulod sa panimalay *Eng.* household appliances \appliances.

Galastohan [n] *Ceb.* galastosan *Eng.* expenses \expenditure.

Galingan [n] *Ceb.* makina sa paggaling *Eng.* mill \grinder.

Galon [n] *Ceb.* takos sa likido nga katumbas sa upat ka litro *Eng.* gallon.

Galyeta [n] *Ceb.* biskuwit nga tagumkom kan-on *Eng.* craker \old-fashioned coo kies.

Gamay [adj.] *Ceb.* gamitoy *Eng.* tiny \miniature \very small \minute.

Gambalay [n] *Ceb.* gambalay *Eng.* edifice \building \skyscraper (see also balay)

Gamhanan [adj.] *Ceb.* makagagahom *Eng.* power-ful \almighty \mighty (see also makagagahom)

Gamit [n] *Ceb.* kung unsa ang kadapatan *Eng.* usage \use \application.

Gamot [adj.] *Ceb.* ang mga galamay o kaugatan sa tanom nga nanubo ilawom sa yuta *Eng.* root.

Gana [n] *Ceb.* ang pagkagusto sa gibuhat o angay buhaton *Eng.* lust \drive \gusto \zest.

Ganado [adj.] *Ceb.* gusto kaayo nga mokaon og daghan *Eng.* in huge appetite.

Ganansiya [n] *Ceb.* tubo sa patigayon *Eng.* profit \gain.

Ganas [n] *Ceb.* udlot sa kamote *Eng.* sweet potato tops.

Ganggang [n] *Ceb.* ang puwerta sa lungag *Eng.* entrance hole \opening \orifice.

Ganghaan [n] *Ceb.* ang agianan sa pagsulod ug paggula *Eng.* door \opening \access.

Gangking [adj.] *Ceb.* gangking *Eng.* stiffened \hardened.

Gani [expres.] *Ceb.* mao

gayod *Eng.* in fact \though \so.

Ganid [adj.] *Ceb.* ganid *Eng.* consecutive \successive \in succession \in order \one after the other.

Gansilyo [n] *Ceb.* pansulsi sa sinulid *Eng.* knitting (see also sulsi)

Ganti [n] *Ceb.* ang ihatag ngadto sa nakadaog o nakabuhat og maayo *Eng.* award \reward.

Gantsilyo [n] *Ceb.* pansulsi sa sinulid *Eng.* knitting (see also sulsi)

Gapas [n] *Ceb.* algodon \gapas *Eng.* cotton.

Garab [n] *Ceb.* sanggot nga paghabas sa uhay o sagbot *Eng.* scythe \sickle.

Garapa [n] *Ceb.* gagmay nga botelya *Eng.* vial (see also botelya)

Garapata [n] *Ceb.* garapata *Eng.* dog flea.

Garas [n] *Ceb.* samad-samad sa panit *Eng.* scratch \abrasion.

Garbo [n] *Ceb.* ang gibati nga kahambog sa kaugalingon *Eng.* pride.

Garboso [adj.] *Ceb.* adunay garbo ang gawi o pamatasan *Eng.* showing off \lofty \imposing \haughty \conceited \overbearing \self-important \high-handed \pompous \boastful \aloof \puffed up with pride \swellheaded \snooty (inf.) \highhat (inf.)

Garote [n] *Ceb.* pagsilot sa hikog, diin tuk-on ang liog diha sa giliso nga dako nga turnilyo *Eng.* garrote.

Garoy [n] *Ceb.* ang pag-guyod *Eng.* dragging (see also guyod)

Gas [n] *Ceb.* pertrolyo nga likido *Eng.* kerosene.

Gasa [adj.] *Ceb.* hinatag nga walay balos *Eng.* gratuitous.

Gasgas [n] *Ceb.* garas \gasgas *Eng.* scratch \abrasion.

Gastador [adj.] *Ceb.* mausikon sa salapi *Eng.* prodigal \squandering.

Gasto [n] *Ceb.* balayranan *Eng.* expenditure \expense.

Gastos [n] *Ceb.* gastos *Eng.* expenses \expenditure

Gastoan [n] *Ceb.* gastoan *Eng.* expenditure \expense.

Gatas [n] *Ceb.* ang masustansiya nga likido sa suso nga tutoyon sa masuso *Eng.* milk.

Gatasan [n] *Ceb.* naggatas nga inahan *Eng.* lactating mother.

Gatilyo [n] *Ceb.* kablitanan sa pusil aron mobuto *Eng.* trigger.

Gato [n] *Ceb.* gatilyo *Eng.* trigger.

Gatos [n] *Ceb.* napulo ka napulo *Eng.* hundred.

Gawang [n] *Ceb.* takob nga akob sa bangag *Eng.* valve.

Gawas [adj.] *Ceb.* wala sa sulod *Eng.* external \outside \outer \extrinsic.

Gawasnon [adj.] *Ceb.* walay nagbuot kung unsay buhaton *Eng.* free \liberated.

Gawgaw [n] *Ceb.* harina gikan sa unod sa kalibre \tayubong *Eng.* tapioca \cassava-starch.

Gawi [n] *Ceb.* batasan \kinaiya *Eng.* manner \deportment \demeanor \conduct (see also kinaiya)

Gawngan [n] *Ceb.* may gawong o kaw-it nga nakataod *Eng.* hooked.

Gayod [adv.] *Ceb.* sa tinuoray mao o sakto *Eng.* indeed \merely \yet \aright \fitly

Gayud [adv.] *Ceb.* gayud *Eng.* very!; (see also gayod)

Gayuma [n] *Ceb.* ilimnon o pagkaon nga makapahigugma \lumay *Eng.* love potion \philter (see also lumay)

Giabot [adj.] *Ceb.* naaktohan *Eng.* was caught.

Giatake [adj.] *Ceb.* gisulong \gidasdas *Eng.* attacked \assaulted \assailed.

Gidagat [adj.] *Ceb.* kasukaon kay nalipong sa biyahe *Eng.* seasick (see also nalipong)

Gidanghaw [adj.] *Ceb.* nagmala ang tutunlan *Eng.* having a dry throat.

Gidaog [adj.] *Ceb.* gipilde \gilupig *Eng.* beaten \defeated \outdone \bested \surpassed \outstripped.

Gidaotan [adj.] *Ceb.* gipatakboyan og balatian pinaagi sa barang o diwata *Eng.*

afflicted with ailment or disease because of someone else's black magic or sorcery \injured by evil power.

Gidili [adj.] *Ceb.* wala itugot *Eng.* prohibited (see also ginadili)

Gidlay [adj.] *Ceb.* gusbaton *Eng.* dilapidated \torn.

Giganahan [adj.] *Ceb.* ganado *Eng.* having the appetite.

Gigikanan [n] *Ceb.* kung disa gikan ang usa ka butang \tinubdan *Eng.* origin.

Gigutom [adj.] *Ceb.* gusto na nga mokaon *Eng.* hungry.

Gihapon [adv.] *Ceb.* gihapon *Eng.* also; always; as before.

Gihidlaw [adj.] *Ceb.* gibati og kahinam *Eng.* longing for more \wanting or desiring for more or another try (see also mahinamon)

Gihilantan [adj.] *Ceb.* adunay hilanat *Eng.* having a fever \fevered.

Giigotan [adj.] *Ceb.* gihiwahiwa og nipis pinaagi sa pagad-ad *Eng.* thinly sliced.

Giila [adj.] *Ceb.* gihatagan sa pagtagad isip inila *Eng.* accredited \recognized [adj.] *Ceb.* gitahod *Eng.* respected \revered \venerated [adj.] *Ceb.* nailhan *Eng.* known \identified.

Giingon [adj.] *Ceb.* gipamulong *Eng.* has been said \was told \stated (see also gisulti)

Gikadilian [adj.] *Ceb.* giayawan *Eng.* disliked \avoided by.

Gikadumtan [adj.] *Ceb.* ang dinumtan *Eng.* something hated \subject of hatred.

Gikaintapan [adj.] *Ceb.* giila nga gikahadlokan *Eng.* something or someone feared or dreaded.

Gikalag [adj.] *Ceb.* gipakitaan o gihamok sa multo *Eng.* haunted by someone else's soul (see also gimulto)

Gikalisangan [adj.] *Ceb.* gikahadlokan *Eng.* feared \dreaded \weird.

Gikan [n] *Ceb.* panukad sa biyahe *Eng.* departure.

Gikapoy [adj.] *Ceb.* nakubsan o nahutdan sa kusog *Eng.* depleted of energy \exhausted \spent \drained \run-down \got tired.

Gikasabotan [n] *Ceb.* ang gikasabotan *Eng.* agreement \understanding \meeting of minds.

Gikasaligan [n] *Ceb.* gihatagan sa pagsalig *Eng.* trusted \relied upon.

Gikastigo [n] *Ceb.* gidagmalan og maayo *Eng.* castigated.

Gikawat [n] *Ceb.* gikawat \gitulis *Eng.* taken away by a thief \stolen.

Gikulba [n] *Ceb.* mibati og kakulba *Eng.* fearful (see also nahadlok)

Gikulbaan [n] *Ceb.* gikulbaan *Eng.* feared of \felt

nervous \very tense \uptight (inf.) (see also nahadlok)

Gikuyawan [adj.] **Ceb.** gikuyawan **Eng.** fearful.

Gilaayan [adj.] **Ceb.** gikapoyan sa paghinulat o pagpinuyo **Eng.** feeling uninterested or tired after along wait \feed up \bored \browned off.

Giladmon [n] **Ceb.** sukod kung unsa kalalom o katugkaron **Eng.** depth \deepness.

Gilaga [n] **Ceb.** giluto og maayo sa pinabukal nga tubig hangtod malaga \nilaga **Eng.** stewed (see also nilatan)

Gilain [adj.] **Ceb.** gipalain aron itagana para sa **Eng.** set aside \reserved for.

Gilalisan [adj.] **Ceb.** gidebatihan **Eng.** disputed \argued \controversial \debated.

Gilamat [adj.] **Ceb.** gilansisan sa panabot o panan-aw **Eng.** deceived by the illusion \visually tricked [adj.] **Ceb.** giengkanto **Eng.** enchanted \charmed (see also naengkanto)

Gilantaw [adj.] **Ceb.** gitan-aw gikan sa layo **Eng.** sighted from a distance \foresighted \foreseen.

Gilaoman [adj.] **Ceb.** gidahom nga modangat o mahitabo **Eng.** expected \hoped (see also mahitabo)

Gilapdon [n] **Ceb.** sukod kung unsa kalapad **Eng.** width \wideness.

Gilat-an [adj.] **Ceb.** giluto og maayo sa pinabukal nga tubig hangtod malata **Eng.** stewed (see also nilat-an)

Gilay [n] **Ceb.** gihay sa tinabas **Eng.** strip of something \shred.

Gilay-on [n] **Ceb.** sukod kung unsa kalayo **Eng.** distance \range.

Gililong [adj.] **Ceb.** gililong **Eng.** classified \undisclosed \covert \kept secret.

Gilok [adj.] **Ceb.** makapagitik sa pamati **Eng.** tickling sensation \creepy.

Giluba [adj.] **Ceb.** giduslak gamit ang talinis nga hinagiban **Eng.** stabbed.

Gilugos [adj.] **Ceb.** gipugos sa pakighilawas **Eng.** raped \sexually abused \molested.

Giluthan [adj.] **Ceb.** napaslot ang panil sa pagsige og bagid o paggunit **Eng.** blistered.

Gimahal [adj.] **Ceb.** gihatagan sa paghigugma **Eng.** endeared \beloved \loved by (see also hinigugma

Gimaltrato [adj.] **Ceb.** gimaltrato **Eng.** maltreated (see also gikastigo)

Gimok [n] **Ceb.** ang pagluhag o paglihok **Eng.** movement (see also lihok)

Gimulto [n] **Ceb.** gikalag **Eng.** haunted by someone else's soul \bothered by spirits \have seen ghost \having or experiencing apparition.

Ginabas [n] *Ceb.* tinabas sa gabas *Eng.* sawed (US); sawn (Brit.)

Ginadili [n] *Ceb.* dili puwede nga buhaton o tugotan *Eng.* prohibited \forbidden \restricted \out of bounds \illicit.

Ginaling [adj] *Ceb.* dinugmok sa galingan *Eng.* ground \milled.

Ginama [adj] *Ceb.* binuhat *Eng.* created \manufactured \produced (see also hinimo)

Ginamos [n] *Ceb.* isda nga gipreserba pinaagi sa pagumol diha sa asin, ang duga mahimo nga una *Eng.* brined anchovies \salted herring \brined small fish.

Ginang [n] *Ceb.* ang babaye nga may bana *Eng.* mistress (abbr.: Mrs.) \madame (abbr.: Mdme.)

Ginansiya [n] *Ceb.* tubo sa patigayon *Eng.* profit \gain.

Ginhawa [n] *Ceb.* ang paghanggab, paghingos, ug pagbuga sa hangin *Eng.* breathing \respiration (see also gininhawa)

Ginhawaan [n] *Ceb.* ang parte sulod sa lawas diin moagi ang kinaon hangtod moabot sa tumoy sa tinai o ilugwa sa lubot *Eng.* internal organs \entrails \intestines \viscera alimentary canal.

Ginikanan [n] *Ceb.* ang tinuod nga mga ginikanan *Eng.* biological parent [n] *Ceb.* ang amahan ug inahan *Eng.* parents.

Gininhawa [n] *Ceb.* ang paghingos ug pabuga sa hangin *Eng.* breathing \respiration (see also ginhawa)

Gingharian [n] *Ceb.* ang ginsakopan o nasakopan sa gahom sa hari *Eng.* kingdom \domain \dominion [n] *Ceb.* imperyo *Eng.* empery \empire.

Ginoo [n] *Ceb.* diyos *Eng.* god \lord.

Ginsakpan [n] *Ceb.* ginsakopan *Eng.* kingdom (see also gingharian)

Ginukdanay [n] *Ceb.* nilurosay *Eng.* the act of running after \chase \pursuit.

Ginukoray [n] *Ceb.* ginukoray *Eng.* the act of running after \chase \pursuit.

Gipadayon [adj., v] *Ceb.* wala ihunong *Eng.* continued \proceeded.

Gipahiayon [adj.] *Ceb.* gipahiluna *Eng.* adjusted.

Gipalibotan [adj.] *Ceb.* gialirongan *Eng.* surrounded \encircled \enclosed.

Gipalig-on [adj.] *Ceb.* suportado sa kalig-onan *Eng.* fortified \supported \deeded (Law)

Gipamatud-an [adj.] *Ceb.* giangkon nga matuod *Eng.* attested \authenticated \proven.

Gipamulong [adj.] *Ceb.* gisulti \gilitok \giingon *Eng.* uttered \was told \spoken \outspoken \verbally \stated

(see also gisulti)

Gipangayo [n] *Ceb.* ang gusto nga madawat o makuha *Eng.* demand.

Gipaningot [n] *Ceb.* gigawsan og singot *Eng.* beaded with sweat \sweaty \perspired.

Gipanuhoran [adj., n] *Ceb.* gipangayoan sa pagtugot o panaad nga magpakasal *Eng.* affianced \betrothed.

Gipanumpaan [adj.] *Ceb.* gihatagan sa panaad *Eng.* given the promise of \promised with \assured.

Gipatay [adj.] *Ceb.* gikutlian sa kinabuhi *Eng.* killed [adj.] *Ceb.* gipalong ang siga *Eng.* extinguished.

Giplano [adj.] *Ceb.* gihimoan og plano kung unsay buhaton *Eng.* planned \plotted.

Giplanohan [adj.] *Ceb.* gilaraw ang pagabuhaton *Eng.* planned (see also giplano)

Gipletehan [adj.] *Ceb.* giabangan \inarkelahan *Eng.* rented \hired \leased.

Giprendahan [n] *Ceb.* ang gihatagan ug nagbayad sa butang nga giprenda *Eng.* mortgagee.

Gipul-an [adj.] *Ceb.* gipul-an *Eng.* feeling uninterested or tired after along wait \feed up \bored \browned off.

Gira [n] *Ceb.* giyera *Eng.* war.

Giregla [adj.] *Ceb.* giabotan sa buwanan nga pagdugo *Eng.* menstruating (see also nagdugo)

Girespeto [adj.] *Ceb.* gitahod *Eng.* revered \respected (see also giila)

Gisalig [n] *Ceb.* gihatag sa pagsalig \gipiyal *Eng.* held in trust \founded in confidence.

Gisangpotan [n] *Ceb.* nahingadtoan \gisangpotan *Eng.* outcome \consequence \derivation \aftermath \upshot.

Gisi [n] *Ceb.* gisi \laksi *Eng.* snag \cut on clothing or sheet of something \tear.

Gisingot [adj.] *Ceb.* gisingot *Eng.* beaded with sweat \sweaty \perspired.

Gisira [adj.] *Ceb.* gisira \sirado *Eng.* closed \shut.

Gisulatan [n] *Ceb.* ang gipadad-an o gipahinungdan sa sulat *Eng.* addressee.

Gisulti [adj.] *Ceb.* gisulti *Eng.* uttered \was told \spoken \outspoken \verbally \stated (see also gisulti)

Gisumhan [adj.] *Ceb.* gisumhan *Eng.* cloyed (see also natagbaw)

Gitagana [adj.] *Ceb.* gigahin para sa *Eng.* reserved for \set aside

Gitago [adj.] *Ceb.* gitagoan aron dili makita *Eng.* hidden \concealed.

Gitahod [adj.] *Ceb.* girespeto *Eng.* revered \respected (see also giila)

Gitara [n] *Ceb.* tulonggon nga

may mga kuwerdas \sista *Eng.* guitar.

Gitas-on [n] *Ceb.* gitas-on sa barog \sukod kung unsa kataas *Eng.* height \vertical length.

Gitik [n] *Ceb.* gitik *Eng.* tickle \titillation.

Gitinguha [n] *Ceb.* gipaning-kamotan nga makab-ot *Eng.* desired \endeavored \intended.

Gitudlo [adj.] *Ceb.* gihatagan sa kaalam *Eng.* taught \tutored [adj.] *Ceb.* gitultol kung asa ang nahimutangan *Eng.* was told about the direction or location of something \pointed \directed.

Gituhoan [adj.] *Ceb.* gituo-han nga mao *Eng.* believed to be (see also gituohan)

Gituohan [adj.] *Ceb.* gihuna-huna nga mao *Eng.* thought to be \believed to be \considered to be \reputed.

Gituok [adj.] *Ceb.* gipitlok ang liog *Eng.* choked by strangulation \strangled \strangulated (Med.)

Gituyo [adv.] *Ceb.* gibuhat tungod nga may intensiyon *Eng.* intentionally \purposely \advisedly (see also giplano)

Giuhaw [adj.] *Ceb.* gusto nga moinom *Eng.* thirsty \athirst.

Giundang [adj.] *Ceb.* wala na ipadayon \gihunong *Eng.* stopped (see also na)

Giutro [adj.] *Ceb.* gibuhat og usab *Eng.* repeated \reiterated \tried again \redo.

Giya [n] *Ceb.* tagatuod sa dalan o padulngan *Eng.* guide \lead.

Giyera [n] *Ceb.* away gamit ang kaarmasan ug kasundalohan tali sa duha o pipila ka mga nasod \gubat *Eng.* fighting or hostilities between nations using their soldiers and weapons \war \battle (see also away)

Globo [n] *Ceb.* ang bola nga gidibuhoan sa mapa sa kalibotan *Eng.* globe.

Gloriya [n] *Ceb.* kahimayaan nga bation \glorya \gloriya *Eng.* glory.

Goma [n] *Ceb.* ang mainat-inat nga materyales, sagad gamiton sa paghimo og ligid sa sakyanan, bola, lastiko, ugbp. *Eng.* rubber.

Graba [n] *Ceb.* batobato nga gagmay *Eng.* gravel (see also bato)

Grabe [n] *Ceb.* seryoso ang kahimtang \hilabihan *Eng.* grave \serious \severe \serious \grave \badly \heavily, as in heavily damaged.

Grado [n] *Ceb.* puntos sa pasulit *Eng.* grade \rating \degree.

Graduwasyon [n] *Ceb.* ang pagtapos human molampos sa pag-eskuwela *Eng.* graduation.

Gramatika [n] *Ceb.* ang ensakto nga han-ay sa pagsulti ug pagsulat sa pinulongan *Eng.* grammar.

Gramo [n] *Ceb.* sukad sa

timbang, diin ang usa ka libo ka gramo katugbang sa usa ka kilo *Eng.* gram.

Granada [n] *Ceb.* pabuto nga ilabay sama sa usa ka gamay nga bola *Eng.* grenade \hand grenade [n] *Ceb.* usa ka gamay nga kahoy nga mamunga og prutas *Eng.* pomegranate (sc.name: Punica granatum)

Grano [n] *Ceb.* unsa kahamis o kapino sa patik o pamanit *Eng.* texture \grain [n] *Ceb.* kapinohon *Eng.* fineness.

Grasa [n] *Ceb.* ang ipahid nga aseytihon, gamiton sa pagpadanlog *Eng.* grease.

Grasya [n] *Ceb.* kaayohan nga nadawat *Eng.* grace \bounty [n] *Ceb.* grasya nga hatag sa diyos *Eng.* blessing.

Gripo [n] *Ceb.* ang awasanan tumoy sa tubo diin adunay lisoanan sa pag-abli ug pagsirado *Eng.* faucet.

Grupo [n] *Ceb.* hugpo \tapok \lupon *Eng.* team \body \faction \set \unit (see also panon)

Guba [n] *Ceb.* guba \kadaot sa porma *Eng.* deformedness \deformity \disfiguration \disfigurement.

Gubaon [adj.] *Ceb.* gubaon *Eng.* damaged spoiled \defective \junk.

Gubat [n] *Ceb.* gubat *Eng.* battle \war \combat (see also giyera)

Gubot [adj.] *Ceb.* dili malinawon *Eng.* not peaceful \troubled (see also nagkaguliyang).

Gugma [n] *Ceb.* pagmahal nga gibati *Eng.* love \affection \endearment (see also panaghigugma)

Guhay [n] *Ceb.* lambongay sa mga uhay sa buhok o balahibo ibabaw sa ulo *Eng.* crest.

Guidili [n] *Ceb.* dili tinugotan nga buhaton *Eng.* forbidden (see also ginadili)

Gukod [n] *Ceb.* gukdanay \luros *Eng.* race \chase (see also ginukdanay)

Gula [n] *Ceb.* nilugwa \binugwak *Eng.* emission.

Gulaan [n] *Ceb.* lutsanan paggawas *Eng.* exit (see also gulaanan)

Gulaanan [n] *Ceb.* lutsanan sa paggawas *Eng.* exit \outlet \exhaust \passage or way to go out \egress.

Gulaman [n] *Ceb.* haleya nga pagkaon, hinimo sa pinabagtok nga likido *Eng.* jelly.

Gulang [adj.] *Ceb.* hamtong na ang pangedaron *Eng.* mature \grown up (see also tigulang)

Gumamela [n] *Ceb.* usa ka tanom nga mamulak *Eng.* hibiscus shrub and its flower (sc.name: Hibiscus rosasinensis)

Gum-os [n] *Ceb.* kum-os \gum-ot *Eng.* crease

\crumple.

Gunit [n] *Ceb.* hawid sa kamot \hupot \kupot *Eng.* grip \hold.

Gunitanan [n] *Ceb.* hawira-nan \kuptanan *Eng.* handle.

Gun-ob [adj.] *Ceb.* gun-ob *Eng.* decrepit (see also gubaon)

Gunting [n] *Ceb.* pangtabas nga adunay duha ka sulab nga magbukabuka aron mo-lugpit sa putlonon o ta-basonon *Eng.* pair of scis-sors.

Gupok [n] *Ceb.* balibali \tigpod *Eng.* fracture \crack.

Gusa [n] *Ceb.* sapot human magsige og katawa kay nasudlan og hangin ang tiyan \bisgo *Eng.* sickness due to excessive laughing, usually manifested by flatulence and irritated mood.

Gusbat [adj., n] *Ceb.* gidlay *Eng.* disarray \disarranged [adj.] *Ceb.* nagkagisigisi *Eng.* ripped \torn

Guso [n] *Ceb.* sagbot sa dagat nga makaon *Eng.* edible seaweed.

Gusok [n] *Ceb.* ang bukog sa kiliran nga bahin sa lawas *Eng.* rib.

Gusto [n] *Ceb.* ang ayon *Eng.* like \liking (see also gana, ampay)

Gutlo [n] *Ceb.* ang minuto sa oras *Eng.* minute.

Gutom [adj.] *Ceb.* gusto nga mokaon \gigutom *Eng.* hungry.

Guwantes [n] *Ceb.* hapin nga putos sa kamot *Eng.* glove \mitt \mitten.

Guwapa [adj.] *Ceb.* maanyag nga babaye *Eng.* beautiful \beauteous \lovely \cutie (US slang) (see also maanyag)

Guwapo [adj.] *Ceb.* hitsu-raan nga lalaki \ambongan *Eng.* handsome \good-looking \pretty boy \gorgeous man (see also posturawo)

Guwardiya [n] *Ceb.* ang magbalantay \tanod *Eng.* guard \guardian (see also bantay)

Guwardiyado [adj.] *Ceb.* may nakatanod *Eng.* guarded \secured.

Guwarnasyon [n] *Ceb.* higot nga nakataod sa ulo sa hayop, gamiton sa paggiya kung asa paingon *Eng.* harness \rein (see also bangan)

Guyod [n] *Ceb.* korna \garoy dragging something behind \dragging \towing \tow \trail \haul.

Gwapa [adj.] *Ceb.* maanyag nga babaye *Eng.* beautiful girl; (see also guwapa)

Gyud [adv.] *Ceb.* gyud \gayud *Eng.* indeed \merely \yet \aright \fitly.

~H~

H, h [n] *Ceb.* ang ikapito nga titik sa alpabeto nga Bisaya *Eng.* the seventh letter in

Cebuano alphabet used in this dictionary (see also abakadahan)

Ha`man [adv.] **Ceb.** minubo o nilamolamo nga pagsulti sa pangutana nga 'hain man?' **Eng.** which? which one? [adv.] **Ceb.** asa man? **Eng.** where?

Habagat [n] **Ceb.** ang huros sa hangin nga nagagikan sa habagatan, diin sagad maunos **Eng.** wind current blowing from the south or southwest, usually stormy \southwest monsoon \wet monsoon (see also hangin)

Habak [n] **Ceb.** habak **Eng.** corsage \girdle (see also bakos) \amulet \talisman.

Habal [n] **Cob.** ang pagtakmag sa lalaki ngadto sa babaye atol sa pakighilawas, sagad mahitungod sa mga hayop diin ang lalaki mopatong sa babaye nga nakatalikod \tagmag **Eng.** copulation \the act of sexual intercourse \sex.

Habal-habal [n] **Ceb.** habal-habal **Eng.** motorcycle with extended seat to accommodate more passengers in a row at the rear seat.

Habhab [n] **Ceb.** pagkaon nga inulit **Eng.** voracious way of eating.

Habi [n] **Ceb.** habla **Eng.** act of weaving \weave \interlacing.

Habitsuelas [n] **Ceb.** utanon nga adunay liso sama sa ba-tong **Eng.** small specie of kidney bean \snap bean \Baguio bean (Phil. English)

Hablanan [n] **Ceb.** ang himan sa paghabi og londres o tela **Eng.** loom \handloom \knitting machine \weaver.

Hablon [n] **Ceb.** panghabi sa tela **Eng.** weaving \interlacing (see also habi)

Habog [adj.] **Ceb.** taas ang barog **Eng.** tall (see also taas)

Habol [adj.] **Ceb.** dili hait \dumpol **Eng.** blunt \dull \unsharpened. [n] **Ceb.** panapton nga itabon, ibukot, o ihaklap sa pagkatulog **Eng.** blanket.

Hadlokan [adj.] **Ceb.** talawan \puti og itlog (id.) **Eng.** easily frightened \easily got scared \fearful \always afraid \poor-spirited \fainthearted \timid \cowardly.

Haduol [adj.] **Ceb.** haduol **Eng.** situated nearby \close to \near \proximate \nearby.

Hagad [n] **Ceb.** hagad \hanyag **Eng.** act of offering something with enticement or persuasion to whom the offer is given \offer.

Hagalhal [n] **Ceb.** hagabhab ang tingog o tunog **Eng.** hollow sound or voice.

Haganas [n] **Ceb.** kinasikas sa tubig o kadahonan **Eng.** rustle.

Hagashas [adj.] **Ceb.** dili hamis \sapnot **Eng.** rough \coarse \husky.

Hagawhaw [n] *Ceb.* sulti nga hinay ang tingog \hunghong *Eng.* whisper \susurration.

Hagbong [adj.] *Ceb.* kahulog *Eng.* drop \fall (see also hulog)

Hagdan [n] *Ceb.* tukon nga may tikanganan sa pagsaka o pagkanaog *Eng.* ladder \staircase.

Hagdanan [adj.] *Ceb.* hagdanan *Eng.* ladder \staircase (see also hagdan)

Hagikhik [n] *Ceb.* katawa nga pinugngan ug putol-putol *Eng.* giggle \titter \snicker \chuckle (see also katawa)

Hagip-ot [n] *Ceb.* dili haluag *Eng.* narrow.

Hagishis [n] *Ceb.* tingog sa hangin nga misirit *Eng.* hissing sound of leaking air or gas \fizz \swish \whiz.

Hagit [n] *Ceb.* awhag sa away o sangka *Eng.* enticement \allurement \temptation \seduction \provocation \challenge.

Hago [n] *Ceb.* hago \kapoy \tuklibon *Eng.* tiring \tiresome \arduous \stre-nuous \laborious.

Hagok [n] *Ceb.* hagong sa gininhawa samtang nakatulog *Eng.* snore.

Hagong [n] *Ceb.* tingog sa hangin nga mihagiyong *Eng.* buzz \swish \drone.

Hagtik [n] *Ceb.* tunog nga tagiktik *Eng.* snip \tick.

Hagubhob [n] *Ceb.* hagubhob *Eng.* snarl \burr.

Hain [interr.] *Ceb.* hain *Eng.* which [adv.] where.

Hait [adj.] *Ceb.* makadulot ang silab *Eng.* sharp.

Haknot [adj.] *Ceb.* dili tagumkom \kinot \lubay *Eng.* ductile \uncouth.

Hakog [adj.] *Ceb.* dili manggihatagon \dalo *Eng.* unwilling to share or to give something to others \selfish \greedy \close-fisted.

Hakop [n] *Ceb.* harop sa palad *Eng.* handful.

Halaan [n] *Ceb.* ang mga kinhason nga kapareho sa tuway *Eng.* clam.

Halad [n] *Ceb.* ang gihatag nga gasa *Eng.* an offer \offering.

Halagyo [adv.] *Ceb.* dili dugol *Eng.* apart \wide apart \far apart.

Halandomon [adj.] *Ceb.* dili mahikalimtan sa paghandom *Eng.* memorable \unforgettable \momentous.

Halang [adj.] *Ceb.* hapdos ug init sa panlami o sa panit *Eng.* stingy \hot \pungent \piquant.

Halangdon [adj.] *Ceb.* gihangad sa pag-ila *Eng.* distinguished \prestigious \grand \illustrious \sublime \high-minded.

Halap [adj.] *Ceb.* dili klaro ang panan-aw *Eng.* blur \hazy \nebulous (see also hanap)

Halapad [adj.] *Ceb.* dako ang sukod sa patag *Eng.* broad

\wide.

Halas [n] *Ceb.* hayop nga tag-as, walay tiil o kamot, magkamang sa yuta gamit ang himbis sa tiyan, pagkiway-kiway o pagtuyha-kaw sa lawas *Eng.* snake.

Halayo [adj.] *Ceb.* dili duol *Eng.* far \distant.

Haligi [n] *Ceb.* tukon sa balay *Eng.* pillar \column \brace \support.

Halili [n] *Ceb.* ang ipamuli *Eng.* substitute \replacement.

Halin [n] *Ceb.* kita sa paninda o patigayon *Eng.* return \sales.

Halinganan [n] *Ceb.* sindihanan sa kalayo *Eng.* place for building fire or bonfire.

Halinon [adj.] *Ceb.* dali nga mahalin *Eng.* salable (see also masuhong)

Halo [adj.] *Ceb.* hayop nga bayawak *Eng.* monitor lizard, an endangered endemic amphibian lizard that can be found only in the Philippine dense forests.

Halod [adj.] *Ceb.* labi nga maayo sa abilidad o kaalam \batid *Eng.* intelligent \bright \brilliant.

Halok [n] *Ceb.* ang pagdapat sa mga ngabil *Eng.* kiss \smooch.

Halos [adv.] *Ceb.* gamay na lang ang kulang *Eng.* almost \semi- (comb.) (see also hapit)

Haluag [adj.] *Ceb.* dako kaayo ang kalapdon o nasakopan *Eng.* wide \very wide \broad \extensive \far-reaching \stretched-out \expanded (see also lapad) [adj.] *Ceb.* luag ang pagkabugkos \maluag *Eng.* not tight \loosened.

Halwan [n] *Ceb.* isda nga mabuhi sa lapokon nga tubig tab-ang *Eng.* (sc.name: Ophicephalus astritus) mudfish \murrel.

Hambog [adj.] *Ceb.* mapasigarbohon \andakan *Eng.* boastful \flaunting \showy (see also hambogero)

Hambogero [n] *Ceb.* ang mapasigarbohon o andakan *Eng.* braggart \flaunt \showing off.

Hamili [adj.] *Ceb.* maayo nga klase *Eng.* premium \good kind \best in quality \fine in class or variety.

Hamis [adj.] *Ceb.* hanglas \lapnoy *Eng.* smooth \unruffled.

Hamog [n] *Ceb.* yamog \tunog *Eng.* dew \moist.

Hamon [n] *Ceb.* paa sa baboy nga gitap-an o giluto aron dugay madaot ang karne niani *Eng.* ham.

Hampak [n] *Ceb.* hapak *Eng.* slam \beat (see also bunal)

Hampin [n] *Ceb.* hampin \lampin *Eng.* bedclothes \bedspread \diaper.

Hamtong [adj.] *Ceb.* edaran na *Eng.* mature \precocious

\of age \adult (see also edaran)

Hamubo [adj.] *Ceb.* dili taas *Eng.* short \brief (see also mubo)

Hamugaway [n] *Ceb.* kaharuhay sa pamati *Eng.* convenience \comfort \ease \easefulness \luxury \luxuriousness \luxuriance \luxuriancy \welfare \coolness \affluence.

Hana [n] *Ceb.* ang paghuyad sa kamot ingon og mohapak, mosumbag, o motira *Eng.* lifting or stretching of one's hand or arm as if about to strike \aiming a strike.

Hanap [adj.] *Ceb.* dili klaro sa panan-aw *Eng.* unclear to vision \blurred \blurry \unclear \bleary.

Hanas [adj.] *Ceb.* maantigo og maayo *Eng.* proficient \skilled \adept \experienced.

Han-ay [adj.] *Ceb.* hapsay *Eng.* arranged \in order \orderly \in sequence.

Hanayhay [adj.] *Ceb.* sakaon nga bakilid *Eng.* sloppy \cragged \inclination (see also bakilid)

Handanaw [n] *Ceb.* handanaw *Eng.* dragonfly \damselfly \demoiselle \denilisdarning.

Handom [n] *Ceb.* hinumdom *Eng.* reminiscence (see also handuraw)

Handomanan [n] *Ceb.* mga butang nga magpahinumdom *Eng.* remembrance \souve-

nir \memento [n] *Ceb.* handumanan nga simbolo *Eng.* token.

Handos [n] *Ceb.* duso \tulod \tukmod *Eng.* push \thrust.

Handuraw [n] *Ceb.* ang hunahuna og balik sa mga nanghitabo *Eng.* reminiscence \reverie \recollection.

Hangad [n] *Ceb.* ang pagtanaw sa itaas *Eng.* an upward look at something.

Hangal [adj.] *Ceb.* hangal *Eng.* half-witted \silly \witless \blockhead \stupid \misguided \idiot.

Hangga [n] *Ceb.* sakit sa panit nga magbutoy-butoy ug makatol *Eng.* pox \chickenpox.

Hangin [n] *Ceb.* ang dili makita nga mohuyop ug mahingos *Eng.* air.

Hanginon [adj.] *Ceb.* may hangin *Eng.* airy \gaseous \gassy. [adj.] *Ceb.* hambogon manulti *Eng.* pompous in one's talk or speech \haughty.

Hangkag [n] *Ceb.* hangkag \silbi *Eng.* sense \usefulness (see also pulos)

Hangkop [n] *Ceb.* hapos sa mga bukton nga pagakos *Eng.* hug \bear hug \cuddle.

Hangop [n] *Ceb.* kahangop *Eng.* earnestness.

Hangos [n] *Ceb.* ginhawa nga paspas ug sunod-sunod \halhal \hapo \kutas *Eng.* pant \panting of breath.

Hangtod [conj.] *Ceb.* hangtod

\kutob **_Eng._** until.

Hangwat [n] **_Ceb._** hangwat \baswat \sakwat **_Eng._** lifting or carrying on one's arm \uplifting \holding up \heaving up.

Hangyo [n] **_Ceb._** hangyo \pamalihog **_Eng._** petition \plea \request \bid. [n] **_Ceb._** paghangyo sa presyo **_Eng._** ask for a lower price \bargain for.

Hanoy [adj.] **_Ceb._** hanoy ang paglawig \malulot **_Eng._** smooth sailing \suave \gentle \smooth.

Hantak [n] **_Ceb._** sugal nga pagadulaon pinaagi sa pag-antog og tutulo ka sensilyo ngadto sa usa ka lapad nga bato aron mahibaloan kung unsa nga nawong sa sensilyo ang mag-atubang paibabaw inigtugdang **_Eng._** head-or-tails game, played by tossing three coins and let them fall on a slab of stone to tell which side of the coins faces up \cara y cruz (Span.)

Hanumdom [n] **_Ceb._** hanum-dom **_Eng._** reminiscence (see also handuraw)

Hanyag [n] **_Ceb._** hanyag **_Eng._** proposal \preposition \approach \urge.

Haom [adj.] **_Ceb._** sibo kaayo ang sukod sa gidak-on **_Eng._** fitting exactly in size \fitting (see also sakto)

Hapa [n] **_Ceb._** higda nga pakulob **_Eng._** lying down \lying flat.

Hapag [n] **_Ceb._** ang basket **_Eng._** basket (see also basket)

Hapak [n] **_Ceb._** ang pagbunal **_Eng._** beat \beating \stroke (see also bunal)

Hapdos [adj.] **_Ceb._** ngutngot sa kasakit **_Eng._** stinging pain \painful \stingy \pang \poignant \sore \scathing \smart.

Hapin [n] **_Ceb._** hapin **_Eng._** spread sheet \sheet \pad \matting \lining.

Hapit [n] **_Ceb._** hapit \diriyot **_Eng._** nearly \too close.

Hapit sa [adv.] **_Ceb._** hapit sa **_Eng._** via \through.

Hapla [n] **_Ceb._** hagba nga pakulob **_Eng._** belly flop.

Haplas [n] **_Ceb._** banyos nga ipamahid \haplos **_Eng._** rub \splash \embrocation.

Hapo [n] **_Ceb._** ginhawa nga paspas ug sunod-sunod \hangos \hingak **_Eng._** pant \panting of breath \gasp \gasping breath \shortness of one's breath (see also gininhawa)

Hapon [n] **_Ceb._** ang mga takna human sa kaudtohon yuna mosalop ang adlaw \palis **_Eng._** afternoon.

Hapos [n] **_Ceb._** hapak \lamba \puspos **_Eng._** slam \beat (see also bunal)

Hapsay [adj.] **_Ceb._** hapsay \hinapnig **_Eng._** arranged \in order \orderly \in sequence.

Hapuhap [n] **_Ceb._** hikap-hikap nga ipahid o ibag-id

ang mga palad *Eng.* caressing hand stroke \fondle \caress (see also hikap)

Hara [n] *Ceb.* asawa sa hari *Eng.* queen (see also rayna)

Harag [adj.] *Ceb.* katumbahon ang pamarog \nagtakilid *Eng.* slanting \tilting \tilted.

Harana [n] *Ceb.* kanta nga dalit sa nangulitawo, sagad kantahon sa gabii diha sa tugkaran sa balay sa gipanguyaban *Eng.* serenade.

Hardin [n] *Ceb.* tanaman sa hawanan *Eng.* garden.

Hari [n] *Ceb.* ang pamuno sa gingharian *Eng.* king.

Harina [n] *Ceb.* pinulbos nga unod sa trigo, gam-onon nga tinapay *Eng.* flour \corn flour \cornstarch.

Haruhab [adj.] *Ceb.* kusog mokaon \avaricious *Eng.* voracious (see also ulit)

Haruhay [adj.] *Ceb.* walay kalisod sa kahimtang *Eng.* comfortable \affluent.

Hasahasa [n] *Ceb.* hasahasa *Eng.* short-bodied mackerel.

Hasang [n] *Ceb.* ang parte sa isda nga maoy gamiton sa pagsala sa nahanggab nga tubig *Eng.* gill.

Hasok [n] *Ceb.* dasok sa pagsulod *Eng.* thrust.

Hasol [n] *Ceb.* kabalaka nga bation *Eng.* hassle \annoyance \vexation.

Hatag [n] *Ceb.* ang giabot o gitunol *Eng.* something handed over \a giveaway \something given \tip.

Hatod [n] *Ceb.* ang pagdala aron mabalhin o mahakot *Eng.* transportation \transferal.

Hatsing [n] *Ceb.* kalit nga pagbuga sa gininhawa nga manglagpot ang laway *Eng.* sneeze.

Hawa [n] *Ceb.* ang pagluwat *Eng.* departure \leaving away \shove off (inf.)

Hawak [n] *Ceb.* ang kiliran nga bahin sa lawas, daplin sa tiyan *Eng.* waist \waist line.

Hawan [n] *Ceb.* hawan \nataran *Eng.* yard \ground (see also hawanan) [adj.] *Ceb.* hawan *Eng.* clean \neat (see also limpiyo)

Hawanan [n] *Ceb.* bakante nga lote o luna *Eng.* vacant lot \empty or vacant space.

Haw-ang [n] *Ceb.* lat-ang \kal-ang *Eng.* gap \interval \space between objects.

Haw-as [n] *Ceb.* kanaog pagawas sa gisakyan \unloading *Eng.* disembarkation.

Hawid [n] *Ceb.* gunit \kapot *Eng.* hold \grasp \grip.

Hawiranan [n] *Ceb.* kuptanan *Eng.* handle (see also gunitanan)

Hawla [n] *Ceb.* tangkal sa langgam *Eng.* bird cage.

Hawod [adj.] *Ceb.* labi nga maayo sa abilidad o kaalam mentally *Eng.* bright \intelligent \brilliant.

Hayaanan [n] *Ceb.* ang lugar o lawak diin ihaya ang patay nga lawas *Eng.* funeral parlor \charnel house.

Hayag [adj.] *Ceb.* madan-ag \masanag *Eng.* bright \shiny \lucent \illuminated (see also lamdag)

Hayahay [n] *Ceb.* kawalay kalisdanan \kahamugaway *Eng.* convenience \comfort \easiness.

Hayang [n] *Ceb.* higda nga pahuyang *Eng.* supine position (see also higda)

Haylo [n] *Ceb.* haylo *Eng.* enticement \allurement \temptation \seduction [n] *Ceb.* hayloay *Eng.* exchange \barter.

Hayop [n] *Ceb.* nilalang nga mananap *Eng.* animal.

Hayopan [n] *Ceb.* ang mga binuhi nga kahayopan *Eng.* animals that are being raised.

Hedonista [n] *Ceb.* ang mituo sa doktrina nga ang kalipay, katagbawan ug kahimuot mao lamay labi nga maayo sa kinabuhi *Eng.* hedonist \hedonistic.

Helmet [n] *Ceb.* kalo o putos sa ulo nga pangontra damyos o disgrasya sa ulo *Eng.* helmet (see also kalo)

Hentil [n] *Ceb.* ang tawo nga dili Hudiyo *Eng.* gentile.

Henyo [adj.] *Ceb.* halod kaayo sa kaalam *Eng.* genius.

Hepe [n] *Ceb.* pangulo sa grupo o balangay *Eng.* chief \chieftain.

Heridero [n] *Ceb.* sumulunod sa katigayonan nga biyaan sa mamatay *Eng.* heir \inheritor \successor.

Heringga [n] *Ceb.* ang tubo nga dagom sa ineksyon *Eng.* syringe.

Hesukristo [n] *Ceb.* ang nagtukod sa relihiyon nga Kristiyano diin siya maoy giila nga diyos *Eng.* Jesus Christ.

Hesus [n] *Ceb.* si Hesukristo *Eng.* Jesus.

Hiaan [n] *Ceb.* maaan \masaypan *Eng.* can be mistaken as (see also makailad)

Hibal-an [n] *Ceb.* mahibaloan *Eng.* will be known \can be learned (see also masabotan)

Hibalo [n] *Ceb.* ang nahibaloan \kahibawo *Eng.* know-how \knowledge.

Hibangkaagan [n] *Ceb.* kasinatian *Eng.* experience \knowledge (see also kahibalo)

Hibe [n] *Ceb.* pinanitan ug binulad nga unod sa pasayan *Eng.* dried skinned shrimp's meat (see also pasayan)

Hibihibi [n] *Ceb.* usa ka matang sa sagbot nga tanom nga tunokon ug mangluyloy ang mga uhay sa dahon kung masabod *Eng.* mimosa \touch-me-not (Phil.English)

Hibuylas [n] *Ceb.* panag-saylo sa pagtagbo \buylas *Eng.* missing to cross each other's path along the way \failure to meet along the way.

Hida [n] *Ceb.* ang bildo *Eng.* glass (see also salamin)

Hidutlan [n] *Ceb.* dili kublan *Eng.* vulnerable \penetrable.

Higal [n] *Ceb.* mahiligon sa pakighilawas \ulagon *Eng.* lustful \sexually hot (see also ulagan)

Higala [n] *Ceb.* higala \amigo *Eng.* friend \pal.

Higante [n] *Ceb.* dako kaayo *Eng.* giant \huge \gigantic \huge \great \gargantuan \jumbo \titanic (see also dako)

Higayon [n] *Ceb.* higayon *Eng.* time \moment (see also panahon)

Higda [n] *Ceb.* ang pagpa-hiluna sa lawas diha sa salog ingon og matulog o nagpa-hulay *Eng.* lying down.

Higop [n] *Ceb.* supsop sa sabaw o ilimnon *Eng.* sip \suck up.

Higot [n] *Ceb.* higot *Eng.* tie \string (see also bangan)

Higpit [adj.] *Ceb.* higpit \pig-ot *Eng.* strict \narrow.

Higwaos [n] *Ceb.* higwaos \alindasay *Eng.* restiveness \restlessness \tossing about in bed.

Hikadusmo [n] *Ceb.* kadas-mag sa simod o nawong *Eng.* collision of snout, muz-zle, front, or face \a forward fall with the face first to touch the ground \bumping of one's face on the wall or ground \stumble.

Hikap [n] *Ceb.* hikap \hiram *Eng.* touch \feel (see also hinol)

Hikay [n] *Ceb.* andam sa pagluto *Eng.* food pre-paration.

Hikihiki [n] *Ceb.* katawa nga putol-putol o pinugngan *Eng.* giggle \titter \snicker \chuckle (see also katawa)

Hikog [n] *Ceb.* ang pag-hunos sa kaugalingon nga kinabuhi \pagpakamatay *Eng.* suicide \self-murder \self-destruction \self-slaugh-ter.

Hilabi [adv.] *Ceb.* hilabi *Eng.* more so \particularly.

Hilabihan [adj.] *Ceb.* seryoso ang kahimtang *Eng.* serious (see also grabe). [adv.] *Ceb* hilabihan *Eng.* a word of expression that emphasizes the situation or condition of something \very \too, as in "arang inita!"(too hot!), "arang layoa" (very far)

Hilabot [n] *Ceb.* panghilabot sa kahimtang apil-apil *Eng.* meddling \interference \inter-vention \intercession.

Hilabtanon [n] *Ceb.* kiriwan og kamot *Eng.* impulsive thief \kleptomaniac.

Hilak [n] *Ceb.* ang pagtulo sa luha gikan sa mata *Eng.* cry.

Hilam-os [n] *Ceb.* ang pag-hugas sa dagway *Eng.* facial wash \washing of one's face (see also hugas)

Hilanat [n] *Ceb.* ang pagtaas sa temperatura sa lawas sa-gad inubanan og kalabad sa ulo *Eng.* fever.

Hilas [n] *Ceb.* law-ay \hilas \law-ay *Eng.* immodest \ob-scene \vulgar \nasty.

Hilaw [adj.] *Ceb.* dili pa hinog *Eng.* unripe \green. [adj.] *Ceb.* dili pa luto *Eng.* raw.

Hilawasnon [adj.] *Ceb.* hila-wasnon *Eng.* fleshly \carnal \erotic \sensuous \lascivious \sexually hot (see also ulagon)

Hilig [n] *Ceb.* ang gusto nga buhaton kanunay *Eng.* fondness \like \penchant (see also gusto)

Hilis [n] *Ceb.* lanay *Eng.* melt.

Hilit [n] *Ceb.* hilit *Eng.* secluded \sequestered \iso-lated \deserted \desolate \out-of-the-way.

Hilom [imper.] *Ceb.* ayaw na pagsaba *Eng.* hush!. [adj.] *Ceb.* walay saba *Eng.* silent \quiet \noiseless \soundless \no audio \in-audible \muted \still (see also kamahilomon)

Hilot [n] *Ceb.* ang pagpislit-pislit og masahe sa lawas nga dunay balatian aron maayo o mahupay *Eng.* massage therapy.

Hilwas [n] *Ceb.* hilwas \litok

Eng. pronunciation \utte-rance (see also panglitok)

Himalatayon [adj.] *Ceb.* ha-pit na mamatay *Eng.* dying (see also himalatyon)

Himalatyon [adj.] *Ceb.* hima-latyon *Eng.* dying \about to die \on one's death bed \nearing death \at death's door \moribund.

Himalikas [adj.] *Ceb.* hilig manulti og dili maayo nga pulong o daotan nga pulong \balikasan *Eng.* foul mouthed \scurrilous \vile \loathsome.

Himalitan [adj.] *Ceb.* kusog mahalin *Eng.* best selling \in demand \sells like hot cake (id.)

Himaliton [adj.] *Ceb.* hima-liton *Eng.* best selling \in demand \sells like hot cake (id.)

Himan [n] *Ceb.* himan *Eng.* tools (see also kahimanan)

Himasa [n] *Ceb.* ang pag-hugas sa tiil \himasa *Eng.* cleansing or washing one's feet (see also hugas)

Himasahon [adj.] *Ceb.* hilig ang pagsige og basa *Eng.* fond of reading \loves to read (see also makilibro)

Himatngon [n] *Ceb.* himat-ngon \matikod \kaabat *Eng.* detection \notice \sense.

Himaya [n] *Ceb.* himaya *Eng.* bliss \rapture \pleasure (see also kalipay, kama-lipayon)

Himbig [n] *Ceb.* panakit sa

kaunoran \bikog \kalambri *Eng.* cramp \muscle cramp.

Himbis [n] *Ceb.* kaliskis sa hayop, sama sa isda, halas, tiil sa manok, ugbp. *Eng.* scale.

Himi [n] *Ceb.* ang hugaw *Eng.* dirt \blemish \spot \smudge \tarnish \smirch \blotch (see also hugaw)

Himil [n] *Ceb.* hikap gamit ang mga tudlo *Eng.* touch with the finger \groping.

Himili [adj.] *Ceb.* mapilion sa gusto \pilian *Eng.* selective \choosy \picky.

Himno [n] *Ceb.* kanta sa pagdalayeg *Eng.* hymn.

Himo [n] *Ceb.* buhat *Eng.* act \action \creation.

Himohimo [n] *Ceb.* pagbuhat sa dili tinuoray o kaha pakuntahay lamang \pasangil *Eng.* pretension \pretense (see also pakuntahay)

Himongaan [n] *Ceb.* hinangkan nga manok *Eng.* hen (see also manok)

Himsog [adj.] *Ceb.* maayo ang panglawas \baskog *Eng.* in good health \healthy \sound \fit \hearty.

Himughat [n] *Ceb.* pangontra sa bughat *Eng.* remedy for relapse.

Himugso [v] *Ceb.* pagpanganak sa bata o puya *Eng.* giving birth to a baby \give birth \deliver the young \born.

Hinabako [adj.] *Ceb.* nahiligan ang pagpanabako *Eng.* addicted to smoking.

Hinabang [n] *Ceb.* tabang nga makabulig *Eng.* relief \aid \help \assistance.

Hinabi [n] *Ceb.* kulokabildo \panagsulti *Eng.* talk \conversation \discussion \chat.

Hinabo [n] *Ceb.* hitabo *Eng.* happening \event (see also hitabo)

Hinaganas [n] *Ceb.* tunog sa nagdagayday nga tubig *Eng.* ripple.

Hinagiban [n] *Ceb.* himan sa pakig-away *Eng.* ordnance \weapon.

Hinagkan [n] *Ceb.* marka o tatak sa paghalok \hinalokan *Eng.* kiss mark.

Hinagoan [adj.] *Ceb.* gigastohan og kahago *Eng.* labored (US) \laboured (Brit.)

Hinalad [adj.] *Ceb.* inalay nga hatag *Eng.* offered \dedicated \devoted.

Hinam [n] *Ceb.* kahinam *Eng.* thrill \excitement.

Hinamay [adj.] *Ceb.* tamayan *Eng.* scornful \discriminating \deriding \despising (see also matamayon)

Hinambid [n] *Ceb.* ang pagtanday sa usa ka tiil diha sa pikas nga tiil *Eng.* crossing of legs \cross leg position \lotus position.

Hinampiling [n] *Ceb.* hinuktok nga nakatukod ang kamot diha sa ulo *Eng.* leaning one side of face against a fist or an open hand.

Hinanali [adj.] *Ceb.* kalit kaayo *Eng.* quick \instant \hasty \sudden \in a snap.

Hinangkan [n] *Ceb.* inahan sa manok *Eng.* hen.

Hinanok [n] *Ceb.* katulog nga halawom *Eng.* deep sleep.

Hinaot [n] *Ceb.* hinaot \laom \dahom *Eng.* hope \expectation \longing.

Hinapay [n] *Ceb.* sinudlayan sa buhok *Eng.* hairstyle \hairdo.

Hinapos [n] *Ceb.* ang kataposan sa usa ka higayon *Eng.* end of time \ending \last part.

Hinatag [n] *Ceb.* hinatag \gihatag *Eng.* given.

Hinaw-as [n] *Ceb.* hinaw-as *Eng.* discharge \excreta.

Hinay [adj.] *Ceb.* dili kusog \malubay \dili paspas *Eng.* gentle \soft \dilatory \slow \slight \gradual \moderate.

Hinayak [n] *Ceb.* kamadali lang makadesisyon nga ipadayon sa walay pugong-pugong *Eng.* compulsiveness \decidedness.

Hinayhay [adj.] *Ceb.* sinablay aron mauga *Eng.* hanged on the line.

Hinayon [adj.] *Ceb.* dili paspas molihok *Eng.* slowmoving \sluggish (see also hinay)

Hingag [adj.] *Ceb.* dili maampingon \danghag *Eng.* careless \thoughtless \aimless \reckless.

Hingaon [adj.] *Ceb.* hilig o gusto ang pagkaon *Eng.*

fond of eating (see also ulit)

Hingawat [adj.] *Ceb.* hilig mangawat *Eng.* thievish \kleptomaniac.

Hingaway [adj.] *Ceb.* gusto pirme og away *Eng.* quarrelsome \pugnacious \belligerent \troublesome \hostile (see also palaaway)

Hingayo [adj.] *Ceb.* sige og pangayo *Eng.* always begging or asking for something \demanding.

Hingilin [n] *Ceb.* bugaw aron pagpahawa *Eng.* telling someone to stay out or go away \shoving away \driving away.

Hingkod [adj.] *Ceb.* edaran na *Eng.* at age \mature \grown up \full-blown (see also edaran)

Hingogmo [n] *Ceb.* pangulikog sa ilong aron makuha ang kugmo *Eng.* nose picking.

Hingos [n] *Ceb.* ang ginhawa nga pasinghot o pasulod ang hangin sa ilong *Eng.* inhalation \breathing in of air (see also gininhawa)

Hingpit [adj.] *Ceb.* hingpit *Eng.* absolute \total \implicit.

Hinigala [adj.] *Ceb.* inamigo *Eng.* friendly \amicable

Hinigugma [adj.] *Ceb.* minahal *Eng.* beloved \dearest \endeared \adored.

Hinikaw [adj.] *Ceb.* wala itugot *Eng.* forbidden (see also ginadili)

Hiniktan [adj.] *Ceb.* hiniktan

Eng. tied up \fastened \secured \tethered \bound.

Hinimo [adj.] **Ceb.** hinimo **Eng.** created \manufactured \produced.

Hinipos [n] **Ceb.** ang tinigom **Eng.** compilation \accumulation.

Hiniusa [adj.] **Ceb.** hinugpong **Eng.** unified \united \grouped \gathered \organized \unanimous.

Hiniwa [adj.] **Ceb.** gihiwa na **Eng.** sliced.

Hinlo [adj.] **Ceb.** walay hugaw **Eng.** clean \neat \tidy (see also mahinlo)

Hinog [adj.] **Ceb.** dili na hilaw ang bunga **Eng.** ripe.

Hinok [adj.] **Ceb.** sekreto nga lihok **Eng.** discreet \stealth.

Hinol [n] **Ceb.** hinol **Eng.** feeling the touch using the hand or finger \groping \fumble \touch blindly with the finger (see also hikap)

Hinuboan [n] **Ceb.** ang gihukas nga sapot **Eng.** taken off clothing or accessory.

Hinugman [adj.] **Ceb.** hinugman **Eng.** borrowed with the obligation of returning a replacement \borrowed and to be replaced later.

Hinuklog [n] **Ceb.** hunahuna nga halawom **Eng.** deep thinking \pondering \contemplation (see also hunahuna)

Hinuktok [n] **Ceb.** pamalandong nga magtungok **Eng.** contemplation \pondering

\deep thinking.

Hinulad [adj.] **Ceb.** kinopya \sinundog **Eng.** copied \imitated \mimicked.

Hinulam [adj.] **Ceb.** hinulam **Eng.** borrowed.

Hinulsol [n] **Ceb.** hinulsol **Eng.** remorse \repentance.

Hinumdom [n] **Ceb.** hinumdom \hunahuna og balik sa mga nanghitabo **Eng.** recollection \reminiscence.

Hinumolan [adj.] **Ceb.** inumol sa tubig **Eng.** soaked \immersed.

Hinundogon [adj.] **Ceb.** hingopyahon **Eng.** imitative \mimicking \copying.

Hinungaw [n] **Ceb.** hangin o tubig nga milusot sa sudlanan **Eng.** leak \leakage.

Hinungdan [n] **Ceb.** ang rason kung ngano \kausa **Eng.** the reason why \cause.

Hinungo [adj.] **Ceb.** matunglohon **Eng.** cursing (see also hinunglohon)

hinunglohon [adj.] **Ceb.** hinunglohon **Eng.** cursing \damning.

Hinuon [adv.] **Ceb.** sa lain nga bahin **Eng.** anyway \however \on the other hand \on the other side \beside \else.

Hinuyohoy [n] **Ceb.** ang binuga o huros sa hangin **Eng.** breeze \wind blow.

Hinuyop [n] **Ceb.** hinupsopon **Eng.** sucking \leeching.

Hiram [n] *Ceb.* hikap *Eng.* touch (see also hinol)

Hirig [n] *Ceb.* takilid *Eng.* slant \slant position \leaning position \tilt.

Hisabtan [adj.] *Ceb.* masayran *Eng.* noticeable (see also masabotan)

Hisaypan [adj.] *Ceb.* hisaypan \maaan \maalaan *Eng.* can be mistaken as (see also makailad)

Hisgot [n] *Ceb.* panag-istorya \istoryahanay mahitungod sa *Eng.* discussion \talk.

Historya [n] *Ceb.* sugilanon mahitungod sa mga nanglabay nga mga panahon o panghitabo *Eng.* history (see also sugilanon)

Hisukamod |n| *Ceb.* kadusmo sa atubangan \sukamod \dagma *Eng.* stumble \trip.

Hitabo [n] *Ceb.* panghitabo \panghinabo *Eng.* happening \event \affair \juncture.

Hitagpilaw [n] *Ceb.* katulog nga kadiyot lang kaayo \tagpilaw *Eng.* a very short sleep \nap.

Hital [adj.] *Ceb.* hingaon og daghan *Eng.* with insatiable appetite on foods \greedy \glutton \gluttonous (see also hingaon, ulit)

Hito [n] *Ceb.* isda nga adunay pipila ka uhay sa tagason nga bigote nanuybo kilid sa baba, ingon og sa iring *Eng.* catfish.

Hitso [adj.] *Ceb.* walay kulang *Eng.* complete \fully equipped.

Hitsura [n] *Ceb.* hulagway *Eng.* looks \feature \shape \semblance (see also hulagway)

Hiwa [n] *Ceb.* hiwa \abis \adlip *Eng.* lop off \cut off \slice off.

Hiwi [adj.] *Ceb.* dili tul-id *Eng.* not straight \crooked \askew \curved.

Hiyas [n] *Ceb.* ang maayo mahitungod sa usa ka butang \ang paghulagway sa usa ka butang *Eng.* good qualification of something \specification \feature \description

Hiyos [adj.] *Ceb.* hiyos \kuyos *Eng.* deflated \flat.

Holins [n] *Ceb.* bola nga marmol *Eng.* marble ball \taw.

Hospital [n] *Ceb.* balay tambalanan *Eng.* hospital (see also tambalanan)

Hostes [n] *Ceb.* babaye nga bayaran aron makighilawas *Eng.* prostitute \whore \hooker (see also burikat)

Hoy [interj.] *Ceb.* panawag *Eng.* ahoy! \hello! \hey! \hi!

Hubad [n] *Ceb.* kahubaran sa kahulogan *Eng.* translation. [n] *Ceb.* ang paghulkas sa gisul-ob *Eng.* undressing.

Hubag [n] *Ceb.* huboy *Eng.* swell \swelling \inflammation \edema (Med.)

Hubak [n] *Ceb.* hutoy nga pag-inubo *Eng.* asthma.

Hubaronon [n] *Ceb.* tuluki-bon *Eng.* something to solve \problem to be solve \puzzle \enigma (see also masulbad).

Hubo [adj.] *Ceb.* walay sul-ot nga sapot *Eng.* bare \naked \unclad.

Hubog [adj.] *Ceb.* nalanag o nalipong sa ilimnon *Eng.* under the influence of al-cohol \drunk \drunken \sod-den \sloshed \smashed (inf.) \sozzled (inf.) \tight (inf.) \well oiled (slang) \corked (slang) \half seas over (inf.) \stoned (inf.) \pie-eyed (slang)

Hubog-hubog [adj.] *Ceb.* dili kaayo hubog *Eng.* tipsy \tiddly (Brit. inf.)

Hubon [n] *Ceb.* ibabaw nga bahin sa bagol-bagol sa ulo *Eng.* scalp \fontanel.

Huboy [n] *Ceb.* butoy *Eng.* swell \boil (see also hubag)

Hudyaka [n] *Ceb.* kalinga-wan nga puno sa kalipay *Eng.* spree \revelry.

Hugas [n] *Ceb.* waswas o paghinlo gamit ang tubig *Eng.* washing (see also panghugas)

Hugasan [n] *Ceb.* bang-gerahan *Eng.* kitchen counter.

Hugaw [adj.] *Ceb.* dili limpiyo \naduhigan ang pagkaputli *Eng.* unclean \filthy \un-chaste.

Hugna [n] *Ceb.* usa ka bahin sa panghitabo o gimbuhaton *Eng.* phase \stage \chapter \act of stage play.

Hugot [adj.] *Ceb.* dili luag *Eng.* tight \water tight \taut.

Hugpa [n] *Ceb.* hunong \lurang *Eng.* discontinuation, as of rain, typhoon, or any bad weather \the ceasing of activity \cessation \stoppage (see also hunong)

Hugpo [n] *Ceb.* panon o grupo sa mga *Eng.* faction \bunch \guild (see also hugpong)

Hugpong [n] *Ceb.* katiponan sa usa ka grupo *Eng.* batch.

Hukas [n] *Ceb.* walay sapot *Eng.* naked \bare (see also hubo)

Hukman [n] *Ceb.* hatagan sa paghukom *Eng.* judge \adjudge.

Hukmanan [n] *Ceb.* balay diin ipasaka ang kaso o pag-husay *Eng.* court \tri-bunal \courts of justice \bench.

Hulad [n] *Ceb.* hulad *Eng.* pour.

Hulagway [n] *Ceb.* hitsura *Eng.* appearance \face \shape.

Hulat [n] *Ceb.* ang pag-paabot *Eng.* wait \expec-tancy (see also paghulat)

Hulaw [n] *Ceb.* taghulaw *Eng.* drought.

Hulbot [n] *Ceb.* bitad *Eng.* pull \traction.

Hulga [n] *Ceb.* panghadlok *Eng.* intimidation \threat \scare \blackmail.

Hulip [n] *Ceb.* puli *Eng.* re-

replacement \substitute \proxy.

Hulma [n] *Ceb.* kahimo sa porma, hitsura *Eng.* o korte shape \figure \contour (see also porma)

Hulmigas [n] *Ceb.* hulmigas \amigas *Eng.* ant \pismire

Hulog [n] *Ceb.* hagbong *Eng.* drop \fall.

Hulubaron [n] *Ceb.* tulukibon *Eng.* something to solve \puzzle (see also hubaronon)

Human [adj.] *Ceb.* tapos na *Eng.* finished \done.

Humay [n] *Ceb.* ang tanom sa basakan nga mamunga sa bugas *Eng.* rice (see also bugas)

Humayan [n] *Ceb.* umahan sa humay *Eng.* rice field \rice farm.

Humba [n] *Ceb.* humba *Eng.* pickled big and fatty slices of pork, cooked until the meat's oil is extracted and blended with the gravy.

Humod [adj.] *Ceb.* dili uga *Eng.* wet (see also basa)

Humok [adj.] *Ceb.* dili gahi \lumok *Eng.* soft \tender \gentle.

Humot [adj.] *Ceb.* nindot og baho \maalimyon *Eng.* fragrant \nice to smell \sweet \sweet-smelling.

Hunad [n] *Ceb.* ang paglimpiyo o paghugas sa samad *Eng.* cleansing of wound \disinfections.

Hunahuna [n] *Ceb.* paminsar *Eng.* thought \thinking \mind.

Hunas [n] *Ceb.* ubos nga taob sa dagat o tubig *Eng.* low tide.

hunasan [n] *Ceb.* yuta nga nahubsan o nagmala daplin sa dagat o tubig atol sa hunas *Eng.* that por-tion of land at the seashore or riverside that is exposed or dried during low tide or when water receded \foreshore \derelict \polder.

Hungaw [n] *Ceb.* may buslot diin mogawas ang hangin o tubig *Eng.* leaked \leaky.

Hunghong [n] *Ceb.* sulti nga hinay kaayo ang tingog *Eng.* whisper \susurration.

Hungihong [n] *Ceb.* tsismis *Eng.* rumor \gossip \whisper.

Hungog [adj.] *Ceb.* hungog \tonto *Eng.* half-witted \silly \witless \blockhead \stupid \misguided \idiot.

Huni [n] *Ceb.* ang madungog nga tunog *Eng.* sound \tone (see also tunog, tingog)

Huninabi [n] *Ceb.* huninabi *Eng.* talk \conversation \discussion \chat.

Hunong [n] *Ceb.* ang dili na pagpadayon *Eng.* stoppage \discontinuance \discontinuity \discontinuousness \truce (see also undang)

Hunonganan [n] *Ceb.* istambayanan sa sakyanan \lugar diin mohunong paghapit ang sakyanan *Eng.* terminal \stop over.

Hunos [n] *Ceb.* kahon sa

aparador *Eng.* drawer \cabinet drawer. [n] *Ceb.* pangutli sa kinabuhi *Eng.* killing \execution (see also pamatay)

Hunsoy [n] *Ceb.* tubo nga suyopanan sa aso sa tabako *Eng.* tobacco pipe.

Hunta [n] *Ceb.* usa ka grupo sa konseho nga maoy magdumala sa pamunoan *Eng.* council \junta.

Hunyo [n] *Ceb.* ang ikaunom nga bulan sa kalendaryo *Eng.* June.

Huom [n] *Ceb.* kahuot o kawalay kahungawan sa hangin *Eng.* enclosed spaces \vacuum.

Huot [n] *Ceb.* hugot \piot *Eng.* tight \taut \closefitting \snug \close in fit.

Hupas [adj.] *Ceb.* dili sa mapuslan tungod nga milapas na sa gitagal aron dili madaot *Eng.* expired.

Hupong [n] *Ceb.* dako nga hubag *Eng.* swelling \edema (Med.)

Hupot [n] *Ceb.* hupot \kapot \gunit *Eng.* grip \hold.

Huptanan [n] *Ceb.* kuptanan \hawiranan *Eng.* handle (see also gunitanan)

Huramentado [n] *Ceb.* pagpanigbas pagpanunggab, o pagpamusil sa walay pili *Eng.* act of running amok or going amok \a murderous frenzy \amok

Hurim-hurim [n] *Ceb.* panultihon o pangisip nga gituo-

han nga adunay gahom *Eng.* spell \insufflation.

Hurnohan [n] *Ceb.* hurnohan \hudnohan \pugon *Eng.* mold (US) \mould (Brit.) \oven.

Huros [n] *Ceb.* buga sa hangin *Eng.* a blow of wind \rush of wind.

Hurot [adj.] *Ceb.* hurot *Eng.* all-out \gross \general \generic

Husay [n] *Ceb.* husay *Eng.* orderliness \neatness \good arrangement.

Husga [n] *Ceb.* husga \hukom \desisyon *Eng.* judgement \verdict \decision \resolution.

Husgado [n] *Ceb.* ang tagahatag sa hukom: hukom *Eng.* judge \justice \court \tribunal.

Huslo [n] *Ceb.* katangtang sa putos o sapot kay nahulog sa pagkataod *Eng.* loss \slipping down.

Hustisya [n] *Ceb.* katarongan o kaangayan sumala sa balaod *Eng.* justice.

Husto [n] *Ceb.* sakto sa sukod \sibo \paigo *Eng.* fit \exact.

hut-ong [n] *Ceb.* hut-ong \pundok *Eng.* assembly \group \gathering throng \flock (see also pundok)

huwad [n] *Ceb.* kayabo sa sulod \bubo *Eng.* spillage \pouring out \give off.

Huwas [n] *Ceb.* kawala sa dili maayo nga gibati *Eng.*

relief \recovery.

Huwaw [n] *Ceb.* taghulaw *Eng.* drought.

Huwebes [n] *Ceb.* ang ikalima nga adlaw sa semana diha sa kalendaryo *Eng.* Thursday.

Huwebes Santo [n] *Ceb.* ang adlaw nga Huwebes sa Semana Santa *Eng.* Maundy Thursday.

Huwis [n] *Ceb.* huwis *Eng.* judge (see also husgado)

Huy-ab [n] *Ceb.* ang pagnganga sa baba kung bation og duka o kalapoy *Eng.* yawn.

Huyad [adj.] *Ceb.* hana sa pagdapat bakyaw *Eng.* lifting or raising of hands as if to strike \aiming a hand

Huyang [adj.] *Ceb.* walay kusog *Eng.* not strong \weak \shaky \not tough.

Huyog-huyog [n] *Ceb.* tabyog *Eng.* swing \sway.

Huyohoy [n] *Ceb.* hinay nga huyop sa hangin *Eng.* breeze \gentle wind blow. (see also huyop)

Huyop [n] *Ceb.* huyop *Eng.* blow \emission with force.

Huyopanan [n] *Ceb.* bugahanan sa hangin *Eng.* blowpipe.

~I~

I, i [n] *Ceb.* ang ikawalo nga titik sa alpabeto nga Bisaya *Eng.* the eighth letter in Cebuano alphabet used in this dictionary (see also abakadahan)

Iabag [n] *Ceb.* iabag \ibulig *Eng.* use or offer as a help or assistance (see also itabang)

Iapil [v] *Ceb.* pag-angin *Eng.* implicate \involve.

Iba [n] *Ceb.* kahoy nga aslom kaayo og bunga *Eng.* Malay gooseberry (sc.name: Phyllanthus acidus; Cica acida) \camias \bilimbi (Bot., sc.name: Averrhoa bilimbi)

Ibabaw [n] *Ceb.* ang itaas nga bahin *Eng.* top (see also itaas) \surface.

Ibahandi [v] *Ceb.* pagbaton o pag-isip nga usa ka bahandi *Eng.* entreasure \treasure.

Ibalik [v] *Ceb.* pagbalik kung dis-a gikan \iuli *Eng.* return.

Ibalos [v] *Ceb.* ipanimalos \ipanimawos *Eng.* avenge (see also bulos)

Ibot [n] *Ceb.* bunlot \labnot *Eng.* pull (see also pag-ibot)

Idalagan [v] *Ceb.* idalagan \isibat *Eng.* run away with \get away with \slip away with.

Ideya [n] *Ceb.* ideya \isip kung unsa *Eng.* idea \standpoint (see also hunahuna)

Idlas [adj.] *Ceb.* lisod madakpan \maipsoton *Eng.* elusive.

Idolohiya [n] *Ceb.* ang pagtuo nga giila *Eng.* ideology.

Idugang [n] *Ceb.* iapil isip

dugang *Eng.* add.

Idugkot [v] *Ceb.* isumpay *Eng.* link \affix \conjoin (see also idugtong)

Idugtong [v] *Ceb.* isumpay *Eng.* attach \connect \link \agglutinate \affix \annex.

Iduot [v] *Ceb.* iduot \iduso *Eng.* put pressure \thrust away \press.

Iduso [v] *Ceb.* iduso \itulod *Eng.* put pressure \thrust away.

Iga [n] *Ceb.* inagas nga duga *Eng.* ooze \drippings.

Ig-agaw [n] *Ceb.* ang anak sa uyoan o iyaan *Eng.* cousin.

Igahin [v] *Ceb.* ibahin-bahin para sa \itagana *Eng.* allocate \subsidize.

Igang [adj.] *Ceb.* igang \init \alimuot *Eng.* warm \sultry \muggy (see also init)

Igbabangag [n] *Ceb.* pambangag *Eng.* boring tool \drill \auger.

Igbabanyos [n] *Ceb.* ang ibanyos *Eng.* rubbing solution (see also banyos)

Igbabatak [n] *Ceb.* pangpikas \pangsiak *Eng.* wedge or ax used in splitting bamboo pole.

Igbabatil [n] *Ceb.* pangbatil *Eng.* beater.

Igham [n] *Ceb.* ehem sa tutunlan *Eng.* hawk.

Ighihinlo [n] *Ceb.* panglinis *Eng.* cleansing agent \cleanser.

Ighihiwa [n] *Ceb.* ang ipang-hiwa *Eng.* slicer \cutter \cutting tool.

Igking [n] *Ceb.* igking *Eng.* jerk \twitch \jolt.

Iglesia [n] *Ceb.* balay alampoan *Eng.* church \house of worship \house of god (see also simbahan)

Igmat [adj] *Ceb.* igmat \alisto *Eng.* quick \smart \adroit \cunning \agile \lively \snappy \nimble \prompt.

Ignorante [adj] *Ceb.* walay kabangkaagan \ihalas *Eng.* ignorant \unskilled \inexperienced \know-nothing \not familiar with (see also inosente)

Igo [adj] *Ceb.* igo \sibo *Eng.* enough \exact \sufficient \ample \self-sufficient \substantial \satisfactory.

Igoigo [adj] *Ceb.* dili tanto nga gamay o dako \dili labihan *Eng.* fair \medium \moderate.

Igos [n] *Ceb.* ang kahoy nga igos ug mga bunga niani *Eng.* fig tree.

Igot [n] *Ceb.* igot \agaak *Eng.* squeak \creak.

Igot-igot [n] *Ceb.* ang lungag sa lubot \kagungkong *Eng.* anus \rectum (see also lubot)

Igpapahid [n] *Ceb.* trapo *Eng.* wiper \wipe \rag (see also pahid)

Igpapalong [n] *Ceb.* ang ipamatay sa kalayo *Eng.* fire extinguisher.

Igpupurga [n] *Ceb.* ang ipamurga sa bitok *Eng.* vermicide \dewormer \deworming agent.

Igpuputol [n] *Ceb.* ang gamit sa pagputol *Eng.* cutter.

Igsasabong [n] *Ceb.* manok nga pangsabong *Eng.* gamecock (see also manok)

Igsisindi [n] *Ceb.* igsisindi \pangsindi *Eng.* lighter \fire starter.

Igsoon [n] *Ceb.* ang igkasi-anak sa pareho nga ginikanan *Eng.* sibling.

Ihalas [adj] *Ceb.* dili anad \luog *Eng.* untamed \wild \undomesticated.

Ihap [n] *Ceb.* kuwenta o tala kung pila kabuok *Eng.* count.

Ihaw [n] *Ceb.* ang pagpatay sa hayop nga karnehon *Eng.* slaughter.

Ihawanan [n] *Ceb.* lugar o dapit diin patyon ang hayop aron karnehon *Eng.* slaughterhouse \abattoir \shamble.

Ihi [n] *Ceb.* ang maangso nga likido nga igawas sa kinatawo *Eng.* urine.

Ihid [n] *Ceb.* ang pinakaulahi nga gilugwa sa pagpanganak *Eng.* runt (see also kinamanghoran)

Ihiihi [n] *Ceb.* sige ang paginihi \bus-aw *Eng.* frequent urination, usually discharging little quantity of urine.

Ihinungod [v] *Ceb.* idalit alang *Eng.* ascribe.

Iho [v] *Ceb.* isda sa dagat nga mabangis *Eng.* shark.

Ihulagway [v] *Ceb.* ihulagway *Eng.* draw \illustrate.

Ihunghong [v] *Ceb.* isuti sa hinay kaayo ang tingog *Eng.* whisper.

Ihuyang [v] *Ceb.* ipaluya *Eng.* weaken \wane \make tired.

Ikaasoy [adj.] *Ceb.* ikasulti *Eng.* mentionable (see also ikasulti)

Ikabaligya [adj.] *Ceb.* puwede nga ibaligya *Eng.* can be sold \saleable \salable.

Ikabalik [n] *Ceb.* maibalik *Eng.* can be returned \returnable.

Ikadigwa [adj.] *Ceb.* puwede nga isuka *Eng.* can be vomited \can be spewed out.

Ikahatag [adj.] *Ceb.* puwede nga ihatag \ikatunol *Eng.* can be given \can be given away \can be given out.

Ikakalim-an [adj.] *Ceb.* ikasingkuwenta *Eng.* fiftieth \50th

Ikakan-oman [adj.] *Ceb.* ikasaysenta *Eng.* sixtieth \60th

Ikakap-atan [adj.] *Ceb.* ikakurenta *Eng.* fortieth \40th

Ikakawhaan [adj.] *Ceb.* ikabayente *Eng.* twentieth \20th

Ikalain [adj.] *Ceb.* mailain gikan sa uban *Eng.* can be isolated \isolable.

Ikalalis [adj.] *Ceb.* puwede nga lalisan \malantugi \ikalantugi *Eng.* arguable \can be debated.

Ikalima [adj.] *Ceb.* ikasingko \kinto *Eng.* fifth \5th

Ikanapulo [adj.] *Ceb.* ika-diyes *Eng.* tenth \10th

ikapadayag [adj.] *Ceb.* mai-pakita *Eng.* can be shown.

Ikapakita [adj.] *Ceb.* puwede nga ipakita *Eng.* can be shown (see also ikapadayag)

Ikapamakak [adj.] *Ceb.* puwede nga angkonon nga dili mao *Eng.* deniable.

Ikatandi [adj.] *Ceb.* ikatandi *Eng.* comparable \can be compared.

Ikataod [adj.] *Ceb.* ikabutang *Eng.* can be installed \instal-lable.

Ikaw [pro.] *Ceb.* ang gisul-tihan sa nagsulti *Eng.* you.

Ikaw una [imper.] *Ceb.* ikaw maoy mauna *Eng.* after you \you first.

Ikeha [v] *Ceb.* pasakaan og kaso sa korte \kasohan *Eng.* press charges \file a case in court \charge in court.

Ikid-ikid [n] *Ceb.* ikid-ikid *Eng.* waddling \gait with a lowly jump \hop (see also lukso)

Ik-ik [n] *Ceb.* ik-ik *Eng.* gig-gle \chuckle \titter \snicker (see also katawa)

Ikis [n] *Ceb.* guhit o badlis nga pakuros *Eng.* cross.

Ikmat [adj.] *Ceb.* abtik *Eng.* alert \quick and fast.

Ikog [n] *Ceb.* ang kiwil sa likod *Eng.* tail.

Ikyas [n] *Ceb.* sibat *Eng.* abscond \straggle (see also layas)

Ila [pro.] *Ceb.* ang gipanag-iya nila *Eng.* their \theirs. [adj.] *Ceb.* dili anad *Eng.* untamed \wild (see also ilahan)

Ilabay [v] *Ceb.* ilabay \ilabog *Eng.* throw \pitch \cast away \cast out.

Ilabot [v] *Ceb.* ilabot *Eng.* include (see also iapil)

Ilad [n] *Ceb.* limbong \lansis *Eng.* deception \trick \fraud.

Ilado [adj.] *Ceb.* ilado \inila *Eng.* well-known \famous \popular (see also bantogan)

Ilaga [n] *Ceb.* ang hayop nga ambaw *Eng.* rat \mouse \rodent.

Ilaglag [n] *Ceb.* pagkuha sa gisabak *Eng.* abort.

Ilahan [adj.] *Ceb.* dili anad *Eng.* wild \untamed \undo-mesticated.

Ilakip [v] *Ceb.* iuban \idugang *Eng.* include \incorporate \annex \add.

Ilalom [n] *Ceb.* ubos nga bahin *Eng.* bottom \inside \underneath.

Ilambigit [v] *Ceb.* ilabot *Eng.* associate \involve (see also iapil)

Ilawod [n] *Ceb.* ang ubos nga dapit diin paingon ang dagayday sa tubig o sapa *Eng.* downstream.

Ilawom [adv.] *Ceb.* ang ubos nga bahin *Eng.* below (see also ilalom).

Ilaya [n] *Ceb.* ang ibabaw o pasaka nga parte subay sa suba \pasongsong *Eng.* up-stream (see also itaas)

Ilhanan [n] *Ceb.* timaan *Eng.* mark \marker.

Ilimin [n] *Ceb.* dili pagbutyag sa tinagoan *Eng.* keep secret.

Ilimnan [n] *Ceb.* imnanan nga baso *Eng.* drinking glass (see also baso)

Ilimnon [n] *Ceb.* tubig o likido nga ilad-ok o tunlon *Eng.* drinks (see also tubig)

Ilis [n] *Ceb.* ang ipuli *Eng.* replacement \substitute \sub \lieu.

Ilisan [v] *Ceb.* ilisan *Eng.* replace \replenish \supersede \supplant \relieve.

Ilo [n] *Ceb.* papel nga ipahid sa lubot human malibang *Eng.* toilet tissue \toilet paper. [n] *Ceb.* ang anak nga patay na ang ginikanan *Eng.* orphan.

Ilogan [adj.] *Ceb.* mangingilog *Eng.* known to be as a grabber or snatcher.

Ilogay [n] *Ceb.* ilogay \pag-ilogay og kuha *Eng.* scramble.

Ilok [n] *Ceb.* ang ilawom nga parte sa may punoan nga bahin sa braso *Eng.* armpit.

Ilong [n] *Ceb.* ang lungag sa ulo nga gamiton sa pag-simhot ug pagginhawa *Eng.* nose.

Ilong tuwapos [adj.] *Ceb.* pareho nga wala na ang tatay ug nanay kay nanga-matay na *Eng.* orphaned by both the mother and father.

Ilonggo [n] *Ceb.* Ilonggo *Eng.* Native from Iloilo province.

Iluspog [v] *Ceb.* iloyloy \ihuy-hoy *Eng.* droop \hang down \flag.

Imahen [n] *Ceb.* hulagway *Eng.* image \imagery.

Imahinasyon [n] *Ceb.* panan-awan diha sa pangisip *Eng.* imagination (see also handuraw)

Imbes [n] *Ceb.* sa hinuon *Eng.* instead of.

Imbestigador [n] *Ceb.* ang tagaimbestiga *Eng.* investigator \prober.

Imbita [n] *Ceb.* imbitasyon *Eng.* invitation.

Imbornal [n] *Ceb.* ang lungag sa kanal diin isulod ang panglimpiyo o lutsanan nga agianan sa tagalimpiyo sa kanal *Eng.* manhole.

Imik [n] *Ceb.* tingog sa pagsulti *Eng.* voice.

Imo [pro.] *Ceb.* ang gipanag-iya nimo *Eng.* your \yours.

Imong kaugalingon [pro.] *Ceb.* imong kaugalingon *Eng.* yourself.

Impakto [n] *Ceb.* daotan nga espiritu *Eng.* bad spirit.

Impas [n] *Ceb.* impas na \bayad na *Eng.* paid.

Impatso [n] *Ceb.* kadili pagkahilis sa kinaon *Eng.* indigestion.

Imperno [n] *Ceb.* ang kalayo nga walay kataposan, diin ibanlog ang mga kalag sa mga makasasala \ispidno

\sulad **Eng.** hell (see also impiyerno)

Imperyo [n] **Ceb.** kaharian o kanasoran nga nasakopan sa usa ka emperador **Eng.** empire (see also gingharian)

Impiyerno [n] **Ceb.** sumala sa mga Kristiyano ug pipila ka lain nga relihiyon, kini mao ang dapit sa naglawod-lawod nga kalayo diin ang mga kalag sa mga daotan ug makasasala nga tawo adto itunlod aron silotan sa ilang mga nabuhat nga kasupakan **Eng.** hell \inferno.

Importansya [n] **Ceb.** kahi-nungdanon **Eng.** impor-tance.

Inabangan [adj.] **Ceb.** plene-tehan **Eng.** rented \hired (see also hinulam)

Inadlaw [adj.] **Ceb.** mainit-init **Eng.** lukewarm (see also init-init). [adv.] **Ceb.** sa matag-adlaw **Eng.** daily \per day \in one day.

Inagak [adj.] **Ceb.** kinugos diha sa mga bukton **Eng.** carried on one's arms.

Inagian [n] **Ceb.** marka o timaan sa giagian **Eng.** track \trace.

Inagos [n] **Ceb.** dagayday **Eng.** flow \current.

Inahan [n] **Ceb.** ang na-nganak sa bata o liwat \ang nanay **Eng.** mother (see also babaye)

Inahog [n] **Ceb.** minasa nga harina **Eng.** dough.

Inahogan [adj.] **Ceb.** sinago-

lan og **Eng.** blended with.

Inaina [n] **Ceb.** dili tinuod nga inahan **Eng.** stepmother \surrogate mother \foster mother.

Inalad [adj.] **Ceb.** kinoral **Eng.** confined in a fence \penned \fenced.

Inalimahan [adj.] **Ceb.** gibuhi sa pag-alima \ginalam \pina-dako **Eng.** cultured \grown.

Inamang [adj.] **Ceb.** walay tingog-tingog **Eng.** panto-mime.

Inamigo [adj.] **Ceb.** inamigo \hinigala **Eng.** friendly \ami-cably \amiably.

Inanag [n] **Ceb.** sinugba nga bunga sa mais, o kaha da-hon o prutas **Eng.** broiled pike of corn, fruit, or leaf of other plants.

Inanak [n] **Ceb.** ang kinugos sa bunyag **Eng.** godchild.

Inanay [adv.] **Ceb.** inanay **Eng.** gradually \by degrees \little by little \moderately.

Inangkat [n] **Ceb.** kinuha gikan sa lain nga nasod **Eng.** imported.

Inani [adj.] **Ceb.** giani nga bunga o abot sa pananom **Eng.** harvested \crop.

Inano [n] **Ceb.** mubo kaayo ang pamarog \unano **Eng.** dwarf \dwarfish \pygmy \pig-my \runt.

Inantigo [adj., adv.] **Ceb.** sa pamaagi nga may kaalam **Eng.** with know-how \com-petently \capably.

Inapaw [adj.] **Ceb.** inawas

Eng. spillage \displacement.

Inasal [n] *Ceb.* ang nilitson nga hayop o karne *Eng.* a roasted whole meat of pig, chicken, cow, etc. or a barbecued large cut of their meat in spit.

Inasawa [n] *Ceb.* sa pamaagi sa usa ka asawa *Eng.* wifely.

Inasinan [adj.] *Ceb.* gibu-tangan og asin aron mapre-serbar *Eng.* preserved in salt \salted \corned, as in corned beef (see also asin)

Inasukaran [adj.] *Ceb.* binut-angan o sinagolan og asukal *Eng.* with sugar \sweetened with sugar \mixed with sugar.

Inat [n] *Ceb.* binat *Eng.* stretch \expand

Inato [adv.] *Ceb.* sa atong pamaagi *Eng.* in our style \in our own way.

Inato lamang [n] *Ceb.* Inato lamang *Eng.* exclusively for us \just for us \only for us.

Inawas [n] *Ceb.* inapaw *Eng.* displacement \spillage.

Inawat [adj.] *Ceb.* sinundog \hinulad *Eng.* copied (see also kinopya)

Inay [adv.] *Ceb.* imbes *Eng.* instead.

Inday [n] *Ceb.* inday *Eng.* girl; (see also babaye)

Indigay [n] *Ceb.* indigay *Eng.* showdown \contest \comparison \analogy.

Indong [n] *Ceb.* kasili sa dagat *Eng.* eel (see also isda)

Ingganay [n] *Ceb.* bagting sa kampana *Eng.* peal \clang \chimes.

Ingkib [n] *Ceb.* ingkib *Eng.* act of nibbling \a nibble \bite.

Ingrato [adj.] *Ceb.* dili ma-antigo motan-aw og utang kabubut-on *Eng.* ungrateful \ingrate.

Inhenyera [n] *Ceb.* babaye nga inhenyero *Eng.* a fe-male engineer.

Inhenyeriya [n] *Ceb.* ang buluhaton o kaalam sa pag-desinyo ug paghimo og ma-kinarya, makina, kahi-manan, elektrisidad, balay, kalsada ug mga tulay *Eng.* engineering

Inhenyero [n] *Ceb.* ang may kaalam o may batid nga kahibalo sa inhenyeriya *Eng.* engineer.

Iniga [n] *Ceb.* ang inawas nga likido o pluwedo *Eng.* secreted fluid \ooze \dis-charge.

Inigot [adj.] *Ceb.* gihiwahiwa og nipis pinaagi sa pag-ad-ad *Eng.* thinly sliced.

Inigsoon [n] *Ceb.* tinagad sama sa usa ka igsoon *Eng.* brotherly \sisterly (see also igsoon)

Inila [adj.] *Ceb.* inila *Eng.* renowned \noted (see also bantogan)

Inilog [adj.] *Ceb.* liyamado sa pustahan *Eng.* more favored in betting, as in a cockfight.

Inimbento [n] *Ceb.* ang giimbento **Eng.** invention.

Iningkib [n] **Ceb.** iningkib \akabinakhab **Eng.** portion sliced off or bitten off \tear.

Init [adj.] **Ceb.** dili bugnaw **Eng.** hot \warm.

Init-init [adj.] **Ceb.** dili kaayo init **Eng.** not so hot \somewhat hot \moderately hot

Initos [adj.] **Ceb.** giinit og maayo **Eng.** pasteurized.

Inom [n] **Ceb.** pagtulon og tubig o ilimnon **Eng.** swallowing of water \drink \gulp \imbibe \ingurgitation.

Inomanan [n] **Ceb.** inomanan **Eng.** bar \bar-room \bistro \tavern \salon \saloon \cabaret \beerhouse.

Inoras [adv.] **Ceb.** sinukod sa oras **Eng.** by hour \timed every hour \hourly \per hour.

Inosente [adj.] **Ceb.** walay salabotan \walay kabangkaagan **Eng.** innocent \naïve \inexperienced \no experience \have not tried \no knowledge (see also ignorante)

Inot [adj.] **Ceb.** tihik \Inot **Eng.** stingy tightwad \tightfisted (see also tihik)

Insekto [n] **Ceb.** dangan **Eng.** insect.

Insenso [n] **Ceb.** pahumot nga sunogon aron mangalimyon ang aso, sagad gamiton sa balaan nga seremonya \kamanyang **Eng.** incense \frankincense.

Insulto [adj.] **Ceb.** makapaulaw sa prinsipyo **Eng.** insulting \contumely (see also makauulaw)

Intap [adj.] **Ceb.** hait og panabot \maigmat **Eng.** sharp \perceptive \alert \shrewd \perspicacious \shrewd.

Integridad [n] **Ceb.** katarong sa pagkatawo **Eng.** integrity.

Interesado [adj.] **Ceb.** nagkagusto **Eng.** interested \liked \avid.

Interno [n] **Ceb.** ang misulay sa pagtrabaho aron makasinati o makakat-on sa mga buluhaton **Eng.** intern \apprentice \trainee.

Intriga [n] **Ceb.** pangunsabo nga panugilon mahitungod sa usa ka tawo **Eng.** intrigue.

Intsik [n] **Ceb.** ang molupyo o may lahi nga taga-Tsina **Eng.** Chinese.

Inugdang [adv.] **Ceb.** sa maayo nga pamatasan \matinahuron **Eng.** mannerly \respectful \courteous \reverent.

Inugdaw [n] **Ceb.** abo \agbo \agiw **Eng.** ash.

Inukban [adj.] **Ceb.** dili sirado **Eng.** opened \no cover.

Inukit [n] **Ceb.** ang kinulit o nililok \gikulit \kinulit **Eng.** carving \sculpture

Inukulan [n] **Ceb.** nilikit nga dahon sa gabi nga sinudlan og utok sa alimango o kasag nga sinagolan og kinagod nga unod sa butong **Eng.** taro leaf stuffed with crab's meat and shredded meat of young coconut fruit.

Inulang [n]   *Ceb.*   sinulid   *Eng.* yarn.

Inunlan [n]   *Ceb.*   ang putos sa bag-o nga nahimugso nga bata nga iluwa gikan sa sabakan kahuman manganak *Eng.* afterbirth \placenta.

Inun-onan [n]   *Ceb.* isda nga niluto sa suka   *Eng.* fish cooked in vinegar, usually using pure vinegar, and spices, mainly garlic and salt to taste, sometimes with laurel leaf, peppercorn, green chili, or ginger.

Inusab [n]   *Ceb.*   inusab \inutro giretoke   *Eng.* renewed \revival \retouched

Inutil [adj.]   *Ceb.* inutil   *Eng.* disabled \crippled.

Ipabati [v]   *Ceb.* ipasabot ang gibati o pagbati \ipadangat \ipadayag   *Eng.* express \insinuate \get it across \put it across.

Ipadayag [v]   *Ceb.* ipasabot ang gibati   *Eng.* express \show one's emotion.

Ipailaila [v]   *Ceb.* ipaila kung kinsa   *Eng.* introduce who (see also pagpaila)

Ipakita [v]   *Ceb.* ipatan-aw *Eng.* show.

Ipasabot [v]   *Ceb.* hatagan sa pahayag *Eng.* explain.

Ipil-ipil [n]   *Ceb.*   usa ka kahoy nga ingon og dumagko nga biyatilis *Eng.* ipil-ipil tree (sc.name: Leucaena leucocephala)

Ipisan [n]   *Ceb.*   imnanan *Eng.* drinking glass (see also baso)

Ipit [n]   *Ceb.* lugpit sipit *Eng.* clamp \clip.

Ipokrito [n]   *Ceb.* pakaaroningnon \pakuntahay   *Eng.* hypocrite \pretender.

Ipsot [v]   *Ceb.* pagsibat *Eng.* escape \abscond.

Irihes [n]   *Ceb.* walay gituhoan nga relihiyon   *Eng.* heathen.

Iring [n]   *Ceb.* hayop nga mongiyaw *Eng.* cat.

Iro [n]   *Ceb.* hayop nga mopaghot *Eng.* dog.

Irog [n]   *Ceb.* irog \sibog *Eng.* \budge change location or placement \transfer \move.

Isa [n]   *Ceb.* usa ka buok *Eng.* one.

Isa ra [adj., adv.]   *Ceb.* isa ra \usa ra *Eng.* only one \just one.

Isakay [v]   *Ceb.* pagpasakay *Eng.* load \put on \carry.

Isakripisyo [v]   *Ceb.* paghatag og sakripisyo \ihatag isip pakasakit *Eng.* offer something as a sacrifice \sacrifice.

Isbog [imper.]   *Ceb.* dus-og *Eng.* move (see also sibog)

Isda [n]   *Ceb.* hayop sa tubig o dagat *Eng.* fish.

Isdaon [adj.]   *Ceb.* adunay isda *Eng.* having fish \fishy.

Isekreto [v]   *Ceb.* ayaw ibutyag *Eng.* keep secret \keep something secret (see also pagtago)

Iskwater [n] *Ceb.* ang namu-yo sa luna nga dili ila *Eng.* squatter.

Isla [n] *Ceb.* yuta nga napa-libotan og tubig o dagat *Eng.* island.

Isog [adj.] *Ceb.* dili motalaw *Eng.* brave \bold \valiant \fearless \no fear \valiant \gallant.

Ispidno [n] *Ceb.* ispidno *Eng.* hell \inferno (see also impiyerno)

Ispoting [adj.] *Ceb.* pormado kung manapot *Eng.* well dressed \well groomed.

Istambay [n] *Ceb.* ang naghulat o nakapuwesto sa usa ka lugar nga walay gibuhat *Eng.* bystander \idler \loafer.

Istante [n] *Ceb.* istante sa libro *Eng.* bookshelf \book-case.

Istorbo [n] *Ceb.* kasamok nga makabaraw o makatugaw \katugaw *Eng.* nuisance \annoying.

Istorya [n] *Ceb.* sugilanon \istorya *Eng.* story \story telling (see also sugilanon)

Isumbong [v] *Ceb.* isugid \ibalita *Eng.* report \tell.

Isumpay [v] *Ceb.* isumpay *Eng.* attach \connect \link \agglutinate \affix \annex.

Isunod [v] *Ceb.* himoon nga sunod *Eng.* put next.

Itaas [v] *Ceb.* itaas *Eng.* raise \elevate (see also pag-alsa)

Itabang [v] *Ceb.* gamiton o ihanyag isip tabang \ibulig *Eng.* use, offer or give something as a help or assis-tance to somebody.

I-teks [v] *Ceb.* ipadala ang mensahe pinaagi sa pagteks *Eng.* send the message as a text message through cel-lular phone \send as a text message.

Iti [n] *Ceb.* tai sa gagmay nga hayop *Eng.* guano \pellet \droppings.

Itik [n] *Ceb.* hayop nga sama sa bebe *Eng.* skinny Philip-pine duck.

Itlog [n] *Ceb.* ang bola sa liwat nga ilugwa sa hayop, sama sa manok, langgam, halas, bao, isda, ugbp. Kaha-yopan *Eng.* egg.

Itom [adj.] *Ceb.* dagtom nga bulok *Eng.* black \dark.

Itos [n] *Ceb.* pabukal og maayo sa likido aron maputli o mamatay ang kagaw *Eng.* distillation \distilment \pas-teurization.

Itoy [n] *Ceb.* anak sa iro nga gamay pa *Eng.* pup \puppy \whelp.

Itsa [n] *Ceb.* itsa *Eng.* throwing of things against somebody or something \hur-ling of stone \cast.

Itunod [v] *Ceb.* ipasalop *Eng.* set down (see also ituslob)

Itupong [v] *Ceb.* parehason ang gitas-on, gilay-on o sukod *Eng.* align \level

\abreast.

Ituslo [v] *Ceb.* isawsaw sa likido *Eng.* dip (see also ituslob)

Ituslob [v] *Ceb.* ituslo pailawom sa tubig o likido *Eng.* submerge \founder.

Iuli [v] *Ceb.* ipadala og balik *Eng.* return send back (see also ibalik)

Iuyon [v] *Ceb.* itupong ang pagkalumbay o pagkalinya *Eng.* align \make parallel to one another or to each other \parallel.

Iwag [n] *Ceb.* iwag sa kahayag *Eng.* beam \ray \projection \trajectory illumination \light \flare.

Iwit [adj.] *Ceb.* naulahi *Eng.* late \behind \behindhand.

Iya [pro.] *Ceb.* ang gipanagiya niya *Eng.* his \her \its.

Iya-an [n] *Ceb.* ang babaye nga igsoon sa ginikanan *Eng.* aunt \auntie (inf.)

Iyagak [n] *Ceb.* siyagit *Eng.* squawk \shriek.

Iyahay [n] *Ceb.* iyaiya \iyahay *Eng.* sectionalism \factionalism.

Iyang kaugalingon [n] *Ceb.* ang kaugalingon niya *Eng.* himself \herself.

Iyat [n] *Ceb.* lawasnon nga awhag \biga *Eng.* coquettishness \flirtation.

~**L**~

L, l [n] *Ceb.* ang ikasiyam nga

titik sa alpabeto nga Bisaya *Eng.* the ninth letter in Cebuano alphabet used in this dictionary (see also abakadahan)

Laag [n] *Ceb.* ang paglinakat bisan asa *Eng.* wandering \bumming around \tramp \odyssey (see also lakat)

Laagan [adj.] *Ceb.* laagan \suroyan \burgahoy *Eng.* wandering \bumming around \roving around places.

Laang [n] *Ceb.* bitik \gahong \lit-ag \balatong *Eng.* trap \lasso \snare \meshes (see also bitik)

Laaw [n] *Ceb.* iring ihalas *Eng.* wild cat.

Laay [n] *Ceb.* kawalay lingaw \kasum-ol \kapuol *Eng.* boredom \monotony \dullness.

Laba [n] *Ceb.* ang paglinis gamit ang tubig *Eng.* wash \laundry (see also paglaba)

Lababo [n] *Ceb.* ang saloranan sa tubig sa banyo diin buhaton ang pagpang-hunaw, panghilam-os, o pagwaswas \banyera *Eng.* kitchen sink \washbasin \washbowl \counter \kitchen counter (see also talad)

Labad [n] *Ceb.* panakit sa ulo *Eng.* headache (see also kalipong)

Labada [n] *Ceb.* mga sapot o tela nga labhan *Eng.* laundry (see also labhonon)

Labaha [n] *Ceb.* mura og kutsilyo nga hait kaayo og

silab, gamiton sa paghimal-
bas sa bungot, buhok, o ba-
lahibo sa lawas *Eng.* razor.

Laban [n] *Ceb.* laban *Eng.*
giving one's side in favor of
\allegiance \side.

Labanan [v] *Ceb.* pagde-
pensa \pagdapig *Eng.* de-
fend \give side \favor \give
allegiance to.

Labanay [n] *Ceb.* panagda-
pigay \panag-unongay *Eng.*
the mutuality of giving sup-
port, favor or side \allegiance
\loyalty.

Labandera [n] *Ceb.* babaye
nga tagalaba *Eng.* laun-
dress \laundrywoman.

Labang [v] *Ceb.* tabok \latas
Eng. cross.

Labanganan [n] *Ceb.* latasa-
nan *Eng.* place or area
where to cross \crossing lane
(see also tabokanan)

Labanos [n] *Ceb.* usa ka
utanon nga lagutmon, pution
og unod *Eng.* radish \giant
white radish (sc.name: Ra-
phanus sativus)

Lab-as [adj.] *Ceb.* presko
Eng. fresh.

Lab-asero [n] *Ceb.* magti-
tinda o tagalibod og labas
nga isda *Eng.* fish vendor
\fish dealer.

Labat [n] *Ceb.* labat *Eng.*
fence \enclosure \pen (see
also ali)

Labatiba [n] *Ceb.* ang pag-
paawas og tubig pasulod agi
sa lubot diretso ngadto ila-
wom sa tinai aron mahuga-

san ug mahinlo ang tinai
Eng. enema \clyster.

Labaw [adj.] *Ceb.* migitiw
\mituybo \gimaw \siwil \mila-
baw *Eng.* protruding \jutting
out.

Labaw-labaw [n] *Ceb.* ang
lider *Eng.* leader \head (see
also pangulo)

Labay [n] *Ceb.* ang paglabog
sa dili na kinahanglanon
\labog \salibay *Eng.* throw
\pitch \hurl act of discarding
\throwing away.

Laberinto [n] *Ceb.* pasikot-
sikot nga agianan diin pangi-
taonon pa kung asa maka-
lusot o makagawas *Eng.*
labyrinth.

Labhanan [n] *Ceb.* lugar diin
buhaton ang pagpanglaba
Eng. place for washing
laundry \laundry area.

Labhonon [n] *Ceb.* ang mga
sapot o tela nga labhan
Eng. laundry to be washed
\soiled linen or clothes that
needs washing \dirty linen
\laundry.

Labi gayod [adv.] *Ceb.* hila-
bihan *Eng.* very \greatly.

Labi pa [adv.] *Ceb.* ilabina
\mas *Eng.* more.

Labihan [adv.] *Ceb.* hilabi-
han kaayo *Eng.* greatly \so
much.

Labing dako [adj.] *Ceb.* pi-
nakadako *Eng.* biggest \lar-
gest.

Labing Una [adj.] *Ceb.* una
sa tanan *Eng.* foremost
\first.

Labnot [adj.] *Ceb.* bitad nga pakalit \bunlot *Eng.* yank \a quick pull \grab \plucking.

Labod [n] *Ceb.* ulod mga mokamang gamit ang daghan kaayo nga mga tiil *Eng.* millipede. [n] *Ceb.* marka sa latigo diha sa panit *Eng.* whip mark.

Labog [n] *Ceb.* salibay *Eng.* a throw \a toss \fling.

Labong [adj.] *Ceb.* milipang sa pagtubo *Eng.* lush \luxuriant in growth (see also tubo)

Labot [adj.] *Ceb.* may kalambigitan \may koneksiyon *Eng.* connected to \related \involved.

Labsik [adj.] *Ceb.* lagsik \piskay *Eng.* active \energetic (see also himsog)

Labyan [v] *Ceb.* pag-agi \agian *Eng.* pass by \go through.

Labyog [n] *Ceb.* tabyog *Eng.* swing \sway.

Lad-ok [n] *Ceb.* ang pagtulon sa ilimnon o laway *Eng.* swallowing of a drink or saliva \gulp \guzzle \swig \nip.

Lagaak [n] *Ceb.* tunog sa agaak *Eng.* squeak \creak \screech.

Lagaanan [n] *Ceb.* kaldero o kawa nga lat-anan sa karne o pagkaon *Eng.* stewpot \stewpan.

Lagapak [n] *Ceb.* tunog sa pagkahapla *Eng.* sound produced when something falls flat \splat.

Lagas [adj.] *Ceb.* taas na og edad *Eng.* old (see also tigulang)

Lagay [n] *Ceb.* lagay *Eng.* male sex organ \penis \cock (slang) \dick (slang) \prick (slang) \phallus.

Lagda [n] *Ceb.* pirma *Eng.* signature.

Lagilang [n] *Ceb.* dili puti nga lanot *Eng.* naturally stained or colored abaca hemp.

Lagiti [n] *Ceb.* tunog sa pagligti o pagliki *Eng.* crackle \brittle.

Laglag [n] *Ceb.* kakuha sa gisabak *Eng.* abortion.

Lagmit [n] *Ceb.* paspas aron dali nga mahuman \dali *Eng.* fast \quick \prompt \expeditious.

Lagnason [n] *Ceb.* hawanan daplin sa suba *Eng.* bank \riverbank \riverside.

Lagnaw [adj.] *Ceb.* bugnaw ingon og yelo *Eng.* \frosty \icy \frigid (id.) (see also bugnaw)

Lagnot [n] *Ceb.* lagnot *Eng.* pulling away from one's grip or hold \grabbing away (see also bunlot)

Lagok [n] *Ceb.* tagok sa kahoy nga gamiton sa pagsikop og langgam. Ang tagok ibulit palibot sa pudlos ug ipahiluna duol sa paon aron kung matugdongan sa langgam dili na kini makalupad *Eng.* sticky wood risen used in catching birds. The risen is collected and wound around a rod and placed beside a bait so that when the bird perched on the sticky rod that bird will get stuck \a sticky trap.

Lagom [n] *Ceb.* pangitom sa panit o unod *Eng.* bruise.

Lagong [n] *Ceb.* dako nga langaw *Eng.* bluebottle.

Lagos [n] *Ceb.* ang parte sa baba nga maoy gituboan sa mga ngipon *Eng.* gum.

Lagpot [n] *Ceb.* lagpot *Eng.* throwing out \expulsion \ejection.

Laguna [n] *Ceb.* dako nga lawa sa tubig *Eng.* lake.

Lagundok [n] *Ceb.* lagundok \tapok *Eng.* group \pile \stockpile (see also pundok)

Lagutmon [n] *Ceb.* duma *Eng.* root crop.

Lagyo [adj.] *Ceb.* dili dug-ol *Eng.* far apart \distant.

Lahap [n] *Ceb.* dako nga adlip sa hiwa *Eng.* slicing off a big portion of something \big slice.

Lahi [adj.] *Ceb.* dili kapareho *Eng.* not the same \not of the same kind or type \different.

Lahidan [v] *Ceb.* pagbanyos *Eng.* rub with.

Lahing [adj.] *Ceb.* dili pa gulang ang bunga \dabong *Eng.* young \immature, said of a fruit.

Lahug [n] *Ceb.* ang pagsagol \kaladkad \sinagolay *Eng.* mixing of ingredients \com-mingle \mixture \blend.

Lain [adj.] *Ceb.* dili kapareho *Eng.* different \dissimilar \not the same \not of the same kind or type (see also lahi)

Laing [n] *Ceb.* dahon sa gabi nga giluto sa tuno, sinubakan og unod sa alimango o pasa-yan *Eng.* taro leaves sim-mered in coconut cream, usually flavored with crab-meat or shrimps.

Lainlain [adj.] *Ceb.* lainlain *Eng.* assorted \mixed \varied \different kinds of.

Lakang [n] *Ceb.* ang gilay-on sa matag tunob *Eng.* the gap or distance between footsteps \pacing.

Lakat [n] *Ceb.* baktas *Eng.* a journey by foot \hike \walk \trek.

Lakaw [n] *Ceb.* lakaw *Eng.* walk \trek \hike \hiking \stroll \trudge \tramp \promenading \sauntering \rambling.

Lakaw-lakaw [n] *Ceb.* lakaw-lakaw *Eng.* stroll \loitering \roam \saunter.

Laki [adj.] *Ceb.* laki \lalaki nga hayop o tanom *Eng.* male (see also lalaki)

Lakin-on [adj.] *Ceb.* may pagkalalaki ang kinaiya *Eng.* boyish \mannish (see also tomboy)

Lakip [n] *Ceb.* lakip *Eng.* extra \additional.

Laknit [n] *Ceb.* laknit *Eng.* peeling of skin or surface coating \cracking or breaking without entire separation of the parts.

Lakra [n] *Ceb.* lutop \luta *Eng.* impression \imprint.

Laksi [n] *Ceb.* laksi *Eng.* snag \cut on clothing or sheet of something \tear.

Laksit [n] *Ceb.* laksit \laknit *Eng.* rending off \tearing down \tearing apart \rip \rending off \split.

Laksot [adj.] *Ceb.* dili ma-anindot sa panan-aw *Eng.* ugly \unsightly \unpleasant to look at (see also malaksot)

Laktaw [n] *Ceb.* laktaw \latang *Eng.* gap \interval \space between objects.

Laktod [adj.] *Ceb.* walay likoliko \diretso *Eng.* straightforward \short cut \done in short cut.

Laktonon [adj.] *Ceb.* laktonon \baktason \baklayon *Eng.* passable by foot \can be reached only by walking towards there \can be reached on foot.

Lakwatsa [n] *Ceb.* lakat-lakat bisan asa *Eng.* wandering \roaming \meandering (see also lakat)

Lala [n] *Ceb.* ang makahilo nga duga gikan sa hayop *Eng.* sting \venom.

Lalaki [n] *Ceb.* nilalang nga adunay otin o semilyahan sa liwat *Eng.* male.

Lalawigan [n] *Ceb.* probinsya *Eng.* province.

Lalim [adj.] *Ceb.* malalimon *Eng.* glorifying.

Lalis [n] *Ceb.* lantugi *Eng.* controversy \disputability \disputation \dispute.

Lalom [adj.] *Ceb.* taas ang sukod sa giladmon *Eng.* deep.

Lamang [adj., adv.] *Ceb.* wala nay lain pa *Eng.* only \and nothing more \and no more.

Lamat [n] *Ceb.* lansis sa panabot o panan-aw *Eng.* hallucination \trick \apparition \charm caused by fairies or spirits \enchantment

Lamaw [n] *Ceb.* sinabaw nga pinisa nga unod sa luto nga kamote *Eng.* mashed potato (see also linamaw)

Lam-aw [n] *Ceb.* lim-aw sa tubig nga lapokon \lanang o linaw sa tubig *Eng.* puddle \pond.

Lamay [n] *Ceb.* ang pagpilaw tibuok gabii *Eng.* the act of staying awake all night long \vigil.

Lamba [n] *Ceb.* lamba *Eng.* dropping something heavily \slam \beat (see also bunal)

Lambo [n] *Ceb.* higot nga hinimo sa gapas \sinulid nga gapas *Eng.* knitting yarn \cotton thread \cotton string \lisle thread.

Lambod [n] *Ceb.* kagubot sa uhay, bangan, o higot *Eng.* entanglement \tangle \snarl.

Lambos [n] *Ceb.* palamba nga pagbunal *Eng.* slam \smash (see also bunal)

Lamdag [adj.] *Ceb.* dili ngitngit \sanag *Eng.* bright \radiant \brilliant \lighted \illuminated.

Lamesa [n] *Ceb.* talad *Eng.* table \desk (see also talad)

Lamesita [n] *Ceb.* lamesa nga gamay *Eng.* small table \end table (see also talad)

Lami [adj.] *Ceb.* maayo sa panilaw *Eng.* tasty \tasteful \delicious \palatable \savory (US) \savoury (Brit.)

Lamok [n] *Ceb.* insekto nga manusok sa iyang sungo ngadto sa panit sa lain nga hayop aron manupsop og dugo *Eng.* mosquito.

Lamolamo [n] *Ceb.* dili paghilwas og maayo sa gisulti *Eng.* mutter \stuttering \stammering \babble.

Lamon [n] *Ceb.* tulon sa tibuok *Eng.* swallowing of the whole thing

Lamoy [n] *Ceb.* lamoy *Eng.* the act of swallowing the entire stuff \swallowing the whole thing.

Lampara [n] *Ceb.* suga nga pang-iwag, may pabilo og botelya sa petrolyo *Eng.* lamp (see also lamparahan)

Lampin [n] *Ceb.* panapton nga panghapin o putos sa bata *Eng.* diaper.

Lampingasan [adj.] *Ceb.* daotan og kinaiya \mapanamastamason *Eng.* blasphemous \irreverent \profane \wicked.

Lana [n] *Ceb.* lana *Eng.* oil. [n] *Ceb.* panapton nga hini-

mo gikan sa balahibo sa karnero *Eng.* wool \fleece \flock \attar.

Lanahon [adj.] *Ceb.* adunay lana *Eng.* oily \oleaginous \unctuous.

Lanang [n] *Ceb.* lanang *Eng.* pool \swamp \pond.

Lanaw [n] *Ceb.* dako nga lawa sa tubig \laguna *Eng.* lake.

Lanay [n] *Ceb.* ang pagkatunaw \katunaw kalanay *Eng.* melt \liquescence.

Landang [n] *Ceb.* landang *Eng.* a porridge made of cooked green gram beans and glutinous rice mixed with coconut cream and sweetened with red or brown sugar.

Landay [n] *Ceb.* lagas na nga anay sa baboy *Eng.* old sow.

Landinganan [n] *Ceb.* lugar nga tugpahan sa mga sakyanan sa kahanginan *Eng.* landing area.

Landong [n] *Ceb.* ang anino o lamdong nga mitabon sa palibot *Eng.* shade (see also anino)

Langan [n] *Ceb.* sagabal sa biyahe o dagan *Eng.* delay.

Langas [n] *Ceb.* pagsige og luhag *Eng.* fidgetiness \restlessness \misbehavior.

Langaw [n] *Ceb.* insekto nga molupad, nga ang itlog kung mapisa mahimo nga tiris *Eng.* fly \house fly.

Langay [n] *Ceb.* langay *Eng.*

delay \obstruction \hindrance (see also langan)

Langgam [adj.] *Ceb.* hayop nga molupad *Eng.* bird.

Langit [n] *Ceb.* ang kawanangan sa ibabaw \himaya nga dapit *Eng.* sky \heaven.

Langitnon [adj.] *Ceb.* mahimayaon *Eng.* heavenly \celestial \supernal.

Langka [n] *Ceb.* ang kahoy nga nangka ug ang prutas niani *Eng.* jackfruit (sc.name: Artocarpus heterophyllus)

Langkay [n] *Ceb.* dahon sa lubi o palmera *Eng.* coconut palm \palm leaf (see also dahon)

Langob [n] *Ceb.* lungag sa yuta *Eng.* cave.

Langoy [n] *Ceb.* ang pagkapay-kapay diha sa tubig gamit ang mga kamot, tiil, o silik aron molutaw o mosibog samtang naa sa ilawom o ibabaw sa tubig *Eng.* swim \swimming.

Langsa [n] *Ceb.* ang baho sa isda *Eng.* fishy smell.

Langsob [adj.] *Ceb.* berde ang kadahonan *Eng.* verdant.

Langyaw [adj.] *Ceb.* sa lain nga nasod \dayo *Eng.* foreign \overseas \abroad \in foreign countries.

Langyawanon [n] *Ceb.* langyawanon *Eng.* someone who comes from another place \foreigner \alien.

Lanit [n] *Ceb.* lanit \hulbot \labnot *Eng.* whipping out

\drawing out \pulling out.

Lanog [adj., adv.] *Ceb.* kusog kaayo ang tunog \sipa *Eng.* loud \aloud \out loud \loudly \at full blast \high volume.

Lanot [n] *Ceb.* uhay sa tanom *Eng.* hemp \fiber.

Lansadera [n] *Ceb.* busali *Eng.* shuttle in weaving cloth (see also habi)

Lansang [n] *Ceb.* talinis nga puthaw nga ipukpok aron modulot patusok sa angay ipapilit *Eng.* nail.

Lansetas [n] *Ceb.* ang pangdisdis o pangsamad sa operasyon *Eng.* dissecting instrument \scalpel \surgical blade.

Lansis [n] *Ceb.* lansis \limbong *Eng.* deception \trick \fraud \deceit.

Lantaw [n] *Ceb.* makita sa layo *Eng.* can be seen from a distance.

Lantay [n] *Ceb.* higdaanan \lantay *Eng.* bed.

Lantsa [n] *Ceb.* sakayan nga de-motor *Eng.* launch \yacht \motorboat.

Lantugi [n] *Ceb.* lantugi *Eng.* argumentation \debate (see also lalis)

Laom [n] *Ceb.* laom \paglaom *Eng.* hope \expectation \longing.

Lapad [adj.] *Ceb.* haluag ang lugar *Eng.* wide.

Lapalapa [n] *Ceb.* ang lapad nga parte ilawom sa tiil nga maoy modapat sa pagtamak

Eng. sole \foot sole.

Lapas [n] *Ceb.* sobra sa sulod o maakos *Eng.* excess \extra (see also sobra)

Lapaw [n] *Ceb.* lapaw \apaw \awas *Eng.* overflow \overflowing \spill.

Lapida [n] *Ceb.* bato diin nakaukit ang ngalan o pahinungod sa gilubong *Eng.* gravestone \tombstone.

Lapis [n] *Ceb.* igsusulat nga hinimo sa itomon nga tingga o pinagahi nga abo, sagad pinutos sa kahoy *Eng.* pencil.

Lapnis [n] *Ceb.* lapnis *Eng.* strip of palm straw used in mat weaving.

Lapnos [n] *Ceb.* kapaslot sa panit *Eng.* slippage of skin \scald.

Lapok [n] *Ceb.* yuta nga pilit-pilit ug mahumok *Eng.* mud \slime.

Lapos [n] *Ceb.* lapos *Eng.* a pass through \transcendence \beyond.

Lapoy [adj.] *Ceb.* gikapoy og maayo *Eng.* exhausted \weariness \fatigue \very tired \bushed.

Lapsan [v] *Ceb.* laposan ang nag-una *Eng.* overtake.

Lapsaw [adj.] *Ceb.* dili espeso matubig ang timpla *Eng.* diluted \washy \thin.

Lapulapu [n] *Ceb.* Lapulapu *Eng.* Native Cebuano warrior who killed Ferdinand Magellan during their battle in Mactan island. Magellan

was a famous Portuguese navigator who made an expedition around the world in the service of Spain

Lapwaan [n] *Ceb.* paglapwa *Eng.* stew.

Lapyahan [n] *Ceb.* lapyahan \baybayon *Eng.* seashore \seacoast \seaside \shoreline \beach \seafront \beachhead \bay \spit strand (poet)

Laraw [n] *Ceb.* plano sa angay buhaton o sa gusto nga mahitabo *Eng.* plan \plot.

Larawan [n] *Ceb.* larawan \dibuho *Eng.* drawing \drafting \picture \sketch.

Laray [n] *Ceb.* lumbay \hanay \lumbay *Eng.* array \tier \rank.

Larga [n] *Ceb.* paggikan sa biyahe o dagan *Eng.* departure (see also biyahe)

Largabista [n] *Ceb.* ang himan nga adunay kombinasyon sa lainlain nga mga lente, gamiton sa pagtan-aw sa layo aron matataw ingon og naa lang sa duol ang gitan-aw *Eng.* telescope \binoculars.

Larino [adj.] *Ceb.* suheto manulti *Eng.* fluent \well-spoken \articulate \wise crack.

Lasang [n] *Ceb.* kakahoyan nga duot kayo *Eng.* forest \jungle (see also kakahoyan)

Lasanya [n] *Ceb.* lapad ka-ayo nga pansit *Eng.* lasagna (see also pansit)

Las-ay [adj.] *Ceb.* tab-ang ang timpla \walay lami *Eng.* flat \bland (see also tab-ang)

Lasik [n] *Ceb.* lasik \linagpot *Eng.* splinter.

Laslas [n] *Ceb.* ang paghiwa sa panit *Eng.* slash \gash (see also hiwa)

Laso [n] *Ceb.* bugkos *Eng.* ribbon \lace.

Lasti [n] *Ceb.* ang unayan sa sakayan *Eng.* keel.

Lastiko [n] *Ceb.* lastiko *Eng.* rubber band.

Lasyo [n] *Ceb.* kanal sa patubig *Eng.* irrigation canal.

Lata [adj.] *Ceb.* lata *Eng.* rotten \spoiled \decayed \decomposed.

Latagaw [n] *Ceb.* suroy-suroy *Eng.* bumming around \wandering \tramp (see also lakaw)

Lat-ang [n] *Ceb.* ang gilay-on sa usa'g-usa *Eng.* space between objects \gap \distance (see also laktaw)

Latas [prep.] *Ceb.* latas *Eng.* across.

Latayan [n] *Ceb.* taytayan *Eng.* bridge \overpass (see also tulay)

Latigo [n] *Ceb.* ang ipanghapak *Eng.* whip \lash.

Latik [n] *Ceb.* ang initos nga asukal sa tubo *Eng.* molasses \treacle.

Lato [n] *Ceb.* usa ka matang sa guso sa dagat nga gagmayon og uhay ug adunay nagpungpong nga mga bu-

nga nga lingginon *Eng.* a kind of edible grape-like seaweed.

Latos [n] *Ceb.* latos *Eng.* whip \beating (see also bunal)

Lawa [n] *Ceb.* dako nga limaw sa tubig *Eng.* lake \pool.

Lawak [n] *Ceb.* kuwarto \sibay *Eng.* room.

Lawalawa [n] *Ceb.* mananap nga ang laway ipanghabi sa paghimo og balay nga porma og pukot nga magamit usab sa pagpanikop og mga insekto para makaon *Eng.* spider.

Lawas [n] *Ceb.* ang pisikal nga hulma sa usa ka nilalang *Eng.* body \torso \thorax \physique \build \bodywork

Laway [n] *Ceb.* ang pilit-pilit nga likido sulod sa baba *Eng.* saliva.

Law-ay [adj.] *Ceb.* law-ay *Eng.* immodest \obscene \vulgar \nasty.

Lawi [n] *Ceb.* balahibo nga mituybo sa ikog sa manok o langgam *Eng.* quill.

Lawig [n] *Ceb.* biyahe sa kadagatan \panaw *Eng.* navigation \voyage \voyaging \sailing \seafaring \ocean travel \cruising \steerage \plotting a course.

Lawiganan [n] *Ceb.* ang biyaheanan sa paglawig *Eng.* line of voyage or cruise \fairway.

Lawis [n] *Ceb.* ang nakausli o misiwil nga mamala nga

yuta ngadto sa dagat \punta *Eng.* headland \ness \promontory.

Lawod [n] *Ceb.* ang dako ug hilabihan kalawom nga kadagatan *Eng.* ocean \high seas (see also kalaworan)

Lawog [n] *Ceb.* nilugdang \inunlod *Eng.* dreg \settlings \sediment.

Lawom [adj.] *Ceb.* taas ang sukod sa tugkaronon \dili hamabaw *Eng.* deep.

Lawot [n] *Ceb.* ang pilit-pilit nga sabaw sa linun-ag o lugaw *Eng.* sticky soup produced while cooking boiled rice or congee \the soup of boiled rice grains (see also linugaw)

Law-oy [n] *Ceb.* pinabukalan o nilapwaan nga dahon sa utanon, tinimplahan og asin o kaha una sa ginamos o tinabal *Eng.* boiled leafy vegetables, seasoned with salt or brine of salted fish or sauce of fishpaste.

Laya [n] *Ceb.* patay nga dahon *Eng.* dead leaf \dried leaf.

Layag [n] *Ceb.* tabing sa sakayan nga mosalo sa huyop sa hangin aron molarga o molawig ang sakayan *Eng.* sail.

Layas [n] *Ceb.* ang paglayas *Eng.* act of fleeing \running away \getaway.

Layaw [n] *Ceb.* latagaw *Eng.* wandering about aimlessly \wandering \straggling \meandering.

Laylay [n] *Ceb.* laylay \nagbitay *Eng.* humming \drooping \hanging down \slumping \flaccid \flab.

Layo [adj.] *Ceb.* halayo ang nahimutangan *Eng.* far \remote \far-off.

Layog [adj.] *Ceb.* taas kaayo ang kahabogon *Eng.* very tall \towering \enormous in height.

Lega [n] *Ceb.* panag-abin sa nagkasabot nga hugpo *Eng.* league.

Leksiyon [n] *Ceb.* pagtulonan *Eng.* lesson \teaching.

Lente [n] *Ceb.* bildo nga mopadako o mopagamay sa panan-aw *Eng.* lens.

Letra [n] *Ceb.* tatak sa panulat *Eng.* letter \character.

Letse [n] *Ceb.* letse \gatas *Eng.* milk (n., Span: leche). [excl.] *Ceb.* letse *Eng.* bull shit! (see also balikas)

Letseplan [n] *Ceb.* pagkaon nga hinam-is nga hinimo sa gatas, itlog ug asukal *Eng.* caramel custard \leche flan.

Letsugas [n] *Ceb.* tanom nga pangsalad ang dahon, o himoonon nga ensalada *Eng.* lettuce (sc.name: Lactuca sativa)

Leyte [n] *Ceb.* Leyte *Eng.* an island in Eastern Visayas with eastern side facing the Pacific Ocean and the Western side facing the Camotes sea, with total land area of 3,085 sq. miles (7,990 sq.

kilometers) (see also bisa-
yas)

Libadora [n] *Ceb.* maaslom
nga bula gumikan sa bak-
terya *Eng.* yeast.

Libak [n] *Ceb.* paghisgot sa
tawo nga wala diha aron
daoton ang dungog o pag-
katawo \sulti-sulti *Eng.* gos-
sip \backbiting \blab.

Libakera [n] *Ceb.* ang mahi-
ligon sa libak *Eng.* gossip
\tattler (see also tsismosa)

Libat [n] *Ceb.* hiwi ang tinan-
awan sa mga kalimutaw sa
mata *Eng.* cross-eyed.

Libelo [n] *Ceb.* tumotumo o
walay basehan nga pagpatik
sa balita o panulat nga maoy
hinungdan sa pagkadaot sa
dungog o pagkatawo sa na-
hisgotan *Eng.* libel.

Liberal [n] *Ceb.* gawasnon
ug dili higpit o hinigpitan sa
angay buhaton o hunahu-
naon *Eng.* liberal.

Liberasyon [n] *Ceb.* kaga-
wasnon gikan sa pagpa-
nakop sa lain nga nasod
Eng. liberation.

Libertad [n] *Ceb.* kagawas-
non gikan sa pagpanakop sa
lain nga nasod *Eng.* libe-
ration.

Libgos [n] *Ceb.* ang uhong
nga manubo sa yuta o patay
nga kahoy *Eng.* mushroom.

Libo [adj., n] *Ceb.* kaliboan
Eng. thousand.

Libod [n] *Ceb.* ang porma
nga patuyok-tuyok *Eng.*
spiral \coil \curl \whorl \swirl

Libog [n] *Ceb.* kagubot sa
panabot *Eng.* confusion (see
also kalibog)

Libogon [v] *Ceb.* lisodli-
soron sa pagsabot *Eng.*
confuse \baffle \stir \mix up.

Libon [n] *Ceb.* tag-as nga
kasagbotan o mugbo nga ka-
kahoyan *Eng.* brushwood
\bush \thicket \tussock.   [n]
Ceb. wala pay kasinatian sa
pakighilawas *Eng.* sexually
inexperienced.

Libot [n] *Ceb.* liyok nga
patuyok-tuyok *Eng.* rotation
\gyration.

Libra [n] *Ceb.* sukod sa
timbang nga katumbas sa
napulo ug unom ka onsa
Eng. pound.

Librarya [n] *Ceb.* lawak o
balay diin gitigom ang mga
libro ug mga basahon *Eng.*
library.

Libre [adj.] *Ceb.* dili binayran
o pabayaran sa makadawat
o hatagan \complimentary
Eng. free \given free \given
free as courtesy or to
establish goodwill.

Libreto [n] *Ceb.* gamay nga
libro *Eng.* booklet.

Libro [n] *Ceb.* balasahon nga
inimprenta ug binugkos ang
mga palid *Eng.* book.

Libwas [n] *Ceb.* paghawan
sa daan na nga bubong sa
atop *Eng.* denudation of old
roofing.

Lider [n] *Ceb.* ang nanguna
sa hugpo *Eng.* leader.

Ligad-ligad [v] *Ceb.* ang pagligid-ligid sa paghigda ingon og naghigwaos *Eng.* loll \lounge.

Ligdong [adj.] *Ceb.* matarong· *Eng.* honest \upright \formal.

Lighot [n] *Ceb.* paningkamot nga makalingkawas *Eng.* a struggle to pull out from.

Ligid [n] *Ceb.* ang lingin, sagad hinimo sa goma, nga motuyok pakaliring ug maoy magpadagan sa sakyanan *Eng.* tire (US) \tyre (Brit.) \wheel.

Ligidligid [n] *Ceb.* ang karaan nga tawag sa adlaw nga 'Dominggo, ' panahon nga tingpahulay sa mga Kristiyano niadto nga una nga panahon *Eng.* old Visayan word for 'Sunday, ' in olden Visayan time, this is the day of rest for all.

Lig-on [adj.] *Ceb.* dili matarog \dili dali nga maguba *Eng.* unshaken \unshakable stable \tough \strong.

Lihay [n] *Ceb.* ang paglikay *Eng.* evasion \avoidance \elusion (see also likay)

Lihero [adj.] *Ceb.* lihero \hanas *Eng.* proficient \skilled \adept \experienced.

Lihi [n] *Ceb.* mantsa o balhiboon nga tatak sa panit nga naangkon sukad pa sa pagkatawo *Eng.* birthmark.

Lihok [n] *Ceb.* gimok \gitiw *Eng.* act \action \motion \movement \mobility.

Likay [n] *Ceb.* ang paglihay *Eng.* avoidance \elusion \riddance.

Liki [n] *Ceb.* siak o ligti, timaan nga adunay buak *Eng.* crack \craze \rift \fission \fissure.

Likido [n] *Ceb.* ang likido nga elemento *Eng.* liquid substance, such as water, gasoline, oil, and the like.

Liko [n] *Ceb.* liso sa padulngan \simang *Eng.* turn \twist.

Likod [n] *Ceb.* ang luyo nga parte *Eng.* back \backside \rear \rear side \reverse side \posterior \hind (see also luyo)

Likom [adj.] *Ceb.* dili binutyag *Eng.* discreet.

Likong [n] *Ceb.* ang linginon og porma sama sa singsing *Eng.* any ring-shaped object \ring \loop \rim \band.

Likos [n] *Ceb.* likos *Eng.* curl around \coil \entwine \convolution \volute \wind \spiral.

Lilas [n] *Ceb.* pelikula sa pasalida sa sinehan *Eng.* movie film \film.

Lili [n] *Ceb.* tan-aw palusot sa buslot, lungag, o siwang *Eng.* peek \peep.

Lilo [n] *Ceb.* liyok-liyok sa tubig *Eng.* whirlpool \vortex.

Lima [n] *Ceb.* ang ihap o numero singko *Eng.* five \No. 5

Limas [n] *Ceb.* kalos sa tubig aron mohubas *Eng.* removing or emptying water by scooping \bail.

Lim-aw [n] *Ceb.* lim-aw *Eng.* pond \pool.

Limbag [n] *Ceb.* lubag-lubag sa lawas \talipsay *Eng.* twisting \writhing \diversion \deflection (see also simang)

Limbarok [n] *Ceb.* ang pagtuhoy o pagtarong og barog \limbarok *Eng.* the erection or perking up of something \straighten up.

Limbas [n] *Ceb.* bag-iran o kuskos sa puthaw \limbas *Eng.* file \rasp.

Limbasog [n] *Ceb.* paningkamot *Eng.* struggle \effort \exertion.

Limbo [n] *Ceb.* ang gituohan nga pahimutanganan sa mga kalag nga wala pa mahiadto sa impiyerno o langit \purgatoryo *Eng.* limbo \purgatory.

Limbong [n] *Ceb.* limbong \lansis \tikas *Eng.* deception \trick \fraud.

Limitado [adj.] *Ceb.* adunay kinutoban *Eng.* with a limitation \limited.

Limod [n] *Ceb.* dili pagangkon \panghimakak *Eng.* denial \disclamation.

Limos [n] *Ceb.* hinabang sa kaluoy ngadto sa kabos o timawa *Eng.* alms.

Limpiyo [adj.] *Ceb.* hinlo \mahinis \walay hugaw \hiningagawan *Eng.* clean \neat \tidy \unsoiled \unspoiled \sterile.

Limsog [adj.] *Ceb.* dili masakiton *Eng.* healthy \in good health \sound.

Limugmog [n] *Ceb.* ang pagmugmog og tubig sa baba o tutunlan *Eng.* gargle.

Linagpang [n] *Ceb.* linagpang *Eng.* a soup dish made of shredded broiled chicken meat or deboned fish, chopped hot chili, fish paste or shrimp paste, other spices, then poured with freshly boiled water.

Linaktan [n] *Ceb.* linakawan sa tiil *Eng.* way or style of walking \stepping \gait.

Linamaw [n] *Ceb.* tinubigan ug pinisapisa nga luto nga unod sa kamoto *Eng.* mashed cooked sweet potato mixed with water \mashed potato.

Linaw [n] *Ceb.* linaw \walay istorbo *Eng.* peaceful \silent \peaceful \pacific \undisturbed.

Linga [n] *Ceb.* usa ka panakot nga gagmitoy nga liso *Eng.* sesame seed (see also panakot)

Lingaw [n] *Ceb.* ang kalingawan *Eng.* amusement \entertainment \fair \funfair \fanfare \pleasure.

Linghod [adj.] *Ceb.* batan-on \ulitawohay *Eng.* adolescent \juvenile young man \male youth \young adult.

Lingi [n] *Ceb.* liso sa ulo aron pagtan-aw ngadto sa likoran o kiliran *Eng.* turning head around \turning back \head turn.

Lingin [adj.] *Ceb.* lingin *Eng.* circle \round \circumferential \circular \round.

Lingkod [n] *Ceb.* puŋko *Eng.* sitting down.

Lingkoran [n] *Ceb.* lingkoranan \silya \bitang \bangko *Eng.* chair \seat.

Lingla [n] *Ceb.* lansis \limbong *Eng.* trick \cheat \subterfuge \deception \dupery.

Linugaw [n] *Ceb.* bugas o unod sa lagutmon nga pinalata ang pagkaluto sa daghan kaayo nga tubig, o sinabaw ang pagkaluto *Eng.* porridge.

Linugdang [n] *Ceb.* lawog *Eng.* residue \settlings \sediment \dreg.

Linugwa [n] *Ceb.* hinabwa *Eng.* excrement \ejecta.

Linuoray [adj.] *Ceb.* dili pagtingganay *Eng.* cold war.

Linupigan [adj.] *Ceb.* dinaugdaog *Eng.* oppressed \mistreated.

Linya [n] *Ceb.* badlis \drawn line *Eng.* line \dash \bar.

Liog [n] *Ceb.* ang nagdugtong sa ulo ug lawas *Eng.* neck.

Lipak [n] *Ceb.* lipak \mapuwersa kaayo nga kilat nga adunay sipa nga dalugdog *Eng.* lightning bolt \thunderbolt \thunderclap \firebolt \thunderball \thunderstroke \thunderlight [n] *Ceb.* sini-

ak nga kawayan o kahoy *Eng.* stake \stick.

Lipang [n] *Ceb.* lambo sa tubo *Eng.* thick growth of plant \lushness \thick growth \nourishing growth.

Lipat [n] *Ceb.* kalipat *Eng.* oversight \overlook \inadvertence.

Lipat-lipat [n] *Ceb.* lingla *Eng.* trickery \deception \dupery.

Lipong [n] *Ceb.* kalurong sa ulo *Eng.* daze \dizziness.

Lipot [n] *Ceb.* lipot \budhi *Eng.* betrayal \unfaithfulness \disloyalty treachery.

Lisa [n] *Ceb.* kaligas o kapiang sa kalulothan *Eng.* sprain.

Lisang [n] *Ceb.* lisang \kahadlok *Eng.* intense fear \fright \dread \phobia \morbidity \trauma \horror.

Lisik [n] *Ceb.* ang panit nga puyo nga miputos sa mga itlog sa otin *Eng.* scrotum \testis \bollocks.

Liso [n] *Ceb.* ang gahi nga lusok sa binhi sa tanom nga makuha sulod sa bunga *Eng.* seed \bean.

Lisod [adj.] *Ceb.* dili sayon *Eng.* difficult \hard \tough \not easy \trying.

Lispras [n] *Ceb.* sayaw diin magsul-ot og maskara ang mananayaw *Eng.* masquerade.

Lista [n] *Ceb.* ang gisulatan \talaan *Eng.* list \listing \record \roll.

Liston [n] *Ceb.* higot sa sa-patos o sandalyas \sintas *Eng.* shoestring \shoelace \lace.

Lit-ag [n] *Ceb.* balag-ong \pas-ong *Eng.* trap \snare.

Liti [n] *Ceb.* kusog kaayo nga kilat nga inubanan sa masipa nga dalugdog *Eng.* thunderbolt \thunderclap.

Litob [n] *Ceb.* kabibi nga kinhason *Eng.* oyster (see also kinhason)

Litok [n] *Ceb.* ang paghilwas sa pulong *Eng.* pronunciation \utterance.

Litrato [n] *Ceb.* pinatik nga hulagway nga nakuha sa kamera *Eng.* photograph \photo \picture.

Litro [n] *Ceb.* sukod sa likido katumbas sa usa ka libong kuwadrado sentimetros *Eng.* liter (US) \litre (Brit.)

Litson [n] *Ceb.* karne nga niluto sa pagdangdang sa init kaayo nga baga *Eng.* roast \roasted meat (see also inasal)

Liwas [n] *Ceb.* adlaw kahuman sa kasaulogan o kapistahan *Eng.* the day after the celebration or festivity \day after the fiesta.

Liwat [n] *Ceb.* kasanay *Eng.* breed \thoroughbred.

Liyabe [n] *Ceb.* panglubag o pangliso sa tuwerka *Eng.* wrench.

Liyabe tubo [n] *Ceb.* pangliso sa tubo *Eng.* pipe wrench (see also yawe)

Liyo [n] *Ceb.* tuyok-tuyok sa hangin o tubig *Eng.* swirl.

Liyog [adj.] *Ceb.* dili tul-id *Eng.* curved \bent \bowed (see also balog)

Liyok [n] *Ceb.* ang pagtuyol *Eng.* rotation \turn \swirling motion.

Loas [n] *Ceb.* paslot sa lagos ug panit ilawom sa baba *Eng.* mouth sore.

Lola [n] *Ceb.* apohan nga babaye *Eng.* grandmother \grandma \granny (inf.)

Lolo [n] *Ceb.* apohan nga lalaki *Eng.* grandfather \grandpa.

Lomo [n] *Ceb.* ang unod o karne sa may ibabaw nga bahin sa paa *Eng.* loin.

Lonlon [adj.] *Ceb.* walay sagol \lunsay \puro *Eng.* unmixed \pure.

Look [n] *Ceb.* lawa sa tubig *Eng.* lake (see also lawa)

Lote [n] *Ceb.* luna sa yuta *Eng.* lot \parcel of land \allotment.

Loto [n] *Ceb.* ang bulok nga simbolo sa kasubo, sagad itom o morado para sa mga Pilipino, puti para sa Intsik *Eng.* color that symbolizes mourning, Filipinos customarily use black or violet, while Chinese use white \mourning dress.

Loyloy [adj.] *Ceb.* nagbitay-bitay *Eng.* sagging \baggy \drooping.

Luag [adj.] *Ceb.* dili guot *Eng.* not tight \loose (see also haluag)

Lubad [n] *Ceb.* kapagaw sa tingog *Eng.* breaks of voice. [n] *Ceb.* kapug-aw sa bulok *Eng.* discoloration \faded.

Lubag [n] *Ceb.* lubag *Eng.* twist \turn \tweak \warp \wrench \torsion \contortion.

Lubaganan [n] *Ceb.* gunitanan sa paglubag \torsihanan \tuyokanan *Eng.* handle for twisting \twister.

Lubay [n] *Ceb.* humok nga pagkalubag o lihok sa lawas *Eng.* graceful move or gesture \contortion.

Lubi [n] *Ceb.* lubi *Eng.* coconut \coco palm tree (sc.name: Coco nucifera)

Lubid [n] *Ceb.* higot *Eng.* string.

Lubitos [n] *Ceb.* lubitos *Eng.* string of shiny shells \strung beads of shells \wampum.

Lubkanan [n] *Ceb.* lusong *Eng.* mortar.

Lubnganan [n] *Ceb.* lugar diin ilubong ang mga patay *Eng.* burial ground \burying ground \burying place \grave \graveyard \tomb.

Lubog [adj.] *Ceb.* dili tin-aw kay lapokon o may kolor ang tubig o likido *Eng.* turbid.

Lubong [n] *Ceb.* ang lubnganan sa patay *Eng.* tomb \niche.

Lubot [n] *Ceb.* sampot nga parte sa lawas *Eng.* butt \bum \rump \buttock.

Ludhanan [n] *Ceb.* pahimu-

tangan sa pagluhod *Eng.* hassock.

Lugar [n] *Ceb.* lugar \dapit \nahimutangan *Eng.* area \place \spot \venue \vicinity \site.

Lugas [n] *Ceb.* lusok sa liso *Eng.* piece of seed or grain.

Lugaw [n] *Ceb.* bugas nga niluto sa daghan kaayo nga tubig *Eng.* porridge.

Lugi [adj.] *Ceb.* walay ganansiya *Eng.* not gaining \no gain profitless.

Lugo [n] *Ceb.* uy-og sa sudlanan *Eng.* shake.

Lugod [n] *Ceb.* pangbagnod sa lawas \bato nga inudnod sa panit kung maligo *Eng.* body scrub \stone used as body scrub.

Lugos [n] *Ceb.* pakighilawas sa pugos *Eng.* rape.

Lugpit [n] *Ceb.* lugpit *Eng.* pin \clip \cramp iron.

Lugsong [n] *Ceb.* pakanaog gikan sa bukid o bulod \tugbong *Eng.* toward the bottom or foot of a hill \downhill (see also ambog)

Luha [n] *Ceb.* tubig sa mata *Eng.* tear.

Luhag [n] *Ceb.* luhag \ang paglihok *Eng.* act \action \motion \movement \mobility.

Luho [adj.] *Ceb.* posturawo posturyoso *Eng.* trim \neat.

Luhod [n] *Ceb.* ang pagpiko sa tuhod o mga tuhod diha sa salog *Eng.* bending of one's knee or knees on the ground \kneel.

Luib [n] _Ceb._ ang pagluib _Eng._ betrayal \unfaithfulness \disloyalty.

Lukat [n] _Ceb._ tubos _Eng._ redemption [n] _Ceb._ ang salapi nga ipangtubos _Eng._ ransom \redemption money.

Lukay [n] _Ceb._ dahon sa palmera sama sa lubi, nipa, o buli _Eng._ leaf of a palm tree such as that of coconut, nipa, or buri palm \palm leaf \coconut leaf.

Lukban [n] _Ceb._ ang tanom og prutas niani nga ukban _Eng._ pomelo (sc.name: Citrus maxima)

Luking [adj.] _Ceb._ kimpi ang mga tuhod _Eng._ knock-kneed.

Lukon [n] _Ceb._ dagko nga pasayan _Eng._ lobster \prawn \crawfish.

Lukonan [n] _Ceb._ budboranan sa higot _Eng._ spool \reel.

Lukon-lukon [n] _Ceb._ ang parte sa tiil likod sa tuhod _Eng._ back part of the knee.

Lukop [n] _Ceb._ nasakop tanan _Eng._ covering the whole place \completely covered \entirely covered \entire.

Lukso [n] _Ceb._ ambak \iktin _Eng._ jump.

Lulan [adj.] _Ceb._ nakasakay _Eng._ on board \aboard \inboard \loaded on.

Lulid [adj.] _Ceb._ hinayon o luyahon og tuhod _Eng._ weak-kneed.

Lulinghayaw [n] _Ceb._ lingaw-lingaw _Eng._ recreation \amusement.

Lumad [n] _Ceb._ ang luog nga namuyo sa usa ka lugar _Eng._ native settler \primitive.

Lumalabay [adj.] _Ceb._ dili magdugay _Eng._ transient \transitory \passing \brief \momentary \short-lived.

Lumay [n] _Ceb._ pagkaon o ilimnon nga panglukmay o pangdani sa gugma o kaulag sa makakaon o makainom _Eng._ love potion \philter.

Lumba [n] _Ceb._ lumba \gukganay \gukoray \indigay _Eng._ race \competition.

Lumbay [n] _Ceb._ lumbay \laray \pila _Eng._ array \tier \rank \single \file \array \row.

Lumilihay [n] _Ceb._ lumilihay _Eng._ one who evades from being hit.

Lum-it [n] _Ceb._ gum-os _Eng._ wrinkle \crumple \creased.

Lumlom [n] _Ceb._ ang pagpapiso sa mga itlog nga lingkoran sa himongaan _Eng._ sitting on eggs to hatch them \brooding of eggs \incubation.

Lumo [adj.] _Ceb._ humok kaayo kung gunitan \malumo _Eng._ soft to touch \tender.

Lumod [n] _Ceb._ isda nga dolpin _Eng._ dolphin.

Lumok [adj.] _Ceb._ malumok _Eng._ soft \tender \mild.

Lumolupyo [n] _Ceb._ ang mga namuyo sa usa ka dapit

Eng. settler \dweller \inhabitant.

Lumot [n] **Ceb.** gagmitoy nga tanom nga manapot sa tubigan nga bato o kahoy **Eng.** moss \algae \lichen.

Lumoy [adj.] **Ceb.** hinog na kaayo **Eng.** very ripe.

Lumpag [n] **Ceb.** tumpag \kagun-oban **Eng.** ruin \collapse.

Lumpiya [n] **Ceb.** tinadtad o hiniwa-hiniwa nga utanon nga pinutos og sapin nga hinimo sa harina **Eng.** chopped or sliced vegetables rolled in flour wrapper.

Lumsan [v] **Ceb.** pagpatay pinaagi sa pagputol sa gininhawa gamit ang tubig **Eng.** drown.

Luna [n] **Ceb.** lote sa yuta **Eng.** lot \parcel of land.

Lunang [n] **Ceb.** wanang sa tubig \lanang \biaw **Eng.** pond.

Lunes [n] **Ceb.** ikaduhang adlaw sa semana diha sa kalendaryo \Tigburukad **Eng.** Monday.

Lungag [n] **Ceb.** lungag \buslot \buho **Eng.** opening \hole \sinus (see also bangag)

Lunggob [n] **Ceb.** ang pagilog ug kalit aron makuha **Eng.** grab \snatch.

Lungon [n] **Ceb.** kahon nga sudlan sa minatay **Eng.** coffin \casket.

Lungsod [n] **Ceb.** sawang **Eng.** town \borough.

Lungsoranon [n] **Ceb.** ang pagkalungsod **Eng.** township.

Lungtad [n] **Ceb.** kinutoban aron mohupas **Eng.** prescription period \expiration.

Lunhaw [n] **Ceb.** lunhaw **Eng.** green.

Luno [n] **Ceb.** ang hinupakan nga panit sa hayop **Eng.** slough \shed of skin.

Lunop [n] **Ceb.** banaw sa tubig **Eng.** flood \deluge \inundation.

Lunsay [adj.] **Ceb.** walay sagol \lunsay **Eng.** plain \unmixed \sterling \pure \100%

Luod [adj.] **Ceb.** makapasuka ang lami **Eng.** sickening to taste \distasteful.

Luog [adj.] **Ceb.** ihalas **Eng.** wild \untamed.

Luon [n] **Ceb.** hapin sa ilawom **Eng.** lining \sheathing \underwear \undergarment \underclothes.

Luoy [adj.] **Ceb.** luoy **Eng.** pitiful \pitiable \piteous \miserable \lamentable.

Lupad [n] **Ceb.** panaw sa kahanginan **Eng.** flight \fly (see also naglupad, mibayaw)

Lurong [adj.] **Ceb.** lurong \nalurong **Eng.** mentally deranged \insane (see also buang) \dizzy \dazed (see also nalipong)

Lusa [n] **Ceb.** itlog o anak sa kuto nga bag-o pa lang napisa ug nanapot sa buhok o panit *Eng.* nit (see also kuto)

Lusok [n] *Ceb.* lugas sa liso *Eng.* piece or bead of seed \ear \kernel.

Lusong [n] *Ceb.* lusong *Eng.* a mortar conventionally made of carved wood and is used for pounding rice so as to remove the hull from the grains \mortar.

Luspad [adj.] *Ceb.* namuti ingon og nawad-an sa dugo *Eng.* pale \pallid \faint \livid.

Lutaluta [n] *Ceb.* ang sinumpayan nga parte sa bukog o lawas *Eng.* joint.

Lutas [n] *Ceb.* ang pagundang og tutoy sa gatas *Eng.* weaning \ablactation.

Lutaw [n] *Ceb.* ang pagutaw-utaw diha sa tubig *Eng.* flotation \floatation. [n] *Ceb.* ang paglutaw diha sa hangin *Eng.* levitation.

Lutay [adj.] *Ceb.* loyloy \lubay *Eng.* hanging \sagging.

Luto [adj.] *Ceb.* dili hilaw *Eng.* cooked.

Lutoan [n] *Ceb.* higamit sa pagluto *Eng.* cooking utensil \cookery (see also lutoanan)

Lutoanan [n] *Ceb.* ang mga higamit sa pagluto *Eng.* cooking utensil \cookery

Lutok [n] *Ceb.* tutok nga tinan-awan *Eng.* stare.

Lutoon [adj.] *Ceb.* baga kaayo og kolor *Eng.* deeply colored \deep in color \brightly colored.

Lutop [n] *Ceb.* lutop *Eng.* impression \imprint.

Lutsanan [n] *Ceb.* lutsanan *Eng.* exit \outlet.

Luwa [n] *Ceb.* ang mogula nga likido gikan sa baba *Eng.* saliva.

Luwag [n] *Ceb.* ang ipanghukad o ipang-ukay sa niluto nga pagkaon *Eng.* ladle.

Luwak [n] *Ceb.* paglapos og tungas sa tungason o pagsaka sa sakaon *Eng.* act or rolling, moving or passing over a hill or any inclined surface or plane, and usually proceeding to decline immediately \getting over the hill or any incline \getting over.

Luwan [n] *Ceb.* ang lulan nga karga *Eng.* load \freight.

Luwas [n] *Ceb.* dili kuyaw *Eng.* safe \free \secured \out of danger \free from harm \free from danger \unthreatened.

Luwat [n] *Ceb.* pag-undang o pagpahawa sa katungdanan o trabaho *Eng.* resignation \quitting from one's job.

Luya [adj.] *Ceb.* walay kusog \walay umoy \huyang *Eng.* no strength \strengthless \weak.

luy-a [n] *Ceb.* lagutmon nga halang ang unod, himoonon nga salabat *Eng.* ginger (sc.name: Zingiber officinale)

Luyat [adj.] *Ceb.* daot og lawas *Eng.* thin \skinny \emaciated.

Luyo [n] *Ceb.* likoran nga bahin *Eng.* rear \reverse \back \backside.

Luyong [n] *Ceb.* binhi sa tanom *Eng.* seedling.

~M~

M, m [n] *Ceb.* ang ikanapulo nga titik sa alpabeto nga Bisaya *Eng.* the tenth letter in Cebuano alphabet used in this dictionary (see also abakadahan)

Ma [n] *Ceb.* tawag sa inahan *Eng.* mom.

Maaan [adj.] *Ceb.* hisaypan \maalaan *Eng.* can be mistaken as (see also makailad)

Maabatan [adj.] *Ceb.* maalinggatan \mahikap \makamkam *Eng.* can be felt \tangible \perceptible to the senses.

Maabaton [adj.] *Ceb.* makaalinggat ang pamati *Eng.* can easily sense or feel something \having keen insight or intuition \can perceive quickly and easily \sensuous.

Maabhol [adj.] *Ceb.* maabhong ang baho o lami *Eng.* fusty \stale.

Maabot [adj.] *Ceb.* makab-ot \makawhat *Eng.* can be reach \reachable \accessible \within the reach.

Maabtik [adj.] *Ceb.* alisto ang linihokan *Eng.* quick \agile \fast \nimble \dynamic.

Maadlawon [n] *Ceb.* mga takna sukad sa pagsubang hangtod sa pagsalop sa adlaw *Eng.* day \daytime \daylight.

Maadunahan [adj.] *Ceb.* mabuhong sa bahandi *Eng.* will get rich \will become wealthy.

Maaghop [adj.] *Ceb.* malumo ang kasing-kasing *Eng.* kind \generous.

Maagwanta [adj.] *Ceb.* puwede nga antoson *Eng.* bearable \endurable.

Maakos [adj.] *Ceb.* mahimo nga buhaton *Eng.* easy to perform \can be \easy \easy to do.

Maakusahon [adj.] *Ceb.* matumotumoon *Eng.* accusing \accusative \accusatory \expressing accusation \imputing.

Maalam [adj.] *Ceb.* may kaalam *Eng.* having knowledge \knowledgeable \familiar with \knowing.

Maalimon [adj.] *Ceb.* makatambal *Eng.* curative \healing \remedial \restorative.

Maalindanga [adj.] *Ceb.* mainit-init *Eng.* warm \moderately hot.

Maamagon [adj.] *Ceb.* modan-ag o mohayag ang kaugalingon *Eng.* glowing \phosphorescent \fluorescent \luminous.

Maambong [adj.] *Ceb.* guwapo *Eng.* good-looking \handsome \elegant person \gorgeous man.

Maamigohon [adj.] *Ceb.* makihigalaon *Eng.* friendly.

Maampingon [adj.] *Ceb.* dili mapasagaron *Eng.* careful \prudent \watchful.

Maampoon [adj.] *Ceb.* pirme o masaligon sa pag-ampo *Eng.* worshipful \always praying.

Maangay [adj.] *Ceb.* puwede nga angayon aron mamao *Eng.* adjustable \can be regulated \regulable.

Maanghit [adj.] *Ceb.* baho nga singot *Eng.* smells like having foul body odor.

Maangin [adj.] *Ceb.* madamay *Eng.* will get involved \may get dragged into something \will be implicated.

Maangkon [adj.] *Ceb.* puwede nga angkonon *Eng.* achievable \attainable \can be possessed.

Maangso [adj.] *Ceb.* nanimaho nga ihi *Eng.* stinking with urinous smell \urinous.

Maanindot [adj.] *Ceb.* maayo sa panan-aw *Eng.* beautiful \beauteous \nice.

Maantigo [adj.] *Ceb.* maantigo *Eng.* having knowledge \knowledgeable \familiar with \knowing.

Maantos [adj.] *Ceb.* maagwanta *Eng.* bearable \endurable \tolerable \sufferable.

Maantoson [adj.] *Ceb.* maantoson *Eng.* enduring \surviving an ordeal or difficulty.

Maanyag [adj.] *Ceb.* guwapa *Eng.* beautiful \pretty \goodlooking \cute \lovely \appealing \dainty.

Maapud-apod [adj.] *Ceb.* manggihatagon sa tanan *Eng.* distributable \dispensable.

Maaroma [adj.] *Ceb.* mahumot, ingon sa ilimnon o panakot *Eng.* aromatic.

Maasikasohon [adj.] *Ceb.* mainatenderon *Eng.* attentive \caring.

Maasin [adj.] *Ceb.* may asin ang lami *Eng.* salty \briny \saline \taste like salt.

Maaslom aslom ang lami *Eng.* sour \acidic.

Maaso [adj.] *Ceb.* adunay aso *Eng.* smoky.

Maasul [adj.] *Ceb.* bulok asul *Eng.* bluish \somewhat blue.

Maato [adj.] *Ceb.* mahurot dayon *Eng.* be disposed of easily or in no time \will not last long.

Maawat [adj.] *Ceb.* masundog *Eng.* can be copied \can be duplicated (see also makopya)

Maawayon [adj.] *Ceb.* gusto o unaunahon sa away *Eng.* quarrelsome \provocative \troublesome.

Maayad [adj.] *Ceb.* puwede ayohon ang daot o guba *Eng.* can be repaired \reparable \can be mended \mendable \emendable \can be fixed \fixable.

Maayo [adj.] *Ceb.* dili daot *Eng.* good \not damaged \undamaged \unimpaired.

Maayo og lawas [adj.] *Ceb.* maayo og lawin *Eng.* good health \healthy \robust \stout (see also himsog)

Mabaaron [adj.] *Ceb.* mabaharon *Eng.* threatening \intimidating \forbidding \ominous.

Mabahin [adj.] *Ceb.* puwede nga tunga-tungaon *Eng.* can be divided \divisible.

Mabalak-on [adj.] *Ceb.* mabalak-on *Eng.* worrying \worried \concerned.

Mabali [adj.] *Ceb.* mabanggi *Eng.* can be broken \breakable \brittle \tender.

Mabaligya [adj.] *Ceb.* puwede nga itinda *Eng.* can be sold \salable \saleable \vendible.

Mabalod [adj.] *Ceb.* adunay mga balod *Eng.* wavy \billowy, as stormy sea.

Mabangis [adj.] *Ceb.* mabangis \mapintas *Eng.* wild \ferocious \fierce \brute \brutal \cruel \violent \barbarian \barbaric \barbarous \thuggish.

Mabanhaw [adj.] *Ceb.* mabuhi pagbalik *Eng.* will resurrect \will come back to life \will rise from the dead \will revive.

Mabanlas [adj.] *Ceb.* maanod og apil sa tubig *Eng.* will be or can be washed out.

Mabasa [adj.] *Ceb.* puwede nga basahon *Eng.* can be read \readable \legible. [adj.] *Ceb.* mahumod *Eng.* will get wet.

Mabaskog [adj.] *Ceb.* baskog *Eng.* healthy \in good health \robust \energetic \strong.

Mabasol [adj.] *Ceb.* kahatagan sa pagmahay *Eng.* blameworthy \regrettable.

Mabati [adj.] *Ceb.* madungog *Eng.* can be heard \audible.

Mabatokon [adj.] *Ceb* masukwaheon \makontrahon *Eng.* contradictive \contradicting \opposing.

Mabaw [adj.] *Ceb.* dili halalom \matugkad *Eng.* shallow \not deep \measurable depth \fathomable.

Mabawi [adj.] *Ceb.* makuha og balik *Eng.* can be taken back \retrievable \recoverable \reclaimable \can be withdrawn.

Mabawog [adj.] *Ceb.* molubay \maliyog *Eng.* can be bended \bendable \pliant \pliable.

Mabdos [adj.] *Ceb.* nagsabak \buros *Eng.* pregnant.

Mabiaybiayon [adj.] *Ceb.* mabiaybiayon \matinamayon *Eng.* scornful \discriminating \deriding \despising.

Mabihagon [adj.] *Ceb.* mabihagon \madanihon *Eng.* captivating \striking \attractive \alluring.

Mabinantayon [adj.] *Ceb.* mabatyagon sa palibot \mapaniiron **Eng.** watchful \sensing \wary \aware.

Mabitbit [adj.] **Ceb.** madala sa pagbitbit sa kamot **Eng.** can be hand carried \handy \handheld.

Mabitoon [adj.] **Ceb.** adunay mga bitoon **Eng.** starry.

Mabolo [n] **Ceb.** usa ka matang sa kahoy nga ang prutas pulahon ug dapawon **Eng.** ebony tree and its fruit.

Mabuak [adj.] **Ceb.** mabuak \mabuong **Eng.** breakable \fragile.

Mabudhion [adj.] **Ceb.** ma-budhion \maluibon **Eng.** traitorous \the unfaithful.

Mabug-at [adj.] **Ceb.** dako og timbang \maantog **Eng.** heavy \weighty.

Mabugnaw [adj.] **Ceb.** ma-bugnaw \kamigon \bugnaw **Eng.** cold.

Mabuhat [adj.] **Ceb.** mahimo \mabuhat **Eng.** can be done \can be performed \workable \doable \attainable.

Mabuhi [intej.] Mabuhi **Eng.** When uttered by shouting aloud, it means a wish for long and more life for somebody who is heroic, patriotic, popular, or has done great things. Similar to: long live! \hurrah! \hurray! \viva!.

Mabuhisan [adj.] **Ceb.** puwede patongan og buhis **Eng.** taxable \dutiable.

Mabukbok [adj.] **Ceb.** Mabuk-bok **Eng.** can be beaten

\can be mauled.

Mabulag [adj.] **Ceb.** puwede nga ibulag **Eng.** can be separated from \separable \can be removed.

Mabuligon [adj.] **Ceb.** mabu-ligon \matabangon **Eng.** helpful \cooperative \contri-butive.

Mabungahon [adj.] **Ceb.** a-dunay mga bunga **Eng.** having fruits \fruitful \fruit-bearing.

Mabungat [adj.] **Ceb.** ma-bungat \ikalitok **Eng.** can be uttered \utterable (see also masulti)

Mabuntog [adj.] **Ceb.** puwe-de nga madaog **Eng.** can be defeated \can be over-come \can be subdued \con-querable \vincible.

Mabuong [adj.] **Ceb.** puwede nga mabuak **Eng.** breaka-ble \fragile (see also ma-buak)

Mabusog [adj.] **Ceb.** mawala ang kagutom **Eng.** will no longer be hungry \will feel full in the stomach \will be feed up (see also matagbaw) can be sated \can be satisfied \satiable.

Madagiton [adj.] **Ceb.** mada-giton **Eng.** preying \snat-ching.

Madag-om [adj.] **Ceb.** mai-tom ang kalangitan kay adunay mga panganod **Eng.** cloudy \clouded \overcast.

Madala [adj.] **Ceb.** madala \mabitbit **Eng.** handy.

Madamay [adj.] *Ceb.* maapil bisan og walay labot *Eng.* will be implicated \will be involved.

Madangpan [adj.] *Ceb.* maduol aron kapangayoan og hinabang o proteksiyon *Eng.* approachable and can be resorted for help, protection or refuge (see also maduol)

Madaot [adj.] *Ceb.* masosyo \madamyos \magkadamyos *Eng.* will get damage \damageable.

Madapigon [adj.] *Ceb.* malabanon sa gidapigan *Eng.* one-sided \bias \playing favorite.

Madasigon [adj.] *Ceb.* madasigon \maganahon sa pagbuhat *Eng.* enthusiastic \spirited \zealous \courageous.

Madaugdaogon [adj.] *Ceb.* malupigon *Eng.* oppressive \tyrannous.

Madawat [adj.] *Ceb.* makuha gikan sa nagtunol, naghatag, o nagpadala *Eng.* can or will be received from \acceptable \considerable.

Madayagon [adj.] *Ceb.* mapahayagon sa kaugalingon \mabutyagon *Eng.* self-evident \self-explanatory \obvious.

Madre [n] *Ceb.* babaye nga nag-alagad og mihalad sa kaugalingon ngadto sa diyos *Eng.* nun \sister \mother superior.

Madudahon [adj.] *Ceb.* dili segurado sa angay buhaton \nagpanagana *Eng.* having a second thought \apprehensive \unsure \hesitant.

Madugaon [adj.] *Ceb.* madugaon *Eng.* juicy \slushy \sappy.

Madugmok [adj.] *Ceb.* magupok sa pino *Eng.* will disintegrate \brittle \friable (see also mabuak)

Madugoon [adj.] *Ceb.* madugoon *Eng.* full of blood \bloody \gory \grisly.

Madugta [adj.] *Ceb.* \malata \madunot *Eng.* will decay \biodegradable \perishable.

Madulom [adj.] *Ceb.* kulang sa dan-ag sa kahayag *Eng.* dim \shady \poorly lighted.

Madumtanon [adj.] *Ceb.* dili makalimot sa kasuko *Eng.* vengeful \vindictive \vixen.

Madungog [adj.] *Ceb.* madungog *Eng.* can be heard \hearable \audible.

Madunong [adj.] *Ceb.* madunong *Eng.* intelligent \bright-minded.

Madunot [adj.] *Ceb.* madunot *Eng.* will decay \biodegradable.

Maduol [adj.] *Ceb.* puwede nga duolon *Eng.* that which you can go near \can be approached \approachable.

Madutlan [adj.] *Ceb.* madutlan \dili kublan *Eng.* penetrable \vulnerable.

Maestra [n] *Ceb.* babaye nga magtutudlo *Eng.* female teacher \instructress.

Maestro [n] *Ceb.* lalaki nga magtutudlo *Eng.* male teacher \instructor.

Mag-aalahas [n] *Ceb.* negosyante sa mga alahas *Eng.* jeweler.

Mag-aalam [n] *Ceb.* mag-aalam *Eng.* student \scholar.

Mag-aampo [n] *Ceb.* mag-aampo *Eng.* someone who prays or is praying \prayer.

Magaan [adj.] *Ceb.* dili bugat ang timbang *Eng.* light.

Mag-aani [adj.] *Ceb.* tagaanl sa abot sa pananom \manganihay *Eng.* harvester.

Mag-aasoy [adj.] *Ceb.* mag-aasoy \tagaasoy *Eng.* narrator \story teller \teller of tales.

Mag-aawit [n] *Ceb.* tagakanta sa awit *Eng.* singer.

Mag-aawot [adj.] *Ceb.* mag-aawot *Eng.* barbor.

Magahi [n] *Ceb.* dili humok *Eng.* hard \firm \tough.

Magamit [adj.] *Ceb.* kapuslan *Eng.* serviceable \usable \applicable.

Magantihon [adj.] *Ceb.* mabaloson sa paghatag *Eng.* giving something in return as a prize or reward \rewarding [adj.] *Ceb.* mabanoson *Eng.* reciprocating.

Magarbo [adj.] *Ceb.* may pagkahambog *Eng.* showing off \luxurious \lofty.

Magbahar [adj.] *Ceb.* magminus sa kantidad o balor

Eng. will make or cause to devaluate, deflate, drop, or slump the price.

Magbalantay [n] *Ceb.* tanod *Eng.* watcher \watchman \lookout \overseer.

Magbangotan [v] *Ceb.* magbangotan \magginuol *Eng.* mourn \grieve \sorrow for \feel sad.

Magbubunyag [n] *Ceb.* tagahatag og pangalan \ang tagabawtismo *Eng.* name giver, namer \baptizer.

Magbuntag [adv.] *Ceb.* sa tibuok gabii hangtod moabot ang kabuntagon *Eng.* all night long.

Magbuntagay [adv.] *Ceb.* hangtod sa buntag *Eng.* till morning.

Magdadani [n] *Ceb.* magdadani \paragdani *Eng.* persuader \enticer \convincer.

Magdadaro [n] *Ceb.* magbubugkal sa yuta gamit ang daro *Eng.* plowman (US) \ploughman (Brit.)

Magdugay [adj.] *Ceb.* dili mahuman o mahurot dayon *Eng.* will stay long \will last \will last long \lasting.

Magdungan [adv.] *Ceb.* pareho ang sinugdanan ug kataposan *Eng.* move or occur at the same time or speed \simultaneously \be synchronized

Magil-as [adj.] *Ceb.* malain sa pamati *Eng.* irritating to the senses, particularly to touch and hearing.

Magisi [adj.] *Ceb.* puwede nga gision *Eng.* can be ripped \can be torn apart \can be lacerated.

Magkaamgid [adj.] *Ceb.* magkapareha ang hitsura o kahimo *Eng.* resembling \similar \look-alike.

Magkalipay [v] *Ceb.* maglipay \magsadya *Eng.* be happy \be merry \rejoice \cheer.

Magkauban [adv.] *Ceb.* managkuyog *Eng.* together \along.

Magkauyon [adj.] *Ceb.* magkaubay ang kahan-ay *Eng.* parallel.

Magkuyog [adv., v] *Ceb.* magkuyogay *Eng.* be together.

Maglipay [v] *Ceb.* maglipay magsadya *Eng.* rejoice \cheer \be happy (see also magkalipay)

Magluluwas [n] *Ceb.* magluluwas \tagaluwas *Eng.* savior (US) \saviour (Brit.)

Magluto [v] *Ceb.* maghikay og luto *Eng.* do some cooking.

Magmaya [v] *Ceb.* maglipay be *Eng.* happy \be merry \celebrate happiness \cheer \rejoice.

Magpabilin [v] *Ceb.* dili mouban pagbiya \maghulat *Eng.* stay \remain \tarry.

Magpasakop [v] *Ceb.* magpasakop *Eng.* be a member of \apply as a member \to or be an affiliate with.

Magpili [v] *Ceb.* manghagpat *Eng.* choose \select \opt.

Magsadya [v] *Ceb.* magsadya \maglipay *Eng.* be happy \be merry \celebrate happiness \cheer \rejoice.

Magsisibya [n] *Ceb.* magsisibya *Eng.* broadcaster \newscaster \announcer (see also tagabalita)

Magsosolda [n] *Ceb.* magsosolda *Eng.* solderer.

Magtabako [n] *Ceb.* magtabako *Eng.* tobacco smoker.

Magtabo [n] *Ceb.* magsugatay \mag-abot *Eng.* meet \converge \rendezvous.

Magtakilid [v] *Ceb.* paglihok o pagsibog nga patakilid ang lawas *Eng.* move or go sideways (see also pagtakilid)

Magtataho [n] *Ceb.* tagatinda o tagalibod og taho soybean *Eng.* dessert vendor \taho vendor.

Magtatambag [n] *Ceb.* ang duolon aron kapangayoan og tambag *Eng.* adviser \advisor \visor \counselor (US) \counsellor (Brit.) consultant (see also magtatanyag)

Magtatambal [n] *Ceb.* magtatambal *Eng.* doctor quack doctor \charlatan \medicine man \witch doctor (see also mananambal)

Magtatanyag [n] *Ceb.* ang mohatag og tanyag *Eng.* proposer.

Magteks [v] *Ceb.* magpadala

og sinulat nga mensahe sa cellphone *Eng.* send a text message through cellular phone.

Magtiayon [n] *Ceb.* ang managpares nga asawa ug bana *Eng.* couple \spouses (see also manag-asawa)

Magtigom [v] *Ceb.* magtapokay magkitaay *Eng.* gather \gather together \confer \rendezvous \meet.

Magtitigmo [n] *Ceb.* paragtigmo *Eng.* one who gives a riddle \puzzle.

Magtitinapay [n] *Ceb.* maghuhurno \panadero *Eng.* baker \bread maker.

Magtitinda [n] *Ceb.* magbabaligya *Eng.* seller \vendor.

Magtutudlo [n] *Ceb.* tagatudlo sa kaalam *Eng.* tutor \instructor \lecturer \mentor \teacher.

Magtutukib [n] *Ceb.* tagapangita og kasayoran \manunuhid \maniniksik *Eng.* explorer.

Magtutuo [n] *Ceb.* ang mituo \tagatuo *Eng.* believer \the faithful.

Maguba [adj.] *Ceb.* maguba \mabungkag *Eng.* can be destroyed \destructible.

Magubot [adj.] *Ceb.* dili hapsay *Eng.* in disarray \disarranged \disordered \topsy-turvy \disorganized \unorganized \confused.

Magulang [n] *Ceb.* ang mas edaran maguwang *Eng.* older person \elder \elderly

\senior (see also tigulang)

Magul-anon [adj.] *Ceb.* dili malipayon *Eng.* sad \unhappy.

Magun-ob [adj.] *Ceb.* magun-ob \malumpag *Eng.* will or can be destroyed \destructible (see also maguba)

Magupok [adj.] *Ceb.* magupok *Eng.* brittle \friable (see also madugmok)

Magustohan [adj.] *Ceb.* magustohan *Eng.* likeable \likable \agreeable \endearing.

Maguwang [n] *Ceb.* maguwang *Eng.* older person \elder (see also magulang)

Magwawali [n] *Ceb.* magsesermon *Eng.* preacher.

Mahabilin [adj.] *Ceb.* magpabilin *Eng.* will stay \will remain \retentive.

Mahagaron [adj.] *Ceb.* mahagaron *Eng.* inciting \instigating (see also mahagiton)

Mahagiton [adj.] *Ceb.* unaunahon \mahagaron *Eng.* provocative \instigating \inciting \challenging. (see also hingaway)

Mahago [adj.] *Ceb.* makapoy kaayo \makapalapoy *Eng.* wearisome (see also makapakapoy)

Mahait [adj.] *Ceb.* makadulot o makasamad ang silab *Eng.* sharp (see also hait)

Mahal [adj.] *Ceb.* taas og presyo *Eng.* highly-priced \expensive \costly.

Mahal nga adlaw [n] *Ceb.* ang

mga balaan nga adlaw sulod sa Semana Santa *Eng.* any of the days in Holy week \Lent \Lenten Season (see also adlaw)

Mahalap [adj.] *Ceb.* dili klaro sa pana-aw *Eng.* unclear to vision \blurred \hazy \obscure (see also hanap)

Mahal-mahal [adj.] *Ceb.* medyo may pagkamahal ang kantidad *Eng.* semiprecious \quite expensive.

Mahambog [adj.] *Ceb.* mahambog \hambogero *Eng.* boastful \showy \braggart \bragging \flaunty \flashy \flamboyant \pompous \haughty \garish.

Mahandom [adj.] *Ceb.* mahunahuna og balik ang mga nangagi na o mga kanhiay *Eng.* can be recalled \can be remembered.

Mahanduraw [adj.] *Ceb.* mahanduraw \maisip *Eng.* can be recalled \can be remembered.

Mahangin [adj.] *Ceb.* adunay hinuros o buga sa hangin *Eng.* windy \airy \drafty \gusty (see also hanginon)

Mahapdos [adj.] *Ceb.* ngutngot sa kasakit *Eng.* stinging pain \painful \stingy \poignant \sore (see also hapdos)

Maharion [adj.] *Ceb.* maharion \mapalabawon *Eng.* domineering \authoritative.

Mahatagon [adj.] *Ceb.* mahatagon *Eng.* generous \open-handed \contributive.

Mahaw-as [adj.] *Ceb.* makuha gikan sa pagkasakay *Eng.* can be unloaded \dismountable.

Mahay [n] *Ceb.* ang pagbasol *Eng.* regret \remorse \contrition (see also basol)

Mahayag [adj.] *Ceb.* dili ngitngit *Eng.* bright \lighted \illuminated \radiant \effulgent (see also lamdag)

Mahayahay [adj.] *Ceb.* mahuyohoy ang huyop sa hangin \hayahay *Eng.* breezy \blowing (see also mahangin)

Mahayanan [n] *Ceb.* ang hatagan sa pagbasol *Eng.* whipping boy \scapegoat.

Mahibal-an [adj.] *Ceb.* puwede nga masayran *Eng.* noticeable \will be known (see also masabotan)

Mahibalo [adj.] *Ceb.* maalam *Eng.* knowledgeable \knowing.

Mahibaw-an [adj.] *Ceb.* mahibaloan *Eng.* will be known \can be told (see also masabotan)

Mahigugmaon [adj.] *Ceb.* mahigugmaon \mapalanggaon *Eng.* loving \affectionate \benevolent.

Mahika [n] *Ceb.* salamangka *Eng.* magic (see also salamangka)

Mahikalimotan [adj.] *Ceb.* mahikalimotan \mahikalimtan *Eng.* can be forgotten.

Mahikap [adj.] *Ceb.* mahikap \mahinol \magunitan \makamkam *Eng.* can be touched \touchable \tactile \palpable.

Mahilayon [adj.] *Ceb.* mahilig sa kahilayan \bisyoso *Eng.* vicious.

Mahiligon [adj.] *Ceb.* may gusto sa pagbuhat *Eng.* fond \fond of \ardent \enthusiast (see also interesado)

Mahilis [adj.] *Ceb.* molanay \mahilis *Eng.* will melt \liquefiable \deliquescent (see also matunaw)

Mahilom [adj.] *Ceb.* dili saba *Eng.* silent \quiet (see also hilom)

Mahilwas [adj.] *Ceb.* malitok *Eng.* pronounceable \utterable (see also masulti)

Mahimayaon [adj.] *Ceb.* tugob sa kalipay *Eng.* glorious \rapturous \heavenly \celestial \supernal (see also kalipay)

Mahimo [adj.] *Ceb.* puwede nga buhaton *Eng.* can be done \can be performed \can be executed \doable (see also mahitabo)

Mahimsog [adj.] *Ceb.* mahimsog \maayo ang panglawas *Eng.* in good health \healthy \sound \fit \hearty.

Mahinam [adj.] *Ceb.* makapaukyab *Eng.* exciting.

Mahinay [adj.] *Ceb.* dili paspas \dili tulin *Eng.* slow \gentle (see also hinay)

Mahinganlan [adj.] *Ceb.* malitok ang ngalan \matawag ang ngalan *Eng.* can be called by its name \namable

\nameable (see also masulti)

Mahingos [adj.] *Ceb.* maginhawa *Eng.* can be inhaled \breathable (see also masimhot)

Mahinlo [adj.] *Ceb.* dili hugaw *Eng.* clean \neat.

Mahinulsolon [adj.] *Ceb.* mahinulsolon *Eng.* remorseful \repenting \repentant (see also nagbasol)

Mahinumdomon [adj.] *Ceb.* mahinumdomon *Eng.* thoughtful \caring.

Mahisgotan [adj.] *Ceb.* mahisgotan *Eng.* mentionable.

Mahistrado [n] *Ceb.* ang maghuhukom sa korte *Eng.* magistrate (see also husgado)

Mahitabo [adj.] *Ceb.* puwede nga mahitabo *Eng.* will happen \will occur \going to happen \may happen

Mahubad [adj.] *Ceb.* makuha ang kahulogan *Eng.* can be deciphered \translatable (see also masulbad)

Mahugaw [adj.] *Ceb.* dili limpiyo *Eng.* dirty \unclean \filthy (see also hugaw)

Mahumok [adj.] *Ceb.* dili gahi *Eng.* soft \gentle (see also humok)

Mahumot [adj.] *Ceb.* nindot og baho *Eng.* fragrant \sweet-smelling \nice to smell.

Mahunahunaon [adj.] *Ceb.* mahunahunaon *Eng.* thoughtful.

Mahupay [adj.] *Ceb.* puwede

nga maayo ang balatian *Eng.* curable.

Mahurot [adj.] *Ceb.* mahut-dan *Eng.* will run out of supply \will get exhausted of \be disposed of.

Mahuyang [adj.] *Ceb.* mahu-yang \walay kusog *Eng.* no strength \strengthless \weak (see also hinay)

Maibogon [adj.] *Ceb.* adunay kaibog sa *Eng.* have strong liking \attracted to.

Maidlas [adj.] *Ceb.* lisod hi-sakpan *Eng.* hard to catch \elusive.

Maigo [adj.] *Ceb.* maarang \paigo *Eng.* suitable \fit \exact.

Maihap [adj.] *Ceb.* puwede nga ihapon *Eng.* can be counted \countable \nume-rable.

Maikagon [adj.] *Ceb.* mai-kagon *Eng.* have strong liking \attracted to.

Maila [adj.] *Ceb.* mahibaloan kung unsa o kinsa *Eng.* recognizable (see also mail-han)

Mailad [adj.] *Ceb.* kalim-bongan *Eng.* gullible \decei-vable \can be duped.

Mailhan [adj.] *Ceb.* mahi-baloan kung unsa o kinsa *Eng.* can be identified \iden-tifiable \recognizable.

Mainat [adj.] *Ceb.* mabira aron mabingat pataas \mabi-ngat *Eng.* stretchable \e-lastic.

Mainit [adj.] *Ceb.* dili bugnaw \taas ang temperatura *Eng.* hot (see also init)

Mainom [adj.] *Ceb.* puwede nga imnon *Eng.* drinkable \potable.

Maipadayag [adj.] *Ceb.* ika-sulti o ikapakita ang gibati o buot ipasabot *Eng.* can be expressed \expressible.

Mais [n] *Ceb.* tanom nga ang bunga nga pinusô adunay mga lusok nga nanapot sa pakal, ang tumoy sa bunga adunay buhok-buhok *Eng.* corn \maize (sc.name: Zea mays, [var. Rugosa])

Maisog [adj.] *Ceb.* dili mo-talaw *Eng.* brave \fearless \valiant (see also isog)

Maistorya [adj.] *Ceb.* mai-sugilon *Eng.* can be told \can be narrated (see also ikasulti)

Maisuka [adj.] *Ceb.* puwede nga isuka *Eng.* can be vomited \can be spewed out.

Maitom [adj.] *Ceb.* luto og bulok *Eng.* heavily colored \deep in color \dark (see also itom)

Makaadik [adj.] *Ceb.* maka-anad sa paggamit \makapa-higalam \makapahigam *Eng.* addictive \habit-form-ing.

Makaayo [adj.] *Ceb.* maka-hatag og kaayohan \maka-pabentaha *Eng.* good \will do good \advantageous \fa-vorable (US) \favourable (Brit.)

Makabasa [adj.] *Ceb.* makamao nga mobasa *Eng.* can read \literate \well-read.

Makabayad [adj.] *Ceb.* makaakos sa pagbayad *Eng.* can afford to pay \can pay \has something to pay \solvent.

Makabibihag [adj.] *Ceb.* makadani ang kaanyag *Eng.* captivating \alluring \attractive (see also maanyag)

Makabigon [adj.] *Ceb.* makapakabig \makapaawhag *Eng.* persuasive \enticing \alluring \inviting.

Makabuhat [adj.] *Ceb.* angayan ug takos sa pagbuhat \makahimo *Eng.* competent.

Makabungog [adj.] *Ceb.* makallpong sa pamati o panungog *Eng.* can cause grogginess \stupefying \dazzling (see also makabungol)

Makabungol [adj.] *Ceb.* makadaot o makapawala sa panungog *Eng.* deafening \can cause deafness.

Makadagat [adj.] *Ceb.* makapasuka tungod sa pagbinalod sa dagat *Eng.* can induce seasickness \nauseous (see also makapasuka)

Makadanghaw [adj.] *Ceb.* makapamala sa tutunlan ingon og giuhaw o harasharas sa pamati \makapauhaw og maayo *Eng.* dries the throat, that makes one feel thirsty or harsh.

Makadani [adj.] *Ceb.* madanihon *Eng.* attractive \seducing \alluring.

Makadaog [adj.] *Ceb.* makadaog *Eng.* will win \will triumph \winning. [adj.] *Ceb.* makaakos sa pag-alsa *Eng.* capable of lifting \can lift \can uplift \can raise \able to carry the weight.

Makadaot [adj.] *Ceb.* dili makaayo *Eng.* harmful \detrimental \unsafe \unfit.

Makadasig [adj.] *Ceb.* makapagana sa pagbuhat *Eng.* encouraging \inspiring \inspirational \motivating \uplifting \stimulating \rousing \bracing \invigorating.

Makadugta [adj.] *Ceb.* makalata *Eng.* causes decay.

Makaduka [adj.] *Ceb.* makapaabat og katulogon *Eng.* can induce drowsiness (see also makapatulog)

Makagagahom [adj.] *Ceb.* labaw nga gamhanan *Eng.* supreme \almighty \omnipotent \all-powerful (see also diyos)

Makaginhawa [adj.] *Ceb.* puwede nga moginhawa *Eng.* can breath \capable of breathing.

Makaguba [adj.] *Ceb.* makaguba *Eng.* destructive \ruinous.

Makahadlok [adj.] *Ceb.* maoy hinungdan aron mobati og kahadlok *Eng.* scary \fearsome.

Makahilo [adj.] *Ceb.* makalanag *Eng.* poisonous \toxic.

Makahinam [adj.] *Ceb.* makapakulba-hinam *Eng.* suspenseful \thrilling \exciting.

Makahinlo [adj.] *Ceb.* makahinlo *Eng.* can clean \cleansing.

Makahiwa [adj.] *Ceb.* makaadlip o makapikas *Eng.* can cut \can slice.

Makahubog [adj.] *Ceb.* mahimo nga hinungdan sa pagkahubog *Eng.* intoxicant \alcoholic.

Makahupay [adj.] *Ceb.* makawagtang sa sakit nga gibati *Eng.* can relieve the pain \can ease the pain \soothing.

Makaiibog [adj.] *Ceb.* makaiibog *Eng.* captivating \alluring \attractive.

Makaila [adj.] *Ceb.* makahibalo kung unsa *Eng.* cognizant \advanced \can tell \can identify \can recognize.

Makailad [adj.] *Ceb.* makapangilad *Eng.* can deceive \deceptive \deceiving \delusive \cunning \foxy.

Makakapoy [adj.] *Ceb.* makakapoy *Eng.* tiring \tiresome \exhausting.

Makakita [adj.] *Ceb.* puwede nga makatan-aw *Eng.* can see \have sight.

Makalaay [adj.] *Ceb.* makapawala sa gana *Eng.* boring \monotonous \dull (see also laay)

Makalagot [adj.] *Ceb.* makapahangit *Eng.* can cause anger \repugnant \repulsive \annoying.

Makalangan [adj.] *Ceb.* makasagabal *Eng.* can cause delay \can delay \can impede \dilatory \impeding.

Makalas [adj.] *Ceb.* makalas *Eng.* removable \detachable.

Makalibog [adj.] *Ceb.* mahimo nga hinungdan sa kalibog *Eng.* can cause confusion \annoying.

Makalilimos [n] *Ceb.* ang nagpangayo og kuwarta, pagkaon, o unsa man nga hinabang gikan sa lain nga tawo *Eng.* beggar \pauper \mendicant.

Makalimtan [adj.] *Ceb.* dili mahinumdoman *Eng.* can be forgotten.

Makalingaw [adj.] *Ceb.* makahatag og lingaw *Eng.* entertaining \amusing \enjoyable.

Makalipay [adj.] *Ceb.* makahatag og kalipay *Eng.* can make happy.

Makalipong [adj.] *Ceb.* mahimo nga hinungdan sa kalipong *Eng.* can cause dizziness \dizzying \nauseous.

Makalisang [adj.] *Ceb.* makahahadlok \makapanerbiyos *Eng.* scary \fearsome \frightening \frightful \terrifying.

Makalisod [adj.] *Ceb.* mahimong hinungdan aron magkamalisod *Eng.* can cause difficulty or hardship \will make task or work hard to perform.

Makaluluoy [adj.] *Ceb.* makaluluoy *Eng.* pitiful \pitiable \piteous \miserable \lamentable.

Makaluod [adj.] *Ceb.* makapawala sa gana sa pagkaon *Eng.* can loss one's appetite \cloying \satiating.

Makalupad [adj.] *Ceb.* makahimo sa paglupad *Eng.* can fly \capable of flying \volant.

Makamatay [adj.] *Ceb.* mahimo nga hinungdan sa kamatayon *Eng.* can kill \lethal \deadly \fatal.

Makaminus [adj.] *Ceb.* makapaubos sa dungog \mabiaybiayon *Eng.* derogatory \debasing \degrading.

Makanerbiyos [adj.] *Ceb.* makanerbiyos *Eng.* can cause or make someone to feel or be nervous \can cause or make someone be afraid of something \nerveracking \unnerving.

Makaon [adj.] *Ceb.* puwede nga kan-on *Eng.* eatable \edible.

Makapaguol [adj.] *Ceb.* makahatag og kasubo \makapahisubo *Eng.* saddening \disheartening \discouraging.

Makapakugang [adj.] *Ceb.* makapakugang *Eng.* surprising \shocking \astonishing \astounding.

Makapalibog [adj.] *Ceb.* mahimo nga hinungdan sa kalibog *Eng.* can cause the confusion \puzzling \perplexing \annoying \bewildering \disturbing.

Makapasubo [adj.] *Ceb.* makahatag og kasub-anan *Eng.* causes or makes one sad \saddening \disheartening \dismal \dolorous \dreary \grievous.

Makapatay [adj.] *Ceb.* mahimo nga hinungdan sa kamatayon *Eng.* deadly \lethal \fatal \terminal.

Makasala [adj.] *Ceb.* makalapas sa balaod *Eng.* capable to commit violation or sin \prone to commit sin \peccable.

Makasubo [adj.] *Ceb.* makahatag og kaguol *Eng.* can make sad \saddening \deplorable.

Makasulat [adj.] *Ceb.* maantigo nga mosulat *Eng.* can write \literate.

Makatabang [adj.] *Ceb.* makatabang *Eng.* can be of help \can aid \helpful.

Makatagbaw [adj.] *Ceb.* makabalaw sa gusto o gana *Eng.* satisfying hunger or thirst \gratifying \can satiate \satiating.

Makatakod [adj.] *Ceb.* puwede nga motakboy ngadto sa uban *Eng.* infectious \contagious \communicable.

Makatandog [adj.] *Ceb.* makapatandog sa pagbati *Eng.* touching \affecting \pathetic \sensual.

Makatental [adj.] *Ceb.* makadani **Eng.** tempting \enticing.

Makatulo [adj.] **Ceb.** katulo ka subli **Eng.** three times \thrice.

Makatulog [adj.] **Ceb.** makatulog **Eng.** capable of sleeping.

Makaupat [adj.] **Ceb.** upat ka subli **Eng.** four times \quadruple \foursome \tetrad \quaternion \quartet \quartette.

Makaut-ot [adj.] **Ceb.** makadunot **Eng.** can corrode \causing corrosion \corroding \corrosive.

Makauulaw [adj.] **Ceb.** makahatag og kaulaw **Eng.** embarrassing \can humiliate \humiliating \shameful \despicable \contemptible.

Makilibro [adj.] **Ceb.** ang mahiligon sa libro **Eng.** booklover \bibliophile \bibliomaniac.

Makililimos [n] **Ceb.** ang timawa nga nagpangayo og kuwarta, pagkaon, o unsa man nga hinabang gikan sa lain nga tawo **Eng.** beggar \pauper \mendicant.

Makina [n] **Ceb.** himan nga adunay mekanismo nga magkinaugalingon sa paglihok o paghimo sa usa ka buluhaton **Eng.** machine.

Makinaadmanon [adj.] **Ceb.** kahibalo kaayo **Eng.** expert \knowledgeable \proficient \knowing.

Makinarya [n] **Ceb.** ang mga makina **Eng.** machinery.

Makinilya [n] **Ceb.** makina

nga adunay teklado nga tulpok-tulpokon aron mopatik ang mga letra ngadto sa papel **Eng.** typewriter.

Makinista [n] **Ceb.** ang tagaayo sa makina **Eng.** machinist.

Makita [adj.] **Ceb.** puwede nga sud-ongon **Eng.** can be viewed \viewable.

Makompiska [adj.] **Ceb.** puwede nga kompiskahon **Eng.** can be confiscated \confiscable \can be forfeited \forfeitable.

Makopya [adj.] **Ceb.** kahimoan og kopya **Eng.** can be copied \can be duplicated \can be imitated \imitable.

Makonsente [adj.] **Ceb.** kahatagan sa konsente **Eng.** can have the consent.

Makugi [adj.] **Ceb.** makugi **Eng.** diligent \industrious \hard working \sedulous \zealous.

Makuha [adj.] **Ceb.** makuha **Eng.** removable \detachable.

Makuli [adj.] **Ceb.** dili sayon **Eng.** difficult \hard \uneasy \tough.

Makuti [adj.] **Ceb.** mabusisi sa detalye **Eng.** intricate \meticulous \fastidious \fussy \perfectionist.

Makuyaw [adj.] **Ceb.** kuyaw **Eng.** unsafe \perilous \precarious.

Makwestyon [adj.] **Ceb.** puwede pangutan-on o usisahon **Eng.** contestable

\questionable.

Mala [adj.] *Ceb.* dili basa *Eng.* dry (see also mamala)

Malaay [adj.] *Ceb.* dili makapagana *Eng.* boring \monotonous.

Malabay [adj.] *Ceb.* puwede nga ilabay *Eng.* can be thrown out.

Malabhan [adj.] *Ceb.* puwede labhan \washable *Eng.* launderable.

Malabog [adj.] *Ceb.* puwede nga ilabog *Eng.* can be thrown away \can be dumped.

Malabong [adj.] *Ceb.* malambo ang kasagbotan *Eng.* shrubby \bushy.

Malabwan [adj.] *Ceb.* puwede nga labwan *Eng.* can be surpassed, outdone, or excelled.

Malaga [adj.] *Ceb.* maluto og maayo, ingon og malata ang unod human lutoa diha sa init o pinabukal og maayo nga tubig *Eng.* will become tender after cooking well in boiling water \will be stewed.

Malagoton [adj.] *Ceb.* mapungtanon *Eng.* angry \enraged \furious \mad.

Malain [adj.] *Ceb.* malain *Eng.* separable \can be segregated.

Malaksot [adj.] *Ceb.* dili maanindot *Eng.* ugly \badlooking \base \awful.

Malambo [adj.] *Ceb.* malabong *Eng.* flourishing \lush \luxuriant \bushy \progres-

sive \improving \advancing \prosperous.

Malamboon [adj.] *Ceb.* maasensohon *Eng.* progressive \improving (see also malambo)

Malamdong [adj.] *Ceb.* may anino o lamdong *Eng.* shady.

Malamian [adj.] *Ceb.* maayo sa panilaw *Eng.* delicious \tasty \delectable \palatable.

Malandong [adj.] *Ceb.* may landong o lamdong *Eng.* shady.

Malanog [adj.] *Ceb.* sipa ug lanog kaayo ang tunog *Eng.* loud \resounding.

Malansis [adj.] *Ceb.* malimbongon *Eng.* tricky.

Malansison [adj.] *Ceb.* malansison *Eng.* tricky \cunning \sly \cheating.

Malantaw [adj.] *Ceb.* makita sa layo *Eng.* can be foreseen \foreseeable.

Malapad [adj.] *Ceb.* haluag ang lugar *Eng.* wide \broad.

Malarya [n] *Ceb.* sakit nga dala sa pinaakan sa lamok, adunay taas nga hilanat ug pangurogkurog sa takig *Eng.* malaria.

Malas [adj.] *Ceb.* walay suwerte *Eng.* unfortunate \unlucky \misfortunate \inopportune \ill-fated \ill-omened.

Malasado [adj.] *Ceb.* hilawhilaw ang pagkaluto *Eng.* rare \half-cooked.

Malatas [n] *Ceb.* puwede nga latason *Eng.* can be

crossed.

Malaw-ay [adj.] *Ceb.* malaw-ay \mahilas *Eng.* immodest \immoral \obscene.

Malayog [adj.] *Ceb.* taas kaayo ang barog *Eng.* towering \very tall.

Maldisyon [n] *Ceb.* panghimaraot *Eng.* malediction \curse.

Maldita *Ceb.* maldita (spanish or portuguese) *Eng.* damn.

Maldito [adj.] *Ceb.* dili buotan *Eng.* naughty \ill-disposed \ill-mannered \brute (see also bugoy)

Maleta [n] *Ceb.* kahon nga sudlanan sa mga sapot o mga personal nga higamit *Eng.* travel case for clothes \trunks \luggage.

Malibak [adj.] *Ceb.* mabiay-biay *Eng.* scornful \contemptuous.

Malinawon [adj.] *Ceb.* walay gubot *Eng.* peaceful.

Malipayon [adj.] *Ceb.* mibati og kalipay *Eng.* happy \glad \merry.

Malisod [adj.] *Ceb.* dili sayon *Eng.* difficult \hard \uneasy \tough.

Maluho [adj.] *Ceb.* mahilig sa hamugaway o haruhay nga panimuyo o kahimtang *Eng.* luxurious \majestic.

Maluibon [adj.] *Ceb.* mabudhion *Eng.* traitor \traitorous (see also mabudhion)

Malumo [adj.] *Ceb.* dili gahi og pagbati *Eng.* soft hearted \meek.

Malupigon [adj.] *Ceb.* madaugdaogon *Eng.* oppressive \tyrannous \tyrannical.

Maluwas [adj.] *Ceb.* matubos gikan sa kalisdanan o kakuyaw *Eng.* can be saved \can be rescued \rescuable.

Malimtan [adj.] *Ceb.* malimtan *Eng.* can be forgotten \will not or cannot be recalled or remembered.

Maluya [adj.] *Ceb.* dili kusgan *Eng.* weak \slow \frail (see also luya)

Mama [n] *Ceb.* mama *Eng.* mom.

Mamala [adj.] *Ceb.* dili basa *Eng.* dry.

Mamalhin [adj.] *Ceb.* ang mamalhinay *Eng.* transferee.

Mamalitay [n] *Ceb.* mamalitay *Eng.* purchaser \buyer.

Mamasol [n] *Ceb.* mamasol *Eng.* angler (see also mangingisda)

Mamatay [adj.] *Ceb.* may kataposan ang kinabuhi *Eng.* will die \mortal \will perish \perishable.

Mamati [adj.] *Ceb.* maminaw *Eng.* will hear \will listen \heedful.

Mamaylo [n] *Ceb.* tagabaylo *Eng.* interchanger \changer.

Mamingaw [adj.] *Ceb.* mamingaw *Eng.* serene \quiet \silent \placid \sedate \lonely.

Mamsa [n] *Ceb.* usa ka matang sa isda sa dagat *Eng.* jack fish.

Mamugaw [adj.] *Ceb.* mobu-gaw \motabog \manabog *Eng.* driving away \shooing.

Mamumuno [n] *Ceb.* pa-muno *Eng.* leader \ruler \boss (see also pangulo)

Mamumuo [n] *Ceb.* mamu-muo *Eng.* worker \laborer \workingman \workingwoman

Mamunga [adj.] *Ceb.* puwe-de nga magkabunga *Eng.* will bear fruit.

Manabang [adj.] *Ceb.* mana-bang *Eng.* willing to give assistance or \willing to help \willing to support.

Manag-asawa [adj.] *Ceb.* ang bana ug asawa \managtiayon *Eng.* husband and wife \the espouses \couple.

Managlahi [adj.] *Ceb.* dili pareho *Eng.* not the same \different \dissimilar \unlike.

Managsoon [n] *Ceb.* manag-igsoon *Eng.* siblings (see also igsoon)

Managtrato [n] *Ceb.* manag-uyab *Eng.* the lovers.

Manakahay [n] *Ceb.* mana-kahay *Eng.* climber.

Manakod [adj.] *Ceb.* puwede nga motakboy sa uban *Eng.* communicable \contagious (see also makatakod)

Manalag-an [n] *Ceb.* mana-lag-an *Eng.* fortune teller \seer \soothsayer \predictor (see also manalagna)

Manalambal [n] *Ceb.* manalambal *Eng.* doctor.

Manalipod [n] *Ceb.* manali-pod \tagadepensa *Eng.* de-fender.

Mananabang [n] *Ceb.* ang maghihilot o doktor nga mo-tabang sa pagpaanak *Eng.* midwife.

Mananagat [n] *Ceb.* ang ma-nanakop og isda sa kada-gatan *Eng.* fisherman (see also mangingisda)

Mananahi [n] *Ceb.* tagatahi og sapot *Eng.* sewer \seam-stress \dressmaker \tailor.

Mananambal [n] *Ceb.* mag-tatambal sa sakit *Eng.* phy-sician \doctor.

Mananaog [n] *Ceb.* ang mi-daog *Eng.* winner \victor.

Mananap [n] *Ceb.* nilalang nga hayop *Eng.* animal (see also hayop)

Mananapaw [adj.] *Ceb.* ilo-gan og asawa *Eng.* cove-tous \adulterous.

Manaog [v] *Ceb.* pagkawas gikan sa gisakyan *Eng.* alight \get down.

Manatad [n] *Ceb.* usa ka matang sa langgam nga id-las kaayo *Eng.* wild quail.

Mandar [n] *Ceb.* mandar *Eng.* commandments \com-mand \order (see also ba-laod)

Manding [n] *Ceb.* tawag ngadto sa mas gulang nga babaye *Eng.* respectful address to an elder sister or older woman.

Maneho [n] *Ceb.* maneho *Eng.* management (see also dumala)

Mangabag [v] *Ceb.* mangabag *Eng.* willing to give assistance or \will go to help \will help.

Mangabaga [adj.] *Ceb.* mangabaga *Eng.* will go to help.

Mangakha [adj.] *Ceb.* mangaykay sa yuta *Eng.* will scratch the ground \rasorial.

Manganak [adj.] *Ceb.* makapahimugso og liwat *Eng.* will give birth to an offspring or child \viviparous.

Mangangani [n] *Ceb.* taga-ani *Eng.* harvester \gatherer of crops \reaper.

Mangaya [adj.] *Ceb.* mangaya *Eng.* joyful \merry \gay \happy.

Mangga [n] *Ceb.* kahoy nga ang prutas berde ug aslom kung hilaw pa, dalag ug matam-is kung hinog na, may dako nga liso sa sulod *Eng.* mango (sc.name: Mangiferia indica)

Manggad [n] *Ceb.* Manggad \tahod *Eng.* respect

Manggugubat [n] *Ceb.* manggugubat *Eng.* warrior \battler \fighter.

Manghihilo [n] *Ceb.* tagahilo *Eng.* poisoner.

Manghod [n] *Ceb.* igsoon nga mas bata og panuigon *Eng.* younger sibling \junior.

Mangingibot [n] *Ceb.* mangingibot *Eng.* puller \extractor.

Mangingilad [n] *Ceb.* ang mangilad *Eng.* deceiver \swindler \trickster.

Mangingisda [n] *Ceb.* .ang maninikop og isda mananagat *Eng.* fisherman.

Mangitngit [adj.] *Ceb.* dili hayag *Eng.* dark.

Mangko [adj.] *Ceb.* usa ka matang sa isda nga gagmayon nga tuna *Eng.* tuna bonito.

Manglulugos [n] *Ceb.* ang mamugos sa pakighilawas *Eng.* rapist.

Manglulupig [n] *Ceb.* ang manaugdaog *Eng.* oppressor.

Mangluluto [n] *Ceb.* manglulutoay *Eng.* cook.

Mangluluwas [v] *Ceb.* manunubos \tagatubos *Eng.* savior \saviour (Brit.)

Mangluspad [v] *Ceb.* mamuti sa kahadlok o tungod kay may sakit *Eng.* pale \turns pale \becomes pale \blanch \becomes pallid.

Mangtas [n] *Ceb.* nilalang nga makahahadlok kay lain og hitsura o porma *Eng.* monster \great beast \beast.

Mangunguot [n] *Ceb.* kawatan og kuwarta o pitaka gikan sa bulsa o bag *Eng.* cutpurse \pickpocket.

Mani [n] *Ceb.* tanom nga mangunod ang gamot, ang liso naputos sa bagal *Eng.* peanut (sc.name: Arachis hypogaea) \groundnut \groundpea \goober pea (So.U.S.) \goober (S. Afr.) \Bambara (Afr.)

Manikurista [n] *Ceb.* tagalimpiyo ug tagapintura sa mga kuko sa kamot ug tiil *Eng.* manicurist.

Manila [n] *Ceb.* ang dakbayan sa Manila, ang unang lungsod sa Pilipinas *Eng.* the City of Manila, the capital city of the Philippines.

Maninental [n] *Ceb.* ang matentalon *Eng.* seducer \seductress \temptress \tempter.

Maniniid [n] *Ceb.* patago nga tagabantay sa uban *Eng.* snooper \observer.

Maniniktik [n] *Ceb.* maniniktik *Eng.* spy \mole.

Manininda [n] *Ceb.* magbabaligya *Eng.* seller \vendor.

Maniningil [n] *Ceb.* tagasingil *Eng.* payment collector.

Maniniyot [n] *Ceb.* maghuhulagway *Eng.* photographer \picture taker \cameraman.

Maniobra [n] *Ceb.* pagdala o panumala sa buluhaton aron mahitabo ang gusto nga mahitabo *Eng.* maneuver (see also dumala)

Manla [n] *Ceb.* dagko nga pasayan \lukon \banagan *Eng.* lobster \prawn \crawfish.

Manlilimbong [n] *Ceb.* manlilimbong *Eng.* trickster \cheater.

Manlilimos [n] *Ceb.* manlilimos *Eng.* alms giver.

Manlulugos [n] *Ceb.* ang namugos sa pakighilawas *Eng.* rapist.

Manluluwas [n] *Ceb.* ang moluwas aron masalbar *Eng.* rescuer \savior (US) \saviour (Brit.)

Manobela [n] *Ceb.* ang hawiran sa pagmaneho sa sakyanan *Eng.* handlebar \steering wheel.

Manok [n] *Ceb.* hayop nga may pako, sungo, og balahibo nga sama sa langgam, motuktugaok ang sunoy ug mokakak ang hinangkan *Eng.* chicken \fowl.

Manomano [n] *Ceb.* manomano *Eng.* hand-to-hand combat.

Manoy [n] *Ceb.* magulang nga lalaki *Eng.* elder brother \older male person.

Mansanas [n] *Ceb.* kahoy nga ang prutas nga linginon ingon og kasing-kasing ang pagkahulma, ang giila nga prutas sa Eden *Eng.* apple (sc.name: Malus Spp.)

Mansebado [adj.] *Ceb.* manag-asawa pero wala pa makasal *Eng.* living together without the benefit of marriage \unwed couple \unmarried couple

Mansiyon [n] *Ceb.* balay nga dako *Eng.* mansion.

Mantalaan [n] *Ceb.* balasahon sa balita \diyaryo *Eng.* newspaper.

Mantika [n] *Ceb.* lana nga gamiton sa pagluto *Eng.* cooking oil \edible oil.

Mantsa [n] *Ceb.* hugaw nga mipilit *Eng.* stain \spot \blemish tarnish \smudge.

Manumbaling [adj.] *Ceb.* matimbayaon *Eng.* would always greet \would always take notice of something.

Manunuaw [n] *Ceb.* bisita *Eng.* visitor \guest.

Manunubos [n] *Ceb.* manunubos *Eng.* redeemer \savior \saviour (Brit.)

Manunugid [n] *Ceb.* manunugid *Eng.* narrator \story teller.

Manunuhod [n] *Ceb.* ang mananghid sa mga ginikanan sa babaye nga pakaslan ang mao nga babaye *Eng.* one who promises or asks the permission of the parents of woman to marry that woman \one who betroths.

Manunulat [n] *Ceb.* tagasulat og mga libro ug uban pa nga mga balasahon *Eng.* writer.

Mao [n] *Ceb.* ang sakto *Eng.* the correct one.

Mao gihapon [adj., adv.] *Ceb.* sama nga butang *Eng.* the same \as usual.

Maong [pro.] *Ceb.* bagaon nga tela nga hinimo sa gapas *Eng.* jeans.

Maot [adj.] *Ceb.* dili nindot *Eng.* ugly \unpleasant \adverse \awful.

Mapa [n] *Ceb.* tamdanan nga maghulagway sa usa ka lugar *Eng.* map.

Mapahitas-on [adj.] *Ceb.* aas og garbo *Eng.* imposing \aristocrat.

Mapahiyomon [adj.] *Ceb.* may pahiyom nga gipakita sa dagway *Eng.* smiling \smiley.

Mapailobon [adj.] *Ceb.* mapaubsanon *Eng.* humble \modest.

Mapait [adj.] *Ceb.* paiton ang pagkalami *Eng.* bitter sweet.

Mapakanap [adj.] *Ceb.* mapakanap *Eng.* diffusible \expandable \can be spread out.

Mapalaron [adj.] *Ceb.* suwerte \buynas *Eng.* lucky \fortunate.

Mapalawig [adj.] *Ceb.* mapalawig *Eng.* expandable.

Mapamatud-an [adj.] *Ceb.* puwede nga pakitaan og kamatuoran *Eng.* can be proven \provable.

Mapanalipdan [adj.] *Ceb.* mapanalipdan *Eng.* can be protected \can be defended \defensible.

Mapanggaon [adj.] *Ceb.* mapagmahal *Eng.* loving \caring \affectionate.

Mapapas [adj.] *Ceb.* mapapas *Eng.* erasable \deletable \defaceable.

Mapasagaron [adj.] *Ceb.* dili maampingon \danghag *Eng.* careless \negligent \imprudent.

Mapausbaw [adj.] *Ceb.* mapaasenso *Eng.* improvable.

Mapihigon [adj.] *Ceb.* pilian *Eng.* picky \choosy.

Mapilde [adj.] *Ceb.* mapilde

Eng. can be defeated \vincible.

Mapintas [adj.] **Ceb.** mapintas **Eng.** wild \fierce \ferocious \savage \brutal \cruel (see also bangis)

Mapiyalan [adj.] **Ceb.** kahatagan sa pagsalig **Eng.** can be trusted in keeping something \trustworthy (see also kasaligan)

Maputli [adj.] **Ceb.** walay hugaw o mantsa **Eng.** clean (see also putli)

Marang [n] **Ceb.** usa ka matang sa prutas nga linusok ang matam-is nga unod nga miputos sa matag liso **Eng.** jahore oak.

Marespetohon [adj.] **Ceb.** marespetohon **Eng.** respectful \courteous.

Marobohon [adj.] **Ceb.** dili maghinay-hinay sa gibuhat o lihok **Eng.** ungentle or rude to playmates \rough \rowdy \disorderly.

Marso [n] **Ceb.** ikatulo nga bulan sa tuig **Eng.** March.

Martes [n] **Ceb.** ikatulo nga adlaw sa semana diha sa kalendaryo **Eng.** Tuesday.

Martilyo [n] **Ceb.** pamukpok sa lansang **Eng.** hammer.

Martir [n] **Ceb.** ang nagpakasakit **Eng.** martyr.

Masabot [n] **Ceb.** ang klaro sa panabot **Eng.** discernible \perceivable \perspicuous \explicit \understandable \transpicuous.

Masadya [n] **Ceb.** mahud-yaka \alegre **Eng.** merry \gleeful \gaiety \joyful \jolly \happy \lively \festive \vivacious \bubbly \delightful \felicitous \gay.

Masagbot [adj.] **Ceb.** gituboan og mga sagbot **Eng.** shrubby \grassy.

Masahe [n] **Ceb.** hilot o pamislit-pislit sa kalawasan **Eng.** massage \rub down \stroke.

Masakiton [adj.] **Ceb.** adunay gibati nga sakit **Eng.** in poor health \sickly \ailing \ill.

Masakmit [adj.] **Ceb.** puwede nga kompiskahon **Eng.** confiscable.

Masaligan [adj.] **Ceb.** kahatagan sa pagsalig \kapiyalan **Eng.** trustworthy \can be trusted \reliable.

Masanag [adj.] **Ceb.** lamdag **Eng.** bright \illuminated \shiny \lighted \lucent.

Masayon [adj.] **Ceb.** dili lisod **Eng.** easy.

Masayop [adj.] **Ceb.** dili magkadimao **Eng.** will commit error \will get wrong \fallible.

Masetas [n] **Ceb.** kolon, lata, o kahon nga patuboan sa tanom **Eng.** plant pot \flower pot.

Masimhot [adj.] **Ceb.** puwede nga hingoson o simhoton **Eng.** can be inhaled.

Masinabtanon [adj.] **Ceb.** makasabot ang pangisip **Eng.** intuitive \witty understanding \considerate \empathetic \empathic.

Masipad-on [adj.] *Ceb.* ma-pangahason sa pagpana-mastamas *Eng.* profane.

Masub-anon [adj.] *Ceb.* dili malipayon *Eng.* sad \un-happy \sorrowful.

Masilaw [adj.] *Ceb.* hayag kaayo nga dili maharong sa panan-aw *Eng.* very bright \glaring \dazzling.

Masuhong [adj.] *Ceb.* hali-non \himalitan *Eng.* high on sales \brisk in sales \in de-mand \hot item on sale \saleable.

masuk-anon [adj.] *Ceb.* ma-suk-anon *Eng.* angry \en-raged \furious.

Masukod [adj.] *Ceb.* puwede nga sukdon ang gitas-on o kalapdon *Eng.* can be mea-sured \measurable.

Masulbad [adj.] *Ceb.* ka-hatagan og kasulbaran o so-lusyon *Eng.* can be solved or resolved \solvable \re-solvable.

Masulob-on [adj.] *Ceb.* dili malipayon *Eng.* sad \un-happy \sorry.

Masulti [adj.] *Ceb.* ikaingon *Eng.* can be said \can be spoken \speakable \effable.

Masulundon [adj.] *Ceb.* ma-sulundon *Eng.* obedient \compliant \subservient \do-cile \duteous.

Masunod [adj.] *Ceb.* ma-sunod *Eng.* can be followed \can be tracked \traceable.

Masunog [adj.] *Ceb.* masu-nog mosiga *Eng.* com-bustible \incendiary \flam-mable.

Masupakon [adj.] *Ceb.* ma-supakon \masupilon *Eng.* defiant \disobedient \insu-bordinate.

Masusihon [adj.] *Ceb.* masu-sihon *Eng.* inquisitive \scru-tinizing.

Masuso [adj.] *Ceb.* anak nga gamay pa ug nagtutoy pa sa inahan *Eng.* infant \suckling.

Masustansiya [adj.] *Ceb.* tu-gob sa sustansiya *Eng.* nutritious \nutritive.

Masuwerte [adj.] *Ceb.* masu-werte \mapalad *Eng.* lucky \fortunate.

Masyaw [n] *Ceb.* dula sa pelota nga mogamit og sesta sa pagsalo, paghapak, ug pag-itsa sa bola ngadto pader unya saloon sa kakontra human mobanda sa pader *Eng.* pelota \jai alai (Span.)

Mata [n] *Ceb.* ang parte sa lawas nga maoy gamiton sa pagtan-aw *Eng.* eye.

Matag [adv.] *Ceb.* matag \kada *Eng.* every \each.

Matag adlaw [adv.] *Ceb.* ma-tag adlaw *Eng.* everyday \daily.

Matag bulan [adv.] *Ceb.* ma-tag bulan *Eng.* every month \monthly.

Matagbaw [adj.] *Ceb.* mapu-no ang gana *Eng.* can be sated \can be satisfied \satiable.

Mataghom [adj.] *Ceb.* manu-hotsuhot *Eng.* soothing \balmy \cool (see also bugnaw)

Matagna [adj.] *Ceb.* mahibaloan kung unsa ang umalabot o manghitabo *Eng.* can be foretold \predictable.

Matahom [adj.] *Ceb.* madanihon ang kaanyag *Eng.* beautiful \pretty \attractive \nice looking.

Matakos [adj.] *Ceb.* adunay katakos *Eng.* daring.

Mataliis [n] *Ceb.* ang tunog nga langgis *Eng.* shrill sound \squeak.

Matamata [n] *Ceb.* matamata *Eng.* ocular calculation or estimation.

Matamayon [adj.] *Ceb.* matamayon mablayblayon *Eng.* contemptible \discriminating \jeering \despicable \disdainful

Matambalan [adj.] *Ceb.* maayo sa tambal *Eng.* treatable \curable \remediable.

Matam-is [adj.] *Ceb.* matamis *Eng.* sweet.

Matanghaga [adj.] *Ceb.* tulogkaron \kahibulongan *Eng.* puzzling \bewildering \enigmatic \wonderful \amazing \arcane.

Matanlagon [adj.] *Ceb.* matanlagon *Eng.* conscientious.

Matanyagon [adj.] *Ceb.* mahatagon og tambag o opinyon *Eng.* suggestive \indicative.

Matarong [adj.] *Ceb.* matarong *Eng.* honest \up-right \formal.

Matawo [adj.] *Ceb.* mahimugso \matawo *Eng.* will be born.

Matentalon [adj.] *Ceb.* matentalon *Eng.* tempting \seductive \seducing.

Matinabangon [adj.] *Ceb.* matinabangon *Eng.* helpful \cooperative \benevolent.

Matinud-anon [adj.] *Ceb.* dili mapakuntahayon o nagpakaaron-ingnon *Eng.* unpretentious \honest \truthful.

Matinumanon [adj.] *Ceb.* dili magpatambag o magpabadlong *Eng.* hardheaded \insistent \stubborn.

Matod [adj.] *Ceb.* sumala pa *Eng.* according \as stated or reported \was told.

Matrabaho [adj.] *Ceb.* matrabaho *Eng.* can be done \doable \workable.

Matrikula [n] *Ceb.* ang balayranan sa pag-eskuwela *Eng.* matriculation \tuition.

Matris [n] *Ceb.* ang balaybata sulod sa pus-on sa babaye \sabakan *Eng.* ovary \uterus \matrix \lap.

Matudloan [adj.] *Ceb.* puwede nga tudloan *Eng.* can be taught of \can be tutored \trainable.

Matugkad [adj.] *Ceb.* masukod ang kahiladmon *Eng.* fathomable (see also mabaw)

Matuhopan [adj.] *Ceb.* katuhopan og tubig o likido *Eng.*

permeable.

Matunga [adj.] *Ceb.* puwede nga pikason *Eng.* can be divided \divisible \dividable.

Matuod [adj.] *Ceb.* matuod *Eng.* real \true \authentic \genuine (see also tinuod)

Maulan [adj.] *Ceb.* kanunay o sige ang pag-ulan *Eng.* rainy.

Maulawon [adj.] *Ceb.* dali nga maulaw *Eng.* shy \timid \reserved.

Maulog-ulogan [adj.] *Ceb.* dali nga mapalapalahan *Eng.* gullible \can be fooled.

Mauna [adv.] *Ceb.* mauna *Eng.* will go first \be first in line \at the front.

Maunod [adj.] *Ceb.* daghan og unod *Eng.* fleshy (see also undanon)

Maunos [adj.] *Ceb.* madag-om ug mahangin, ingon og adunay bagyo *Eng.* stormy \tempestuous \inclement.

Mausab [adj.] *Ceb.* malain ang hitsura, kahimtang, o porma *Eng.* changeable \adjustable (see also malain)

Mausbawon [adj.] *Ceb.* ma-usbawon \mauswagon \mi-asenso *Eng.* improving \progressive \developing \prosperous.

Mausikon [adj.] *Ceb.* sobra mogamit o mogasto *Eng.* extravagant \lavish \squandering \wasteful.

Mautro [adj.] *Ceb.* puwede buhaton og utro *Eng.* can be repeated \can be done again (see also mausab)

Mauyamot [adj.] *Ceb.* kabos *Eng.* poor \hard up \indigent \penniless (see also pobre)

Mawala [adj.] *Ceb.* mawala \mawagtang *Eng.* will disappear \will be gone.

Mawani [adj.] *Ceb.* mawala sa gibutangan *Eng.* will or might be lost (see also mawala)

May [v] *Ceb.* adunay \may *Eng.* has \have \had \having \with \bearing with.

Mayamog [adj.] *Ceb.* adunay yamog *Eng.* dewy.

Mayawit [adj.] *Ceb.* mayawit \banhaan *Eng.* talkative \verbose.

Mayo [n] *Ceb.* ang ikalima nga bulan sa kalendaryo *Eng.* May.

May-utang buot [n] *Ceb.* adunay nadawat nga kaayohan nga angay tan-awon nga utang sa maayo nga kabut-on gikan sa naghatag o nakatabang *Eng.* indebted with gratitude \beholden.

Medya [n] *Ceb.* ang katunga sa sukod *Eng.* half (see also tunga)

Medya-agwa [n] *Ceb.* ang pinakaubos nga ngilit sa atop diin motulo ang tubig sa ulan *Eng.* eaves (see also atop)

Medyas [n] *Ceb.* panapton nga isul-ot o iputos sa tiil *Eng.* sock.

Mensahe [n] *Ceb.* kasayoran nga gipadala o gipahayag *Eng.* message.

Merida [n] *Ceb.* pasidaan sa dili maayo nga mahitabo *Eng.* premonition

Merisi [exp.] *Ceb.* maayo ra nimo *Eng.* good for you.

Merkado [n] *Ceb.* taboan sa mga paninda ug mga mamalitay *Eng.* market \mart (see also tiyanggehan)

Meryenda [n] *Ceb.* painit nga pagkaon *Eng.* snack \light meal.

Mesiyas [n] *Ceb.* Mesiya *Eng.* Messiah.

Mestisa [adj.] *Ceb.* babaye mga mestiso *Eng.* female hybrid.

Mestiso [adj.] *Ceb.* ang misanay nga lahi sa lumadnon ug langyawanon nga liwat *Eng.* hybrid.

Miagi [adj.] *Ceb.* sa milabay na nga panahon \mihagos *Eng.* ago \in the past.

Mibakod [adj.] *Ceb.* mibangon gikan sa higdaanan \mibangon *Eng.* rose up from bed.

Mibalik [n] *Ceb.* mibalik *Eng.* came back \returned.

Mibayaw [adj.] *Ceb.* mikayab sa ibabaw *Eng.* ascending.

Mibutho [adj.] *Ceb.* mibutho *Eng.* existing \extant.

Mibuto [adj.] *Ceb.* human na mobuto *Eng.* exploded \set off \ignited \burst.

Mibutod [adj.] *Ceb.* miburot kay natubigan o nasudlan of daghan nga hangin *Eng.* bloated.

Migahi [adj.] *Ceb.* migahi *Eng.* hardened.

Migamay [adj.] *Ceb.* mikunhod *Eng.* diminishing \getting smaller.

Mihagos [adv.] *Ceb.* sa milabay nga higayon o panahon *Eng.* ago \had passed \after.

Mihinay [adj.] *Ceb.* naganam-anam paghinay ang dagan *Eng.* getting slow.

Mihubag [adj.] *Ceb.* mihubag \mihuboy *Eng.* swollen \swelled \swelling \turgid \dropsied \edematous.

Mihumok [adj.] *Ceb.* nahimo nga humok *Eng.* became soft \softened.

Mihuot [adj.] *Ceb.* miungot sa sulod *Eng.* got stuck \clogged.

Mikaylap [adj.] *Ceb.* midako og lukop *Eng.* widespread \diffused.

Mikupos [adj.] *Ceb.* migamay ang gidak-on, hubag o bukdo *Eng.* shrunk.

Milabay [adv.] *Ceb.* mihagos \miagi na *Eng.* after \ago \had passed.

Milagro [n] *Ceb.* kahibulongan nga nahitabo \katingalahan *Eng.* miracle.

Milanay [adj.] *Ceb.* milanay *Eng.* melting \liquefying.

Milupad [adj.] *Ceb.* nakalupad na *Eng.* flew.

Milutaw [adj.] *Ceb.* milutaw *Eng.* afloat \floating \adrift.

Mina [n] *Ceb.* ang pangubkob sa yuta aron manguha og mga minerales *Eng.* mine.

Minahal [adj.] *Ceb.* minahal \gihigugma *Eng.* dear \beloved.

Minatay [n] *Ceb.* ang lawas sa patay \minatay *Eng.* dead body corpse \cadaver (see also patay)

Mingaw [adj.] *Ceb.* walay banha *Eng.* placid \tranquil \quiet.

Minghoy [adj.] *Ceb.* minghoy \kasubo *Eng.* sadness \loneliness.

Mini [adj.] *Ceb.* dili tinuod *Eng.* fake \counterfeit \false.

Minor de edad [adj.] *Ceb.* wala pa sa legal nga panuigon *Eng.* at minor age.

Minoridad [n] *Ceb.* gamay nga grupo sa kadaghanan *Eng.* minority.

Minubo [adj.] *Ceb.* gihimo nga mubo *Eng.* shortened \abridged.

Minugna [adj.] *Ceb.* minugna *Eng.* composed.

Minus [adj.] *Ceb.* minus *Eng.* poor quality \substandard \inferior.

Minuto [n] *Ceb.* ang gidugayon nga 60 ka segundos *Eng.* minute.

Minyapi [n] *Ceb.* kahoy sa katunggan *Eng.* mangrove.

Minyo [adj.] *Ceb.* may asawa o bana *Eng.* married.

Mipahulay [adj.] *Ceb.* mipahulay \midiskanso *Eng.* rested \relaxed.

Mira [n] *Ceb.* mahumot nga pinauga nga duga o tagok sa kahoy, gamiton sa pag in-senso *Eng.* myrrh.

Miretiro [adj.] *Ceb.* miundang na sa pagtrabaho *Eng.* retired \quit from job \resigned \stopped working.

Misa [adj.] *Ceb.* ang balaan nga seremonya sa simbahan mahitungod sa pagsaulog sa pagpasakit ni Hesukristo diin iyang gihalad ang iyang lawas ug dugo *Eng.* mass \the holy mass \ecclesiastical mass \consecrated mass.

Misaka [adj.] *Ceb.* misaka \mikatkat *Eng.* climbing.

Misuwa [n] *Ceb.* pansit nga pino kaayo og uhay *Eng.* very thin and fine white noodle.

Mitagam [adj.] *Ceb.* nakatagamtam og dili maayo, ug nga maoy hinungdan nga dili na moutro *Eng.* had a bad experience, which could be the reason of not doing or trying the same thing again \became pessimistic.

Mitambong [adj.] *Ceb.* mitungha aron pagsaksi o pagapil *Eng.* attended \present \was there.

Mithi [adj.] *Ceb.* panagingnan *Eng.* ideal (see also ehemplo)

Mitna [n] *Ceb.* hunahuna kung unsaon *Eng.* concept.

Mitsa [n] *Ceb.* binugkos nga patay nga mga dahon o binotelya nga petrolyo, sinongsonan og pabilo aron ipang-iwag *Eng.* torch.

Mituo [adj.] *Ceb.* mituo *Eng.*

believed on something \have faith on.

Mi-us-os [adj.] *Ceb.* mikunhod mibahar *Eng.* decreased \diminished.

Miyerkules [n] *Ceb.* ang ikaupat nga adlaw sa semana diha sa kalendaryo *Eng.* Wednesday.

Moabot [adj.] *Ceb.* moabot *Eng.* will reach \can reach.

Moalisngaw [adj.] *Ceb.* moalisngaw *Eng.* will evaporate \evaporative.

Modukot [adj.] *Ceb.* modukot *Eng.* will stick \sticky \will adhere \adherent \adhesive.

Mohon [n] *Ceb.* timaan kung asa ang utlanan sa gilunaan nga yuta *Eng.* demarcation \landmark.

Mokanap [adj.] *Ceb.* mokaylap *Eng.* diffusive \expansive.

Mokaon [adj.] *Ceb.* mokaon *Eng.* will eat \can eat.

Mokuko [adj.] *Ceb.* mokunhod ang sukod sa gitas-an o gidak-on *Eng.* shrinking \reducing in size or expanse.

Moliki [adj.] *Ceb.* puwede nga magkaliki *Eng.* will crack \fissile \fragile.

Molubad [adj.] *Ceb.* mawala ang kolor *Eng.* with color that will fade \will fade \fading.

Molungtad [adj.] *Ceb.* molungtad \modugay *Eng.* will last long \will last \lasting.

Molupyo [n] *Ceb.* ang mipuyo *Eng.* occupant \occupier \inhabitant \dweller \settler.

Molutaw [adj.] *Ceb.* dili mounlod sa tubig *Eng.* will float \floatable \buoyant.

Momho [n] *Ceb.* lugas sa kan-on o tinapay nga nahulog o nausik *Eng.* crumb \scrap \morsel.

Monyeka [n] *Ceb.* dulaan nga batabata *Eng.* doll.

Mopadulong [adj.] *Ceb.* mopaingon ngadto *Eng.* will go to \will head to \will go forward to.

Mopilit [adj.] *Ceb.* mopilit *Eng.* adhesive \sticky \glutinous \conglutinative \gluey \viscous \viscid.

Moreno [adj.] *Ceb.* tabonon ang bulok *Eng.* brown \bronzed (see also abelyana)

Mosaka [adj.] *Ceb.* mokatkat *Eng.* will climb.

Mosalingsing [adj.] *Ceb.* tugkan og salingsing o bag-o nga tubo sa sanga *Eng.* will sprout or grow a bud.

Motorsiklo [n] *Ceb.* sakyanan nga de-motor nga duhay ligid, gamit ang bara nga manobela sa pagmaneho *Eng.* motorcycle \motorbike.

Motubo [adj.] *Ceb.* motaas ang barog *Eng.* will grow.

Mubo [adj.] *Ceb.* dili taas *Eng.* not long \short.

Mugna [n] *Ceb.* hinimo *Eng.* creation.

Mug-ot [n] *Ceb.* ngisdom sa

dagway *Eng.* scowl \frown.

Mulo [n] *Ceb.* pagbanha og reklamo *Eng.* fuss \wailing \lamentation \whine \whinge (Brit.& Austral. inf.)

Multa [n] *Ceb.* silot nga pagabayaran og salapi *Eng.* payment as penalty \fine \charge.

Multo [n] *Ceb.* espiritu nga nagpaabat *Eng.* ghost \spook.

Mura [adv] *Ceb.* mura *Eng.* same as \as if \seem to be \somewhat.

Musimos [adj.] *Ceb.* maoton nga lahi sa liwat *Eng.* ill-bred.

Muskobado [n] *Ceb.* kinugay *Eng.* dark brown raw sugar \muscovado.

Muton [n] *Ceb.* motuyok nga sab-itanan sa higot aron mapadali ang pag-isa sa hakotonon o alsahonon *Eng.* pulley.

Mutsatsa [n] *Ceb.* babaye nga sulugoon sa balay *Eng.* female house helper.

Mutya [n] *Ceb.* mahalon nga bato *Eng.* precious stone \gem.

~N~

N, n [n] *Ceb.* ang ikanapulo ug usa nga titik sa alpabeto nga Bisaya *Eng.* the eleventh letter in Cebuano alphabet used in this dictionary (see also abakadahan)

Na [adv.] *Ceb.* na *Eng.* already.

Na ka [interr.] *Ceb.* na ka *Eng.* have you? have you already?

Naa [adv.] *Ceb.* naa *Eng.* present.

Naaberya [adj.] *Ceb.* wala na moandar kay nadaot o naguba nga makina *Eng.* having engine breakdown or engine trouble \malfunctioned.

Naabo [adj.] *Ceb.* naagiw \naagbon *Eng.* reduced to ashes \gutted.

Naadik [adj.] *Ceb.* nahigalam sa paggamit o pagbuhat *Eng.* addicted \hooked (inf.) \obsessed.

Naalarma [adj.] *Ceb.* napasidan-an sa kakuyaw nga moabot *Eng.* alarmed.

Naalsa [adj.] *Ceb.* naalsa *Eng.* raised \lifted \elevated.

Naanad [adj.] *Ceb.* wala na mabag-ohi sa mga buluhaton o panghitabo *Eng.* got used to \accustomed \habituated \wonted.

Naandan [adj.] *Ceb.* naanaran sa pagbuhat *Eng.* accustomed \customary.

Naangol [adj.] *Ceb.* nabaldado *Eng.* disabled.

Naanod [adj.] *Ceb.* nadala sa sulog o agos *Eng.* carried by the current \drifted.

Naapektohan [adj.] *Ceb.* naapektohan *Eng.* affected.

Nabalaka [adj.] *Ceb.* nabalaka *Eng.* worried.

Nabanhaw [adj.] *Ceb.* nabuhi pagbalik *Eng.* risen from the dead \came to life again \resurrected \revived.

Nabara [adj.] *Ceb.* adunay nakaali sa lutsanan o lungag *Eng.* clogged.

Nabasa [adj.] *Ceb.* gibasa na ang nakasulat *Eng.* has been read.

Nabasiyo [adj.] *Ceb.* nawadan o nahutdan sa sulod *Eng.* emptied.

Nabatasan [adj.] *Ceb.* nabatasan *Eng.* accustomed \conventional.

Nabatyagan [adj.] *Ceb.* namatikdan *Eng.* known to have occurred \noticed.

Nabisto [adj.] *Ceb.* nahibaloan na sa uban *Eng.* exposed \revealed.

Nabiyog [adj.] *Ceb.* nalisoan sa pangisip \nabuang *Eng.* got insane.

Nabuak [adj.] *Ceb.* nabuak \nabuong *Eng.* broken \shattered.

Nabuang [adj.] *Ceb.* nalisoan sa sakto nga pangisip *Eng.* became insane \became crazy.

Nabungol [adj.] *Ceb.* nawadan sa panungog *Eng.* can no longer hear \deafened.

Nabusog [adj.] *Ceb.* napuno ang tiyan *Eng.* full \filled.

Nabutyag [adj.] *Ceb.* nabutyag *Eng.* exposed \revealed \disclosed.

Nadakop [adj.] *Ceb.* nadakop nasikop *Eng.* caught \captured \collared \seized \busted

Nadaot [adj.] *Ceb.* nadaot nadamyos *Eng.* damaged \ruined (see also naguba)

Nadayag [adj.] *Ceb.* naipahibalo ngadto sa uban *Eng.* was told \expressed.

Nadismaya [adj.] *Ceb.* wala mahimuot *Eng.* disappointed \dismayed.

Nadonselya [adj.] *Ceb.* nakuha ang pagkabirhen sa babaye *Eng.* for a woman, she lost her virginity \deflowered \devirginized (inf.)

Nadubok [adj.] *Ceb.* nadaot ang unod kay nanimaho, nalata, o nadunot na *Eng.* spoiled \rotten.

Naga [ñ] *Ceb.* ang kahoy nga narra *Eng.* narra tree (sc.name: Pterocarpus indicus), this excellent hardwood tree is endemic to the Philippines.

Nagadlasan [adj.] *Ceb.* napangos ang panit *Eng.* abraded \bruised.

Nag-agwanta [adj.] *Ceb.* nag-agwanta *Eng.* bearing \enduring.

Nagahari [adj.] *Ceb.* nagahari *Eng.* reigning \domineering \dominating.

Nag-alingiting [adj.] *Ceb.* init kaayo ang panahon *Eng.* torrid \sultry \fervent \fervid (see also init)

Nag-antos [adj.] *Ceb.* nagantos *Eng.* enduring.

Nag-away [adj.] *Ceb.* nag-away nagsangka *Eng.* fighting.

Nagbakho [adj.] *Ceb.* mihilak *Eng.* sobbing \crying.

Nagbaklay [adj.] *Ceb.* naglakaw sa panaw *Eng.* traveling on foot \hiking \walking.

Nagbasol [adj.] *Ceb.* nagbasol *Eng.* regretting \regretful \so sorry \rueful.

Nagbati [adj.] *Ceb.* talianak *Eng.* expecting a baby \about to deliver a baby \about to give birth of an offspring.

Nagbitay [adj.] *Ceb.* nagkumbabit *Eng.* hanging \suspended.

Nagbiyahe [adj.] *Ceb.* anaa pa sa biyahe *Eng.* traveling \in transit \itinerant \cruising.

Nagbukal [adj.] *Ceb.* nagbulabula ang likido sa kainit *Eng.* boiling.

Nagdagan [adj.] *Ceb.* misutoy og dagan *Eng.* speeding off \running fast.

Nagdahom [adj.] *Ceb.* may pagtuo nga mahitabo ang gilaoman *Eng.* expecting \hoping \anticipating.

Nagdala [adj.] *Ceb.* naghupot *Eng.* holding \grasping.

Nagdali [adj.] *Ceb.* nagdali nag-apura *Eng.* in a hurry \hurrying \hasty \hastening \rushing \dashing.

Nagdamgo [adj.] *Ceb.* may mga panan-awon nga nakita samtang nahikatulog *Eng.* dreaming.

Nagdaot [adj.] *Ceb.* nagdaot *Eng.* sickly \unhealthy \ill.

Nagdilaab [adj.] *Ceb.* nagsiga og maayo *Eng.* flaring \flaring up \ablaze \flaming.

Nagduda [adj.] *Ceb.* nagduda *Eng.* in doubt \doubtful \dubious.

Nagdugo [adj.] *Ceb.* giabot o giabotan sa binuwan nga pagdinugo sa pagkababaye *Eng.* have menses \having menstruation \menstruating.

Nagduka [adj.] *Ceb.* nagduka *Eng.* sleepy \drowsy \dozy \somnolent.

Naghagok [adj.] *Ceb.* banha ang hiningosan o pagginhawa samtang nahikalutog *Eng.* snoring.

Naghandom [adj.,v] *Ceb.* naghandom \naghinumdom *Eng.* reminiscing \recollecting (see also naghanduraw)

Naghanduraw [adj.] *Ceb.* naghunahuna sa nangangi *Eng.* remembering the past \reminiscing \recollecting.

Naghangos [adj.] *Ceb.* paspas og hiningosan sa ginhawa *Eng.* panting \catching one's breath.

Naghapa [adj.] *Ceb.* naghigda pakulob *Eng.* lying down \lying face down \prone \prostrate.

Naghayang [adj.] *Ceb.* naghigda nga pahuyang *Eng.* lying on one's back \supine.

Naghigda [adj.] *Ceb.* nagpahulay sa lawas nga patumba o nagbuy-od ang pagkahimutang *Eng.* lying down \reclining \recumbent.

Naghilak [adj.] *Ceb.* nagpatulo sa luha *Eng.* crying \weeping.

Naghilawasay [adj.] *Ceb.* naghilawasay *Eng.* having sex \having sexual intercourse \making love \sleeping together (id.) \screwing (slang).

Naghubag [adj.] *Ceb.* naghubag *Eng.* swelling \swollen.

Naghulat [adj.] *Ceb.* nagpaabot sa moabot *Eng.* waiting \awaiting.

Naghunas [adj.] *Ceb.* pahubas ang tubig sa dagat o lawa *Eng.* ebbing \refluent.

Naghuot [adj.] *Ceb.* agpunsisok sa sulod naghuot *Eng.* congested \tightly packed or stuffed inside \crowded \bustling \jam-packed \jammed.

Nagkaguliyang [adj.] *Ceb.* dili magkaduyog *Eng.* in disharmony \disconcerted

Nagkalinghod [adj.] *Ceb.* nagkahamtong *Eng.* getting matured.

Nagkalisod [adj.] *Ceb.* nagkalisod *Eng.* having a hard time \having difficulty \experiencing difficulty.

Nagkamahal [adj.] *Ceb.* nagkamahal *Eng.* becoming expensive \getting higher in value \raising in prices \increasing in amount.

Nagkamang [adj.] *Ceb.* nagkamang *Eng.* crawling

\creeping.

Nagkaon [adj.] *Ceb.* adunay gikaon *Eng.* eating \dining \devouring.

Nagkinto [adj.] *Ceb.* nagtindog nga tudlo lang sa tiil ang mitugdang o gitukod sa salog *Eng.* tiptoed.

Naglagom [adj.] *Ceb.* nangitom ang panit *Eng.* bruised \livid.

Naglagot [adj.] *Ceb.* nasuko og maayo *Eng.* upset \angry at (see also nasuko)

Naglanay [adj.] *Ceb.* naglanay *Eng.* melting \deliquescent.

Naglangoy [adj.] *Ceb.* nagubog sa tubig *Eng.* swimming.

Naglarab [adv.] *Ceb.* nagsiga ang dako nga kalayo \nagsilaab *Eng.* aflame \ablaze \afire.

Naglaraw [adj.] *Ceb.* nagpensar kung unsay angay buhaton *Eng.* making or designing a plan \planning \plotting \scheming.

Naglawig [adj.] *Ceb.* mibiyahe sa dagat *Eng.* traveling boat or ship in the sea \navigating.

Naglibog [adj.] *Ceb.* naghunahuna pero wala makasabot kung unsa *Eng.* confused \perplexed \puzzled \bewildered \baffled.

Nagligiting [adj.] *Ceb.* init kaayo ang dan-ag *Eng.* sweltering heat \sultry (see also init)

Naglingkod [n] *Ceb.* nagpahiluna sa lingkoranan *Eng.* sitting \sitting down

Naglubog [adj.] *Ceb.* naglubog *Eng.* immersed.

Nagluha [adj.] *Ceb.* may luha nga migula o mitulo *Eng.* teary \tearful (see also naghilak)

Naglupad [adj.] *Ceb.* nagkapakapa o nag-utaw-utaw sa hangin o kawanangan *Eng.* flying \in flight \airborne.

Nagluya [adj.] *Ceb.* nawad-an sa kabaskog *Eng.* weak.

Nagmata [adj.] *Ceb.* nagbuka ang mata kay dili tulog *Eng.* awake \wakeful.

Nagmaya [adj.] *Ceb.* nagmaya *Eng.* happy \gleeful \merry (see also malipayon)

Nagmug-ot [adj.] *Ceb.* bug-at og nawong (id.) *Eng.* grimfaced.

Nagnganga [adj.] *Ceb.* nagnganga *Eng.* stuttering \stammering.

Nagpakaulaw [n] *Ceb.* ang mihatag og kaulaw *Eng.* defamer \disgracer.

Nagpanaw [adj.] *Ceb.* nagpanaw *Eng.* traveling \in transit \itinerant \cruising.

Nagpangita [adj.] *Ceb.* nagpangita *Eng.* looking for something \searching (see also nangita)

Nagpasidaan [adj.] *Ceb.* mihatag o nagpasabot og pasidaan *Eng.* warned \precautioned \cautioned.

Nagpatutoy [adj.] *Ceb.* nagpasupsop og gatas gikan sa tutoy *Eng.* breast-feeding (see also nagpasuso)

Nagpinal [adj.] *Ceb.* nagpinal *Eng.* dying \about to die \on one's death bed \nearing death \at death's door \moribund.

Nagsabak [adj.] *Ceb.* nagsabak *Eng.* pregnant \bearing a child \big with child \childing.

Nagsakit [adj.] *Ceb.* nagsakit *Eng.* suffering \agonized \suffering from \anguished.

Nagselos [adj.] *Ceb.* nagselos \nangabubho *Eng.* jealous.

Nagsiga [adj.] *Ceb.* nagsilaab sa kalayo *Eng.* blazing \flaming \ablaze \afire \alight.

Nagsipok [adj.] *Ceb.* naglagot ang buot o paminaw *Eng.* angry \upset \hot headed \ill tempered.

Nagsuroy-suroy [n] *Ceb.* ang nagbagdoy-bagdoy bisan asa *Eng.* vagabond \wanderer \hobo.

Nagsusapinday [adj.] *Ceb.* nagsusarasay ang nilaktan *Eng.* swerving \staggering.

Nagtabanay [adj., v] *Ceb.* nag-uban sa pagkagiw ang manag-uyab o nagkasinabot nga babaye ug lalaki aron mag-ipon sa pagpuyo isip manag-asawa *Eng.* eloping.

Nagtakoban [adj.] *Ceb.* mapakaaron-ingnon *Eng.* in disguise \incognito \under cover.

Nagtiawtiaw [adj.] *Ceb.* nagtiawtiaw *Eng.* kidding \joking \fooling.

Nagtiniil [adj.] *Ceb.* walay sapin ang tiil *Eng.* barefooted \barefoot.

Nagtinulo [adj.] *Ceb.* nagagas ang patak *Eng.* dripping.

Nagtipon [adj., v] *Ceb.* nagubanay sa pagpuyo *Eng.* living together.

Nagtudlo [v] *Ceb.* ang tagatudlo kung unsaon *Eng.* teaching \instructing \tutoring.

Nagtuon [adj.,v] *Ceb.* nagtuon *Eng.* studying.

Naguba [adj.] *Ceb.* naguba \nagun-ob *Eng.* destroyed \ruined.

Nagubot [adj.] *Ceb.* nagubot *Eng.* disturbed \stirred \troubled.

Nag-uros-uros [adj.] *Ceb.* nagpitik-pitik sa kainit *Eng.* sizzling.

Nahadlok [adj.] *Ceb.* mibati og kahadlok *Eng.* afraid \scared \have fear.

Nahala [phr.] *Ceb.* nahala \o sige *Eng.* all right.

Nahiagom [adj.] *Ceb.* nakatilaw og dili maayo *Eng.* having a bad experience with.

Nahiapil [adj.] *Ceb.* nahiapil *Eng.* included \joined.

Nahibalo [adj.] *Ceb.* nahibalo \nasayod *Eng.* knew \learned.

Nahibulong [adj.] *Ceb.* natingala *Eng.* wondering \astonished \amazed.

Nahigalam [adj.] *Ceb.* naanad sa pagbuhat *Eng.* in the habit of.

Nahigugma [adj.] *Ceb.* mibati og pagmahal *Eng.* in love \feel in love.

Nahilambigit [adj.] *Ceb.* nahilambigit *Eng.* involved \implicated.

Nahimo [adj.] *Ceb.* nabuhat *Eng.* done.

Nahimugso [adj.] *Ceb.* natawo sa pagpanganak *Eng.* born \delivered \given birth.

Nahimuot [adj.] *Ceb.* mibati og kalipay sa nakita o nahibaloan *Eng.* amused \pleased.

Nahinanok [adj.] *Ceb.* nakatulog og maayo *Eng.* fast asleep \sleeping deep.

Nahinayak [adj.] *Ceb.* nakadesisyon sa kalit *Eng.* has decided impulsively \became impulsive.

Nahisalaag [adj.] *Ceb.* nawala kung asa paingon *Eng.* got lost \astray.

Nahitabo [adj.] *Ceb.* midangat *Eng.* happened \occurred.

Nahiubos [adj.] *Ceb.* mibati og kahiubos *Eng.* downhearted.

Nahubog [adj.] *Ceb.* nalurong sa giinom nga makahubog *Eng.* drunk \intoxicated.

Nahubsan [adj.] *Ceb.* nahutdan o naughan sa likido o sulod nga tubig *Eng.* dried

dried up \emptied \ran down.
Nahulog [adj.] *Ceb.* natagak
Eng. fallen down \dropped
\fell.
Nahuman [adj.] *Ceb.* atapos
sa pagbuhat o paghino *Eng.*
finished.
Nahumod [adj.] *Ceb.* nahu-
mod nabasa *Eng.* got wet
(see also basa)
Nahutdan [adj.] *Ceb.* nawad-
an og dala o sulod *Eng.* ran
out of supply.
Naibog [adj.] *Ceb.* nagka-
gusto *Eng.* attracted \have
the liking.
Naigo [adj.] *Ceb.* naensakto fit
Eng. the size stricken \hit.
Nailad [adj.] *Ceb.* napatuo sa
dili mao \nalingla *Eng.*
duped \deceived \faked
\misled.
Nailhan [adj.] *Ceb.* nahibaloan
kung unsa o kinsa *Eng.*
known identified.
Nakabantay [adj.] *Ceb.* naka-
batyag *Eng.* detected
\sensed \felt
Nakabig [adj.] *Ceb.* nakabig
\naawhag *Eng.* enticed
\persuaded.
Nakadaog [adj.] *Ceb.* naka-
daog *Eng.* won \have won
\victorious \triumphant.
Nakagusto [adj.] *Ceb.* may
gusto sa *Eng.* attracted to
\likes the \interested of \after
something.
Nakahuman [adj.] *Ceb.* naka-
human *Eng.* finished \done.
Nakaila [adj.] *Ceb.* nakaila
Eng. acquainted \identified.

Nakainom [adj.] *Ceb.* nakai-
nom *Eng.* drunk.
Nakalabay [adj.] *Ceb.* ang
nangagi o nanglabay nga
panghitabo *Eng.* past.
Nakalampos [adj.] *Ceb.* na-
kahimo sa paglampos *Eng.*
succeeded \accomplished
(see also nakahuman)
Nakalimot [adj.] *Ceb.* wala
makahinumdom *Eng.* did
not remember \failed to re-
member \forgot.
Nakalingkawas [adj.] *Ceb.*
naisalbar ang kaugalingon
Eng. survived.
Nakamatikod [adj.] *Ceb.* na-
kaalinggat sa lihok o kahim-
tang *Eng.* detected (see
also nakabantay)
Nakapangandam [adj.] *Ceb.*
nakapangandam *Eng.* ready
\prepared.
Nakaplagan [adj.] *Ceb.* na-
kaplagan \nasayoran *Eng.*
discovered \established (see
also nakit-an)
Nakasirado [adj.] *Ceb.* naka-
sirado *Eng.* closed.
Nakasupak [adj.] *Ceb.* wala
mosunod sa sugo o mando
Eng. defied \disobeyed.
Nakatulog [adj.] *Ceb.* nahi-
katulog *Eng.* sleeping
\asleep \slumbering.
Nakit-an [adj.] *Ceb.* nahi-
kaplagan *Eng.* found.
Nakubsan [adj.] *Ceb.* nawad-
an og dala o sulod *Eng.* ran
out of supply \emptied \ex-
hausted.
Nakugang [adj.] *Ceb.* nakali-

nakalitan nakugang **Eng.** startled \shock \aghast (see also nakurat)

Nakumos [adj.] **Ceb.** nagumot **Eng.** ruffled \crumpled \creased \wrinkled.

Nakurat [adj.] **Ceb.** nakugang \nahingangha **Eng.** startled \astounded \awe-struck.

Nakuyapan [adj.] **Ceb.** nawad-an sa panimuot **Eng.** fainted \passed out \collapsed \lost one's consciousness \lost consciousness.

Nalaswa [adj.] **Ceb.** napaslot sa init nga tubig **Eng.** scalded.

Nalibog [adj.] **Ceb.** wala makasabot **Eng.** confused \baffled \befuddled \addled \bewildered

Nalingaw [adj.] **Ceb.** mibati og kahimuot sa nasaksihan **Eng.** entertained \enjoying \fascinated \cheered.

Nalingla [adj.] **Ceb.** nailad kay nalipat o napatuo sa dili mao **Eng.** duped \deceived (see also nailad)

Nalipay [adj.] **Ceb.** nalipay **Eng.** happy \glad.

Nalipong [adj.] **Ceb.** nalipong \nabungog **Eng.** feeling dizzy \dizzying \dazed \vertiginous.

Nalisang [adj.] **Ceb.** nalisang nahadlok **Eng.** afraid of \scared \appalled.

Nalugos [adj.] **Ceb.** gipanamastamasan ang pagkababaye pinaagi sa pagpugos

sa pakighilawas **Eng.** raped.

Nalukot [adj.] **Ceb.** nalukot **Eng.** rolled \voluted.

Nalumod [adj.] **Ceb.** nabasa sa daghan nga tubig o likido **Eng.** got wet in plenty of water \has been soaked.

Nalumos [adj.] **Ceb.** wala na makaginhawa **Eng.** suffocated

Nalunod [adj.] **Ceb.** nalunod \miunlod **Eng.** sunk \sunken.

Naluthan [adj.] **Ceb.** napaslot o gibutoyan sa panit tungod sa pagsige og kabag-od o kapaod \giluthan. **Eng.** blistered.

Naluwas [adj.] **Ceb.** naluwas **Eng.** saved from \rescued.

Naluya [adj.] **Ceb.** naluya **Eng.** weakened.

Namansahan [adj.] **Ceb.** namansahan **Eng.** stained \smudged.

Namasada [adj.] **Ceb.** mibiyahe sa sakyanan aron manguha og pasahero sa rota **Eng.** cruising the road to pick up passenger along the route.

Namatay [adj.] **Ceb.** naputlan sa kinabuhi **Eng.** succumbed to death \passed away \died.

Namatyan [n] **Ceb.** ang tagtungod sa namatay **Eng.** the bereaved family.

Namugnaw [adj.] **Ceb.** namugnaw \nangamig \mitaghom **Eng.** getting cold \chilling \cooling.

Namuklad [adj.] *Ceb.* namuskad ang mga bulak *Eng.* blooming \flowering (see also namulak)

Namulak [adj.] *Ceb.* gituboan og bulak *Eng.* in blossom \blooming \bearing flower \flowering.

Namunga [adj.] *Ceb.* gituboan og bunga *Eng.* bearing fruit.

Namungingi [adj.] *Ceb.* namunga og daghan kaayo *Eng.* bear fruits abundantly.

Namuno [adj.] *Ceb.* ang nangulo *Eng.* ruling \reigning \domineering \prevailing.

Namuti [adj.] *Ceb.* namuti *Eng.* whiten.

Nana [n] *Ceb.* iga sa samad o nuka *Eng.* pus.

Nanagana [adj.] *Ceb.* nangandam sa kung unsa may mahitabo *Eng.* preparing for whatever is going to happen \anticipating.

Nanaghoy [adj.] *Ceb.* mipito ang baba *Eng.* whistling.

Nanay [n] *Ceb.* ang inahan *Eng.* mother \mommy.

Nangabubho [adj.] *Ceb.* nangabubho \nagselos *Eng.* jealous.

Nangalimyon [adj.] *Ceb.* nangalisbo ang baho o kahumot *Eng.* emitting or giving out odor or fragrance.

Nangalisbo [adj.] *Ceb.* mikaylap ang baho *Eng.* stinking \reeking.

Nangamig [adj.] *Ceb.* namugnaw *Eng.* getting cold \chilling \cooling.

Nangandoy [adj.] *Ceb.* nagdamgo nga makaangkon o matuman ang gusto *Eng.* having an ambition \dreaming \wishing \yearning \desiring \longing.

Nangarol [adj.] *Ceb.* dili na makadulot kay nawad-an sa kahait *Eng.* getting blunt \getting dull.

Nangatol [adj.] *Ceb.* mibati og katol *Eng.* having an itch \itching.

Nangayo [n] *Ceb.* ang nangamuyo nga hatagan *Eng.* one who begs for something \asker \solicitor.

Nanghangyo [n] *Ceb.* ang mihangyo *Eng.* petitioner \pleader.

Nangharos [adj.] *Ceb.* miharop pagkuha sa tanan o kadaghanan *Eng.* garnering all \sweeping all the stakes \winning all the games or competition \ace.

Nangita [adj.,v] *Ceb.* namulong kung asa o hain *Eng.* searching \looking for \looking \seeking \tracking \scanning.

Nangka [n] *Ceb.* kahoy nga ang prutas dagkoon, may mga tusok nga mahumok ang panit, dalag ug linusok ang unod kung mahinog *Eng.* jackfruit (sc.name: Artocarpus heterophyllus)

Nanglagom [adj.] *Ceb.* nangitom ang panit ingon og nabun-og *Eng.* bruised \livid

\black and blue \blemished \dark-colored \dingy.

Nangluspad [adj.] *Ceb.* namuti ingon og nawad-an sa dugo *Eng.* pale \pallid.

Nanglutaw [n] *Ceb.* ang milutaw *Eng.* floating debris or wreckage \flotsam.

Nangulag [adj.] *Ceb.* mibati og gana sa pakighilawas *Eng.* sexually aroused.

Nanilhig [adj.] *Ceb.* nanghinlo sa sagbot o hugaw gamit ang silhig *Eng.* sweeping.

Naningkamot [adj.] *Ceb.* naningkamot naninguha *Eng.* exerting much effort \trying hard \trying \struggling \striving.

Nanunglo [adj.] *Ceb.* nanulti og daotan nga pulong ngadto sa gikasuk-an o gipanghimaraotan *Eng.* damning \cursing \casting spell.

Naog [n] *Ceb.* naog *Eng.* coming down \declination \stepping down \walking down \moving down.

Napaakan [n] *Ceb.* napaakan \napahit *Eng.* bitten.

Napagod [n] *Ceb.* nasunog sa pagkaluto *Eng.* burned.

Napaig [adj.] *Ceb.* napagod sa kalayo *Eng.* burnt \scorched.

Napakgang [adj.] *Ceb.* nahunong kay adunay nakasamok *Eng.* interrupted \disrupted \interfered with \cut short.

Napakyas [adj.] *Ceb.* wala molampos *Eng.* did not succeed \failed \busted (US)

Napalgan [adj.] *Ceb.* napalgan *Eng.* found (see also nakit-an)

Napangos [adj.] *Ceb.* nagadlasan ang panit \napanggos *Eng.* abraded \bruised.

Napapas [adj.] *Ceb.* napapas \napapha *Eng.* deleted \erased \defaced.

Napaslot [adj.] *Ceb.* napaksit ang panit kay napaso, giluthan, o mibuto ang hubag *Eng.* blistered.

Napaso [adj.] *Ceb.* napaso *Eng.* got burn on the skin \scalded.

Napatik [adj.] *Ceb.* napatik *Eng.* listed \enlisted \printed.

Napukan [adj.] *Ceb.* napukan *Eng.* fallen \collapsed

Napulbos [adj.] *Ceb.* nadugmok ingon og pulbos *Eng.* powdered \pulverized.

Napulo [adj., n] *Ceb.* ang ihap ug numero nga diyes *Eng.* ten \10.

Napunawan [adj.] *Ceb.* nawad-an sa panimuot *Eng.* fainted \passed out.

Napungil [adj.] *Ceb.* natangtang o naputol ang mituybo *Eng.* broken off \disjointed \dismembered \disconnected.

Napuno [adj.] *Ceb.* wala nay bakante *Eng.* full.

Naputol [adj.] *Ceb.* naputol *Eng.* disconnected \disjointed \broken off.

Narra [n] *Ceb.* ang kahoy nga naga *Eng.* narra tree (sc. name: Pterocarpus indicus)

Nasaag [adj.] *Ceb.* wala na makatultol sa padulngan *Eng.* lost \strayed \astray.

Nasabtan [adj.] *Ceb.* nasabtan *Eng.* known.

Nasakitan [adj.] *Ceb.* nasabtan mibati sa sakit *Eng.* hurt.

Nasakpan [adj.] *Ceb.* nasakpan *Eng.* caught \apprehended \captured \collared.

Nasamad [adj.] *Ceb.* nahiwa ang panit o unod \nasamaran *Eng.* wounded.

Nasangad [adv.] *Ceb.* misangyad sa salog sa dagat o tubigan *Eng.* aground \stuck fast.

Nasayod [adv.] *Ceb.* adunay kaalam *Eng.* having knowledge \knowledgeable.

Nasayop [adj.] *Ceb.* nakahimo og dili mao *Eng.* committed mistake.

Nasaypan [adj.] *Ceb.* gikaingon og mao *Eng.* have been mistaken as \mistook.

Nasibog [adj.] *Ceb.* nasibog *Eng.* moved.

Nasina [adj.] *Ceb.* naibog og gusto nga makaangkon sa gipanag-iya sa uban, o mapareho sa uban *Eng.* envious.

Nasipok [adj.] *Ceb.* naglagot ang pamati *Eng.* upset.

Nasod [n] *Ceb.* ang usa ka nasyon *Eng.* nation \country.

Nasodnong awit [n] *Ceb.* himno sa usa ka nasod *Eng.* national anthem.

Nasuko [adj.] *Ceb.* nasuko \naglagot \napungot *Eng.* angry \hothead \furious \irate.

Nasulayan [adj.] *Ceb.* natilawan kung unsa *Eng.* tried \tested.

Nasulbad [adj.] *Ceb.* nahatagan o nahimoan og solusyon ang suliran *Eng.* solved.

Nasunog [adj.] *Ceb.* naugdaw sa kalayo *Eng.* burned to the ground \razed by fire \gutted by fire \burnt out \burn up.

Natad [n] *Ceb.* hawanan *Eng.* courtyard \lawn \yard.

Natagbaw [adj.] *Ceb.* natagbaw \nakontento *Eng.* contented \satisfied.

Natakdan [adj.] *Ceb.* nakakuha og sakit gikan sa uban *Eng.* contaminated \infected \acquired disease from others.

Nataran [n] *Ceb.* nataran bungsaran *Eng.* front yard and around the house.

Natawhan [n] *Ceb.* adlaw nga natawhan kahimugsoan *Eng.* birthday.

Natawo [adj.] *Ceb.* nahimugso gipanganak *Eng.* delivered, as a child or young of animals \born \given birth.

Nati [n] *Ceb.* anak sa kabayo, kabaw, asno o balyena nga gamay pa *Eng.* calf \foal \heifer.

Natingala [adj.] *Ceb.* natingala \nahibulong *Eng.* confused \amazed \surprised \wondering.

Natonto [adj.] *Ceb.* napatuo bisan og dili tinuod *Eng.* fooled \deluded.

Natubag [adj.] *Ceb.* nahatagan og tubag *Eng.* answered.

Natubigan [adj.] *Ceb.* nabutangan og tubig *Eng.* watered.

Natugaw [adj.] *Ceb.* natugaw nasamok *Eng.* bothered.

Natulog [adj.] *Ceb.* natulog *Eng.* sleeping \slumbering.

Natunga [adj.] *Ceb.* natunga *Eng.* cut or separated in the middle.

Nauga [n] *Ceb.* nawala ang pagkabasa *Eng.* dried up \became dry.

Naugdaw [phr.] *Ceb.* naabo kay nasunog tanan \napagod *Eng.* burned into ashes \burned down burnt.

Naulahi [adj.] *Ceb.* naulahi *Eng.* left behind \far behind.

Naulaw [adj.] *Ceb.* mibati og kaulaw *Eng.* abashed \ashamed.

Naundang [adj.] *Ceb.* wala na mapadayon *Eng.* stopped.

Nausab [adj.] *Ceb.* nalain ang pagkahimo o porma *Eng.* altered \changed.

Nausik [adj.] *Ceb.* nausik *Eng.* wasted \squandered \misspent.

Nautas [adj.] *Ceb.* nawad-an sa panimuot *Eng.* fainted \passed out.

Nawala [adj.] *Ceb.* nawala *Eng.* disappeared \banished \lost \missing \misplaced.

Nawong [n] *Ceb.* nawong \dagway \hitsura *Eng.* face \profile.

Nayabo [adj.] *Ceb.* nahuwad ang sulod *Eng.* spilled.

Negosyante [n] *Ceb.* ang nagpatigayon sa negosyo *Eng.* businessperson.

Negosyo [n] *Ceb.* patigayon \negosyo *Eng.* business \trade (see also patigayon)

Negrense [n] *Ceb.* ang taga-Negros *Eng.* native from the island of Negros (Negros Oriental and Negros Occidental)

Nerbiyos [n] *Ceb.* kahadlok nga inubanan og kakulba *Eng.* nervousness.

Ngahil [n] *Ceb.* ngilit nga parte sa gawas nga bahin sa baba *Eng.* lower lip (see also wait)

Ngadto [prep.] *Ceb.* padulong didto *Eng.* towards there

Ngadtoan [n] *Ceb.* ngadtoan *Eng.* destination.

Ngalan [n] *Ceb.* ang itawag aron mailhan kung unsa o kinsa *Eng.* name.

Ngano [interr.] *Ceb.* ang ipangutana kung mangayo og pahayag o rason *Eng.* why.

Ngiaw [adj.] *Ceb.* walay imik o kisaw ang palibot *Eng.* quiet \tranquil.

Ngil-ad [adj.] *Ceb.* dili maanindot sa panan-aw *Eng.* ugly \unpleasant \adverse \awful (see also malaksot)

Ngilit [n] *Ceb.* pinakakilid nga bahin *Eng.* edge \brink \rim \verge.

Ngilngig [adj.] *Ceb.* makapa- kitbi sa pamati \bidlion *Eng.* gruesome \hideous \ma- cabre heinous \cloying.

Ngipon [n] *Ceb.* ang midusol nga bukog sa lagos, gamiton sa pag-usap ug pagpaak *Eng.* tooth.

Ngisdom [n] *Ceb.* mug-ot sa dagway *Eng.* frown.

Ngisi [n] *Ceb.* pahiyom nga makita ang ngipon sa atu- bangan *Eng.* grin.

Ngitngit [adj.] *Ceb.* walay kahayag *Eng.* no light \dark \obscure \murky.

Ngulob [n] *Ceb.* hilak nga patago ang tingog *Eng.* sob \cry.

Ngutngot [adj.] *Ceb.* ka- hapdos o sakit nga sa ila- wom bation *Eng.* throes \twinge.

Niadto [adv.] *Ceb.* niadto *Eng.* in the past \before.

Niani [pro.] *Ceb.* niani \niini *Eng.* this.

Nibel [n] *Ceb.* ang himan nga ipangsukod kung unsa katu- pong ang kalapdon, gitas-on, o kaalsahon *Eng.* level.

Nihit [adj.] *Ceb.* diyotay lang ang hinguhaan *Eng.* scarce \rare.

Niining [adv., pro.] *Ceb.* minubo sa 'niini nga' *Eng.* in this \on this.

Nila [pro.] *Ceb.* ngadto sa mga tawo nga gitudlo sa nagsulti *Eng.* them.

Nilabog [adj.] *Ceb.* nilabog *Eng.* thrown out \thrown away \discarded.

Nilaga [adj.] *Ceb.* ang giluto sa pinabukal nga tubig *Eng.* boiled \hard-boiled (see also nilat-an)

Nilaktan [n] *Ceb.* nilaktan *Eng.* way or style of walking \stepping \gait.

Nilalang [n] *Ceb.* nilalang *Eng.* creature \creation \being \entity.

Nilaraw [adj.] *Ceb.* giplano ang pagabuhaton o angay nga mahitabo *Eng.* planned.

Nilat-an [adj.] *Ceb.* nilaga og maayo sa pinabukal nga tubig hangtod malata *Eng.* stewed.

Nilikit [adj.] *Ceb.* nilikit nirolyo *Eng.* rolled.

Nililong [adj.] *Ceb.* wala ibutyag *Eng.* undisclosed \untold.

Nilitson [n] *Ceb.* ang sinugba nga bug-os nga lawas sa hayop, sagad hininloan na sa balahibo ug ginhawaan, giluto pinaagi sa pag- dangdang diha sa init kaayo nga baga *Eng.* roasted animal (see also inasal)

Nilugaw [n] *Ceb.* nilugaw *Eng.* porridge.

Nilugdang [n] *Ceb.* lawog \nilugdang *Eng.* sediment \residue \dreg \settlings \lees.

Nilupigan [adj.] *Ceb.* gidaug- daog kay lupig *Eng.* op- pressed \tyrannized \browbeaten.

Niluto [n] *Ceb.* pagkaon nga giluto *Eng.* cooked food.

Nimo [adj.] *Ceb.* nimo *Eng.* you; your.

Nimpa [n] *Ceb.* batan-on ug guwapa nga diwata o eng-kanto *Eng.* nymph.

Ninang [n] *Ceb.* babaye nga mangugos sa bunyag *Eng.* godmother.

Nindot [adj.] *Ceb.* maayo tan-awon *Eng.* beautiful \good to see at \good to watch \good looking \gorgeous \impressive \fine \splendid (see also maanyag)

Ninong [n] *Ceb.* lalaki nga nangugos sa bunyag *Eng.* godfather.

Nipis [adj.] *Ceb.* dili baga *Eng.* thin.

Nitso [adj.] *Ceb.* lubnganan nga hinimo sa bato o se-mento *Eng.* niche.

Niwang [adj.] *Ceb.* dili tam-bok *Eng.* thin \scraggy.

Niyebe [n] *Ceb.* inulan nga yelo nga mitabon sa palibot *Eng.* snow.

Nobato [n] *Ceb.* ang bag-ohay *Eng.* newcomer \freshmen \neophyte \novice \first-timer.

Nobembre [n] *Ceb.* Nobem-bre \nobiyembre *Eng.* No-vember.

Nobena [n] *Ceb.* nobena *Eng.* novena.

Nota [n] *Ceb.* simbolo sa tuno sa kanta, aron masabtan ang kataason ug gidugayon sa tunog sa musika *Eng.* note.

Notaryo [n] *Ceb.* ang opisyal nga gitugotan sa pag-sertipika, pagmatuod, o pag-kuha og sinumpaan nga pahayag *Eng.* notary \no-tary public.

Nudnod [n] *Ceb.* nusnos bagnos *Eng.* scuff \rub.

Nuka [n] *Ceb.* sakit sa panit *Eng.* skin lesion.

Nukos [n] *Ceb.* mananap nga maglangoy-langoy paatras sa dagat, walay bukog ang lawas, may walo ka galamay ug duha ka gaway nga naa mahimutang sa ulo, mobuga og ata *Eng.* squid.

Numero [n] *Ceb.* ang simbolo nga itimaan kung pila ang ihap *Eng.* number \figure \numeral.

Nusnos [n] *Ceb.* nusnos nudnod bagnos *Eng.* scuff \rub.

~O~

O, o [n] *Ceb.* ang ikanapulo ug duha nga titik sa alpabeto nga Bisaya *Eng.* the twelfth letter in Cebuano alphabet used in this dictionary (see also abakadahan)

Obaryo [n] *Ceb.* ang balay-bata sulod sa pus-on sa babaye \sabakan \matris *Eng.* ovary.

Obispo [n] *Ceb.* labaw nga pangulo sa kaparian diha sa usa ka dayoses *Eng.* bishop.

Obligado [n] *Ceb.* may responsibilidad sa pagbuhat *Eng.* has the obligation \bound.

Obligasyon [n] *Ceb.* responsibilidad nga pagabuhaton *Eng.* obligation.

Obra maestra [n] *Ceb.* ang hinimo o nabuhat nga gimaayo sa paghimo gamit ang pinakamaayo nga abilidad ug kaalam *Eng.* masterpiece.

Obserbar [n] *Ceb.* paniid *Eng.* observation.

Odong [n] *Ceb.* pansitonon nga gahi ug dagko nga uhay kung hilaw pa *Eng.* noodle stick.

Ogis [n] *Ceb.* puti ang bulok sa panit, balahibo, ug buhok *Eng.* having all-white colored skin, feather, and hair.

Ohales [n] *Ceb.* ang lungag sa sapot para sa butones *Eng.* buttonhole.

Okra [n] *Ceb.* usa ka tanom nga ang bunga mautan, malawot og duga *Eng.* okra (sc.name: Hibiscus esculentus; Abelmoschus esculentus)

Oktobre [n] *Ceb.* ang ikanapulo nga bulan sa kalendaryo *Eng.* October.

On-on [n] *Ceb.* pinhig sa tinai *Eng.* appendicitis.

Onsa [n] *Ceb.* sukod sa timbang nga katumbas sa 31.1035 ka gramo *Eng.* ounce.

Onse [adj., n] *Ceb.* ihap o numero nga napulo ug usa *Eng.* eleven \11.

Oo [interj.] *Ceb.* ang isulti sa pagtangdo o pagtubag nga positibo *Eng.* yes \yeah (inf.) \yap (inf.) \yea (obs.) \aye (Poet., obs.) \Aye, aye, Sir! (Navy)

Opera [n] *Ceb.* opera *Eng.* operation \surgical operation \surgery.

Opinyon [n] *Ceb.* kaugalingon nga hunahuna o panan-aw sa panabot *Eng.* opinion \point of view \viewpoint \standpoint.

Opisina [n] *Ceb.* buhatan sa trabaho *Eng.* office \workplace.

Oportunidad [n] *Ceb.* higayon diin puwede himoon ang angay buhaton *Eng.* opportunity.

Oportunista [n] *Ceb.* mapahimuslanon sa higayon *Eng.* opportunist.

Oposisyon [n] *Ceb.* ang kakontra o kaatbang nga partido *Eng.* opposition.

Optiko [n] *Ceb.* tagahimo o nagpatigayon sa mga himan nga gamiton sa paghimo og antiyohos o salamin sa mata *Eng.* optician.

Optimismo [n] *Ceb.* ang pagkamalaomon ug madahomon nga dangatan sa pinakamaayo nga mahitabo *Eng.* optimism.

Optimista [adj.] *Ceb.* madahomon nga maayo ang modangat *Eng.* optimist.

Orakulo [n] *Ceb.* ang desisyon o tubag nga gihatag gikan sa usa ka tawo nga gituhoan nga gikahinabi sa mga bathala diha sa usa ka balaan nga lugar o alampoanan diin ang bathala nagpadayag sa tinagoan nga kaalam o katuyoan **Eng.** oracle.

Oras [n] **Ceb.** ang takna **Eng.** hour \time.

Orasan [n] **Ceb.** tamdanan kung unsa na nga orasa **Eng.** clock \watch \timepiece.

Orasyon [n] **Ceb.** ang ipamulong nga maoy gituhoan nga makahatag og gahom o makatambal \hurim-hurim **Eng.** spell \magic spell \insufflation.

Ordinansa [n] **Ceb.** balaod o patakaran nga gipatuman sa usa ka lungsod **Eng.** ordinance.

Ordinaryo [n] **Ceb.** sagad lang **Eng.** ordinary.

Oregano [n] **Ceb.** usa ka matang sa panakot nga dahon **Eng.** Indian borage.

Organo [n] **Ceb.** ang tulonggon nga motingog tungog sa hangin nga gibuga **Eng.** organ.

Orgasmo [n] **Ceb.** ang kinalamian o pinakaanindot nga bation kung gul-an diha sa pakighilawas **Eng.** orgasm \climax.

Orihinal [n] **Ceb.** ang tinuod nga kopya o butang **Eng.** original.

Orkestra [n] **Ceb.** dako nga tigom o grupo sa mga musikero sa mga tulonggon nga magduyogay sa pagtugtog sa musika **Eng.** orchestra.

Orkid [n] **Ceb.** usa ka tanom nga motubo maski sa yuta o sa punoan sa uban nga tanom, ang bulak adunay tulo ka gihay diin ang pinakatunga nga gihay mas lapad o dako ingon og wait ug sagad lain ang bulok **Eng.** orchid.

Oro [n] **Ceb.** ang bato nga bulawan **Eng.** gold.

Oso [n] **Ceb.** hayop nga lobo **Eng.** Bear.

Osohon [n] **Ceb.** osohon **Eng.** bear-like \ursine.

Ospital [n] **Ceb.** balay tambalanan **Eng.** hospital (see also tambalanan)

Ostiyas [n] **Ceb.** ang tinapay nga nagsimbolo sa lawas ni Hesukristo diha sa balaan nga misa nga maoy ipakaon sa mga maninimba diha sa pangalawat **Eng.** Host \wafer.

Otel [n] **Ceb.** balay dalangpan diin adunay mga lawak katulganan nga paabangan sa mga bisita **Eng.** hotel.

Otin [n] **Ceb.** lagay \buto **Eng.** male sex organ \penis \cock (slang) \dick (slang) \prick (slang) \phallus.

Otrohon [n] **Ceb.** sublion \balikon **Eng.** repeat \try again.

Otsenta [n] *Ceb.* walo ka napulo *Eng.* eighty \80.

Otso [n] *Ceb.* ang ihap o numero nga walo *Eng.* eight (see also walo)

~ **P** ~

P, p [n] *Ceb.* ang ikanapulo ug tulo nga titik sa alpabeto nga Bisaya *Eng.* the thirteenth letter in Cebuano alphabet used in this dictionary (see also abakadahan)

Paa [n] *Ceb.* ibabaw nga parte sa tiil *Eng.* leg \thigh \upper leg \femur \lap.

Paabagan [n] *Ceb.* paabagan pabuligan *Eng.* allow to be assisted by others (see also patabangan)

Paabangan [v] *Ceb.* gihanyag aron maabangan papletehan; pakaserahan *Eng.* for rent \for lease \for hire.

Paabante [adv.] *Ceb.* padulong ngadto sa giatubangan *Eng.* going forward \forward.

Paabot [n] *Ceb.* paghulat sa moabot *Eng.* wait.

Paadlawon [v] *Ceb.* padugayon o paaboton hangtod mosubang ang adlaw *Eng.* stay or last until morning.

Paagi [n] *Ceb.* pamaagi *Eng.* way \method \procedure \scheme \mode \steps \mechanics \means.

Paak [n] *Ceb.* paak \akhab *Eng.* bite.

Paalisngawan [n] *Ceb.* pasu-

ngawan sa inalisbo *Eng.* steam.

Paalsa [n] *Ceb.* pampatubo sa tinapay *Eng.* leaven \yeast.

Paamihan [adv.] *Ceb.* paingon sa norte *Eng.* toward the north \northward \northwards \northerly.

Paanakon [v] *Ceb.* paanakon *Eng.* allow or cause to give birth to \be the mother of somebody's child.

Paangkan [v] *Ceb.* paanakon sa liwat *Eng.* be the mother of somebody's child (see also paanakon)

Paanuhosan [v] *Ceb.* paanuosan *Eng.* expose to soot.

Paapekto [v] *Ceb.* paapekto \magpatandog *Eng.* get affected \be affected.

Paaro [n] *Ceb.* paaro \kapritso *Eng.* caprice \whim \whimsy.

Paasohan [n] *Ceb.* idangdang o pabugahan sa aso *Eng.* smoke.

Paatras [n] *Ceb.* paingon sa likoran *Eng.* towards the back \backward.

Paawas [n] *Ceb.* paawas *Eng.* displacement \overflowing \spillage.

Paayo [n] *Ceb.* paayo *Eng.* repair \fixing of defect or damage.

Paayohan [v] *Ceb.* paayohan *Eng.* pamper.

Pabadlong [adj.] *Ceb.* pabadlong \pasalawayon *Eng.*

mischievous \naughty (see also badlongon)

Pabalik [adj.] *Ceb.* pagbalik aron dili paglahos *Eng.* back away \back off.

Pabalikon [v] *Ceb.* paadtoon balik sa agi *Eng.* allow or ask to go back.

Pabata [n] *Ceb.* ang pabalik sa pagkabata *Eng.* rejuvenation \rejuvenescence.

Pabaybayon [adv.] *Ceb.* pa-ingon sa lapyahan *Eng.* toward the shore \ashore.

Pabilo [n] *Ceb.* dagkotanan sa suga *Eng.* wick.

Pabo [n] *Ceb.* dako nga langgam nga sagad buhion sama sa manok, upaw ang gamay nga ulo ug adunay dako nga lulbok nga guhit sa lawl *Eng.* turkey.

Pabor [n] *Ceb.* kaayohan nga makuha *Eng.* favor (US) \favour (Brit.)

Paboreyal [n] *Ceb.* langgam nga ingon og pabo, diin ang ikog sa lalaki nga paboreyal ingon og mibukhad nga pa-maypay nga mabulokon ang desinyo *Eng.* peafowl.

Paborito [adj.] *Ceb.* paborito *Eng.* favorite (US) \favourite (Brit.) \favored \preferred \desired.

Pabug-at [n] *Ceb.* ang ibu-tang aron mobug-at ang tim-bang *Eng.* sinker \weight \ballast

Pabugnaw [n] *Ceb.* ilimnon nga makahupay sa kauhaw o kainit nga gibati *Eng.* re-freshment.

Pabugno [n] *Ceb.* paaway *Eng.* brawl \fracas.

Pabula [n] *Ceb.* mga sugid o sugilanon mahitungod sa ki-nabuhi sa mga hayop nga a-dunay mga pagtulon-an *Eng.* fable.

Pabuntagan [v] *Ceb.* pasi-gehon hangtod sa buntag \suga nga magbuntag *Eng.* stand overnight \overnight lamp.

Pabuntison [v] *Ceb.* pabun-tison *Eng.* allow to be im-pregnated.

Pabuto [n] *Ceb.* ang gamiton sa pagpabuto *Eng.* explo-sive.

Padad-an [n] *Ceb.* ang pa-dalhan *Eng.* addressee.

Padak-on [v] *Ceb.* padak-on *Eng.* magnify \enlarge.

Padalagan [n] *Ceb.* pada-lagan \pagmaneho *Eng.* management.

Padalhan [n] *Ceb.* padalhan *Eng.* send something to \de-liver to.

Padaoton [v] *Ceb.* himoon nga daot *Eng.* make bad \allow to become bad.

Padaplin [v] *Ceb.* pagpa-hiluna sa daplin *Eng.* move toward the side \step on the side \stay aside.

Padayag [n] *Ceb.* pahayag sa gibati *Eng.* expression \endearment.

Padayon [adj.] *Ceb.* walay hunong *Eng.* continual \con-tinuous \unceasing \unending

\onward.

Pader [n] *Ceb.* ali nga koral *Eng.* fence.

Padugo [adj.] *Ceb.* pagpa-agas og dugo *Eng.* blood-letting.

Padulngan [n] *Ceb.* ang paingnan \hingadtoan *Eng.* course \itinerary.

Padulong [adv.] *Ceb.* padu-long *Eng.* heading to \to-wards.

Padunlan [v] *Ceb.* pabangilan o pahuoman sa itulon diha sa tutunlan *Eng.* choke.

Padyak [n] *Ceb.* kariton nga itulod-itulod subay sa riles sa tren *Eng.* railroad scooter \railroad cart.

Padyama [n] *Ceb.* padyama *Eng.* pajamas.

Pag- [pref.] *Ceb.* pag- *Eng.* this prefix is attached to almost any Cebuano root word to produce a verb word. Once attached, this prefix functions similar to that of the English preposition "to" as in:

Pagaan [n] *Ceb.* ang dili pagpabug-at sa timbang *Eng.* staying light or lighter in weight.

Pag-abag [v] *Ceb.* pagtabang *Eng.* help \assist.

Pag-abat [v] *Ceb.* pagdiparal sa mga nanghitabo sa pali-bot *Eng.* perceive \feel \sense \detect (see also panabot)

Pag-aberya [n] *Ceb.* ang pagpalya sa makina *Eng.* break down \malfunction.

Pag-abiabi [n] *Ceb.* pag-tagad og lingaw *Eng.* en-tertain \treat.

Pag-abin [v] *Ceb.* pagpaapil *Eng.* admit as member \allow to join.

Pag-abli [v] *Ceb.* pagtukab sa nakasira *Eng.* open \unclose.

Pag-abog [v] *Ceb.* pag-bugaw palayo *Eng.* drove \shoo shove off.

Pag-abot [v] *Ceb.* ang pag-dangat *Eng.* arrival reach at \arrive at.

Pag-absuwelto [n] *Ceb.* pag-deklara nga walay sala *Eng.* absolve \acquit.

Pag-adlaw [v] *Ceb.* paghimo nga adlaw sa panahon *Eng.* make or change to day.

Pag-adorno [v] *Ceb.* pag-butang og dekorasyon *Eng.* adorn \decorate.

Pag-adto [v] *Ceb.* pagpai-ngon ngadto *Eng.* to go there \resort.

Pag-agad [v] *Ceb.* paghulat o pagsunod depende sa ka-bubut-on sa uban *Eng.* depend on the order, etc. of others \be dependent on others \be contingent on.

Pag-agak [v] *Ceb.* pagta-bang sa naglakaw pinaagi sa pagganoy o paghawid *Eng.* support or help one in walk-ing.

Pag-agas [v] *Ceb.* pag-agas \pagdagayday *Eng.* flow \drip \stream out.

Pag-agay [v] *Ceb.* pag-agay

Eng. pour forth \gush forth \effuse.

Pag-agda [v] *Ceb.* pag-agni sa pangaon \pagdapit *Eng.* announce the table is ready \invite to eat.

Pag-aghat [v] *Ceb.* pag-awhag sa pugos *Eng.* oblige.

Pag-agi [v] *Ceb.* pag-agi \paglabay *Eng.* drop by \undergo \pass by \go through.

Pag-aginod [v] *Ceb.* pag-kamang nga guyoron ang lawas *Eng.* creep slowly \drag oneself.

Pag-agwanta [v] *Ceb.* pag-antos sa kalisod *Eng.* endure \bear \forebear.

Pag-ahas [v] *Ceb.* paghipos sa pasol o baling *Eng.* haul up fishing net or line.

Pag-akab [v] *Ceb.* pag-akab *Eng.* take a bite \bite.

Pag-ako [v] *Ceb.* pag-ako *Eng.* assume responsibility or obligation \take on \sustain.

Pag-alagad [v] *Ceb.* pag-alagad *Eng.* serve \give service \render service.

Pag-ali [v] *Ceb.* pag-atang aron dili makaagi *Eng.* block \obstruct.

Pag-alima pag-alima \atiman \alinga *Eng.* care \tend \treat \nurture.

Pag-alirong [v] *Ceb.* pag-alirong *Eng.* gather around \gather in circle \surround \encompass \encircle.

Pag-alisngaw [v] *Ceb.* pag-

alisbo sa hinungaw \pagsu-ngaw *Eng.* evaporate \fume.

Pag-alot [v] *Ceb.* pagputol sa buhok \pagtupi *Eng.* cut the hair \shear \clip \crop \trim.

Pag-alsa [v] *Ceb.* pag-alsa \pagsakwat \pagbaswat *Eng.* lift \raise \carry on \heave.

Pag-ambahan [v] *Ceb.* pag-ambahan pagpanon *Eng.* get together \gather \congregate \forgather \draw to-gether.

Pag-ambak [v] *Ceb.* pag-ambak paglukso *Eng.* jump \leap \skip.

Pag-ambit [v] *Ceb.* pagbaton og bahin *Eng.* share \partake.

Pag-ambus [v] *Ceb.* pag-hulat sa molabay aron atake-hon \pagbanhig *Eng.* am-bush.

Pag-amoma [v] *Ceb.* pag-atiman *Eng.* take care \tend to \nurture \nurse.

Pag-amot [v] *Ceb.* paghatag og gasa o donasyon *Eng.* donate \contribute \subsidize.

Pag-amping [v] *Ceb.* pag-bantay nga dili madaot o ma-disgrasya *Eng.* take care \be careful \be wary.

Pag-ampo [n] *Ceb.* pag-ampo *Eng.* prayer.

Pagana [v] *Ceb.* ang pag-pagana *Eng.* stimulation.

Pag-anad [v] *Ceb.* paghimo nga dili na ihalas o ilahan *Eng.* domesticate \tame.

Pag-anak [v] *Ceb.* pag-himugso sa anak o liwat *Eng.* give birth to a child or young of animal \deliver a baby.

Pag-andam [v] *Ceb.* pag-andam *Eng.* get things ready \prepare \set.

Pag-andar [v] *Ceb.* pag-pasugod og andar sa makina *Eng.* start the engine \turn on the engine \run the machine \run \tick over.

Pag-angay [v] *Ceb.* pag-balanse aron maangay *Eng.* adjust \proportionate \befit \harmonize.

Pag-angkas [v] *Ceb.* pag-sakay sunod o tupad sa nag-maneho \pagsakay sa likoran *Eng.* ride behind or beside the driver \ride at the back.

Pag-angkat [v] *Ceb.* pag-kuha og paninda gikan sa langyaw nga lugar \pag-angkat og produkto nga hini-mo sa uban aron ipaninda *Eng.* import \consign.

Pag-angkon [v] *Ceb.* pag-angkon *Eng.* claim.

Pag-ani [v] *Ceb.* pagpupo sa bunga o abot sa uma *Eng.* reap \harvest.

Pagano [n] *Ceb.* ang walay gituhoan nga relihiyon, o misimba sa mga butang sa kinaiyahan *Eng.* pagan.

Pag-anod [v] *Ceb.* pag-padala uban sa sulog o bul-og sa tubig *Eng.* drift.

Pag-antos [n] *Ceb.* pag-antos *Eng.* torment \anguish \suffering.

Pag-apas [n] *Ceb.* pag-apas *Eng.* fetch up \catch up.

Pag-arab [v] *Ceb.* pagpa-dilaab pagpasilaab *Eng.* burn quickly.

Pag-arang [v] *Ceb.* pagsibo \pagsakto *Eng.* be exact \put enough \use enough \fit.

Pag-areglar [v] *Ceb.* pag-pahamutang *Eng.* arrange \adjust \settle.

Pag-areglo [v] *Ceb.* pag-sabot aron maayo o mahu-say ang problema *Eng.* make an arrangement \settle.

Pag-asal [v] *Ceb.* pagdang-dang sa tibuok nga karne sa hayop ngadto sa baga sa kalayo aron maluto *Eng.* roast \broil.

Pag-asdang [v] *Ceb.* pag-asdang \pagsulong *Eng.* make offensive attack \in-vade \assault \intrude \raid \assail.

Pag-asenso [v] *Ceb.* pag-asenso \pag-usbaw \pag-uswag *Eng.* make or do progress \prosper \grow better \improve.

Pag-asoy [v] *Ceb.* pag-istorya mahitungod sa mga nanghitabo \pagsugilon *Eng.* narrate \tell the story.

Pagaspas [n] *Ceb.* kapakapa sa pako o panid *Eng.* rustle \flap.

Pag-atake [n] *Ceb.* pag-atake pagsulong *Eng.* at-tack.

Pag-atang [v] *Ceb.* pagbanbantay sa moabot o molabay *Eng.* wait for somebody to arrive or pass by \lie in wait for \wait up for.

Pag-atiman [v]   *Ceb.* pag-atiman *Eng.* attend to \take care.

Pag-ato [v] *Ceb.* paghurot dayon sa tanan nga mga buluhaton *Eng.* tackle all works at once.

Pag-atras [v] *Ceb.* pagbalik sa agi *Eng.* withdraw \retreat \back off \go back \move back.

Pagatubagon [n] *Ceb.* pagatubagon *Eng.* to be answered.

Pag-atubang [v] *Ceb.* pag-atubang *Eng.* confront \face \accost.

Pagaw [adj.] *Ceb.* lubad og tingog \laghaw *Eng.* having a dull, coarse voice \hoarse.

Pagawas [adv.] *Ceb.* paingon sa gawas *Eng.* toward outside \outward.

Pag-awat [v] *Ceb.* pag-awat \pagsundog *Eng.* copy.

Pag-away [v] *Ceb.* pag-away *Eng.* fight \brawl \wrangle \scuffle \tussle.

Pag-awhag [v] *Ceb.* pag-awhag \paghangyo *Eng.* request.

Pag-awit [v] *Ceb.* pag-awit \pagkanta *Eng.* sing \deliver a song (id.)

Pagbabag [v] *Ceb.* pag-babag *Eng.* set a barrier \block \bar \obstruct \fend.

Pagbadbad [v] *Ceb.* pag-

hubad sa bangan *Eng.* untie \unfasten \unlash \unfetter \unwind.

Pagbadlis [v] *Ceb.* pagbadlis *Eng.* draw a line \line.

Pagbadlong [v] *Ceb.* pagsaway sa nagpabadlong *Eng.* reprove \reprehend \reproof \rebuke \censure.

Pagbagdoy [v] *Ceb.* pagbagdoy \paglatagaw *Eng.* wander \bum around \tramp.

Pagbaghot [v] *Ceb.* pagbaghot \pagpahangit *Eng.* agitate to a trouble \incite \stir up.

Pagbag-o [v] *Ceb.* paghimo nga bag-o na usab *Eng.* renew.

Pagbagos [v] *Ceb.* pagkagis sa uhay pagkagus *Eng.* whittle.

Pagbagtas [v] *Ceb.* pagbaktas \paglakaw \pagbaklay *Eng.* hike \walk.

Pagbagulbol [v] *Ceb.* pag bagulbol \pagbagutbot *Eng.* murmur \repine \grumble against \crab (inf.)

Pagbaha [v] *Ceb.* paglunop sa daghan kaayo nga tubig o likido *Eng.* flood \deluge.

Pagbahag [v] *Ceb.* pagsulob og bahag *Eng.* wear loin cloth \to G-string.

Pagbahar [v] *Ceb.* pagminus sa kantidad o balor \pagkunhod *Eng.* devaluate, deflate, drop, or slump the price.

Pagbahas [v] *Ceb.* pagbahas *Eng.* cancel permit or license.

Pagbahaw [v] *Ceb.* pagpadaan sa pagkaon o balita *Eng.* make stale the food or news.

Pagbahin [v] *Ceb.* pagbahin *Eng.* divide \part \partition [v] *Ceb.* paghatag og gahin *Eng.* give \share \apportion.

Pagbaho [v] *Ceb.* pagsimhot aron mahibaloan kung unsa ang baho *Eng.* smell the odor \sniff.

Pagbaid [v] *Ceb.* pagpahait pinaagi sa pagbag-id sa bairan *Eng.* sharpen \whet \strop \hone.

Pagbakak [v] *Ceb.* dili pagtug-an sa tinuod \paglimod *Eng.* tell a lie \lie.

Pagbakho [n] *Ceb.* pagsige og hilak *Eng.* sob \weep.

Pagbako [v] *Ceb.* pagyukog *Eng.* stoop \slouch.

Pagbakod [v] *Ceb.* pagbangon gikan sa paghigda *Eng.* rise up \get up \get up from bed.

Pagbakol [v] *Ceb.* paghimo nga dili na makalihok ang mga tiil *Eng.* cripple \maim.

Pagbaktas [v] *Ceb.* pagbaktas \pagbaklay *Eng.* hike \walk.

Pagbakuna [v] *Ceb.* pagineksyon og pangontra sa sakit *Eng.* vaccinate.

Pagbakwi [v] *Ceb.* pagbawi sa nasulti o napahayag *Eng.* recant \retract \recall.

Pagbakwit [v] *Ceb.* pagbalhin og pinuy-anan *Eng.* eva-

cuate.

Pagbakyaw [v] *Ceb.* paghana og tira sa kamot *Eng.* lift or raise hands as if to strike.

Pagbalaan [v] *Ceb.* paghimo nga balaan *Eng.* make holy \consecrate \divinize \sanctify.

Pagbalak [v] *Ceb.* paglitok og balak \paggaray *Eng.* recite a poem \declaim.

Pagbalaka [v] *Ceb.* pagbati og kabalaka \paghingawa *Eng.* worry \be concerned \be anxious.

Pagbalanos [v] *Ceb.* pagpakasakit *Eng.* sacrifice.

Pagbalanse [v] *Ceb.* pagangay sa timbang *Eng.* balance.

Pagbalaw [v] *Ceb.* pagpatagbaw *Eng.* satiate \satisfy \sate.

Pagbalay [v] *Ceb.* paghimo og pinuy-anan *Eng.* build or construct a house.

Pagbalbag [v] *Ceb.* pagbalbag \pagpusgay *Eng.* shatter \splinter \smash \blow.

Pagbalbas [v] *Ceb.* pagpanghimungot *Eng.* razor or shave off beard or body hair.

Pagbalda [v] *Ceb.* paglangay *Eng.* impede \delay.

Pagbalewala [v] *Ceb.* pagsalikway aron mawala na ang epekto *Eng.* render void \invalidate \revoke \repeal \dishonor \rescind.

Pagbalhin [v] *Ceb.* pagsibog ngadto sa lain nga puwesto o lugar *Eng.* move \shift \transfer.

Pagbalhog [v] *Ceb.* pagdasok pasulod *Eng.* shove into \push in \throw into \insert in \thrust.

Pagbali [v] *Ceb.* pagbanggi *Eng.* break

Pagbaliad [v] *Ceb.* pagpiko o pagbali sa lawas patalikod *Eng.* bend backward.

Pagbalibad [n] *Ceb.* ang dili pagtugot \ang pagdumili *Eng.* disapproval \denial \disapprobation.

Pagbaligtos [v] *Ceb.* pagbaliktos *Eng.* knot.

Pagbaligya [v] *Ceb.* pagbaligya \pagtinda *Eng.* sell \vend.

Pagbalik [v] *Ceb.* pag-usab \pag-utro *Eng.* repeat \reiterate.

Pagbalikas [v] *Ceb.* pagsulti og daotan nga mga pulong ngadto sa lain *Eng.* curse \malign.

Pagbaling [v] *Ceb.* pagsikop gamit ang baling *Eng.* catch or trap with the net \net \enmesh.

Pagbalising [v] *Ceb.* pagdus-og sa nahimutangan *Eng.* indent \shift \transfer \move \reposition \transfer or move location.

Pagbaliskad [v] *Ceb.* pagbaliskad \pagbalit-ad *Eng.* reverse \invert.

Pagbalita [v] *Ceb.* pagbalita \pagtaho *Eng.* report.

Pagbalitok [v] *Ceb.* pagbalintong patalikod *Eng.* tumble backward.

Pagbalo [v] *Ceb.* paghigawad *Eng.* disappoint \frustrate.

Pagbalor [v] *Ceb.* paghatag og kantidad *Eng.* give a prize.

Pagbalos [v] *Ceb.* pagbalos \pagbanos \pagbawos *Eng.* reciprocate \recompense

Pagbalunok [v] *Ceb.* pagpatihulog nga mag-una ang ulo o simod \pagtiurok \pagpatiugsok *Eng.* fall headlong \nose dive.

Pagbalyo [v] *Ceb.* pagpabaylo og kuwarta nga papel de bangko o sensilyo sa tseke o unsa man nga kasulatan o butang nga adunay balor *Eng.* cash \encash (Brit.)

Pagbanaw [v] *Ceb.* pagapaw sa daghan nga tubig o unsa man nga likido *Eng.* form into pool, as water, blood, etc.

Pagbanda [v] *Ceb.* pagbanda \pagpauntol *Eng.* reflect \rebound.

Pagbandal [v] *Ceb.* paghugaw o pagguba sa mga butang o kabtangan nga pampubliko o pribado ilabi na kung kini maanindot o maartehon *Eng.* vandalize.

Pagbandilyo [v] *Ceb.* pagsinggit aron pagpahibalo sa publiko o kadaghanan *Eng.*

announce in public \publicize.

Pagbangag [v] *Ceb.* pagbangag, paglungag *Eng.* bore.

Pagbangan [v] *Ceb.* paghigot pagbalighot *Eng.* tie.

Pagbangga [v] *Ceb.* pagbangga *Eng.* bump \collide \hit.

Pagbanggi [v] *Ceb.* pagbali, ingon sa sanga *Eng.* break, as twig or bough.

Pagbanggod [v] *Ceb.* pagbanggod pagkudkod *Eng.* grate into small shreds \chafe.

Pagbanghag [v] *Ceb.* pagsulti nga pasinggit \pagsinghag *Eng.* bawl out \bark \yell.

Pagbangil [v] *Ceb.* pagbutang og ali aron moligid o moluwak *Eng.* put an underprop \block with a wedge.

Pagbangon [v] *Ceb.* pagtindog gikan sa paghigda *Eng.* arise \raise \get up.

Pagbanha [v] *Ceb.* pagsaba og maayo *Eng.* make noise \roister \bluster.

Pagbanhaw [v] *Ceb.* pagbuhi balik *Eng.* resurrect \raise from the dead.

Pagbanhig [v] *Ceb.* paghulat sa moagi aron atakehon *Eng.* ambush.

Pagbanlas [v] *Ceb.* pagbanlas *Eng.* washout.

Pagbanos [v] *Ceb.* paghatag og balik *Eng.* reciprocate \give back.

Pagbansay [v] *Ceb.* pagban-

say *Eng.* exercise \practice.

Pagbansiwag [v] *Ceb.* pagbansiwag *Eng.* protrude \jut out \stick out.

Pagbantay [v] *Ceb.* pagbantay *Eng.* attend \tend.

Pagbanwag [v] *Ceb.* pagbanwag *Eng.* illuminate \illumine \lighten.

Pagbanwas [v] *Ceb.* paghuwad og daghan nga tubig aron mabanlas o mahinlo *Eng.* flush \wash \wash away.

Pagbanyos [v] *Ceb.* pagbanyos \paghaplas *Eng.* rub \embrocate.

Pagbaol [v] *Ceb.* pagtingkad sa yuta nga walay patubig *Eng.* cultivate an unirrigated field.

Pagbariga [v] *Ceb.* pag-ali o pagsira sa agianan pinaagi sa pagtipon o pag-alirong sa mga tawo diha sa maong lugar *Eng.* barricade.

Pagbarog [v] *Ceb.* pagbarog \pagtindog *Eng.* stand up \raise up \get up \get up on one's feet. [v] *Ceb.* pagbarog sa kaugalingon nga pulong *Eng.* stand one's word or statement \answer for, as one's obligation.

Pagbasa [v] *Ceb.* pagbasa \paghumod *Eng.* wet \drench [v] *Ceb.* pagtan-aw sa pinatik o sinulat aron makuha ang mensahe *Eng.* read \browse \crack a book (US slang).

Pagbasal [v] *Ceb.* pagbasal

\pagtambol *Eng.* drum \beat.

Pagbasar [v] *Ceb.* paghimo nga basehan *Eng.* base upon \base \underlie.

Pagbasdak [v] *Ceb.* pagpuno og maayo sa sudlanan hangtod mobutirik *Eng.* cram with \compact \compress.

Pagbasol [v] *Ceb.* pagbati og kamahay \pagmahay *Eng.* regret \deplore \decry.

Pagbatbat [v] *Ceb.* pagbatbat \pagpasabot *Eng.* explain \explicate \expound.

Pagbati [v] *Ceb.* pag-antos sa sakit sa sabakan kay talianak *Eng.* labor a child birth \have labor pains \labour (Brit.) \travail. [n] *Ceb.* pagbati *Eng.* emotion \feeling \sensation.

Pagbatil [v] *Ceb.* pagkutaw og sagol *Eng.* scramble \beat, as egg.

Pagbato [v] *Ceb.* paglabay og bato *Eng.* cast a stone upon something \throw stone at.

Pagbatog [v] *Ceb.* pagtugpa nga patungtong sa ibabaw *Eng.* perch.

Pagbatok [v] *Ceb.* pagsukwahe *Eng.* oppose \contradict \resist.

Pagbaton [v] *Ceb.* pagbaton *Eng.* secure \maintain \procure \possess \keep.

Pagbatyag [v] *Ceb.* pagbatyag \pagbati \pag-abat *Eng.* feel \sense.

Pagbawhag [v] *Ceb.* pagsulti nga walay pugong-pugong *Eng.* speak bluntly or point-

blank.

Pagbawi [v] *Ceb.* pagbawi *Eng.* take back \recover \reclaim \retake \regain.

Pagbawog [v] *Ceb.* pagbawog *Eng.* curve \bend \twist.

Pagbayad [v] *Ceb.* paghatag sa bayad *Eng.* pay.

Pagbayaw [v] *Ceb.* pagbayaw *Eng.* raise \ascend.

Pagbaylo [v] *Ceb.* pagbaylo \pagbugti \pag-ilis *Eng.* exchange \switch \interchange \transpose \swap (inf.) \swop (inf.)

Pagbelar [v] *Ceb.* pagtukaw aron pagbantay sa haya sa minatay *Eng.* hold a wake over a corpse \wake \sit up for a dead.

Pagbendisyon [v] *Ceb.* paghatag sa bendisyon *Eng.* give the blessing \bless.

Pagbesti [v] *Ceb.* pagsul-ob og sinina *Eng.* put on a dress \wear a dress \dress up \dress \don.

Pagbeto [v] *Ceb.* dili pagpirma sa presidente o labaw nga pangulo aron dili maaprobahan o mahimo nga balaod ang gipasa nga balaodnon *Eng.* veto.

Pagbiaw [v] *Ceb.* pagpundo sa tubig *Eng.* stagnate.

Pagbiaybiay [v] *Ceb.* pagbiaybiay *Eng.* mock \deride \scoff at.

Pagbilanggo [v] *Ceb.* pagbalhog ngadto sa prisohan *Eng.* imprison \put behind bars \jail \confine.

Pagbinhi [v] *Ceb.* pagpatubo og lawngon o binhi *Eng.* grow seedling.

Pagbiniga [v] *Ceb.* pagpakita sa kaulag *Eng.* flirt.

Pagbinutbot [v] *Ceb.* pagpamakak *Eng.* tell a lie \lie \be untruthful \be dishonest.

Pagbira [v] *Ceb.* pagbunlot *Eng.* yank.

Pagbisbis [v] *Ceb.* pagpatak og daghan nga tubig *Eng.* sprinkle.

Pagbisita [v] *Ceb.* pagbisita \pagduaw *Eng.* visit \make a visit \pay a visit to \be the guest of \come around.

Pagbista [v] *Ceb.* paghusay o pagpamati sa kaso diha sa korte *Eng.* hear a case in court (see also pagkeha)

Pagbitad [v] *Ceb.* pagbitad *Eng.* pull \tug.

Pagbitas [v] *Ceb.* pagbitas *Eng.* rend off \stash.

Pagbitay [v] *Ceb.* pagbitay *Eng.* hang \suspend.

Pagbitbit [v] *Ceb.* pagdala nga hawiran sa kamot *Eng.* hand carry.

Pagbitik [v] *Ceb.* pagbitik *Eng.* trap \entrap \snare.

Pagbiya [v] *Ceb.* pagbiya *Eng.* leave.

Pagbiyahe [v] *Ceb.* paglarga diha sa usa ka biyahe *Eng.* travel \have a trip \tour \take a journey.

Pagboda [v] *Ceb.* pagsul-ot og sapot sa kasal nga pambabaye *Eng.* wear a wedding gown.

Pagborda [v] *Ceb.* pagsulsi sa desinyo diha sa tela o panapton *Eng.* embroider.

Pagbosal [v] *Ceb.* pagbangan sa baba aron dili makapaak, makasulti, o makatingog *Eng.* gag \muzzle.

Pagbosina [v] *Ceb.* pagpatunog sa sirbato sa sakyanan *Eng.* blow the horn.

Pagbosing-ot [v] *Ceb.* pagmug-ot sa dagway *Eng.* frown \scowl \sulk.

Pagbotar [v] *Ceb.* pagpili og kandidato *Eng.* elect \vote.

Pagbrutsa [v] *Ceb.* pagbrutsa *Eng.* brush \whisk.

Pagbuak [v] *Ceb.* pagbuak \pagbuong *Eng.* break.

Pagbubo [v] *Ceb.* paghulad sa sulod aron mahabwa o mayabo *Eng.* dump out \pour out.

Pagbudlay [v] *Ceb.* pagtrabaho og maayo *Eng.* work very hard.

Pagbudyong [v] *Ceb.* paghuyop sa budyong *Eng.* blow the horn.

Pagbuga [v] *Ceb.* paghuyop sa ginhawa *Eng.* blow \breathe out \aspirate \expel the air.

Pagbugaw [v] *Ceb.* pagbugaw *Eng.* shoo \drive away \shove off [v] *Ceb.* paghanyag sa burikat ngadto sa parokyano *Eng.* pimp \engage in pimping or pandering.

Pagbugay [v] *Ceb.* paghatag og bugay *Eng.* offer a dowry

to the woman whom the man
wanted to marry.

Pagbugha [v] *Ceb.* pagsiak
sa kahoy *Eng.* split the wood
by chopping it \chop the
wood \hew.

Pagbughat [v] *Ceb.* pagpa-
sugmat og balik sa dili
maayo nga balatian *Eng.*
let the ailment to recur \to
suffer relapse.

Pagbugkos [v] *Ceb.* paghi-
got \pagbugkos *Eng.* tie.

Pagbugno [v] *Ceb.* pagbug-
no *Eng.* scuffle \wrestle
\tussle [v] *Ceb.* pagpakig-
bisog *Eng.* struggle.

Pagbugsay [v] *Ceb.* pagka-
hig o pagligwat sa tubig
gamit ang bugsay aron mo-
sibog o modagan sa pag-
lutaw ang sakayan *Eng.* oar
\row \scull.

Pagbugti [v] *Ceb.* pag-ilisay
o pagbayloay og binihag
Eng. exchange or swap pri-
soners.

Pagbugwal [v] *Ceb.* pag-
bungkag sa yuta *Eng.*
break up the ground \hoe.

Pagbuhat [v] *Ceb.* pagbuhat
\paggama *Eng.* do \make
\perform \render \work \un-
dertake

Pagbuhi [v] *Ceb.* paghatag
og kinabuhi *Eng.* give life
\vivify \animate.

Pagbuho [v] *Ceb.* pagbangag
\paglungag *Eng.* bore.

Pagbuhos [v] *Ceb.* pagbubo
sa sulod *Eng.* pour \pour
out.

Pagbukhad [v] *Ceb.* pag-
buka aron ibukaka \paghik-
yad *Eng.* spread \spread
out to open \spread open.

Pagbukot [v] *Ceb.* pagtabon
og habol *Eng.* cover with
blanket.

Pagbulad [v] *Ceb.* pagpauga
gamit ang kainit *Eng.* dry.

Pagbulasot [v] *Ceb.* paghu-
log pasulod sa lungag *Eng.*
shoot or slip something
through the hole \slip one's
footing into the hole \shoot.

Pagbulgar [v] *Ceb.* pagpahi-
balo sa uban mahitungod sa
usa ka tinagoan nga kasa-
yoran *Eng.* disclose \reveal
\expose.

Pagbulong [v] *Ceb.* pag-ayo
sa balatian *Eng.* treat.

Pagbulto [v] *Ceb.* pagbugkos
og dako nga binangan *Eng.*
bind into big bundles \bale.

Pagbunal [v] *Ceb.* pagbunal
Eng. beat \hit \whack.

Pagbungkag [v] *Ceb.* pag-
guba sa mga parte sa porma
o kahimo *Eng.* dismantle
\disassemble.

Pagbunlot [v] *Ceb.* pagbunlot
Eng. grab away \yank.

Pagbuno [v] *Ceb.* pagbuno
Eng. hit with a stone \throw
something at \cast \hurl. [v]
Ceb. pagbuno *Eng.* mur-
der \assassinate \slay \liqui-
date.

Pagbunok [v] *Ceb.* pagulan
og kusog *Eng.* rain heavily
\downpour \bucket down (id.)

Pagbunot [v] *Ceb.* pagbunot

Eng. remove the husk \husk \decorticate.

Pagbuntaw [v] *Ceb.* pagbuntaw \pagsalibay \paglabog *Eng.* throw something away

Pagbuntog [v] *Ceb.* pagpilde *Eng.* overcome \defeat \outdo \beat down \beat.

Pagbunyag [v] *Ceb.* paghatag og ngalan o pagdawat isip kamembro sa usa ka tinuohan nga simbahan, pinaagi sa bunyag \paghatag og ngalan nga Kristiyano diha sa bawtismo. *Eng.* baptize \christen.

Pagbuong [v] *Ceb.* pagbuong \pagpusgay *Eng.* break \shatter.

Pagbuot [n] *Ceb.* kaugalingon nga gusto o desisyon *Eng.* discretion \disposal \will \one's call.

Pagbusdak [n] *Ceb.* pagpusdak sa paghulog *Eng.* drop heavily \slump.

Pagbutang [n] *Ceb.* pagbutang \pagpahamtang *Eng.* put \lay \place.

Pagbutang-butang [v] *Ceb.* pagbutang-butang *Eng.* allege \impute \accuse.

Pagbuto [n] *Ceb.* pagbuto *Eng.* detonation \explosion \blast \blowing up \burst.

Pagbutyag [n] *Ceb.* pagbutyag \pagbulgar *Eng.* disclose \reveal \divulge \expose \tell other's secret \unbosom.

Pagbuyboy [n] *Ceb.* pagsudya sa nahatag nga utang

kabubut-on *Eng.* recount the given past favors.

Pagbuyok [v] *Ceb.* pagsugkay sa niluto nga kan-on *Eng.* stir rice while it is being cooked \stir while cooking the rice.

Pagdaginot [v] *Ceb.* paggamit sa ginagmay aron dili mausik o mahurot dayon *Eng.* use sparingly \conserve \economize \skimp \save \scrimp.

Pagdagit [n] *Ceb.* ang pagsignit *Eng.* abduction \kidnapping \preying.

Pagdagkot [v] *Ceb.* pagduslit og kalayo *Eng.* light a fire \light \set on fire \kindle.

Pagdagmal [v] *Ceb.* pagdagmal *Eng.* castigate \torment \torture \batter \hit.

Pagdahom [v] *Ceb.* laoman nga maoy mahitabo *Eng.* expect \assume.

Pagdakin-as [v] *Ceb.* pagligas sa tiil *Eng.* slip off one's foot \slip.

Pagdakop [v] *Ceb.* pagdakop \pagsikop *Eng.* arrest \apprehend \capture \bust \nab \pinch (inf.) \cop.

Pagdala [n] *Ceb.* pagdala *Eng.* bring \deliver \bring along.

Pagdali [v] *Ceb.* pagdali *Eng.* hurry \hurry up \rush \haste \hustle \prompt.

Pagdamay [v] *Ceb.* pagdamay pag-angin *Eng.* implicate \involve.

Pagdamgo [v] *Ceb.* pagkaadunay talan-awon nga makita samtang nakatulog **Eng.** dream. [v] **Ceb.** pagpangandoy **Eng.** have an ambition \wish \aspire \desire.

Pagdan-ag [v] **Ceb.** paglamdag **Eng.** light up \illuminate \illumine \irradiate.

Pagdangop [v] **Ceb.** pagduol aron mangayo og pabor **Eng.** have recourse to \recourse for help or protection \approach \resort for \seek refuge.

Pagdangoyngoy [v] **Ceb.** paghilak nga magngoyngoy ingon og gisakitan o namatyan **Eng.** wail \lament.

Pagdaog [v] **Ceb.** pagpilde sa kontra diha sa dula, sugal, o away **Eng.** be a winner \win \triumph.

Pagdaot [v] **Ceb.** pagbuhat og dili makaayo **Eng.** harm.

Pagdapat [v] **Ceb.** pagdapat **Eng.** beat \hit.

Pagdapig [v] **Ceb.** pagdapig **Eng.** side with \take one's side \align with \ally with.

Pagdapit [v] **Ceb.** pagdapit **Eng.** invite \ask to come \request.

Pagdaro [v] **Ceb.** pagbugkal sa yuta gamit ang daro **Eng.** plow (US) \plough (Brit.) \furrow.

Pagdasdas [v] **Ceb.** pagdasdas **Eng.** make a forward attack.

Pagdasig [v] **Ceb.** paghatag og kadasig **Eng.** encourage \inspire \boost \embolden

\enamor \enliven \urge.

Pagdayong [v] **Ceb.** pagtabangay og alsa o dala **Eng.** to help carry something \carry together.

Pagdigwa [v] **Ceb.** pagsuka **Eng.** vomit \disgorge.

Pagdili [n] **Ceb.** ang dili pagpabuhat **Eng.** prohibition \ban \forbiddance.

Pagdinali [n] **Ceb.** pagdinali **Eng.** hurry up \haste.

Pagdiskanso [v] **Ceb.** pagdiskanso pagpahulay **Eng.** rest \relax \lounge \loll.

Pagdiskarga [v] **Ceb.** paghaw-as sa karga **Eng.** unload.

Pagdaugdaog [v] **Ceb.** pagdaugdaog \pagpanlupig **Eng.** persecute \oppress \tyrannize.

Pagdawat [v] **Ceb.** pagkuha sa gihatag **Eng.** receive \accept \take (see also dawat)

Pagdayeg [v] **Ceb.** pagdayeg \pagpasidungog **Eng.** acclaim \adore \appreciate \laud.

Pagdonar [v] **Ceb.** paghatag og donasyon **Eng.** donate.

Pagdonselya [v] **Ceb.** pagbuong sa pagkababaye **Eng.** deflower \devirginize.

Pagduaw [v] **Ceb.** pagduaw \pagtanda **Eng.** visit.

Pagduda [n] **Ceb.** ang katahap **Eng.** doubt \suspicion.

Pagdugmok [v] **Ceb.** pagbuak o pagtigpod aron mogagmay **Eng.** crumble \disintegrate \mangle.

Pagdugok [v] *Ceb.* pagpanon paduol *Eng.* gather around \come near \rally.

Pagduko [v] *Ceb.* pagyuko sa ulo *Eng.* bow \crotch.

Pagdumala [v] *Ceb.* pagmaneho o pagdala sa kalihokan o patigayon *Eng.* manage \direct \operate.

Pagdumdom [v] *Ceb.* pagdumdom \paghandom *Eng.* remember in memory of \commemorate \recollect.

Pagdumili [n] *Ceb.* pagdumili *Eng.* disagreeability \disagreeableness \refusal to allow or grant \disallowance.

Pagdumot [v] *Ceb.* dili pagkalimot sa kalagot o sa gikasuk-an *Eng.* grudge \begrudge \loathe \wreak \detest.

Pagdungan [v] *Ceb.* paghitabo o pagdangat sa pareho nga higayon *Eng.* coincide \synchronize.

Pagdungaw [v] *Ceb.* pagtanaw sa ubos *Eng.* look down \look at below.

Pagdunggab [v] *Ceb.* pagtusok sa hinagiban *Eng.* stab.

Pag-embargo [v] *Ceb.* pagembargo *Eng.* confiscate \seize \capture.

Pag-ensayo [v] *Ceb.* pagensayo *Eng.* rehearse \practice.

Paggahin [v] *Ceb.* paghatag og bahin o partida *Eng.* allocate \impart \appropriate.

Paggakos [v] *Ceb.* pagbutang sa mga bukton palibot sa lawas sa gikaatubang *Eng.* embrace \hold in the arms \squeeze in the arms \clasp in the arms \pet (inf.)

Paggama [v] *Ceb.* paggama \pagbuhat *Eng.* make \do.

Paggansilyo [v] *Ceb.* paggansilyo \pagsulsi *Eng.* knit.

Pagganti [v] *Ceb.* paghatag og balos *Eng.* give something in return \repay \reward.

Paggapos [v] *Ceb.* paggaid o paghigot sa tiil o kamot aron dili makalihok o makabuhi *Eng.* bind \tie.

Paggikan [v] *Ceb.* paggikan *Eng.* depart \send-off \start to go.

Pagginhawa [v] *Ceb.* paghingos ug pagbunga sa hangin *Eng.* breathe \respire.

Paggiok [v] *Ceb.* pagtagtag o pagtamak-tamak sa inani aron mangatangtang ang tipasi sa humay *Eng.* thresh.

Paggitik [v] *Ceb.* paggitik *Eng.* tickle \titillate.

Paggiya [v] *Ceb.* pagtuod kung asa paingon *Eng.* guide \show the way.

Paghagit [v] *Ceb* pagsulti, paglihok, o paghimo og mga butang nga makapahagit og away *Eng.* challenge \provoke a fight \start a fight \start a trouble \challenge \rouse \stir up \incite \throw down the gauntlet (id.)

Paghagok [v] *Ceb.* pagtunog sa gininhawa samtang natulog *Eng.* snore.

Paghagpat [v] *Ceb.* pagpangita o pagpili sa pilionon *Eng.* weed out.

Paghakop [v] *Ceb.* pagharop gamit ang mga palad *Eng.* gather everything in one sweep of the palms \collect a handful of something.

Paghakot [v] *Ceb.* pagdala ngadto sa lain nga lugar o puwesto *Eng.* carry or bring to another place \convey \transport.

Paghalad [v] *Ceb.* paggasa isip usa ka halad *Eng.* offer.

Paghalhal [v] *Ceb.* pagginhawa og paspas kay gihangos o gikutasan *Eng.* pant.

Paghalok [v] *Ceb.* paglapat sa ngabil *Eng.* kiss \smack \smooch \lip.

Paghambin [v] *Ceb.* pagdala diha sa kaugalingon \paghambin *Eng.* harbor \carry in oneself.

Paghambog [v] *Ceb.* paghambog *Eng.* show off \boast \brag \flaunt \vaunt \swank (slang)

Paghamok [v] *Ceb.* pagtugaw aron dili hatagan og kalinaw *Eng.* disturb one's peace \perturb \disquiet.

Paghamon [v] *Ceb.* pagbutang sa tanan sulod sa baba *Eng.* swallow \to mouth the whole piece.

Paghanas [v] *Ceb.* agbatid og maayo *Eng.* master \be an expert \specialize.

Paghanaw [v] *Ceb.* paghanaw \pagwagtang *Eng.* vanish \disappear.

Paghandom [v] *Ceb.* paghinumdom \paghandom *Eng.* remember \reminisce.

Paghanduraw [v] *Ceb.* paghinumdom sa mga nanglabay *Eng.* reminisce \muse \recollect \recall.

Paghangop [v] *Ceb.* pagbati o kahangop *Eng.* have the feeling of earnestness \show the depth and sincerity of one's feeling.

Paghangyo [v] *Ceb.* pagawhag o pagpakiluoy sa pagpangamuyo *Eng.* beg \request \implore \plead.

Paghanyag [v] *Ceb.* pagdalit *Eng.* \bid \offor.

Paghaplas [v] *Ceb.* pagpahid og banyos *Eng.* embrocate \rub \splash \foment.

Pagharana [v] *Ceb.* pagkanta aron paghalad sa maong kanta *Eng.* serenade.

Paghari [v] *Ceb.* paghari *Eng.* dominate or rule as a king \be a king.

Pagharong [v] *Ceb.* pagharong *Eng.* confront \accost.

Pagharos (id.) *Ceb.* pagkuha sa tanan *Eng.* get all \sweep the board.

Paghatag [v] *Ceb.* pagtunol sa ihatag *Eng.* hand over \give.

Paghatod [v] *Ceb.* paghatod *Eng.* deliver \transmit \transport \convey \dispatch.

Paghatsing [v] *Ceb.* pagbuga og kalit sa gininhawa diin manglagpot ang laway *Eng.* sneeze.

Paghawan [v] *Ceb.* pagklaro sa palibot *Eng.* clear.

Paghaw-as [v] *Ceb.* paghaw-as *Eng.* alight from \disembark \debark.

Paghawid [v] *Ceb.* paghawid *Eng.* hold \handle \grip \grasp.

Paghawod [v] *Ceb.* paghawod *Eng.* be the best \outdo others.

Paghigop [v] *Ceb.* pagsuyop sa likido. *Eng.* sip.

Paghigugma [v] *Ceb.* ang pagbati og pagmahal *En.* love \adoration.

Paghikap [v] *Ceb.* pag-abat sa masabod o madat-olan *Eng.* touch \feel \palpate (Med.)

Paghikling [v] *Ceb.* pagbalhin og puyo *En..* relocate the house or residence \evacuate.

Paghikog [v] *Ceb.* pagpakamatay pinaagi sa pagbitay sa kaugalingon *Eng.* commit suicide by hanging one's self \hang own self \execute by hanging.

Paghilom [v] *Ceb.* pagpaundang sa banha o tingog *Eng.* stop the noise.

Paghimugso [v] *Ceb.* pagpanganak *Eng.* give birth \deliver a baby.

Paghinay-hinay [v] *Ceb.* dili pagpaspas *Eng.* slow down \inch \lag.

Paghinaway [v] *Ceb.* pagha-

tag og pahayag mahitungod sa dili pag-ayon *Eng.* dislike \discriminate. [v] *Ceb.* patamay og suta *Eng.* scrutinize \criticize.

Paghinayak [v] *Ceb.* paghatag sa hinanali nga desisyon *Eng.* quickly decide \be impulsive.

Paghingal [v] *Ceb.* pagginhawa og paspas *Eng.* pant \breathe fast \breathe rapidly and heavily \catch one's breath.

Paghingalan [v] *Ceb.* pagsulti o pagtawag sa ngalan *Eng.* call \name \mention.

Paghingawa [v] *Ceb.* paghingawa *Eng.* be concerned \be anxious \worry.

Paghingilin [v] *Ceb.* pagpahawa nga ubanan og kasaba *Eng.* ask somebody to leave by scolding.

Paghingos [v] *Ceb.* paghanggab sa hangin *Eng.* breathe in \inhale.

Paghingpit [v] *Ceb.* pagbuhat sa kataposan nga higayon *Eng.* finalize.

Paghinis [v] *Ceb.* paglimpiyo *Eng.* clean.

Paghinlo [v] *Ceb.* paglimpiyo sa hugaw *Eng.* clean \make neat \cleanse \purge from \purge.

Paghinuklog [v] *Ceb.* paghunahuna og maayo sa mensahe o kahimtang *Eng.* reflect \meditate \muse \contemplate \ponder.

Paghinuktok [v] *Ceb.* paghunahuna og halalom **Eng.** think deeply about \mull over \ponder.

Paghinumdom [v] **Ceb.** paghinumdom **Eng.** think remember in memory of \commemorate \recollect.

Paghisgot [v] **Ceb.** pagsulti mahitungod sa **Eng.** talk about something \mention \discuss.

Paghitabo [v] **Ceb.** pagdangat **Eng.** allow to occur \let happen \befall.

Paghiuli [v] **Ceb.** pagsabotay o pag-uyonay nga magbalikay **Eng.** reconcile \reunite.

Paghiusa [v] **Ceb.** paghiusa **Eng.** incorporate \integrate \consolidate \merge \combine \congregate.

Paghubad [v] **Ceb.** pagbadbad sa hikot **Eng.** undo \untie \unwind.

Paghubag [v] **Ceb.** pagbukdo sa parte sa panit, unod o unsa pa man nga parte sa lawas \paghuboy. **Eng.** swell.

Paghubo [v] **Ceb.** paghukas sa sapot **Eng.** undress \strip.

Paghubog [v] **Ceb.** pagpalipong gamit ang ilimnon nga makahubog **Eng.** make drunk \intoxicate.

Paghugas [v] **Ceb.** paglimpiyo gamit ang tubig **Eng.** wash.

Paghugno [v] **Ceb.** paghugno **Eng.** collapse \fall.

Paghugot [v] **Ceb.** pagpaguot

sa bangan o bakos **Eng.** make tight or tighter \tighten.

Paghugpa [v] **Ceb.** paghugpa **Eng.** cease \stop [v] **Ceb.** paghugpa **Eng.** land \touch down.

Paghugpong [v] **Ceb.** paghugpong \pag-usa sa tanan **Eng.** unite \unify.

Paghukas [v] **Ceb.** pagtangtang sa gisul-ot **Eng.** undress \unclothe \doff the clothing \unclothe \divest.

Paghukom [v] **Ceb.** paghatag sa hukom \paghusga **Eng.** judge \adjudge \adjudicate \give the verdict.

Paghulagway [v] **Ceb.** paghulagway **Eng.** describe \figure out. [v] **Ceb.** pagdibuho sa larawan **Eng.** draw \illustrate \portray.

Paghulam [v] **Ceb.** pagbaylo una og gamit **Eng.** borrow.

Paghulat [v] **Ceb.** pagpaabot sa modangat **Eng.** wait \await \bide.

Paghulma [v] **Ceb.** paghulma \pagporma **Eng.** shape \form.

Paghuman [v] **Ceb.** paghuman **Eng.** make things done \finish \finalize.

Paghumod [v] **Ceb.** pagbasa og tubig **Eng.** wet.

Paghunahuna [v] **Ceb.** paghunahuna \pag-isip **Eng.** think \mind \brood over. [v] **Ceb.** pagpamalandong **Eng.** contemplate \meditate \ponder \reflect \mull over \ruminate.

Paghunas [v] *Ceb.* ang pag-ubos sa taob *Eng.* ebb \low tide.

Paghunghong [v] *Ceb.* pagsulti og hinay kaayo aron dili mabatian sa uban *Eng.* speak very softly \speak in a whisper \speak inaudibly \whisper.

Paghunong [v] *Ceb.* dili na pagpadayon *Eng.* do not proceed \stop \halt \cease.

Paghunos [v] *Ceb.* pagkutli sa kinabuhi *Eng.* kill.

Paghuot [v] *Ceb.* himoon nga huot *Eng.* make tight \tighten \tighten the fit.

Paghupas [n] *Ceb.* paglapas sa gitagal kung asa kutob nga puwede gamiton ang tambal o pagkaon *Eng.* expire.

Paghupay [v] *Ceb.* paghumpay *Eng.* assuage \quench \soothe heal \cure.

Paghupo [v] *Ceb.* pagyuko og kalit aron dili maigo o makit-an *Eng.* duck.

Paghupong [v] *Ceb.* paghupong \paghubag *Eng.* swell \bulge.

Paghupot [v] *Ceb.* paghupot *Eng.* secure \maintain \procure \possess \keep.

Paghuramintado [v] *Ceb.* pagsalimoang *Eng.* go berserk.

Paghurat [v] *Ceb.* paghadlok *Eng.* scare \bluff \surprise.

Paghurot [v] *Ceb.* paghurot *Eng.* exhaust \consummate.

Paghusay [v] *Ceb.* pagpamati sa kaso aron mahusay *Eng.* arbitrate \mediate.

Paghuthot [v] *Ceb.* paghuthot *Eng.* extract money.

Pagi [n] *Ceb.* mananap sa dagat nga lapad og lawas ingon og tabanog, may ikog nga ingon og latigo, ang duha ka mga mata nagtupad ibabaw sa unahang bahin sa lawas *Eng.* stingray \ray.

Pag-igit [v] *Ceb.* pagkalibang og igit *Eng.* have a diarrhea.

Pag-ikmat [v] *Ceb.* pagbantay og maayo *Eng.* be extra careful \be very cautious \be diligent \be adamant.

Pag-ikyas [v] *Ceb.* pag-ikyas *Eng.* escape \abscond.

Pag-ilis [v] *Ceb.* pagbaylo *Eng.* exchange \switch \transpose.

Pag-ilogay [v] *Ceb.* paglunggobay og kuha gikan sa usa og usa *Eng.* grab something from each other \scramble.

Pag-indigay [v] *Ceb.* ang tandiay *Eng.* comparison \match \matching \analogy.

Pag-init [v] *Ceb.* himoon nga mainit *Eng.* heat \to warm \make hot.

Pag-iniyat [v] *Ceb.* pag-iniyat \pagkinundat *Eng.* behave nastily, said of female person \flirt \coquet.

Pag-inom [v] *Ceb.* pagtulon og tubig *Eng.* drink.

Pag-insulto [v] *Ceb.* pagsulti o pagbuhat og pakaulaw sa garbo *Eng.* insult.

Pag-inulit [v] *Ceb.* pagkaon ingon og gutom kaayo *Eng.* be greedy \guzzle.

Pag-inusara [n] *Ceb.* ang pagkawalay kauban *Eng.* solitude.

Pag-ipsot [v] *Ceb.* pag-ipsot *Eng.* escape.

Pag-istorya [v] *Ceb.* pagkulokabildo *Eng.* talk \converse.

Pag-itos [v] *Ceb.* pag-init og maayo sa likido *Eng.* pasteurize \infuse \distil.

Pag-iwag [v] *Ceb.* paghatag og kahayag *Eng.* give a light \beam a light \shine a light \light \shine \beam

Pagkaamahan [v] *Ceb.* pagkaamahan *Eng.* fatherhood \paternity

Pagkababaye [n] *Ceb.* ang kahimtang isip usa ka babaye *Eng.* womanhood \femininity \effeminacy \effeminateness.

Pagkabanhaw [v] *Ceb.* kabuhi balik *Eng.* esurrection \revival \renaissance.

Pagkabig [v] *Ceb.* pagkabig *Eng.* convince \persuade.

Pagkabo [v] *Ceb.* paghakot og tubig *Eng.* fetch.

Pagkadalaga [n] *Ceb.* ang kahimtang isip usa ka dalaga *Eng.* maidenhood

Pagkadiyos [n] *Ceb.* ang kahimtang isip usa ka diyos o bathala *Eng.* being god \deity \godliness.

Pagkagis [v] *Ceb.* pagkagis *Eng.* scrape.

Pagkagiw [v] *Ceb.* paglayas pahilayo sa panimalay *Eng.* run away \flee.

Pagkahanaw [n] *Ceb.* pagkahanaw \pagkawagtang *Eng.* disappearance.

Pagkahig [v] *Ceb.* pagkakha sa yuta *Eng.* scratch or scrape the ground, as a fowl. \scrape.

Pagkahiusa [n] *Ceb.* panaghiusa sa tanan *Eng.* unity \integration \unification \consolidation.

Pagkahulogan [n] *Ceb.* paghatag og kahulogan *Eng.* give a meaning \to mean \interpret \signify.

Pagkalawat [v] *Ceb.* (RC) pagdawat ug pagkaon sa ostiya atol sa balaan nga misa *Eng.* receive the host of the Holy Communion.

Pagkalibang [v] *Ceb.* pagkalibang *Eng.* move one's bowel \defecate \disembowel \take a shit.

Pagkaligo [v] *Ceb.* paghumod sa tibuok lawas aron mahinlo o mapreskohan *Eng.* bathe \take a bath.

Pagkalimot [v] *Ceb.* dili na paghinumdom *Eng.* forget \stop remembering \do not remember \put out in one's memory.

Pagkalubong [n] *Ceb.* ang kabutang sa lubong *Eng.* burial \entombment.

Pagkaluoy [n] *Ceb.* ang pagbati og kaaghop *Eng.* pity \have mercy \be kind.

Pagkamang [v] *Ceb.* paglihok gamit ang mga kamot ug tiil sa tawo aron makaadto sa angay adtoan *Eng.* crawl.

Pagkamatay [n] *Ceb.* ang pagkawala sa kinabuhi *Eng.* death.

Pagkandos [v] *Ceb.* pagkuha o paghakot gamit ang kandos *Eng.* scoop.

Pagkanta [v] *Ceb.* pagkanta *Eng.* sing.

Pagkanunay [v] *Ceb.* pagkanunay *Eng.* maintain \regularize.

Pagkaon [n] *Ceb.* ang makaon *Eng.* food.

Pagkapari [n] *Ceb.* ang kahimtang isip usa ka pari *Eng.* priesthood.

Pagkapkap [v] *Ceb.* paghikap-hikap sa lawas o sa gisul-ot nga sapot *Eng.* frisk.

Pagkaplag [v] *Ceb.* pagkaplag \paghibalag *Eng.* meet \uncover \find.

Pagkapon [v] *Ceb.* pagkatli sa itlog aron dili na mangulag o makaanak *Eng.* castrate \caponize \emasculate \desexualize \desex.

Pagkasaba [v] *Ceb.* paghatag og kasaba *Eng.* scold \admonish \reprimand \reprehend.

Pagkasal [v] *Ceb.* pagbendisyon sa kasal ngadto sa duha ka nilalang aron mahimong managtiayon nga bana og asawa *Eng.* solemnize marriage.

Pagkasina [v] *Ceb.* pagselos ngadto sa uban tungod sa kaayohan nga ilang nakuha *Eng.* feel envy \be envious \be green with envy.

Pagkaso [v] *Ceb.* pagpasaka og keha sa korte *Eng.* file a case in court \press charges \litigate.

Pagkasubli [n] *Ceb.* ang pagkautroutro \pagkasubli *Eng.* repetition \recurrence \reoccurrence \replication \reiteration.

Pagkatawa [v] *Ceb.* pagbugabuga sa tingog sa kalipay *Eng.* laugh.

Pagkatawo [n] *Ceb.* ang personalidad isip usa ka tawo *Eng.* personality.

Pagkatkat [v] *Ceb.* pagsaka sa punoan, pangpang, o bongbong *Eng.* climb \scale.

Pagkat-on [v] *Ceb.* paghibalo sa kaalam o kon unsaon *Eng.* learn.

Pagkawagtang [n] *Ceb.* pagkawagtang \pagkahanaw \pagkawala *Eng.* disappearance.

Pagkawang [v] *Ceb.* pagkawang \paghikaw *Eng.* deprive \dispossess deprive \dispossess.

Pagkawat [v] *Ceb.* pagkuha sa dili iya ug walay pagsanghid sa tag-iya o tagtungod, sa katuyoan nga maangkon o kapahimuslan ang maong butang *Eng.* steal \embezzle.

Pagkayab [v] *Ceb.* pagkayab \pagbayaw *Eng.* ascend.

Pagkeha [v] *Ceb.* pagpasaka og kaso sa korte *Eng.* sue \press charges \file charges \file a lawsuit \litigate.

Pagkiat [v] *Ceb.* pagkiat \pagluhag \pagpabadlong *Eng.* misbehave \be naughty.

Pagkibido [v] *Ceb.* pasul-ot og salamin sa mata *Eng.* wear eyeglasses.

Pagkibra [v] *Ceb.* pagminus sa timbang *Eng.* lessen the weight.

Pagkita [v] *Ceb.* pagsud-ong *Eng.* look at \see.

Pagklaro [v] *Ceb.* pagklaro make *Eng.* clear \clarify.

Pagkompesal [v] *Ceb.* pagtug-an sa gililong nga nabuhat o mga nanghitabo sa kaugalingon *Eng.* confess \confide.

Pagkonsabo [v] *Ceb.* pagsabot sa pagbuhat og dili maayo *Eng.* sabotage \plot \connive.

Pagkonsuylo [v] *Ceb.* pagpalumay o pagpahupay sa gibati *Eng.* console \comfort \soothe.

Pagkontento [v] *Ceb.* pagkontento \pagtagbaw *Eng.* satiate \satisfy \sate.

Pagkoral [v] *Ceb.* pag-ali sa palibot pinaagi sa pagbutang og mga babag *Eng.* fence.

Pagkorehir [v] *Ceb.* pagtarong sa sayop *Eng.* correct \rectify \amend.

Pagkrusada [v] *Ceb.* paghimo og mga kalihokan alang usa ka katuyoan, o pagkontra sa pangabuso *Eng.* crusade.

Pagkuha [v] *Ceb.* ang pagtangtang *Eng.* remove \detach.

Pagkulit [n] *Ceb.* pangukit \pag-ukit *Eng.* engraving \sculpture \carving.

Pagkumos [v] *Ceb.* pagkumos \pagkumot \pagkunos *Eng.* crumple \crease \rumple \pucker \furrow \ruck (obs.)

Pagkumpas [v] *Ceb.* pagsenyas pinaagi sa pagpakita og mga lihok sa lawas nga adunay kahulogan *Eng.* show or send body language \gesture \gesticulate.

Pagkunhod [v] *Ceb.* pagminus sa kantidad *Eng.* lessen the price \decrease \reduce \rebate \deduct depreciate \devaluate.

Pagkunot [v] *Ceb.* pagkusi \pagkurot *Eng.* pinch \nip.

Pagkupot [v] *Ceb.* paghawid \paggunit *Eng.* hold \handle \grip \grasp. [v] *Ceb.* paghupot *Eng.* possess.

Pagkurna [v] *Ceb.* pagguyod pagganoy \pagkurna *Eng.* tow.

Pagkurtina [v] *Ceb.* pagtaod og kurtina *Eng.* put a curtain \install a curtain \curtain \drape.

Pagkusi [v] *Ceb.* pag-ipit diha sa mga kuko *Eng.* pinch (see also pagkunot)

Pagkusmod [v] *Ceb.* paghiwi

sa simod o dagway **Eng.** scowl \wince.

Pagkutas [v] **Ceb.** pagkutas \pag-utas **Eng.** collapse.

Pagkutkot [v] **Ceb.** pagkutkot \pagkuykoy **Eng.** dig.

Pagkutlo [v] **Ceb.** pagkuha sa bunga, dahon, o bulak pinaagi sa pagputol sa punga o tangkay **Eng.** pick, as in picking of leaf, fruit or flower.

Pagkuwenta [v] **Ceb.** pagihap kung pila \pagkuwenta **Eng.** count.

Pagkuyap [v] **Ceb.** pagwala sa panimuot \pag-utas **Eng.** collapse \swoon \pass out \lose consciousness \black out.

Pagkuyaw [v] **Ceb.** pagbutang sa kakuyaw **Eng.** put in danger \endanger \put in peril \risk \imperil \jeopardize.

Paglaag [v] **Ceb.** paglaag \paglinakat \pagbagdoy **Eng.** wander \tramp \bum around.

Paglaba [v] **Ceb.** paglimpiyo pinaagi sa paglublob ug pagkusokuso diha sa daghan nga tubig **Eng.** wash \cleanse.

Paglabang [v] **Ceb.** paglabang \pagtabok \paglatas **Eng.** cross \pass across \go across \traverse.

Paglabay [v] **Ceb.** paglabay **Eng.** throw \cast.

Paglabog [v] **Ceb.** paglabog **Eng.** throw away \cast off.

Pagladlad [v] **Ceb.** pagladlad

Eng. display flat on the ground.

Paglad-ok [v] **Ceb.** pagtulon sa tubig **Eng.** gulp \swig \swallow down.

Paglagot [v] **Ceb.** pagkasuko og maayo **Eng.** be angry \hate \get mad.

Paglagpot [v] **Ceb.** paglabog palayo **Eng.** eject \throw out \throw overboard.

Paglahap [v] **Ceb.** paghiwa og dako **Eng.** slice off a big portion from \cut a wide portion.

Paglahos [v] **Ceb.** paglahos \paglagbas **Eng.** permeate \pass through \penetrate through \pierce through.

Paglahutay [v] **Ceb.** pagsige o pagpailob og dugay **Eng.** sustain \withstand \endure \persevere \last long.

Paglakat [v] **Ceb.** pag-adto sa usa ka \katuyoan ang pag-adto nga maglakaw lang **Eng.** go to see an appointment \go somewhere \take a walk.

Paglakaw [v] **Ceb.** paglakaw **Eng.** hike \walk.

Paglaksot [v] **Ceb.** paglaksot \pagpamaot **Eng.** make ugly \uglify.

Paglalin [v] **Ceb.** pagbalhin og puyo **Eng.** evacuate.

Paglalis [v] **Ceb.** pag-away nga magtinubagay og sulti **Eng.** bicker \quarrel \altercate.

Paglamat [v] **Ceb.** paglingla sa panan-aw **Eng.** trick.

Paglambigit [v] *Ceb.* pag-apil sa uban *Eng.* involve \link \implicate.

Paglamdag [v] *Ceb.* paghatag kahayag *Eng.* enlighten \radiate.

Paglamon [v] *Ceb.* pagkaon og dako nga hungit *Eng.* swallow \engulf.

Paglamparo [v] *Ceb.* pagsagpa sa dagway \pagtamparos *Eng.* slap the face.

Paglampaso [v] *Ceb.* pagnusnos sa salog gamit ang bunot o unsa man nga ipanglampaso *Eng.* husk.

Paglampos [v] *Ceb.* paghuman sa buluhaton o tahas *Eng.* achieve \accomplish \succeed.

Paglangan [v] *Ceb.* dili dayon buhaton paglangay *Eng.* delay \hinder \hamper.

Paglangas [v] *Ceb.* pagsige og lihok *Eng.* misbehave \fidget \keep moving.

Paglanggaw [v] *Ceb.* pagpainit-init sa tubig o ilimnon *Eng.* make water or drinks lukewarm.

Paglangoy [v] *Ceb.* pagsalom sa tubig *Eng.* swim.

Paglangyaw [v] *Ceb.* paglangyaw *Eng.* go abroad \travel abroad.

Paglansad [v] *Ceb.* pagpasutoy sa pagpalupad \pagtugway *Eng.* launch.

Paglansang [v] *Ceb.* paglansang *Eng.* nail down.

Paglansis [v] *Ceb.* pag-ilad \paglimbong *Eng.* deceive \dupe \trick.

Paglantaw [v] *Ceb.* pagtanaw sa layo *Eng.* view from a distance.

Paglantugi [v] *Ceb.* paglantugi *Eng.* argue \debate \dispute.

Paglaom [v] *Ceb.* pagdahom nga makaangkon o makatsansa *Eng.* expect \hope.

Paglapas [v] *Ceb.* pagsupak sa sugo o patakaran *Eng.* violate.

Paglapos [v] *Ceb.* paglapos *Eng.* exceed \excel \outgrow \prevail \surpass.

Paglapsaw [v] *Ceb.* paghimo nga dili espeso *Eng.* dilute.

Paglapwa [v] *Ceb.* paglapwa *Eng.* blanch \stew.

Paglaraw [v] *Ceb.* paghuna-huna sa angay buhaton *Eng.* plan \make plan \plot \make a scheme \schematize \set \frame-up.

Paglarawan [v] *Ceb.* paglarawan \paghulagway *Eng.* make a picture of \portray \depict.

Paglarga [v] *Ceb.* pagbiya sa sakyanan aron pagbiyahe *Eng.* depart \go.

Paglaslas [v] *Ceb.* paghiwa sa panit o putos aron masamad *Eng.* slash \gash.

Paglaso [v] *Ceb.* pagtaod o pagbangan og laso *Eng.* put or tie a ribbon \enlace.

Paglasyo [v] *Ceb.* pagpatubig sa umahan *Eng.* irrigate the farm.

Paglatigo [v] *Ceb.* paglatos

Eng. whip \lash.

Paglaway [v] *Ceb.* pagtinulo sa laway \pagduay *Eng.* drool \slaver \slobber \drivel \dribble.

Paglawig [n] *Ceb.* pagbiyahe o pagpanaw sa kadagatan *Eng.* navigate \cruise \sail \voyage.

Paglayag [v] *Ceb.* pagtaod og layag *Eng.* put a sail \rig.

Paglaylay [v] *Ceb.* pagkanta nga lamolamoon ang tuno *Eng.* hum \lull \croon.

Paglibak [v] *Ceb.* paghisgot og maot mahitungod sa usa ka tawo nga wala sa duol o tungod \pagtsismis *Eng.* gossip \spread rumor \rumor (US) \rumour (Brit.)

Paglibot [v] *Ceb.* paglibot *Eng.* revolve \gyrate \turn around.

Pagligdong [v] *Ceb.* pag-ayo o paglig-on sa dignidad *Eng.* dignify \edify.

Pagligid [v] *Ceb.* pagligid \pagkaliring *Eng.* roll \trundle.

Pagligis [v] *Ceb.* paagian sa ligid o sakyanan *Eng.* run over.

Pagligwat [v] *Ceb.* pagbangil aron maalsa *Eng.* lever.

Paglihay [v] *Ceb.* paglihay *Eng.* evade \elude.

Paglikay [v] *Ceb.* paglikay *Eng.* get rid of \avoid \avert.

Pagliko [v] *Ceb.* pagliso ngadto sa lain nga direksyon *Eng.* turn.

Paglili [v] *Ceb.* pagtan-aw lu-sot sa siwang, buslot, o lungag *Eng.* peek \peep \peep through \look at through.

Paglimas [v] *Ceb.* pagkalos sa tubig aron mohubas *Eng.* scoop the water out \bail.

Paglimbag [v] *Ceb.* pagligwat aron pagsimang *Eng.* change course \writhe.

Paglimbasog [v] *Ceb.* pagpaningkamot \paglimbasog *Eng.* struggle \strive \bear up.

Paglimbong [v] *Ceb.* paglimbong \paglansis *Eng.* cheat.

Paglimin [v] *Ceb.* dili pagbutyag *Eng.* keep secret.

Paglimod [v] *Ceb.* dili pagangkon *Eng.* deny.

Paglimugmog [v] *Ceb.* pagugom og pagbugabuga og tubig aron malimpiyo ang sulod sa baba *Eng.* gargle.

Paglinangas [v] *Ceb.* pagsige og lihok *Eng.* move naughtily \be fidgety \keep moving \misbehave.

Paglinaw [v] *Ceb.* paghusay sa kagubot *Eng.* pacify \calm.

Paglinaway [v] *Ceb.* pagsige og gawas sa laway *Eng.* keeps on salivating \slaver.

Paglingi [v] *Ceb.* pagliso sa ulo paingon sa likod o kilid *Eng.* turn one's head \look at one's side.

Paglingkawas [v] *Ceb.* paglingkawas *Eng.* emancipate \liberate \free from bondage.

Paglingkod [v] *Ceb.* paglingkod \pagpungko *Eng.* sit down \sit \take a seat.

Paglingla [v] *Ceb.* paglingla \pag-ilad *Eng.* trick \deceive.

Paglinibak [v] *Ceb.* paglinibak *Eng.* keep on engaging in gossip.

Paglipay [v] *Ceb.* paghimo nga malipayon *Eng.* make happy \gladden \cheer up \perk up.

Paglipong [v] *Ceb.* paglipong \pagbungog \paglurong *Eng.* make dizzy \daze \stupefy \make groggy \stun.

Paglisa [v] *Ceb.* pagpiang og gamay sa kalulothan *Eng.* sprain \slip the joint.

Paglit-ag [v] *Ceb.* paglit-ag pagbitik *Eng.* snare \ensnare \lasso.

Paglitok [v] *Ceb.* paghilwas sa sulti *Eng.* pronounce \utter.

Pagloto [v] *Ceb.* pagsul-ob og sapot nga itom o uban nga bulok nga magpasabot sa gibati nga kasubo *Eng.* wear a mourning dress, usually black in color.

Paglubad [v] *Ceb.* pagpapas sa kolor *Eng.* fade.

Paglublob [v] *Ceb.* pagluklok sa suok nga lugar *Eng.* hide and stay in the corner, nook, or crevices \hide in a place \lie low.

Paglubok [v] *Ceb.* paglubok *Eng.* pound, as rice in a mortar.

Paglubong [v] *Ceb.* pagbutang ilawom sa yuta *Eng.* bury in the ground.

Paglugdang [v] *Ceb.* pagunlod sa salog ilawom sa tubig *Eng.* settle at the bottom \sink.

Paglugit [v] *Ceb.* pagligwat aron mokang-a o modusol *Eng.* pry.

Paglugo [v] *Ceb.* paglugo *Eng.* shake, as dice or contents in a bottle \joggle.

Paglugod [v] *Ceb.* paglugod \pagnudnod *Eng.* rub.

Paglugos [v] *Ceb.* pagpugos og pakighilawas *Eng.* force to have sexual intercourse with \rape \ravish.

Paglugpit [v] *Ceb.* paglugpit *Eng.* constrict \squeeze \throttle.

Pagluha [v] *Ceb.* pagluha *Eng.* shed tears.

Pagluho [v] *Ceb.* pagpilo pataas *Eng.* fold up.

Pagluhod [v] *Ceb.* pagpiko sa tuhod diha sa salog *Eng.* bend the knee \kneel down \kneel.

Pagluib [v] *Ceb.* pagtraydor *Eng.* betray \double cross \be a traitor.

Paglukat [v] *Ceb.* paglukat \pagtubos *Eng.* redeem \retrieve.

Paglumay [v] *Ceb.* pagdani o pagpagusto sa gikaibogan gamit ang anting-anting o lumay *Eng.* captivate with the use of a love potion \philter \philtre (Brit.) \charm.

Paglumba [v] *Ceb.* pag-unahay sa dagan *Eng.* race.

Paglumbay [v] *Ceb.* paglumbay aron magkasunod-sunod *Eng.* fall in line.

Paglumlom [v] *Ceb.* paglingkod o paglubog og dugay sa manok o langgam sa iyang mga itlog aron mapusa *Eng.* brood \nestle \incubate.

Paglumos [v] *Ceb.* pagpatay pinaagi sa paghingos og daghan nga tubig *Eng.* drown.

Paglunggo [n] *Ceb.* ang pagputol sa liog aron matangtang ang ulo *Eng.* beheading \decapitation.

Paglungkab [v] *Ceb.* pagarangka aron maabli o mokang-a *Eng.* pry \batter down \break open.

Paglungtad [v] *Ceb.* pagpahangtod *Eng.* last long.

Pagluno [v] *Ceb.* pag-ilis og panit *Eng.* slough \molting (US) \moulting (Brit.)

Paglunod [v] *Ceb.* pagtidlom sa ilalom *Eng.* sink \submerge.

Paglunsay [n] *Ceb.* ang paglimpiyo aron malunsay *Eng.* purification.

Paglupig [v] *Ceb.* pagbuntog \paglupig *Eng.* beat \outdo \overpower \overcome \overrule \outwit \outclass.

Paglusok [v] *Ceb.* paglusok *Eng.* make or count by piece, per seed, or per bead.

Paglutas [v] *Ceb.* pagpaundang og tutoy sa gatas *Eng.* wean.

Paglutaw [v] *Ceb.* pag-utaw diha sa tubig *Eng.* float.

Pagluto [v] *Ceb.* paghikay sa pagkaon pinaagi sa pag-init aron maluto *Eng.* cook.

Paglutos [v] *Ceb.* pagdaugdaog og tamay o yubit *Eng.* persecute.

Pagluwa [v] *Ceb.* pagluwa *Eng.* spit \spew \spew out.

Pagluwak [v] *Ceb.* pagluwak *Eng.* get over the hill or any incline.

Pagluwat [v] *Ceb.* pagundang o paghawa sa trabaho *Eng.* tender one's resignation \resign from work \resign \retire from work \retire \quit from work \quit the job \stop working.

Pagluya [v] *Ceb.* paghimo nga maluya *Eng.* weaken \deprive of strength \tire out \make weary.

Pagluyloy [v] *Ceb.* pagluyloy *Eng.* sag \droop \hang down.

Pagmadre [v] *Ceb.* pagsulod sa monasteryo aron magmadre *Eng.* take the veil \be a nun \enter the monastery.

Pagmahay [v] *Ceb.* pagmahay *Eng.* regret \deplore \decry.

Pagmama [v] *Ceb.* pag-usap og bunga o dahon sa buyo aron pampalig-on sa ngipon *Eng.* chew a betel nut or leaf of betel vine as dental nourishment.

Pagmando [v] *Ceb.* paghatag og kamandoan *Eng.*

command.

Pagmaneho [n] *Ceb.* pagmaneho *Eng.* manage \conduct

Pagmanggad [v] *Ceb.* pagmanggad *Eng.* take care.

Pagmantala [v] *Ceb.* pagmantala *Eng.* publish \imprint \print.

Pagmasa [v] *Ceb.* pagmasa ug pagsagol-sagol sa hurnohonon nga harina *Eng.* knead.

Pagmasahe [v] *Ceb.* pagpislit-pislit og hilot sa lawas *Eng.* massage.

Pagmata [v] *Ceb.* ang pagbuka sa mata kahuman matulog *Eng.* awakening \waking up \awake.

Pagmatuod [v] *Ceb.* paghatag o paqpanglta og kamatuoran *Eng.* prove \justify.

Pagmatuto [v] *Ceb.* pagmatuto *Eng.* rear \nurture.

Pagmaya [v] *Ceb.* pagsadya \pagmaya \paghudyaka *Eng.* celebrate with joyfulness \be merry \be glad \be joyful.

Pagmemorya [v] *Ceb.* pagsilsil o pagbutang diha sa pangisip o alimpatakan aron dili malimtan sa pagsulti o paghunahuna og balik \pagsagulo *Eng.* memorize.

Pagminahalay [v] *Ceb.* ang panaghinigugmaay *Eng.* romance \love affair.

Pagminatay [v] *Ceb.* pagsubo o paghilak ingon og namatyan *Eng.* mourn \wail.

Pagminubo [v] *Ceb.* pagmubo sa sinulatan *Eng.* abbreviate.

Pagminus [v] *Ceb.* pagminus *Eng.* subtract \deduct \minus.

Pagminyo [v] *Ceb.* pagminyo *Eng.* get married \marry.

Pagmugna [v] *Ceb.* pagmugna \pagbuhat *Eng.* create \make.

Pagmug-ot [v] *Ceb.* pagmugtok o pagmaot sa dagway kay wala mahimuot o nasuko *Eng.* scowl.

Pagmulo [v] *Ceb.* pagsige og sulti mahitungod sa reklamo *Eng.* complain \repine.

Pagnegosyo [v] *Ceb.* paghimo og negosyo *Eng.* put up a business.

Pagngadto [v] *Ceb.* pagpaduol o pag-adto didto *Eng.* to go there.

Pagngalan [n] *Ceb.* pagtawag sa ngalan *Eng.* to call by the name \mention one's name \utter the name.

Pagngisi [v] *Ceb.* pagpahiyom o pagkatawa nga makita pag-ayo ang mga ngipon sa atubangan *Eng.* grin.

Pagngulo [v] *Ceb.* pagnguyngoy *Eng.* moan \groan.

Pagod [adj.] *Ceb.* nasunog sa pagkasugba o pagkaluto *Eng.* burnt.

Pag-ordina [v] *Ceb.* pagordinar *Eng.* ordain.

Pagpaanuok [v] *Ceb.* pagpaanuok *Eng.* simmer.

Pagpaanyag [v] *Ceb.* pagpaanyag *Eng.* beautify \glamorize.

Pagpabaga [v] *Ceb.* pagpa-siga o paghimo nga baga *Eng.* burn to make ember \cause to make ember \smol-der (US) \smoulder (Brit.)

Pagpabalaka [v] *Ceb.* pag-pabati og kahasol *Eng.* make or let someone to wor-ry about something \harass.

Pagpabilin [v] *Ceb.* dili pag-kuyog *Eng.* stay \remain.

Pagpabugnaw [v] *Ceb.* pag-pawala sa kainit *Eng.* cool off \cool \refresh.

Pagpabukal [v] *Ceb.* pag-painit sa tubig o likido hang-tod mobulabula sa bukal *Eng.* cause or allow to boil \let boil \boil up \boil.

Pagpaburos [v] *Ceb.* pagpa-buros *Eng.* impregnate.

Pagpaburot [v] *Ceb.* pagpa-bukdo og dako pinaagi sa pagsulod og daghan nga hangin o tubig *Eng.* blow up \inflate.

Pagpabusog [v] *Ceb.* pagpa-tagbaw sa kagutom *Eng.* fill the stomach \glut.

Pagpadako [v] *Ceb.* pagpa-dako *Eng.* magnify \enlarge.

Pagpadala [v] *Ceb.* pagpa-dala *Eng.* send \deliver.

Pagpadasig [v] *Ceb.* pagha-tag og kadasig *Eng.* invigo-rate \vitalize \energize \en-courage.

Pagpadato [v] *Ceb.* paghimo nga adunahan *Eng.* make rich \make wealthy \enrich.

Pagpadayag [v] *Ceb.* pagpa-dayag *Eng.* disclose \reveal \expose.

Pagpadayon [v] *Ceb.* pagpa-dayon *Eng.* proceed \go ahead \keep going \continue.

Pagpadilaab [v] *Ceb.* pagpa-siga og dako sa kalayo *Eng.* cause or make the fire to ablaze \let blaze.

Pagpadugo [v] *Ceb.* pagpa-agas og dugo *Eng.* allow to shed blood \allow to bleed \let bleed \bleed.

Pagpaduka [v] *Ceb.* pagpa-bati og katulogon *Eng.* make drowsy \make sleepy.

Pagpadukot [v] *Ceb.* pagpa-dukot \pagpapilit *Eng.* paste \stick \adhere.

Pagpadumdom [v] *Ceb.* pag-padumdom *Eng.* tell or ask to remember \remind some-body \give a reminder \re-mind.

Pagpaduol [v] *Ceb.* pag-adto sa haduol *Eng.* draw near \allow to come near \let come close or near.

Pagpaeskuwela [v] *Ceb.* paghatag og kaalam pinaagi sa pagpatungha diha sa es-kuwelahan *Eng.* send to school.

Pagpagaan [v] *Ceb.* dili pag-pabug-at *Eng.* lighten.

Pagpagahom [v] *Ceb.* pag-hatag og gahom *Eng.* vest with power \give power \em-power.

Pagpagamay [v] *Ceb.* paghi-mo nga gamay sa gidak-on o sukod *Eng.* make small or little \minimize.

Pagpagamot [v] *Ceb.* pagpagamot *Eng.* allow to grow roots \let grow roots \let the roots grow.

Pagpagana [v] *Ceb.* pagpagawas sa gana *Eng.* stimulate.

Pagpaganansiya [v] *Ceb.* pagpatubo sa kita o abot *Eng.* earn profit \profit \gain.

Pagpagod [v] *Ceb.* pagsunog sa giluto *Eng.* burn the food in cooking.

Pagpagrabe [v] *Ceb.* pasamoton og maayo *Eng.* make worse \worsen aggravate.

Pagpagulang [v] *Ceb.* paghimo nga lagas o tigulang *Eng.* make old \cause to become old.

Pagpaguol [v] *Ceb.* paghimo nga masulob-on *Eng.* make sad \cause to feel sad \sadden \cause to worry \dishearten.

Pagpagutom [v] *Ceb.* pagpaabat og kagutom *Eng.* make hungry \feel hunger \hunger.

Pagpahait [v] *Ceb.* paghimo nga hait *Eng.* sharpen.

Pagpahamis [v] *Ceb.* paghimo nga mahamis *Eng.* make smooth \smoothen \gloss.

Pagpahamtang [v] *Ceb.* pagdapat sa angay ibutang o buhaton *Eng.* impose \implement.

Pagpahangtod [v] *Ceb.* pag-

pahangtod *Eng.* allow to last long \let last long \perpetuate.

Pagpahapdos [v] *Ceb.* paghimo nga masakit o hapdos *Eng.* make painful \make it sore.

Pagpahasubo [v] *Ceb.* paghimo nga masulob-on *Eng.* make sad \sadden.

Pagpahawa [v] *Ceb.* ang pag-abandona *Eng.* abandon \desert \leave \withdrawal from \rid.

Pagpahayag [v] *Ceb.* pagklaro sa buot ipasabot *Eng.* explain \explicate. [v] *Ceb.* pagpalamdag *Eng.* brighten \illuminate \enlighten.

Pagpahayahay [v] *Ceb.* pagpaprosko sa hangin *Eng.* have some fresh air \refresh \freshen.

Pagpahayang [v] *Ceb.* pagpahayang *Eng.* tell or ask to stay in a supine position \ask to lay down on one's back.

Pagpahibalo [v] *Ceb.* pagpahibalo *Eng.* warn \notify \give notice to \inform.

Pagpahiluna [v] *Ceb.* pagpahamtang *Eng.* accommodate \situate \settle.

Pagpahimangno [v] *Ceb.* pagpasabot sa dili maayo nga mahitabo aron magbantay *Eng.* give warning \warn \forewarn \give a precaution \caution \put on guard.

Pagpahimulos [v] *Ceb.* pagkuha o paggamit sa maayo samtang may higayon *Eng.*

exploit \take advantage \utilize.

Pagpahinay [v] *Ceb.* paghimo nga hinay *Eng.* make slow \cause to slow down \decrease or lower the speed \minimize the speed \retard.

Pagpahingkod [v] *Ceb.* pagpahingkod *Eng.* pagpahingkod make mature \maturate.

Pagpahinog [v] *Ceb.* pahimoon nga hinog *Eng.* allow to become ripe \make ripe \let become ripe \ripen.

Pagpahinungod [v] *Ceb.* pagdalit sa mensahe *Eng.* dedicate.

Pagpahiuli [v] *Ceb.* pagpaayo og balik *Eng.* restore \recover.

Pagpahiyom [v] *Ceb.* pagpakita og malipayon nga dagway *Eng.* smile \show or give a smile \smile at somebody \crack a smile \beam \simper (slang).

Pagpahubas [v] *Ceb.* pagpaubos sa taob *Eng.* lower the tide.

Pagpahugot [v] *Ceb.* paghimo nga hugot make *Eng.* tight \tighten \grip more tightly \constrict.

Pagpahulam [v] *Ceb.* pagtugot nga ipahulam *Eng.* lend.

Pagpahulay [v] *Ceb.* pagpadiskanso *Eng.* rest \relax.

Pagpahumok [v] *Ceb.* paghimo nga mahumok *Eng.* make soft \soften \tenderize.

Pagpahunong [v] *Ceb.* dili

pagpadayon sa dagan *Eng.* stop \halt.

Pagpahupay [v] *Ceb.* pagpaayo sa sakit o balatian *Eng.* heal \recuperate.

Pagpaila [v] *Ceb.* pagpasabot kung kinsa *Eng.* introduce \present.

Pagpailob [v] *Ceb.* pag-antos nga magpaubos *Eng.* forebear \persevere \bear with \endure with.

Pagpaindiyos [v] *Ceb.* pagpagamay og anam-anam sa gilapdon paingon sa tumoy nga bahin *Eng.* taper.

Pagpaingon [v] *Ceb.* pagsulti o pagsugo sa pagpaingon ngadto *Eng.* tell or ask to go to \ask to go toward.

Pagpainit [v] *Ceb.* paghimo nga init *Eng.* make heat \to heat \make warm \to warm.

Pagpaiwit [v] *Ceb.* pagpahimutang sa pinakaulahi *Eng.* be late \get behind \be the last one behind.

Pagpakaaron-ingnon [v] *Ceb.* pagpakaaron-ingnon *Eng.* pretend \make believe.

Pagpakabana [v] *Ceb.* paghatag og pagtagad *Eng.* to notice \be aware of \pay attention to.

Pagpakabos [v] *Ceb.* paghimo nga timawa *Eng.* make poor \impoverish.

Pagpakabuhi [v] *Ceb.* pagpaningkamot nga mabuhi *Eng.* struggle to survive \strive to live.

Pagpakaisog [v] *Ceb.* dili

pagkahadlok *Eng.* be not afraid \be brave.

Pagpakamatay [v] *Ceb.* pagunay og hunos sa kaugalingon nga kinabuhi *Eng.* commit suicide \kill own self \allow to die.

Pagpakaon [v] *Ceb.* paghatag og pagkaon *Eng.* feed \give food to.

Pagpakasakit [v] *Ceb.* pagpakasakit *Eng.* suffer \bear the pain

Pagpakasal [v] *Ceb.* pagpakasal *Eng.* get married \marry \wed.

Pagpakasala [v] *Ceb.* paghimo og kasal-anan *Eng.* commit sin.

Pagpakaulaw [v] *Ceb.* hatagan o pabation og kaulaw *Eng.* humiliate \defame \disgruntle \discountenance.

Pagpakgang [v] *Ceb.* pagisturbo aron mapugngan o mahunong *Eng.* interrupt \disrupt.

Pagpakighigala [v] *Ceb.* pagpakighigala \pagpakigamigo *Eng.* make friends with \be a friend of \befriend.

Pagpakighilawas [v] *Ceb.* pagpakighilawas *Eng.* engage in sexual intercourse \have sex with \make love with \go to bed \fornicate \bang a woman (inf.)

Pagpakigpulong [v] *Ceb.* pagpakigpulong \pakighinabi *Eng.* discuss with \converse with \have a talk with.

Pagpakigsuki [v] *Ceb.* pag-

himo nga suki *Eng.* patronize.

Pagpakiluoy [v] *Ceb.* pagpangayo og kaluoy *Eng.* beg for kindness \ask mercy \implore \plead.

Pagpakisayod [v] *Ceb.* pagpangutana o pagpangayo og kasayoran *Eng.* ask for some information \inquire.

Pagpakuha [v] *Ceb.* pagpahulog sa gisabak *Eng.* abort the baby \cause or allow to miscarry \have a miscarriage.

Pagpakusog [v] *Ceb.* pagpakusog *Eng.* make fast \cause or allow to speed up or accelerate \allow to go fast \increase the speed

Pagpakuyaw [v] *Ceb.* pagpahimutang o pagbutang sa kakuyaw *Eng.* put in danger \expose to risk or danger \expose to harm or injury \put in peril \endanger \risk \imperil \jeopardize.

Pagpalaban [v] *Ceb.* pagpangayo og tabang sa pakigaway *Eng.* ask or request for support \ask or request for reinforcement.

Pagpalab-as [n] *Ceb.* paghimo nga lab-as o presko *Eng.* make fresh \freshen.

Pagpalabay [v] *Ceb.* pagpaagi sa higayon *Eng.* let the time pass by.

Pagpalabi [v] *Ceb.* paghatag og pabor sa usa kay sa uban *Eng.* treat as special \play favorites \give favor \regard with favor \be bias with.

Pagpalagot [v] *Ceb.* paghimo nga nasuko make *Eng.* angry \madden \enrage.

Pagpalagpot [v] *Ceb.* pagpalagpot *Eng.* oust \expel, as from school \fire, as from work \eject.

Pagpalambo [v] *Ceb.* pagpatubo o pagpadaghan og maayo *Eng.* prosper \thrive.

Pagpalami [v] *Ceb.* paghimo nga lamian *Eng.* make tasty \make delicious \give a good taste \flavor (US) \flavour (Brit.)

Pagpalamsog [v] *Ceb.* pagpalamsog pagdasig *Eng.* encourage \inspire.

Pagpalandong [v] *Ceb.* pagtago ilalom sa landong o anino aron dili mainitan *Eng.* stay under the shade.

Pagpalanog [v] *Ceb.* pagpakusog og maayo sa tingog *Eng.* make very loud \increase the volume.

Pagpalasang [v] *Ceb.* pagpatubo og daghan nga kahoy *Eng.* transform into a forest or jungle \cause to become a woodland \make into a forest.

Pagpalaya [v] *Ceb.* pagpauga o pagpapatay sa dahon *Eng.* make the leaf dry \dry a leaf.

Pagpalayo [v] *Ceb.* pagpalayo *Eng.* stay away \draw away \keep distance.

Pagpalibog [v] *Ceb.* dili pag-linaw sa buot ipasabot *Eng.* make the thing confusing or perplexing \cause to confuse or baffle.

Pagpalig-on [v] *Ceb.* paghimo nga lig-on *Eng.* make strong \strengthen \fortify \reinforce \toughen.

Pagpalipay [v] *Ceb.* paghatag og kalipay *Eng.* make happy.

Pagpalit [v] *Ceb.* pagkuha ug pagbayad sa tinda *Eng.* buy \purchase \procure.

Pagpaliwat [v] *Ceb.* ang pagpasanay sa liwat *Eng.* breeding \reproduction \proliferation.

Pagpalumok [v] *Ceb.* paghimo nga humok *Eng.* soften \tenderize.

Pagpalumoy [v] *Ceb.* pagpahumok pinaagi sa pagpahinog og maayo *Eng.* make very ripe and tender.

Pagpamahal [v] *Ceb.* pagpataas o pagpadako sa kantidad *Eng.* make expensive \raise the cost \increase the price.

Pagpamakak [v] *Ceb.* dili pagsulti o pagtug-an sa tinuod *Eng.* tell a lie \lie \be untruthful \be dishonest \perjure \fib.

Pagpamalandong [v] *Ceb.* paghunahuna og halawom *Eng.* ponder \meditate \think.

Pagpamalihog [v] *Ceb.* pagawhag sa pagbuhat *Eng.* request \beseech \ask.

Pagpamatuod [v] *Ceb.* pag-hatag og kamatuoran *Eng.* show the proof \affirm.

Pagpamaybay [v] *Ceb.* pag-subay-subay sa baybayon sa dagat *Eng.* coast along \skirt along \combing the beach \survey along the coast \walk along the shore.

Pagpamista [v] *Ceb.* pag-tambong sa kasaulogan sa pista *Eng.* attend a fiesta celebration \go to fiesta.

Pagpamulong [v] *Ceb.* pag-hatag og usa ka pamulong *Eng.* give a speech \speak \talk \remark.

Pagpamuyboy [n] *Ceb.* pag-sudya sa mga nahatag nga utang kabubut-on *Eng.* re-count the given past favors.

Pagpanaad [v] *Ceb.* pagha-tag og panaad *Eng.* give a promise or pledge \promise \pledge.

Pagpanagana [v] *Ceb.* pag-panagana *Eng.* be appre-hensive \take precaution \be hesitant \hesitate.

Pagpanag-iya [v] *Ceb.* pag-panag-iya *Eng.* own \pos-sess.

Pagpanagna [v] *Ceb.* pag-tagna og mga *Eng.* tell or give some prophesies \make a lot of foretelling or gues-sing.

Pagpanakod [v] *Ceb.* pag-takboy ngadto sa uban *Eng.* infect others \contaminate \communicate.

Pagpanalipod [v] *Ceb.* pag-

hatag og depensa *Eng.* give or provide a defense \defend.

Pagpanamkon [v] *Ceb.* pag-panamkon \pagsabak \pag-mabdos *Eng.* get pregnant \conceive.

Pagpananom [v] *Ceb.* pag-tanom og mga tanom *Eng.* plant some plants \do a lot of planting.

Pagpanaw [v] *Ceb.* pagbi-yahe ngadto sa halayo nga dapit *Eng.* tour \travel afar \travel.

Pagpanaygon [v] *Ceb.* pag-dalit og kanta sa matag pani-malay, ilabina panahon sa pasko *Eng.* carol \sing Christmas carol.

Pagpanday [v] *Ceb.* paghimo o pagtindog og balay o im-prastraktura *Eng.* construct.

Pagpaneguro [v] *Ceb.* pag-himo nga segurado *Eng.* make an assurance \make sure \assure.

Pagpangagho [v] *Ceb.* pag-buga og dako nga ginhawa *Eng.* heave a sigh \sigh.

Pagpangahas [v] *Ceb.* paghi-mo o pagbuhat sa walay ka-hadlok *Eng.* dare venture \undertake.

Pagpangaliya [v] *Ceb.* pag-ampo nga tugob sa pama-landong *Eng.* implore \be-seech \entreat.

Pagpangamuyo [v] *Ceb.* pag-pangamuyo *Eng.* beg for kindness \ask mercy \implore \plead.

Pagpanganak [v] *Ceb.* pagpanganak **Eng.** give birth \deliver a baby.

Pagpangandam [v] **Ceb.** pagpangandam **Eng.** make a preparation \prepare.

Pagpangandoy [v] **Ceb.** pagdamgo sa usa ka am-bisyon **Eng.** make a dream \have an ambition \aspire \wish \yearn \crave.

Pagpangaon [v] **Ceb.** pagpangaon **Eng.** eat \dine \consume the food.

Pagpangawat [v] **Ceb.** pagpangawat **Eng.** do a lot a stealing, robbing or pilfering.

Pagpangayam [v] **Ceb.** pagpanikop og mananap nga ihalas **Eng.** shoot or hunt a wild game \hunt \bag.

Pagpangayo [v] **Ceb.** pagawhag o pagpangamuyo nga hatagan **Eng.** ask \beg \demand \solicit.

Pagpangga [v] **Ceb.** pagpangga **Eng.** love \esteem.

Pagpanghambog [v] **Ceb.** pagpanghambog **Eng.** boast or flaunt many times \do a lot of boasting or flaunting.

Pagpanghatag [v] **Ceb.** pagpanghatag **Eng.** give many \do a lot of giving.

Pagpangisda [v] **Ceb.** pagpanikop og isda **Eng.** fish \catch fish \go fishing \bob for.

Pagpangulag [v] **Ceb.** pagabat og gana sa pakighilawas **Eng.** be sexually aroused \be aroused \be kinky \be horny \be in heat

(id.) \get hot (id.)

Pagpangulitawo [v] **Ceb.** paghanyag sa gugma o pagkagusto sa ulitawo ngadto sa babaye aron mahimo sila nga manag-uyab **Eng.** court \woo \pursue a woman.

Pagpangumusta [v] **Ceb.** pagtugon og pangumusta **Eng.** send regard \ask after.

Pagpangurog [v] **Ceb.** pagpangurog **Eng.** tremble \shiver \shudder \quiver \quaver \totter.

Pagpanigom [v] **Ceb.** pagpanigom **Eng.** accumulate \cumulate \amass.

Pagpaniid [v] **Ceb.** pagpangespiya **Eng.** spy \do some undercover work.

Pagpanikas [v] **Ceb.** pagpanikas **Eng.** cheat.

Pagpanilok [v] **Ceb.** paghurot sa nahabilin **Eng.** consume or take whatever is left \gather the last pieces \garner all \exhaust.

Pagpanimpalad [v] **Ceb.** pagpangita og maayo nga kinabuhi o hingadtoan **Eng.** venture.

Pagpaningkamot [v] **Ceb.** pagpaningkamot **Eng.** struggle \strive \bear up.

Pagpaniyangge [v] **Ceb.** pag-adto sa tiyanggehan aron mamalit \pagpamerkado **Eng.** go to the market \buy goods at the market.

Pagpanlupig [v] **Ceb.** pagpanlupig pagpanaugdaog **Eng.** oppress \tyrannize.

Pagpanton [v] *Ceb.* pagpanton *Eng.* discipline \straighten out.

Pagpasadya [v] *Ceb.* paghimo nga malipayon *Eng.* make happy \enliven \fascinate \enrapture.

Pagpasakit [v] *Ceb.* pagpaabat og sakit *Eng.* inflict pain \inflict harm \harm \hurt \torment \offend.

Pagpas-an [v] *Ceb.* pagdala o pag-alsa nga nakapatong o nakasab-it sa abaga *Eng.* carry on the shoulder.

Pagpasayon [v] *Ceb.* paghimo nga dili lisod *Eng.* make easy.

Pagpatay [v] *Ceb.* paghunos sa kinabuhi *Eng.* kill \execute \to put to death \decimate.

Pagpatin-aw [v] *Ceb.* paglinaw aron maklaro *Eng.* clarify \make clear.

Pagpatuman [v] *Ceb.* pagpasunod sa sugo o kamandoan *Eng.* enforce \execute.

Pagpatunga [v] *Ceb.* pagpatunga *Eng.* stay in the middle.

Pagpatungha [v] *Ceb.* pagpatungha *Eng.* send to school.

Pagpatutoy [v] *Ceb.* pagpainom og gatas gikan sa tutoy *Eng.* breastfeed.

Pagpausbaw [v] *Ceb.* pagpausbaw *Eng.* enhance \improve \progress.

Pagpraktis [v] *Ceb.* pagpraktis *Eng.* rehearse \practice.

Pagpursige [v] *Ceb.* pagpursige *Eng.* persevere \persist.

Pagpusil [v] *Ceb.* pagtira gamit ang pusil *Eng.* shoot \fire a gun at.

Pagsaad [v] *Ceb.* pagpasalig nga buhaton ang gipanulti o gisaad *Eng.* pledge \promise \swear \take oath \plight.

Pagsabot [v] *Ceb.* pagsabot *Eng.* comprehend \understand.

Pagsabotay [v] *Ceb.* pagsabotay *Eng.* discuss \stipulate.

Pagsalimoang [v] *Ceb.* pagatake sa kabuang diin magpataka og lihok nga adunay kabangis *Eng.* go wild and crazy go \berserk.

Pagsigarilyo [v] *Ceb.* paghithit og sigarilyo *Eng.* smoke a cigarette.

Pagsilhig [v] *Ceb.* pagpapha gamit ang silhig *Eng.* sweep.

Pagsinina [v] *Ceb.* pagsinina \pagsapot *Eng.* put on the clothes \wear a dress \dress \dress up \slip on.

Pagsiningot [n] *Ceb.* pagsiningot *Eng.* perspiration.

Pagsinuka [v] *Ceb.* pagsige og digwa *Eng.* keep on vomiting \always vomit.

Pagsiplat [v] *Ceb.* pagtan-aw kadali *Eng.* glance at.

Pagsolo [v] *Ceb.* paginusara *Eng.* be alone \stay solo.

Pagsubo [v] *Ceb.* pagbati og kaguol *Eng.* feel sad \be sad \grieve.

Pagsugal [v] *Ceb.* pagsugal \paghuwego *Eng.* gamble.

Pagsugat [v] *Ceb.* pagsugat \pagtabo *Eng.* meet \converge.

Pagsugba [v] *Ceb.* pagpatong ibabaw sa kalayo o baga aron maluto *Eng.* broil \grill.

Pagsugid [v] *Ceb.* pagsugid pag-asoy *Eng.* tell.

Pagsugilon [v] *Ceb.* pag-istorya mahitungod sa mga nanghitabo *Eng.* narrate \tell the story \give an account of \relay.

Pagsugmat [v] *Ceb.* paghitabo og balik *Eng.* occur again \happen again.

Pagsugo [v] *Ceb.* pagmando *Eng.* give an order \command.

Pagsugod [v] *Ceb.* pagpasiuna og sugod \pagsukad *Eng.* commence \begin \start \originate.

Pagsuka [v] *Ceb.* pagluwa sa kinaon o ininom \pagdigwa *Eng.* vomit \disgorge \regurgitate \spit up \belch forth \puke (slang) \bring up (inf.)

Pagsukip [v] *Ceb.* pagsalip-it og suksok *Eng.* inset \insert \attach \append.

Pagsukli [v] *Ceb.* paghatag og sukli sa bayad *Eng.* give change.

Pagsukod [v] *Ceb.* pagkuha sa sukod *Eng.* take the measurement \measure \gauge \calibrate.

Pagsulat [v] *Ceb.* pagpatik sa mga pulong gamit ang mga letra o titik *Eng.* write \put into writing \scribble \jot \dash off.

Pagsulay [v] *Ceb.* ang pagsukod kung unsa *Eng.* trial \test.

Pagsumbalik [v] *Ceb.* pagsumbalik *Eng.* backfire \retort \counteract.

Pagsumpaki [v] *Ceb.* pagsumpaki \pagbatok *Eng.* oppose \contradict \argue.

Pagsuna [v] *Ceb.* pagpangutana og usab kung unsa na o tinuod ba *Eng.* make or give a follow-up question \ask again \follow-up.

Pagsundo [v] *Ceb.* pag-adto o pagsugat aron kuhaon o ubanan sa pag-pauli o pagadto sa paingnan *Eng.* fetch \meet somebody somewhere in order to pick up, escort, or accompany that person.

Pagsundog [v] *Ceb.* paghulad \hularon \pagsundog *Eng.* copy \fancy \imitate.

Pagsupak [v] *Ceb.* dili pagsunod kasugoan \pagsupil *Eng.* defy \disobey \flout.

Pagsupla [v] *Ceb.* pagbaraw sa suwerte *Eng.* prevent or drive away one's luck.

Pagsusi [v] *Ceb.* pagsusi \pag-usisa \pagsuta *Eng.* examine \check \evaluate

\inspect.

Pagtaban [v] *Ceb.* paglayas uban ang uyab aron mag-iponay na sa pagpuyo *Eng.* elope.

Pagtabok [v] *Ceb.* pagtabok *Eng.* pass across \go across \traverse.

Pagtagad [v] *Ceb.* pagtagad *Eng.* entertain \attend to \pay attention to

Pagtagbaw [v] *Ceb.* pag-busog sa gusto *Eng.* gratify \satisfy \contend \fulfill (US) \fulfil (Brit.) \slake \assuage.

Pagtago [v] *Ceb.* pagbutang aron dili makit-an *Eng.* conceal \hide.

Pagtahal [v] *Ceb.* pagpatalinis sa lapis *Eng.* sharpen the pencil.

Pagtahi [v] *Ceb.* pagtuhog-tuhog sa sinulid gamit ang dagom aron mabangan ang gisi o madugtong ang mga tinabas sa sapot *Eng.* sew \stitch.

Pagtaho [v] *Ceb.* pagtaho *Eng.* give information \give a report.

Pagtakdo [v] *Ceb.* pag-akob sa tabon nga magtakdo ang ngilit *Eng.* close fittingly \fit the edge \converge.

Pagtakilid [v] *Ceb.* pagpa-harag paingon sa kilid *Eng.* lie or fell on one's side \tilt \slant \incline.

Pagtakoban [v] *Ceb.* agpasumangil nga lain nga tawo *Eng.* assume another personality or the personality of

another person \impersonate \fake one's personality \disguise.

Pagtakod [v] *Ceb.* pagtakboy sa sakit ngadto sa uban *Eng.* communicate the disease \contaminate \infect.

Pagtak-om [v] *Ceb.* pagtak-om *Eng.* shut up.

Pagtuo [n] *Ceb.* ang gituhoan *Eng.* belief \faith.

Pagtulon-an [n] *Ceb.* kaalam nga makuha o makat-onan *Eng.* learning \lesson.

Paguwa [n] *Ceb.* paguwa *Eng.* going out \exiting.

Pag-uwang [v] *Ceb.* pagti-yabaw o pag-agulo ingon og iro o lobo *Eng.* howl.

Pagyuko [v] *Ceb.* pagluyloy sa abaga ug ulo *Eng.* stoop.

Pahak [n] *Ceb.* pahak *Eng.* bald.

Pahalipay [n] *Ceb.* ganti nga ihatag *Eng.* reward \award \bounty.

Pahibalo [n] *Ceb.* pahibalo \abiso *Eng.* notice \notification.

Pahid [n] *Ceb.* pahid *Eng.* wipe \wipe cloth.

Pahulay [n] *Ceb.* pahulay \diskanso *Eng.* rest \relaxation \break \breathing space.

Paigo [adj.] *Ceb.* paigo \sakto \ensakto \sarang *Eng.* enough \exact \adequate.

Pailob [n] *Ceb.* pailob *Eng.* patience

Paisano [n] *Ceb.* igkasimolupyo sa pareho nga nasod *Eng.* fellow countryman \fellow citizen \compatriot.

Pait [adj.] *Ceb.* lami nga maapdo *Eng.* bitter.

Pakal [n] *Ceb.* pakaw sa mais agunga \pakaw *Eng.* corncob \cob.

Pakang [n] *Ceb.* ang ipamukpok *Eng.* mallet.

Pakbet [n] *Ceb.* pakbet *Eng.* vegetable medley \hotchpotch.

Pakete [n] *Ceb.* sudlanan nga putos *Eng.* sachet \small-size pack.

Pakgang [n] *Ceb.* akgang *Eng.* interruption \disruption.

Pako [n] *Ceb.* kapay sa paglupad *Eng.* wing.

Pakol [n] *Ceb.* pakol \wasay *Eng.* ax (US) \axe (Brit.)

Pakpak [n] *Ceb.* lagapak sa mga palad, ingon og pagpasidungog *Eng.* clap \applause.

Pakuntahay [n] *Ceb.* pakaaron-ingnon *Eng.* pretension \pretense \pretence (Brit.) \pretext \hypocrisy \make-believe \guise.

Pakwan [n] *Ceb.* ang prutas sa tanom nga mokatay, tubigon and unod sa bunga *Eng.* watermelon (sc.name: Citrullus lanatus)

Pakyas [adj.] *Ceb.* wala molampos *Eng.* unsuccessful \failed \vain \fruitless \futile.

Pakyaw [n, adj.] *Ceb.* dinaghan ang pagpalit *Eng.*

wholesale \package deal \package.

Pala [n] *Ceb.* ang ipangkubkob nga taas og hawiranan *Eng.* shovel \spade.

Palaaway [n] *Ceb.* hingaway palaaway *Eng.* quarrelsome \provocative \troublesome.

Palabi [n] *Ceb.* palabon *Eng.* favoritism (US) \favouritism (Brit.)

Palad [n] *Ceb.* ang lapad nga parte sa kamot diin nanuybo ang mga tudlo *Eng.* palm.

Palaran [n] *Ceb.* masuwerte *Eng.* having good fortune \fortunate \lucky.

Palasyo [n] *Ceb.* ang dako nga pinuy-anan sa hari, emperador, obispo ugbp. nga mga pangulo *Eng.* palace.

Palda [n] *Ceb.* sapot nga itapis sa ubos nga parte sa lawas sa babaye *Eng.* skirt.

Paleta [n] *Ceb.* kalis sa semento o pintura *Eng.* palette.

Palid [n] *Ceb.* palid *Eng.* page. [n] *Ceb.* kapalid *Eng.* being carried away by the wind \blowing away.

Palihog [imper.] *Ceb.* palihog *Eng.* please.

Palis [n] *Ceb.* ang higayon o takna sa hapon \hapon *Eng.* afternoon.

Palit [n] *Ceb.* ang pagbayad aron makakuha sa paninda *Eng.* purchase \buy.

Palito [n] *Ceb.* bilog sa posporo *Eng.* matchstick.

Paliya [n] *Ceb.* utanon nga mokatay, ang dahon ug bunga pait kaayo ang lami *Eng.* bitter gourd \balsam apple (sc.name: Momordica charantia [L.])

Palwa [n] *Ceb.* ng gitugkan sa mga uhay sa dahon *Eng.* frond.

Palyar [n] *Ceb.* ang dili pag-andar *Eng.* engine break-down \failure to operate \dys-function \disorder.

Pamaagi [n] *Ceb.* ang mga angay buhaton *Eng.* pro-cedure \method \steps \me-chanics \means.

Pamahaw [n] *Ceb.* pangaon sa buntag *Eng.* breakfast.

Pamahayag [n] *Ceb.* ang mga pahayag aron masa-botan *Eng.* explanations.

Pamakwit [n] *Ceb.* ang pag-pamalhin sa mga namuyo ngadto sa lain nga lugar dala ang mga gamit sa panimalay *Eng.* transfer of residences \relocation or residents \eva-cuation.

Pamalandong [n] *Ceb.* hu-nahuna nga halawom \hinuk-log *Eng.* meditation \pon-dering.

Pamalaod [n] *Ceb.* pang-gobyernohan *Eng.* govern-ment.

Pamalaye [v] *Ceb.* panguyab og lain nga babaye *Eng.* philandering.

Pamanit [n] *Ceb.* klase sa panit *Eng.* complexion \skin color \skin texture.

Pamantalaan [n] *Ceb.* inim-prenta nga pahayagan *Eng.* publication

Pamaol [n] *Ceb.* pamikog o panakit sa kaunoran *Eng.* muscular fatigue \muscular pain.

Pamapha [n] *Ceb.* pamapha *Eng.* eraser dusting off \brushing away.

Pamarayeg [n] *Ceb.* ang pagpakita og parayeg *Eng.* the showing of affectionate feeling or gestures, usually while asking for something.

Pamarog [n] *Ceb.* pamustura sa barog *Eng.* posture.

Pamasahe [n] *Ceb.* plete o bayad sa pagsakay *Eng.* fare \transportation fare.

Pamasin [n] *Ceb.* panghinaot \pamasin *Eng.* hope \ex-pectation \contemplation.

Pamatasan [n] *Ceb.* pama-tasan *Eng.* manner \con-duct \deportment \demeanor.

Pamatay [n] *Ceb.* pangutli sa kinabuhi *Eng.* killing.

Pambabaye [adj.] *Ceb.* pam-babaye *Eng.* feminine.

Pambalay [adj.] *Ceb.* pam-balay *Eng.* for use in the house \for household use \household \for house-keeping.

Pambatok [n] *Ceb.* pambatok \pangontra *Eng.* defense.

Pamikog [n] *Ceb.* pamikog *Eng.* muscular spasm \stiff-ness of muscles.

Pamilya [n] *Ceb.* pamilya

Eng. family.

Paminhod [n] *Ceb.* paminhod *Eng.* numbness \insensibility.

Paminsar [n] *Ceb.* panghunahuna *Eng.* thinking \mind \thought.

Paminta [n] *Ceb.* dahon sa panakot nga pamiyenta *Eng.* laurel leaf \bay leaf.

Pamintal [n] *Ceb.* ang pagpintura *Eng.* painting.

Pamisita [n] *Ceb.* ang pagduaw *Eng.* visitation \call.

Pamiste [n] *Ceb.* ang mga sapot nga isul-ob *Eng.* dresses \attire \costume.

Pamolitika [adj.] *Ceb.* sa katuyoan nga adunay kalabotan ang politika *Eng.* political.

Pampagana [n] *Ceb.* pampagana *Eng.* appetizer.

Pampam [n] *Ceb.* pampam \hostes *Eng.* prostitute \sex worker \whore.

Pamudhi [n] *Ceb.* ang pagtraydor *Eng.* betrayal \unfaithfulness.

Pamugos [n] *Ceb.* pamugos \pamuwersa *Eng.* assertion \insistence \persistence \compulsion \coercion \constraint \tenacity.

Pamuhonan [n] *Ceb.* kapital sa negosyo *Eng.* capital.

Pamukad [n] *Ceb.* ang pagpanguha sa unod sa lagutmon *Eng.* the harvesting of root crops.

Pamukaw [n] *Ceb.* panangpit sa natulog aron momata

Eng. the act of waking up somebody \awakening.

Pamulong [n] *Ceb.* ang gipanulti *Eng.* spoken word \what has been said \verbal word.

Pamunga [n] *Ceb.* ang pagpangguwa sa bunga *Eng.* bearing of fruits \fructification (Bot.)

Pamuno [n] *Ceb.* ang nangulo sa pagpamuno *Eng.* head \ruler.

Pamunoan [n] *Ceb.* pamunoan *Eng.* administration governance \leadership.

Pamuot [n] *Ceb.* panimuot *Eng.* consciousness.

Pamurga [n] *Ceb.* pamatay sa bitok *Eng.* deworming.

Pamutos [n] *Ceb.* pamutos *Eng.* the act of packaging \packaging \wrapping.

Pamuyboy [n] *Ceb.* sudya sa nahatag nga utang kabubuton *Eng.* recounting of past favors.

Pan [n] *Ceb.* ang pagkaon nga tinapay *Eng.* bread.

Pana [n] *Ceb.* sapang *Eng.* arrow \shaft \spear.

Panaad [n] *Ceb.* ang gipanumpaan nga angay buhaton *Eng.* the act of swearing \promise \vow \pledge.

Panabang [n] *Ceb.* ang pagatiman sa mabdos o talianak *Eng.* midwifery \obstetrics [n] *Ceb.* hinabang *Eng.* help \assistance.

Panabot [n] *Ceb.* panabot *Eng.* comprehension \understanding \perception \intuition \appreciation.

Panadero [n] *Ceb.* paragluto sa pan *Eng.* baker.

Panagana [n] *Ceb.* panagana *Eng.* hesitation \reluctance \anticipation.

Panagang [n] *Ceb.* panagang *Eng.* defense (US) \defence (Brit.)

Panaginot [n] *Ceb.* ang dili pag-usik-usik *Eng.* frugality \thrift \economy.

Panagit [n] *Ceb.* panguha o pagdala sa tawo o hayop diin kontra sa buot sa maong tawo o tagtungod *Eng.* abduction \kidnapping.

Panagkot [n] *Ceb.* ang pagduslit og kalayo aron mosiga *Eng.* lighting \kindling \setting of fire \ignition.

Panaghigugma [n] *Ceb.* panaghigugma *Eng.* a love affair \affair of the heart.

Panagtabi [n] *Ceb.* panag-istoryahay *Eng.* conversation \talk \chat \discussion.

Panagtigom [n] *Ceb.* panagtigom *Eng.* gathering \get together.

Panagtrato [n] *Ceb.* ang relasyon sa manag-uyab *Eng.* relationship as lovers.

Panahap [n] *Ceb.* panahap duda *Eng.* doubt.

Panahi [n] *Ceb.* ang pagpanahi *Eng.* sewing \tailoring.

Panahon [n] *Ceb.* panahon \kahigayonan *Eng.* time.

Panakod [n] *Ceb.* ang pagtakboy sa sakit ngadto sa

uban o kadaghanan *Eng.* contagion \infection \communicability \contamination.

.**Panakop** [n] *Ceb.* ang pagdakop *Eng Eng.* apprehension \arrest \capture \seizure \nabbing.

Panakot [n] *Ceb.* lamas nga ipangsagol sa pagluto *Eng.* spice.

Panamilit [n] *Ceb.* ang isulti yuna mobiya *Eng.* farewell \bade.

Panan-aw [n] *Ceb.* panan-aw *Eng.* eyesight \sight \vision.

Pananglitan [n] *Ceb.* pananglitan *Eng.* example \paradigm \paragon.

Panangtang [n] *Ceb.* ang pagtangtang sa mga *Eng.* abrogation \expulsion \impeachment \emission \eradication \removal.

Pananom [n] *Ceb.* pananom *Eng.* planting of plants \plantation.

Panapat [n] *Ceb.* panapat *Eng.* physical abuse \ill-treatment \hitting \beating.

Panapaw [n] *Ceb.* panapaw *Eng.* covetousness \adultery.

Panapot [n] *Ceb.* ang mga sapot nga isul-ob *Eng.* clothing \dresses \apparel \attire (see also sinina)

Panapton [n] *Ceb.* panapton \tela *Eng.* cloth \fabric \textile.

Panaw [n] *Ceb.* panaw *Eng.* journey \tour \travel \trip.

Panawag [n] *Ceb.* panawag

Eng. calling.

Panday [n] *Ceb.* ang taga-himo og kagamitan nga puthaw *Eng.* blacksmith \smith \forger \carpenter.

Pandong [n] *Ceb.* salipod sa ulo *Eng.* hood \head cover.

Panelos [n] *Ceb.* panga-bubho *Eng.* jealousy.

Panental [n] *Ceb.* ang pag-tental *Eng.* temptation \se-duction \allurement \enchant-ment.

Pangabat [n] *Ceb.* pangabat *Eng.* detection \notice \sense.

Pangabit [n] *Ceb.* pangabit *Eng.* womanizing \philan-dering.

Pangadye [n] *Ceb.* pan-gadye *Eng.* prayer.

Pangagda [n] *Ceb.* pangim-bita *Eng.* invitation.

Pangagho [n] *Ceb.* ang pag-buga og halawom nga ginin-hawa *Eng.* sigh.

Pangagpas [n] *Ceb.* panabot sa hunahuna *Eng.* as-sumption.

Pangalawat [n] *Ceb.* panga-lawat *Eng.* (RC) the re-ceiving and eating of host in the Holy Communion

Panganak [n] *Ceb.* panghi-mugso sa bata o liwat *Eng.* giving birth to a baby \child delivery \maternity.

Pangandoy [n] *Ceb.* pangan-doy *Eng.* ambition \wish.

Panganod [n] *Ceb.* ang dam-pog sa kalangitan, ingon og aso nga naglutaw-lutaw sa kahanginan *Eng.* cloud.

Pangapon [n] *Ceb.* pagkuha sa itlog sa lalaki aron dili na makapaanak o mangulag *Eng.* castration \desexuali-zation.

Pangasawa [n] *Ceb.* ang pagminyo *Eng.* marriage.

Pangatarongan [n] *Ceb.* pa-ngatarongan *Eng.* reasoning.

Pangatli [n] *Ceb.* panguha sa itlog sa lalaki aron mabaog *Eng.* castration.

Pangatol [n] *Ceb.* ang pamati nga makatol *Eng.* itchiness.

Pangawat [n] *Ceb.* panguha sa gipanag-iya sa uban sa walay pagpananghid o ka-tugotan sa tag-iya *Eng.* thief \thievery \stealing \looting \pillage.

Pangayam [n] *Ceb.* panikop og mananap nga ihalas *Eng.* haunting wild animals \hunting game fowl \blood sport.

Pangayo [n] *Ceb.* ang pag-pangayo *Eng.* solicitation \begging \asking.

Panghulam [n] *Ceb.* pang-hulam *Eng.* borrowing.

Panghunaw [n] *Ceb.* pang-hugas sa kamot panghinaw *Eng.* hand washing.

Pangihi [n] *Ceb.* ang pagpa-gawas sa ihi *Eng.* urination.

Pangilin [n] *Ceb.* balaan nga adlaw *Eng.* holy day.

Panginabuhi [n] *Ceb.* pa-nginabuhi \trabaho *Eng.* means of living \livelihood \occupation.

Panggawas [adj.] *Ceb.* para sa gawas nga bahin o parte *Eng.* for outer part or portion \for outside \for external \external.

Panghatag [n] *Ceb.* ang pag-hatag sa mga *Eng.* giving \dispensation.

Panghaw [n] *Ceb.* ga-wasanan sa aso *Eng.* chimney \smokestack.

Panghimaraot [n] *Ceb.* panghimaraot \tunglo *Eng.* blasphemy \curse (see also balikas)

Pangisip [n] *Ceb.* ang huna-huna \pangisip *Eng.* thought \thinking \mind.

Pangita [n] *Ceb.* pangita *Eng.* search for something \looking for \finding something > diatribe = (n.) violent speech or writing.

Pangitaon [n] *Ceb.* pangi-taon *Eng.* sightings \scene \apparition.

Pangkabig [n] *Ceb.* pang-kabig *Eng.* allurement \enchantment \enticement.

Panglaba [n] *Ceb.* pang-limpiyo sa panapton gamit ang tubig *Eng.* washing of clothes \laundry.

Panglawas [adj.] *Ceb.* pang-lawas *Eng.* physical \bodily \corporal.

Panglimbong [n] *Ceb.* pang-limbong \panlansis *Eng.* the act of cheating \trickery \sly-ness \stealth.

Panglimpiyo [n] *Ceb.* pang-limpiyo *Eng.* cleanser \clean-sing \hygiene.

Panglipong [n] *Ceb.* pangli-pong *Eng.* dizziness.

Panglitok [n] *Ceb.* panglitok *Eng.* utterance \diction.

Panglot [n] *Ceb.* panahon nga tingtugnaw *Eng.* cold season \cool weather.

Panglugos [n] *Ceb.* pamu-gos sa pakighilawas *Eng.* rape \sexual abuse \ravish-ment.

Pangluwa [n] *Ceb.* pagpa-gawas sa laway sa baba *Eng.* spitting.

Pangontra [n] *Ceb.* pa-ngontra *Eng.* counter-re-medy \defense.

Pangos [n] *Ceb.* nabag-id nga samad *Eng.* abrasion \bruise.

Pangpang [n] *Ceb.* ngilit o ang kilid sa yuta nga habog *Eng.* ravine \crag \precipice.

Panguha [n] *Ceb.* panguha *Eng.* seizure or confiscation of several things.

Pangulit [n] *Ceb.* ang pag-ukit sa dibuho *Eng.* carving \sculpture \bas-relief.

Pangulo [n] *Ceb.* pangulo *Eng.* head \leader \ruler.

Panguma [n] *Ceb.* ang pag-tingkad sa yuta *Eng.* far-ming \agriculture.

Panguot [n] *Ceb.* pangawat og pitaka o unsa man nga naa sulod sa bulsa o bag *Eng.* stealing somebody's pocket.

Pangutana [n] *Ceb.* panguta-na *Eng.* inquiry \interrogation \question.

Pangutong [n] *Ceb.* panghulhog og salapi sa nadakpan aron buhian o aron dili silotan og dako *Eng.* extorting money from person who was caught violating a law in order to free him or to avoid bigger penalty \mulcting \bribing.

Panguyab [n] *Ceb.* panguyab *Eng.* courtship.

Panid [n] *Ceb.* palid sa basahon *Eng.* page.

Panig-ingnan [adj.] *Ceb.* panig-ingnan *Eng.* ideal \exemplary (see also pananglitan)

Panihapon [n] *Ceb.* pangaon sa gabii *Eng.* supper \dinner.

Paniid [n] *Ceb.* paniid \paniktik *Eng.* surveillance \reconnaissance.

Panikas [n] *Ceb.* panikas *Eng.* cheat \trickery \deception \burglary \robbery.

Panimalad [n] *Ceb.* pagbasa sa guhit sa palad *Eng.* palm reading.

Panimalay [n] *Ceb.* panimalay *Eng.* home \dwelling \abode.

Panimalos [n] *Ceb.* panimalos *Eng.* retaliation \revenge \vengeance.

Panimuot [n] *Ceb.* panimuot *Eng.* consciousness \awareness.

Paningot [n] *Ceb.* ang paggawas sa singot *Eng.* perspiration \sweating.

Panit [n] *Ceb.* ang ibabaw nga parte nga miputos sa lawas *Eng.* skin \membrane \epidermis.

Paniudto [n] *Ceb.* pangaon sa udto *Eng.* lunch \dejeuner.

Panon [n] *Ceb.* panon hutong *Eng.* throng \flock.

Pan-os [n] *Ceb.* daoton ug baho na *Eng.* rancid \spoiled.

Pansit [n] *Ceb.* pagkaon nga hinimo sa inuhay-uhay nga harina *Eng.* noodle \pasta.

Pantalan [n] *Ceb.* dunggoanan sa sakayan, bapor, o barko *Eng.* pier \port \seaport \wharf \jetty \harbor (US) \harbour (Brit.)

Pantalon [n] *Ceb.* kalsones *Eng.* pair of trousers \pant.

Pantalya [n] *Ceb.* pakuntahay lamang *Eng.* front \dummy \pretense.

Panti [n] *Ceb.* sapot nga mubo kaayo, pangluon o panghapin sa bilahan o kinatawo sa babaye *Eng.* panty \lingerie.

Pantiyon [n] *Ceb.* balay nga lubnganan, ilabina sa mga lubong sa inila o adunahan nga tawo *Eng.* pantheon.

Pantog [n] *Ceb.* ang organo sulod sa lawas sa hayop nga maoy molimpiyo sa dugo ug mopiga sa ihi gikan sa dugo *Eng.* kidney.

Pantulak [n] *Ceb.* ilimnon nga isunod paglad-ok human makainom og alak *Eng.*

chaser (see also ilimnon)

Panubad [n] *Ceb.* panikop og isda gamit ang pasol o paon nga ganoy-ganoyon *Eng.* troll.

Panudlo [n] *Ceb.* ang gamiton sa pagtudlo kung unsa o asa *Eng.* pointer \index \arrow \needle \indicator \dial \gauge.

Panuigon [n] *Ceb.* panuigon pangedaron *Eng.* age \length or number of years.

Panulat [n] *Ceb.* ang gisulat *Eng.* writings \write up \composition \authorship.

Panulay [n] *Ceb.* panulay *Eng.* demon.

Panulis [n] *Ceb.* panulis *Eng.* thief \thievery \stealing \looting \pillage

Panultihon [n] *Ceb.* ang pasambingay nga sulti *Eng.* saying \proverb \adage.

Panumpa [n] *Ceb.* ang pagsaad *Eng.* oath \oath taking \act of swearing (see also panaad)

Panyo [n] *Ceb.* tela nga pamahid *Eng.* handkerchief \neckerchief \hanky \hankie (slang)

Paod [n] *Ceb.* paoranan sa ibutang *Eng.* pad.

Paon [n] *Ceb.* ang ipang-agni aron makubit o madakpan ang sikoponon *Eng.* bait \decoy.

Papa [n] *Ceb.* ang tawag sa amahan *Eng.* papa \daddy \dad \father.

Papel [n] *Ceb.* ang sulatanan o imprentahanan nga palid *Eng.* paper.

Papeles [n] *Ceb.* papeles *Eng.* document \papers.

Para [n] *Ceb.* tawag sa sakyanan aron mohunong *Eng.* calling a car to stop \signal to stop a car [prep.] *Ceb.* alang sa *Eng.* for.

Parada [n] *Ceb.* ang pagpaso sa panon diha sa kadalanan o palibot *Eng.* parade.

Paragpaniid [n] *Ceb.* patago nga tagabantay sa uban *Eng.* observer \snoop \snooper \reconnaissance.

Paralisa [n] *Ceb.* kabaldado sa lawas *Eng.* paralysis \palsy \physical disability.

Paralitiko [n] *Ceb.* ang nabakol o baldado tungod sa sakit nga paralisi *Eng.* the paralytic.

Parat [adj.] *Ceb.* arat ang lami *Eng.* salty \briny \saline.

Parayeg [n] *Ceb.* parayeg *Eng.* asking of something out of love \the showing of affectionate feeling or gestures.

Pareha [adj.] *Ceb.* managsama \pareho \parehas *Eng.* the same.

Parente [n] *Ceb.* parente \paryente *Eng.* relative \kin (see also kaliwat)

Pares [n] *Ceb.* pares *Eng.* pair \partner \mate.

Pari [n] *Ceb.* tagabuhat o tagapasimuno sa paghalad og sakripisyo o rituwal nga pangrelihiyoso tali sa usa ka diyos, bathala, ug mga tawo nga mituo sa pagsimba sa mao nga diyos o bathala **Eng.** priest.

Paril [n] **Ceb.** ali nga pader **Eng.** tall wall \fortress \fortification \bulwark \battlement.

Parokya [n] **Ceb.** teritoryo sa lungsod nga nasakopan sa simbahan nga gidumala sa usa o pipila ka kura paruko **Eng.** parish.

Pasabot [n] **Ceb.** pasabot **Eng.** explanation \exposition \clarification

Pasagad [n] **Ceb.** pasagad **Eng.** being uncaring \thoughtlessness.

Pasahero [n] **Ceb.** sumasakay **Eng.** passenger \rider.

Pasalamat [n] **Ceb.** ang paghatag og salamat **Eng.** act of thanking or saying "thank you \gratitude.

Pasangil [n] **Ceb.** palusot nga pangatarongan \pasumangil **Eng.** alibi \excuse.

Pasas [n] **Ceb.** binulad o pinauga nga lusok sa ubas **Eng.** raisin.

Pasaw [n] **Ceb.** ang ilawog nga pagkaon sa baboy **Eng.** hog feed \hogwash \swill.

Pasaylo [n] **Ceb.** kawala kasuko o pagdumot **Eng.** forgiveness \pardon \remission.

Pasensiya [n] **Ceb.** pasensiya \pailob **Eng.** patience \forbearance.

Pasidaan [n] **Ceb.** pasidaan **Eng.** warning \precaution.

Pasikaran [n] **Ceb.** ang himoon nga basehan **Eng.** basis \base.

Pasikat [n] **Ceb.** pasikat \paibog \paikag **Eng.** act of flaunting \showing off.

Pasipala [n] **Ceb.** pasipala abuse **Eng.** profanity \blasphemy \desecration.

Pasiyo [n] **Ceb.** ang agian **Eng.** passage.

Paskin [n] **Ceb.** paskin karatola **Eng.** billboard \signboard.

Pasko [n] **Ceb.** adlaw sa pagkatawo ni Hesukristo **Eng.** Christmas \Nativity of Christ \Yuletide season.

Paslot [n] **Ceb.** luto sa panit **Eng.** blister \abrasion on skin.

Pasmo [n] **Ceb.** kadaot nga bation sa lawas gumikan sa dili pagkaon sa sakto nga panahon **Eng.** sickness felt after missing a meal.

Paso [n] **Ceb.** kasunog sa panit **Eng.** inflammation of the skin \burn \scald.

Pasol [n] **Ceb.** ang pangkubit sa isda nga hinimo sa higot nga tinaoran og taga sa tumoy diin ipatapot ang paon **Eng.** angle \fishing tackle.

Pasong [n] **Ceb.** kaligoanan nga ituslob ang tibuok lawas sa tubig **Eng.** bath tub \tub

Pasongan [n] **Ceb.** saloranan nga kan-anan sa hayop **Eng.** manger \den.

Paspas [adj.] *Ceb.* paspas *Eng.* fast \swift \rush \quick \double time \expeditious \rash.

Pastilan [interj.] *Ceb.* pastilan *Eng.* darn!

Pasundayag [n] *Ceb.* pasundayag *Eng.* demonstration \show.

Pasyente [n] *Ceb.* ang gitambalan nga may balatian *Eng.* patient.

Patag [adj.] *Ceb.* tupong ang gilapdon sa salog o yuta *Eng.* flat \plain \level.

Pataka [adj.] *Ceb.* walay tumong *Eng.* no direction \aimless \pointless.

Patakaran [n] *Ceb.* patakaran *Eng.* policy.

Patalinghog [n] *Ceb.* patalinghog *Eng.* the act of listening or heeding to a call \listening \heeding \hearing.

Patani [n] *Ceb.* usa ka matang sa batong nga ang bayanan sa bunga lagparon og uhay *Eng.* lima bean (sc.name: Phaseolus limensis)

Patanto [n] *Ceb.* ang patubo sa utang *Eng.* interest on loan \loan interest \interest.

Patas [adj.] *Ceb.* pareho ang bentaha o puntos *Eng.* equal \fair \unbiased.

Patatas [n] *Ceb.* lagutmon nga ingon og kamote ang unod sa gamot, tab-angon og lami *Eng.* potato.

Pataw [n] *Ceb.* paunlod *Eng.* sinker \weight.

Patay [adj.] *Ceb.* naputlan o wala nay kinabuhi *Eng.* dead \deceased.

Pati [n] *Ceb.* ang langgam nga kalapati *Eng.* dove.

Patigayon [n] *Ceb.* patigayon *Eng.* business \dealing \trade.

Patik [n] *Ceb.* ang gitatak *Eng.* imprint.

Patinga [n] *Ceb.* pasiuna nga bayad o hulog sa huloghulogan *Eng.* deposit or initial \down payment.

Pato [n] *Ceb.* pato *Eng.* wild duck \mallard.

Patol [n] *Ceb.* sakit sa utok nga kung mosugmat magkirig-kirig ang lawas ug magbulabula sa laway ang baba *Eng.* epilepsy.

Patola [n] *Ceb.* patola *Eng.* angled gourd (sc.name: Luffa acutangula)

Patsada [adj.] *Ceb.* nindot tan-awon *Eng.* beautiful (see also nindot)

Patunga [v] *Ceb.* pahimutang sa tunga nga bahin *Eng.* staying in the middle.

Pauli [v] *Ceb.* pagbalik sa balay *Eng.* go home \go back home.

Pawikan [n] *Ceb.* bao sa dagat *Eng.* sea turtle.

Pawod [n] *Ceb.* tinahi nga dahon nga ipang-atop, ingon sa nipa *Eng.* thatch.

Payag [n] *Ceb.* balay nga gamay kaayo *Eng.* hut \cottage \booth (see also balay)

Payaso [n] *Ceb.* ang tawo nga magsul-ob og sapot ug maskara nga kataw-anan *Eng.* clown.

Payok [n] *Ceb.* lagom sa panit *Eng.* blemish \bruise.

Payong [n] *Ceb.* payong *Eng.* umbrella.

Paypay [n] *Ceb.* paypay *Eng.* hand-held fan \folding fan.

Pebrero [n] *Ceb.* ang ikaduha nga bulan sa tuig diha sa kalendaryo *Eng.* February.

Pedikab [n] *Ceb.* biseklita nga tuloy ligid *Eng.* three-wheeled bike powered by pedal \bicycle with a sidecar \tribike.

Peke [adj.] *Ceb.* dili tinuod kay sinundog lang o hinimo-himo lang *Eng.* fake \counterfeit \bogus \false \hoax.

Peligro [adj.] *Ceb.* peligro \makuyaw *Eng.* unsafe \dangerous \perilous \delicate \precarious.

Pelikula [n] *Ceb.* lilas sa sine *Eng.* movie film.

Perlas [n] *Ceb.* perlas *Eng.* pearl.

Pero [conj.] *Ceb.* pero *Eng.* but.

Petsa [n] *Ceb.* ang numero sa adlaw, bulan, ug tuig diha sa kalendaryo nga magti-maan sa panahon *Eng.* date.

Petso [n] *Ceb.* petso *Eng.* breast of animals \brisket.

Piang [adj.] *Ceb.* piang *Eng.* lame.

Pilit [n] *Ceb.* matang sa hu-may nga magpilit-pilit ang unod kung maluto *Eng.* glutinous rice \sticky rice.

Pilok [n] *Ceb.* ang nanurok nga mga balahibo ngilit sa tabon-tabon sa mata *Eng.* eyelash.

Piloka [n] *Ceb.* dili tinuod nga buhok *Eng.* wig.

Pinaagi [adj.] *Ceb.* pinaagi *Eng.* through.

Pinaka [adv., adj.] *Ceb.* la-baw sa tanan *Eng.* most \utmost \uttermost.

Pinakadako [adj.] *Ceb.* ang dako sa tanan *Eng.* biggest \largest.

Pinakalayo [adj.] *Ceb.* layo sa tanan *Eng.* farthest.

Pinakbet [n] *Ceb.* niluto nga sagol-sagol nga hiniwa nga mga utanon *Eng.* vegetable medley.

Pinal [n] *Ceb.* kahimalatyon *Eng.* dying situation.

Pinalabi [adj., n] *Ceb.* pina-labon *Eng.* favorite (US) \favourite (Brit.)

Pinasagdan [adj.] *Ceb.* pina-sagdan *Eng.* tolerated \per-mitted \neglected.

Pinggan [n] *Ceb.* plato nga mabuong *Eng.* china ware \ceramic plate.

Pinihig [adj.] *Ceb.* pinihig \gipili *Eng.* selected.

Pinilo [adj.] *Ceb.* pinilo *Eng.* folded.

Piniriso [n] *Ceb.* ang nabi-langgo *Eng.* prisoner.

Pino [adj.] *Ceb.* pino *Eng.* fine.

Pintas [adj.] *Ceb.* pintas \bangis *Eng.* savage \wild \cruel \violent.

Pintor [n] *Ceb.* pintor *Eng.* painter.

Pinuti [n] *Ceb.* pinuti *Eng.* very sharp bolo with a silver-like blade due to frequent or thorough whetting.

Pinya [n] *Ceb.* tanom nga tunokon ug espadahon ang mga dahon, ipangudlot ang bunga nga daghan og mata, madugaon ang dalag nga unod *Eng.* pineapple (sc.name: Ananas comosus)

Piot [adj.] *Ceb.* lisod agian kay gamay og lutsanan *Eng.* narrow.

Pipila [adj.] *Ceb.* ubay-ubay ka buok *Eng.* few \several \some.

Pipino [n] *Ceb.* tanom nga mokatay, ang bunga ingon og gagmay nga batuta, himoonon nga salad *Eng.* cucumber (sc.name: Cucumis sativus) \gherkin.

Pirata [n] *Ceb.* tulisan sa kadagatan o kalawran *Eng.* pirate \buccaneer \corsair.

Pirma [n] *Ceb.* kinamot nga pagsulat sa ngalan *Eng.* signature \sign.

Pirme [adv.] *Ceb.* a kanunay *Eng.* always \wantonly.

Pisa [n] *Ceb.* ang pagkadugmok o pagkalapad tungod nga nadat-ogan o naipit sa butang nga bug-at kaayo

Eng. crush \squash.

Pisara [n] *Ceb.* ang plego nga maoy sulatan sa tisas *Eng.* black board \chalkboard.

Pisi [n] *Ceb.* pisi *Eng.* rope \cord.

Piskat [n] *Ceb.* piskat *Eng.* sore eyes \red eyesore.

Piso [n] *Ceb.* piso *Eng.* nestling \fledgling.

Pista [n] *Ceb.* pista *Eng.* fiesta \feast \festival celebration.

Pistola [n] *Ceb.* pusil nga mubo ug mabitbit sa kamot *Eng.* pistol \handgun \revolver.

Pitaka [n] *Ceb.* sudlanan sa kuwarta nga isuksok sa bulsa *Eng.* wallet \billfold.

Pito [adj., n] *Ceb.* ang ihap og numero nga siyete *Eng.* seven \No. 7 \hepta- (combin. form). [n] *Ceb.* sirbato *Eng.* whistle.

Pitsel [n] *Ceb.* sudlanan sa tubig ilimnon nga may gunitanan ug ipisanan *Eng.* pitcher.

Piyal [n] *Ceb.* piyal *Eng.* confidence \reliance \trust.

Piyansa [n] *Ceb.* ang bayad o balayranan para sa temporaryo nga kagawasan gikan sa bilanggoan *Eng.* bail.

Plaka [n] *Ceb.* ang patuyokon nga nipison, laparon, ug linginon nga plastic nga maoy gibutangan sa tingog ug tunog sa kanta *Eng.* phonograph record \disc.

Planeta [n] *Ceb.* ang mga dagko kaayo nga bagay nga nag-utaw-utaw sa kawanangan palibot sa adlaw o kapareho *Eng.* planet.

Plano [n] *Ceb.* ang gipangandaman o detalye sa unsay angay buhaton *Eng.* plan \plot \scheme \strategy \setup.

Plantsa [n] *Ceb.* init nga puthaw nga gamiton sa pagutaw sa panapton aron mawala ang mga kum-ot *Eng.* iron \flat iron \hot press.

Platito [n] *Ceb.* gamay nga plato *Eng.* saucer.

Plato [n] *Ceb.* ang saloranan o sanggaan sa pagkaon diha sa lamesa *Eng.* plate \dish.

Plawta [n] *Ceb.* plawta *Eng.* flute.

Plego [n] *Ceb.* plego panid *Eng.* sheet.

Plema [n] *Ceb.* sip-on sa tutunlan nga misagol sa laway *Eng.* phlegm.

Plete [n] *Ceb.* ang bayad sa pagpasakay, pagpagamit, o pagpahulam *Eng.* rent \rental fare \passage.

Plorera [n] *Ceb.* butanganan sa bulak *Eng.* flower vase.

Pobre [n] *Ceb.* pobre \uyamot *Eng.* poor \poverty-stricken \impoverished \hard up \necessitous \needy \pauper.

Polisya [n] *Ceb.* polisya *Eng.* police \police force \cop.

Politika [n] *Ceb.* ang kaliho-kan o panumala sa pamunoan, sagad mahilambigit sa pakigbisog nga molabaw sa kailog sa pag-angkon sa gahom o pagkainila sa angay pamunoan *Eng.* politics.

Politiko [n] *Ceb.* ang nahilambigit o aktibo sa kalihokan sa politika *Eng.* politician.

Polpol [adj.] *Ceb.* dili kugihan nga motrabaho *Eng.* tiresome \lazy.

Pomada [n] *Ceb.* ang ihiso sa buhok nga pilit-pilit aron mahinapay o mohumot ang buhok *Eng.* pomade.

Porma [n] *Ceb.* porma \korte *Eng.* form \shape \formation \figure \format

Posas [n] *Ceb.* ang pulseras nga puthaw nga ipanggapos sa mga bukton *Eng.* handcuff \shackle\manacle.

Posporo [n] *Ceb.* posporo *Eng.* match.

Prutas [n] *Ceb.* makaon nga bunga sa tanom, ilabina sa kahoy *Eng.* fruit.

Puangod [n] *Ceb.* puangod kaluoy *Eng.* pity \kindness.

Puasa [n] *Ceb.* ang dili pagkaon aron pagsakripisyo *Eng.* fasting \abstinence \temperance.

Publiko [n] *Ceb.* tanan nga katawhan sa palibot *Eng.* public.

Puga [n] *Ceb.* ang paglayas gikan sa bilanggoan *Eng.* breakout \jailbreak \break (inf.)

Pugante [n] *Ceb.* binilanggo nga milayas gikan sa prisohan *Eng.* fugitive \bolter \absconder.

Pugon [n] *Ceb.* ng huom nga initanan nga maoy lutoan sa tinapay, inasal, kolon ug uban pa nga mga hinurno *Eng.* oven \kiln.

Puhon [adv.] *Ceb.* sa adlaw nga umalabot *Eng.* someday \hereafter.

Puhonan [n] *Ceb.* ang kuwarta nga gamiton sa paggasto sa patigayon *Eng.* capital \capital investment \principal amount.

Pukot [n] *Ceb.* pukot *Eng.* finely meshed net \trammel.

Pula [n, adj.] *Ceb.* mapula ang bulok *Eng.* red \crimson \ruby.

Pul-an [v] *Ceb.* pul-an *Eng.* haft.

Pulbora [n] *Ceb.* pulbos nga gamiton sa pabulo *Eng.* detonating powder \gunpowder \black powder.

Pulgada [n] *Ceb.* sukod sa katas-on nga katumbas sa ikadose nga bahin sa usa ka piye, o 2.54 sentimetro *Eng.* inch.

Pulgas [n] *Ceb.* pulgas *Eng.* flea \flea louse.

Puli [n] *Ceb.* ang ipang-ilis *Eng.* replacement \substitute \lieu.

Pulis [n] *Ceb.* awtoridad nga maoy magbantay sa kalinaw ug magpatuman sa mga balaod *Eng.* police \policeman \cop.

Pulo [n] *Ceb.* mamala nga yuta nga gilibotan og dagat o tubig \isla *Eng.* island.

Pulong [n] *Ceb.* ang giingon *Eng.* word \wording.

Pulos [n] *Ceb.* pulos *Eng.* use \usage.

Pulseras [n] *Ceb.* ang alahas nga isul-ob sa bukton *Eng.* bracelet \bangle.

Pulso [n] *Ceb.* ang parte sa kamot diin nagsumpay ang palad ug bukton *Eng.* pulse.

Pultahan [n] *Ceb.* pultahan *Eng.* door.

Pumapalit [n] *Ceb.* ang mopalit sa paninda *Eng.* buyer \purchaser.

Punaw [n] *Ceb.* kawala sa panimuot \kuyap *Eng.* loss of consciousness.

Pundo [n] *Ceb.* angkla sa sakayan o barko *Eng.* anchor.

Pundok [n] *Ceb.* pundok *Eng.* group \unit \body.

Pungkay [n] *Ceb.* pinakataas nga parte \pinakatumoy \tuktok *Eng.* summit \peak \tip \topmost.

Pungpong [n] *Ceb.* ang mga bunga, dahon, o bulak nga naglingkitay o nagbitay sa usa ka punga *Eng.* bunch.

Punto [n] *Ceb.* ang ihap sa daog o nakuha *Eng.* point \score.

Punyal [n] *Ceb.* punyal \kutsilyo *Eng.* knife.

Puot [n] *Ceb.* baga o kusog

nga bulhot sa aso *Eng.* billow.

Purga [n] *Ceb.* ang ipamatay sa bitok *Eng.* deworming agent or formula.

Purok [n] *Ceb.* ang mga gagmay nga nasakopan nga teritoryo sa usa ka baryo *Eng.* small part or division within the territory of a particular barangay \sector.

Purol [n] *Ceb.* pantalon nga mubo og manggas *Eng.* short pants \shorts \boxer shorts.

Pursige [n] *Ceb.* ang pag-sige og padayon bisan og nagkalisod o nag-agwanta sa kasakit *Eng.* perseverance.

Pusil [n] *Ceb.* armas nga mobuto ug molagpot ang bala *Eng.* gun \firearm \revolver.

Puso [n] *Ceb.* puso *Eng.* steamed rice cooked inside a heart-shaped woven coconut leaf wrapper.

Pusod [n] *Ceb.* ang ulaton nga lungag diha sa tunga sa tiyan, pinutlan sa ugat sa pagkatawo *Eng.* navel \belly button.

Pusod sa kalibotan [n] *Ceb.* pusod sa kalibotan *Eng.* north pole.

Pus-on [n] *Ceb.* ang ubos nga bahin sa tiyan *Eng.* groin.

Puspos [n] *Ceb.* ang ipamu-nal *Eng.* bat \club \cudgel.

Pusta [n] *Ceb.* ang taya sa sugal, dula, paripa, o bola *Eng.* bet \stake \wager.

Posturawo [adj.] *Ceb.* ma-ayo og dagway *Eng.* good looking \handsome.

Puta [n] *Ceb.* puta \burikat hostes *Eng.* prostitute \hooker.

Putakte [n] *Ceb.* buyog nga lampinig *Eng.* wasp.

Puthaw [n] *Ceb.* metal nga elemento *Eng.* iron \metal.

Puti [adj.] *Ceb.* puti ang bulok *Eng.* white.

Putli [adj.] *Ceb.* putli \walay mantsa ang dungog *Eng.* sterling \pure \100% \imma-culate \chaste \vestal \un-feigned.

Putlon [v] *Ceb.* putlon *Eng.* cut.

Puto [n] *Ceb.* puto *Eng.* steamed rice muffin.

Putos [n] *Ceb.* putos *Eng.* cover \wrapper.

Putot [n] *Ceb.* mubo kaayo og pamarog *Eng.* short \shortie (inf.) \dwarf \pygmy.

Puwede [adj.] *Ceb.* mahimo nga mahitabo *Eng.* can be \can happen.

Puwersa [n] *Ceb.* puwersa kusog *Eng.* pressure \force.

Puwerta [n] *Ceb.* lungag o bangag paingon sa sulod *Eng.* opening.

Puwesto [n] *Ceb.* puwesto *Eng.* area \lot \post.

Puya [n] *Ceb.* puya *Eng.* young \youngling \offspring.

Puyo [n] *Ceb.* sudlanan ingon og gamay nga sako *Eng.* pouch.

~R~

R, r [n] *Ceb.* ang ikanapulo ug upat nga titik sa alpabeto nga Bisaya *Eng.* the fourteenth letter in Cebuano alphabet used in this dictionary (see also abakadahan)

Ra [adj., adv.] *Ceb.* ra *Eng.* only \and nothing more \and no more.

Rabanos [n] *Ceb.* lagutmon nga utanon, himoonon nga salad *Eng.* radish (see also utanon)

Rabis [n] *Ceb.* ang sakit nga makadaot sa utok gumikan sa impeksyon nga mitakod human mapaaki sa hayop nga adunay dala nga sakit nga rabis, ang sakit inubanan sa pagpangurog, kalisod sa pagginhawa ug pagtulon, hilahilan nga kahadlok sa tubig *Eng.* rabies \canine madness \lyssa.

Rabit [n] *Ceb.* gagmay nga hayop nga tag-ason ang duha ka tiil sa likod, magluksolukso *Eng.* rabbit \hare.

Radyo [n] *Ceb.* ang sibyaanan ug ang aparatu nga maoy gamiton sa pagpamati sa gisibya *Eng.* radio \transistor \transceiver.

Ragiwdiw [n] *Ceb.* ang sagbot nga agas, nga manubo sa kalunangan, kalapokan o basakan, diin ang mga uhay sa dahon lagpad ug tag-ason ason, ang pinauga nga uhay

magamit sa paghabi og basket, kahon, banig, ug uban pang mga gamit *Eng.* seagrass.

Raketa [n] *Ceb.* ang ipanghapak sa bola sa dula nga tennis, pingpong, o badminton *Eng.* racket.

Rakrak [n] *Ceb.* ang sunodsunod nga pagpabuto sa armas *Eng.* volley \barrage \rapid shots.

Rali [n] *Ceb.* parada o pagdugok sa katawhan aron magpahayag *Eng.* street demonstration \rally (see also welga)

Raliyesta [n] *Ceb.* ang nagparada aron magpahayag sa ilang gibati, demanda, o reklamo *Eng.* a person or group of people who gather in a street demonstration or protest.

Rambutan [n] *Ceb.* usa ka matang sa kahoy nga ang prutas may nanuybo nga humokon nga tusok-tusok palibot sa panit *Eng.* rambutan (sc.name: Nephelium lappaceum)

Ranggo [n] *Ceb.* posisyon o ngalan sa katungdanan nga gihuptan *Eng.* rank.

Ranso [n] *Ceb.* dako og haluag kaayo nga sabsaban diin buhion ang daghan nga mga baka, kabayo, o karnero \rantso *Eng.* cattle ranch \ranch.

Rapido [n] *Ceb.* ang paspas nga pagpabuto o pagtira sa

pusil \rakrak **Eng.** rapid shots \volley \fusillade.

Raskal [n] **Ceb.** ang dili maghinay-hinay o mag-amping sa linihokan, sagad makapasakit sa uban o makadaot sa mga butang **Eng.** someone whose behavior is rough \rough player \rowdy \the unruly.

Rason [n] **Ceb.** ang katarongan **Eng.** reason \rationale.

Rasonable [adj.] **Ceb.** adunay katarongan **Eng.** has reason \reasonable.

Ratipikasyon [n] **Ceb.** ang paghatag og katugotan sa gipasa nga balaodnon **Eng.** ratification.

Rayna [n] **Ceb.** ang asawa sa hari **Eng.** queen.

Rayos [n] **Ceb.** tukon nga alambre sa ligid **Eng.** spoke.

Rebelde [n] **Ceb.** ang mikontra sa awtoridad o pamunoan **Eng.** rebel \insurgent \freedom fighter \underground \member of the uprising \revolter.

Rebolusyon [n] **Ceb.** pakigaway kontra sa pamunoan **Eng.** revolution \revolt.

Rebolusyonaryo [adj.] **Ceb.** mahitungod sa rebolusyon **Eng.** revolutionary.

Rebulto [n] **Ceb.** ang inukit o hinulma nga porma sa tawo o inila nga nilalang **Eng.** statue \monument.

Regalo [n] **Ceb.** ang gasa nga ihatag **Eng.** gift \present.

Regla [n] **Ceb.** ang matag bulan nga pagdugo sa kinatawo sa hamtong nga babaye, gumikan sa pagkapusa sa hinog nga itlog diha sa iyang matris **Eng.** menstruation \menses.

Reglamento [n] **Ceb.** ang regulasyon **Eng.** regulation (see also balaod)

Rehas [n] **Ceb.** mga babag nga ali sa bintana o pultahan **Eng.** grill \grille \railing.

Rehente [n] **Ceb.** ang halili sa pangulo nga hari **Eng.** regent.

Rehimen [n] **Ceb.** pamunoan sa usa ka gamhanan nga pangulo o panggobyernohan **Eng.** regimen.

Rehimyento [n] **Ceb.** usa ka dibisyon sa kasundalohan nga nasakopan sa pipila ka batalyon, inila kaniadto nga una ug ikaduha nga gubat sa kalibotan **Eng.** regiment.

Rehistro [n] **Ceb.** ang opisyal nga listahan, ug ang buhatan nga nagdumala niani **Eng.** registry.

Rehiyon [n] **Ceb.** usa ka dako nga bahin o luna sa kalibotan **Eng.** region

Reklamador [adj.] **Ceb.** sige o hilig ang pagreklamo **Eng.** always complaining \repining \grouchy.

Reklamo [n] **Ceb.** ang giangal **Eng.** complaint.

Rektanggulo [n] **Ceb.** hitsura o porma sa kahon nga adunay upat ka bahin o ki-liran diin pareho ang sukod sa manag-atbang nga bahin, ug nga dili pareho ang sukod kung itandi sa dili katugbang nga bahin *Eng.* rectangle.

Rektor [n] *Ceb.* ang pari nga namuno sa seminaryo *Eng.* rector.

Relasyon [n] *Ceb.* relasyon *Eng.* relation \relationship.

Reles [n] *Ceb.* dako nga timba sa tubig *Eng.* big dipper.

Relihiyon [n] *Ceb.* ng tinuhoan o pagtuo sa usa ka diyos ug mga pagtulon-an niani *Eng.* religion.

Relis [n] *Ceb.* ang latayan nga pagasubayan sa tren *Eng.* rail \railroad \railway \tramway \switchback.

Relo [n] *Ceb.* taknaan \orasan *Eng.* clock \watch \timepiece.

Relyebo [n] *Ceb.* ang pagpuli sa nawala *Eng.* reliever \replacement \substitution.

Rematsa [n] *Ceb.* tusok nga ipang-ipit sa panid o bongbong nga puthaw *Eng.* rivet (see also tusok)

Remedyo [n] *Ceb.* ang makaayo sa guba o diperensya *Eng.* remedy.

Remolatsa [n] *Ceb.* remolatsa *Eng.* beet (sc. name: any plant under genus Beta of the goosefoot family)

Renda [n] *Ceb.* higot sa kabayo ug uban pa nga mga hayop, gamiton sa paggiya sa maong hayop *Eng.* rein

\bridle \harness \tack \martingale.

Renilihiyoso [adv.] *Ceb.* subay sa gituhoan nga relihiyon *Eng.* in accordance to one's religious belief \religiously.

Repolyo [n] *Ceb.* utanon nga ingon og bola ang pagkapungpong sa mga dahon *Eng.* cabbage.

Representante [n] *Ceb.* ang morepresentar alang sa uban o kadaghanan \ang tinaglawas *Eng.* representative (see also tinaglawas)

Repridyetor [n] *Ceb.* himan sa balay nga pampabugnaw sa ilimnon o pagkaon *Eng.* refrigerator.

Reptalya [n] *Ceb.* ang hayop nga adunay baga para sa pagginhawa, bukog sa kalabera, ug ang lawas naputos sa himbis o bagal sama sa halas, bao, buaya, daynosor, ug uban pa *Eng.* reptile.

Republika [n] *Ceb.* usa ka nasod diin ang pinakagahom sa pamunoan nag-agad sa tanan nga bumuboto nga mga molupyo, ug gigamit ang maong gahom sa napili nga tinaglawas sa mga molupyo *Eng.* republic.

Republikanhon [adj.] *Ceb.* may kinaiya nga sama sa republika *Eng.* republican.

Reputado [adj.] *Ceb.* adunay maayo nga reputasyon *Eng.* reputable.

Reputasyon [n] *Ceb.* maayo

nga dungog *Eng.* reputation.

Resibo [n] *Ceb.* lista sa gipalit o gibayaran, kamatuoran nga napalit ang maong paninda o nabayaran ang maong balayranan *Eng.* receipt \official receipt (abbre.: OR) \voucher \invoice.

Residensya [n] *Ceb.* ang lugar sa pinuy-anan *Eng.* residence.

Residente [n] *Ceb.* ang nanimuyo sa usa ka lugar *Eng.* resident (see also molupyo)

Resipe [n] *Ceb.* lista sa mga sangkap ug kung unsaon pagsagol ang maong mga sangkap aron makahimo og pagkaon o ilimnon *Eng.* recipe.

Resistensya [n] *Ceb.* resistensya \pangontra \pangbatok *Eng.* resistance.

Resita [n] *Ceb.* lista sa tambal nga angay tomaron o idapat sa may sakit *Eng.* medical prescription \recipe \Rx.

Resolusyon [n] *Ceb.* ang desisyon nga gisangpotan \tahod *Eng.* resolution.

Respeto [n] *Ceb.* respeto *Eng.* respect \courtesy \reverence.

Responsable [adj.] *Ceb.* may katungdanan sa pagbuhat o pagsunod sa usa ka obligasyon *Eng.* responsible \accountable \liable.

Responsibilidad [n] *Ceb.* tulobagon \kabilinggan *Eng.* responsibility \liability.

Resulta [n] *Ceb.* resulta \sangpotan *Eng.* result \outcome.

Retaso [n] *Ceb.* retaso tinabas *Eng.* cut out pieces of fabric, paper, sheet of tin or iron \scrap.

Retiro [n] *Ceb.* dili na pagtrabaho aron makapahulay *Eng.* retirement.

Retokado [adj.] *Ceb.* giretoke *Eng.* retouched (see also inusab)

Retoke [n] *Ceb.* ang pag-ayo sa mga detalye aron mas moanindot o makompleto ang pagkahimo *Eng.* retouch.

Reyuma [n] *Ceb.* panakit sa kalulothan *Eng.* rheumatism \lumbago.

Reyumahon [adj.] *Ceb.* adunay sakit nga reyuma *Eng.* rheumatic.

Ribon [n] *Ceb.* higot nga lapad, gamiton sa pagdayandayan *Eng.* ribbon.

Rimas [n] *Ceb.* ang rimas kolon \kulo \kamansi *Eng.* the breadfruit tree and its fruit (sc.name: Artocarpus altilis)

Ripa [n] *Ceb.* ang pagpili sa modaog pinaagi sa pagbola o pagpunit sa usa ka salmot gikan sa tinapok nga mga salmot *Eng.* raffle draw.

Riple [n] *Ceb.* pusil nga taas *Eng.* rifle (see also pusil)

Ritwal [n] *Ceb.* seremonya sa usa ka mahinungdanon

nga buluhaton *Eng.* ritual (see also seremonya)

Roleta [n] *Ceb.* ang tuyokon nga adunay mga numero o mga guhit nga maoy pagapilian pinaagi sa pagtunong og hunong sa panudlo *Eng.* roulette.

Rolyo [n] *Ceb.* usa ka lukot *Eng.* roll.

Rolyohanan [n] *Ceb.* buboran sa irolyo *Eng.* spool \reel.

Romana Katolika [n] *Ceb.* ang simbahan nga Romano Katoliko ug ang relihiyoso nga pagtuo niani *Eng.* the Roman Catholic church and its religious faith.

Romano Katoliko [n] *Ceb.* ang kristohanon nga simbahan nga gipamunoan sa Santo Papa sa Batikan, Roma *Eng.* a Roman Catholic.

Romansa [n] *Ceb.* relasyon sa managhigugma *Eng.* romance \love affair.

Romantiko [adj.] *Ceb.* mapakitaan o mapadaygon sa pagbati nga tugob sa gugma *Eng.* romantic.

Rompe Kandado [n] *Ceb.* rompe kandado *Eng.* barracuda fish.

Ro-ro [n] *Ceb.* ro-ro *Eng.* the short name for "roll on-roll off," an inter-island ferry boat that has an opening door that swing downward both on the stern side and the bow side where the

rolling vehicles enter to board and go out to disembark.

Rosaryo [n] *Ceb.* ang paghalad og pag-ampo ngadto kang Birhen Maria gamit ang rosaryohan, pangamuyo nga iampo unta ngadto sa iyang anak nga si Hesus ang intensiyon sa nag-ampo *Eng.* rosary.

Rosaryohan [n] *Ceb.* rosaryohan *Eng.* The Holy Rosary \rosary.

Rosas [n] *Ceb.* bulak nga tunokon ang punoan ug mga sanga, maalimyon ang bulak nga sagad mapulapula, puti, o dalag ang bulok *Eng.* rose.

Rota [n] *Ceb.* ang agianan nga pagasubayon sa biyahe o panaw *Eng.* route.

Rubi [n] *Ceb.* usa ka mahalon nga bato nga pula kaayo ang bulok *Eng.* ruby.

~S~

S, s [n] *Ceb.* ang ikanapulo og lima nga titik sa alpabeto nga Bisaya *Eng.* the fifteenth letter in Cebuano alphabet used in this dictionary (see also abakadahan)

Sa [prep.] *Ceb.* sa *Eng.* in \at \on \of [adv.] *Ceb.* una sa tanan *Eng.* first \first of all \beforehand \before \pre- (as a prefix)

Sa`man [adv.] *Ceb.* minubo o nilamolamo nga pagsulti sa 'asa man' *Eng.* where's (constricted form of where is) \which?

Saad [n] *Ceb.* ang gipanumpaan nga angay buhaton *Eng.* promise \pledge.

Saag [n] *Ceb.* kawala sa padulngan \salaag *Eng.* stray \being lost.

Sab [adv.] *Ceb.* minubo sa "usab" *Eng.* too \also.

Saba [n] *Ceb.* ang banha, alingugngog o alibugyaw \banha *Eng.* noise \rousing \noise.

Sab-a [n] *Ceb.* usa ka matang saging *Eng.* a variety of banana that is good served if cooked.

Sabaan [adj.] *Ceb.* sabaan *Eng.* boisterous \vociferous \talkative \gassy \noisy.

Sabad [n] *Ceb.* ang parte sa makina nga motuyok aron maoy mohuyop o mosuyop sa hangin *Eng.* propeller \airscrew.

Sabado [n] *Ceb.* ang kataposan nga adlaw sa semana diha sa kalendaryo *Eng.* Saturday.

Sabado de Gloria [n] *Ceb.* Sabado de Gloria \sabado Santo *Eng.* Black Saturday.

Sabakan [n] *Ceb.* ang parte ilawom sa tiyan sa babaye diin motubo ang bata nga gisabak \anamkonan \matris *Eng.* womb \uterus \matrix \lap.

Sabaw [n] *Ceb.* ang tubig sa sud-an o unsa man nga nilu-to *Eng.* soup \broth \bouillon.

Sabawon [n] *Ceb.* sama sa sabaw *Eng.* soupy.

Sab-itan [n] *Ceb.* ang sab-itanan *Eng.* hanger \rack \hook.

Sablayan [n] *Ceb.* sablayan \sab-itan *Eng.* hanger \rack.

Sabod [n] *Ceb.* sabod *Eng.* spreading grains on the ground, as to feed chicken or to sow seeds on the farm

Sabog [adj.] *Ceb.* namula ang mata kay hubog o nakadroga *Eng.* having bloodshot.

Sabon [n] *Ceb.* mobula nga panglinis nga isagol sa tubig *Eng.* soap.

Sabong [n] *Ceb.* away o sangka sa mga manok *Eng.* cockfight \cockfighting.

Sab-ongan [n] *Ceb.* sabongan *Eng.* hanger \rack \hook.

Sabot [n] *Ceb.* kasabotan *Eng.* agreement \deal \meeting of the mind \covenant (see also kasabotan)

Sabotahe [n] *Ceb.* tinuyo nga pagdaot o pagguba aron adunay maapektohan *Eng.* sabotage.

Saboton [v] *Ceb.* hatagan sa pagsabot *Eng.* comprehend \understand.

Sabsabanan [n] *Ceb.* sibsibanan nga kasagbotan *Eng.* grazing land (see also kasagbotan)

Sabton [n] *Ceb.* sabton *Eng.*

comprehend \understand.

Sabwag [n] *Ceb.* itsa aron magkatag *Eng.* spread.

Sadista [n] *Ceb.* ang may kinaiya nga sadismo *Eng.* sadist.

Sadsad [n] *Ceb.* sadsad \bayle *Eng.* dance (see also sayaw)

Sagabal [n] *Ceb.* nakasamok sa dagan o agos *Eng.* \impediment \handicap \hindrance \obstacle.

Sagad [adj.] *Ceb.* sagad \kasagaran *Eng.* usual \typical \common.

Sagalsal [adj.] *Ceb.* dili hamis hikapon \hagashas \haknot *Eng.* rough \coarse.

Sagang [n] *Ceb.* ang pagsalikway og salo o sanga sa gilabay o gitira aron dili maigo *Eng.* parry \warding off.

Sagbayan [n] *Ceb.* ang babag sa atop nga sampayan sa pawod ug sagunting *Eng.* beam.

Sagbot [n] *Ceb.* tanom nga mugbo *Eng.* grass.

Saghid [n] *Ceb.* saghid \sabod *Eng.* slight or brushing touch \slight contact \brush.

Saging [n] *Ceb.* tanom nga bani ang punoan, lagpad ang dahon nga may tag-as nga palwa, may puso ang binulig nga sipi sa bunga, sagad modalag ang panit kung mahinog ang bunga nga lamian og unod *Eng.* bana-

na (sc.name: Musa Spp.)

Sago [n] *Ceb.* harina gikan sa tanom nga "sago palm" *Eng.* sago.

Sagol [n] *Ceb.* ang mga sangkap nga ipangsagol *Eng.* ingredient.

Sagopon [v] *Ceb.* buhion isip kaugalingon nga anak o kapamilya *Eng.* adopt.

Sagpa [n] *Ceb.* hapak sa nawong \tampaling \tamparos *Eng.* a slap on the face.

Sagrado [n] *Ceb.* sagrado \balaan *Eng.* holy \sacred \divine \blessed.

Sagudsod [n] *Ceb.* padalosdos sa salog *Eng.* scuff.

Sag-ulo [n] *Ceb.* sag-ulo \sagulo *Eng.* memorization.

Sagunting [n] *Ceb.* salagunting sa atop *Eng.* rafter.

Saha [n] *Ceb.* turok sa binhi sa saging, kawayan, luy-a, sibuyas, og uban pang mga tanom nga mosaha *Eng.* sapling \shoot (see also turok)

Sahi [n] *Ceb.* nalahi *Eng.* different from the rest \unconventional \distinctive \aberrant (see also lahi)

Saka [n] *Ceb.* saka \tungas *Eng.* upward climb \inclination \ascent.

Sakang [adj.] *Ceb.* sakang \bakang *Eng.* bandy-legged \bowlegged \valgus.

Sakaon [adj.] *Ceb.* sakaon tungason *Eng.* incline \ramp.

Sakay [adj.] *Ceb.* nakasakay \nakalulan *Eng.* on board \inboard.

Sakayan [n] *Ceb.* gamay nga sakyanan sa tubig o dagat bangka *Eng.* boat

Sakit [n] *Ceb.* kadaot sa lawas *Eng.* ailment \disease \sickness \illness \infirmity \indisposition \malady.

Sako [n] *Ceb.* dako nga puyo, sagad katumbas sa usa ka bakid ang maisulod *Eng.* sack.

Sakob [n] *Ceb.* sudlanan sa hinagiban \sakoban *Eng.* scabbard \sheath.

Sakop [n] *Ceb.* sakop \kasapi *Eng.* affiliate.

Sakramento [n] *Ceb.* Kini ang pito ka mga sakramento nga gituhoan sa simbahan nga Katoliko Romano ug sa simbahan nga 'Eastern Orthodox.' Samtang ang simbahan nga Protestante mituo lamang sa bunyag (bawtismo) ug sa kataposan nga panihapon (eyukaristiya) *Eng.* The Holy Sacrament \sacrament.

Sakrilehiyo [n] *Ceb.* mapasipad-on nga pagmantsa sa dungog sa balaan nga ngalan *Eng.* sacrilege.

Sakripisyo [n] *Ceb.* pagantos o pagpakasakit alang sa uban o sa mas importante *Eng.* sacrifice.

Sakristan [n] *Ceb.* alalay sa pari nga tagaalagad sa sakristiya *Eng.* sacristan.

Saksi [n] *Ceb.* ang nakakita sa akto *Eng.* witness \eyewitness.

Sakto [adj.] *Ceb.* sakto *Eng.* enough \ample [adv.] *Ceb.* sakto *Eng.* correct.

Sakyanan [n] *Ceb.* sakyanan *Eng.* public utility vehicle (abbr.: PUV) \public transport.

Sala [n] *Ceb.* sala *Eng.* sin. [n] *Ceb.* hawanan sulod sa balay *Eng.* living room.

Salaan [n] *Ceb.* ang gamiton sa pagsala sa pino ug dagko *Eng.* strainer \filter.

Salabat [n] *Ceb.* salabat *Eng.* ginger hot drink.

Salabotan [n] *Ceb.* salabotan *Eng.* knowledge \apprehension \mental grasp \comprehension \understanding.

Salad [n] *Ceb.* pagkaon nga hiniwa nga utan, prutas, unod sa isda o karne nga dili niluto sa init *Eng.* salad (see also kinilaw)

Salag [n] *Ceb.* balay sa langgam diin mangitlog ug maglumlom sa mahimong piso *Eng.* nest.

Salakyan [n] *Ceb.* ang pagasakyan sa biyahe *Eng.* mode of transportation \vehicle (see also sakyanan)

Salamangka [n] *Ceb.* salamangka *Eng.* magic \sorcery \black magic.

Salamat [interj.] *Ceb.* paghatag og pasabot sa gibati nga kahimuot human makadawat o masilbihan *Eng.*

Thank you!

Salamin [n] *Ceb.* bildo diin makita ang hitsura sa moatubang \espeho \samin *Eng.* mirror \looking glass.

Salampati [n] *Ceb.* salampati \kalapati *Eng.* pigeon \dove.

Salaod [n] *Ceb.* kasopakan *Eng.* violation.

Salapi [n] *Ceb.* salapi \kuwarta *Eng.* money \currency.

Salawayon [adj.] *Ceb.* salawayon *Eng.* mischievous \naughty.

Salbabida [adj.] *Ceb.* palutaw nga abayan sa tubig o dagat aron dili malunod ang moabay *Eng.* life saving device \life buoy.

Salbahe [adj.] *Ceb.* bastos ang kinaiya o batasan *Eng.* rude \ill-bred \rogue \roguish \rough neck.

Salibay [n] *Ceb.* salibay \labay \labog *Eng.* act of throwing \pitching \lob \cast.

Salida [n] *Ceb.* salida *Eng.* show.

Salig [n] *Ceb.* ang pasalig \piyal *Eng.* trust \reliance.

Saliko [n] *Ceb.* kamison nga walay bukton *Eng.* sleeveless shirt \waistcoat \vest \weskit.

Salikwaot [adj.] *Ceb.* salikwaot *Eng.* awkward \clumsy.

Salikway [n] *Ceb.* dili pagangkon nga kauban o kaila *Eng.* disclamation \rejection \renunciation \disowning.

Salimoang [n] *Ceb.* kagubot o kasamok sa pangisip *Eng.* mental stress \mental disorder hysteria (see also kabuang)

Salin [n] *Ceb.* salin \sobra sa nagamit *Eng.* leftover \extra \surplus \remnant \scrap.

Salingsing [n] *Ceb.* ang bagong usbong nga misanga sa tanom *Eng.* bud \sprig.

Salipod [n] *Ceb.* salipod *Eng.* screen \blind \shield.

Salmo [n] *Ceb.* balaan nga kanta o balak pahinungod sa diyos *Eng.* psalm.

Salodanan [n] *Ceb.* salodanan \sawdanan \Saloranan *Eng.* receptacle.

Salog [n] *Ceb.* ang hawanan nga tamakan *Eng.* floor \ground.

Salom [n] *Ceb.* langoy sa tubig *Eng.* swim.

Salop [n] *Ceb.* salop *Eng.* setting down, as of the sun and the moon on the western horizon.

Salosalo [n] *Ceb.* panagtipon sa pangaon *Eng.* banquet \feast \big dinner party \regale.

Salsa [n] *Ceb.* ang mapilitpilit nga sabaw sa sud-an *Eng.* sauce (see also tusloanan)

Salsalan [n] *Ceb.* ang puthaw nga dukdokanan sa pandayan *Eng.* anvil.

Saludo [n] *Ceb.* ang pagtimbaya o pagpakita og usa ka

lihok nga magkahulogan og pagrespeto sa labaw, opisyal sa militarya, o bayani *Eng.* salute.

Salugsog [n] *Ceb.* tusok o tunok nga miungot sa panit \sugsog *Eng.* prickle (see also tusok)

Salumsom [n] *Ceb.* ang pagsugod og ngitngit sa palibot human sa kahaponon \kilum-kilom *Eng.* dusk \twilight \nightfall \gloaming.

Sama [adj.] *Ceb.* sama *Eng.* like \look like a \as \as if \seem to be.

Samad [n] *Ceb.* hiwa sa panit o unod *Eng.* wound \cut.

Sam-ang [n] *Ceb.* lugar diin gilubong ang mga patay \sementeryo *Eng.* cemetery.

Samaw [adj.] *Ceb.* samaw \silaw *Eng.* glaring \blinding.

Sambag [n] *Ceb.* kahoy nga gagmitoy og mga dahon, maaslom ang lagpad ug guroguntod ang bayanan sa bunga *Eng.* tamarind (sc.name: Tamarindus indica)

Sambingay [n] *Ceb.* sambingay *Eng.* parable.

Samentado [adj.] *Ceb.* samentado *Eng.* built or made of concrete materials \cemented.

Sam-iran [n] *Ceb.* anit nga bag-iran sa labaha aron mohait ang silab *Eng.* strop

(see also bairan)

Samok [adj.] *Ceb.* wala mahan-ay \nagkagubot *Eng.* disorderly \topsy-turvy.

Sampaguita [n] *Ceb.* ang nasodnon nga bulak sa Pilipinas, humot ang alimyon sa puti niani nga bulak *Eng.* Jasmine, the Philippine national flower (sc.name: Jasminum sambac)

Sampol [n] *Ceb.* ang ipakita nga patilaw o pasulay *Eng.* sample.

Sampong [n] *Ceb.* ang isuksok sa lungag aron masirado *Eng.* plug (see also songsong)

Samporado [n] *Ceb.* nilugaw nga bugas sinagolan og tableya o cocoa *Eng.* rice porridge flavored with cacao chocolate or cocoa powder

Sampot [n] *Ceb.* ang pinalikod nga parte sa lubot *Eng.* buttocks \butt (see also lubot)

Samtang [adv.] *Ceb.* samtang *Eng.* meanwhile \on the other hand \for the meantime \in the meantime \at the same time \on the other side.

Sanag [adj.] *Ceb.* sanag *Eng.* bright \radiant \brilliant \lighted \illuminated.

Sanay [n] *Ceb.* ang pagpasanay sa liwat *Eng.* propagation \reproduction.

Sandayong [n] *Ceb.* gutter on the roof \gutter ang ubos o kilid nga parte sa atop nga mosangga ug maoy dagay-dayan sa tubig ulan **Eng.** gutter on the roof \gutter.

Sandugo [n] **Ceb.** sandugo **Eng.** blood compact.

Sanga [n] **Ceb** ang nanuybo nga parte sa punoan sa kahoy **Eng.** branch \bough \twig \ramification.

Sangal [n] **Ceb.** ang isuksok nga bangil o pangligwat **Eng.** wedge.

Sangay [n] **Ceb.** sangay **Eng.** namesake.

Sanggi [n] **Ceb.** usa ka matang sa panakot **Eng.** star anise.

Sanggot [n] **Ceb.** karit nga may mahait nga silab, gamiton sa pag-abis, pag-adlip, o pagkutlo **Eng.** scythe \sickle.

Sangka [n] **Ceb.** bangga sa abilidad tali sa duha o pipila ka magdudula **Eng.** competition.

Sangkap [n] **Ceb.** sangkap **Eng.** equipment \material.

Sangla [n] **Ceb.** ang pag-prenda sa usa ka butang ngadto sa ahensiya **Eng.** the act of pawning something to the pawnshop \pawn.

Sanglitanan [n] **Ceb.** sanglitanan pananglitan **Eng.** example (see also ehemplo)

Sangod [n] **Ceb.** butang gituohan nga makahatag og gahom o suwerte **Eng.** good-luck piece \lucky piece \lucky charm \charm \fetish.

Sangon [n] **Ceb.** ang gihatag

nga buluhaton **Eng.** assignment \toil \stint.

Sangpotan [n] **Ceb.** sangpotan **Eng.** consequence \eventuality \after-effect.

Sangtuwaryo [n] **Ceb.** usa ka dapit diin dili hilabtan ang grupo sa mga hayop nga nagpahiluna o nagpasanay sa ilang mga liwat **Eng.** sanctuary.

Sangyad [n] **Ceb.** pag-abot sa yuta o salog \tugkad \sanyad **Eng.** a touch at the bottom \grounding.

Sangyaw [n] **Ceb.** sangyaw \wali **Eng.** homily \tidings \proclamation (see also sermon)

Sanina [n] **Ceb.** sapot **Eng.** dress (see also sinina)

Sanitaryo [n] **Ceb.** kahinis sa palibot **Eng.** sanitary.

Sanong [n] **Ceb.** pangutana kung unsa ba gayod **Eng.** question being asked to somebody in order to verify something \clarification.

Santo [n] **Ceb.** balaan nga tawo **Eng.** saint.

Santo Papa [n] **Ceb.** ang pinakalabaw nga pinuno sa simbahan nga Romano Katoliko **Eng.** the Pope.

Saop [n] **Ceb.** piniyalan sa yuta aron maoy mag-uma **Eng.** peasant \tenant.

Sapa [n] **Ceb.** dako nga salog sa tubig **Eng.** river (see also suba)

Sapal [n] **Ceb.** ang kinuposan nga kinagod nga unod

sa lubi, o punoan sa tubo nga kinupsan sa duga *Eng.* bagasse \dry residue of sugar cane & grated coconut meat after extraction of juice.

Sapang [n] *Ceb.* bangkaw nga igpapana *Eng.* spear \arrow.

Sapatero [n] *Ceb.* tagahimo og sapatos *Eng.* shoemaker.

Sapatos [n] *Ceb.* sapin sa tiil *Eng.* shoe \moccasin.

Sapayan [n] *Ceb.* sapayan \bale . *Eng.* thing that matters.

Sapi [n] *Ceb.* sapi \kuwarta *Eng.* money.

Sapid [n] *Ceb.* lubid sa buhok *Eng.* braid (see also sinapid)

Sapin [n] *Ceb.* sapin *Eng.* bed linen \bed sheet \bedding.

Sapinday [n] *Ceb.* nagliko-liko ang linaktan o dinaganan \sarasay *Eng.* swerving \staggering.

Sapiro [adj., n] *Ceb.* usa ka mahalon nga bato nga bulok asul *Eng.* sapphire.

Sapiti [n] *Ceb.* kabikil sa tiil *Eng.* trip.

Saplong [n] *Ceb.* higot nga gamiton sa paglabay og bato \tirador *Eng.* slingshot.

Sapnot [adj.] *Ceb.* dili hamis *Eng.* rough \coarse \harsh \scabrous.

Sapot [n] *Ceb.* sapot *Eng.* dress \apparel \clothing (see also sinina). [n] *Ceb.* pikon

Eng. irritability \quick temper \hot head \hot temper \testiness \peevishness \petulance \ire \irascibility.

Sapsap [n] *Ceb.* sapsap *Eng.* flat fish \sole.

Sarang [n] *Ceb.* kaakosan katakos *Eng.* capacity.

Sardinas [n] *Ceb.* tamban *Eng.* Indian sardines \sardinella.

Sarok [n] *Ceb.* sarok *Eng.* a conic shaped hat, made of thatched or woven nipa palm or buri palm entwined with vine of nito \a wide and conic nipa or buri palm hat.

Sarol [n] *Ceb.* ang gamiton sa pagbugkal sa yuta nga taas og hawiranan ug adunay lapad nga puthaw sa tumoy *Eng.* hoe.

Sarsa [n] *Ceb.* ang iduhig o tusloan sa pagkaon *Eng.* sauce.

Sasa [n] *Ceb.* lapad nga plego nga hinimo sa siniaksiak nga bos sa kawayan *Eng.* a panel of crushed split bamboo tube.

Saulog [n] *Ceb.* ang pagsadya \selebrasyon *Eng.* celebration \fete.

Sawa [n] *Ceb.* dako nga halas nga molingkis sa masubad nga hayop *Eng.* python \boa \constrictor.

Saway [n] *Ceb.* saway *Eng.* reprehension \reproof \objection \censorship.

Sawdanan [n] *Ceb.* sawdanan \sanggaan *Eng.* receptacle \catchments \catcher.

Sawom [n] *Ceb.* langoy sa tubig *Eng.* swim (see also salom)

Sayal [n] *Ceb.* sapot nga itapis sa ubos nga parte sa lawas sa babaye palda *Eng.* skirt (see also sinina)

Sayang [adj.] *Ceb.* sayang *Eng.* what a waste (see also usik)

Sayaw [n] *Ceb.* ang mga lihok nga dinuyogan sa tunog o musika \sadsad \bayle *Eng.* dance.

Saylo [n] *Ceb.* saylo \panag-saylo *Eng.* the overlapping.

Sayo [adj.] *Ceb.* nag-una kay sa gitagana nga oras o panahon *Eng.* ahead \early.

Sayod [adj.] *Ceb.* may kasayoran \nakahibalo *Eng.* have known \learned \witty \knowing \noticed.

Sayon [adj.] *Ceb.* dali lang buhaton *Eng.* easy \easy to do \easily done \not tough.

Sayop [n] *Ceb.* ang dili mao *Eng.* a mistake \wrong \error.

Sayoran [v] *Ceb.* hatagan sa impormasyon *Eng.* advise \tell \inform \let know.

Sayote [n] *Ceb.* sayote *Eng.* chayote \mirliton pear (sc.name: Sechium edule)

Saysay [n] *Ceb.* saysay \asoy \sugilon *Eng.* narration.

Saysentahon [adj.] *Ceb.* naa sa kan-oman ka tuig na ang

pangedaron *Eng.* around sixty-year old \sexagenarian.

Segunda [n] *Ceb.* segunda \segundo \ikaduha *Eng.* second.

Segunda mano [adj.] *Ceb.* dili na bag-o kay gamit na *Eng.* secondhand.

Segurado [adj.] *Ceb.* segurado *Eng.* sure \certain (see also seguro)

Seguridad [n] *Ceb.* seguridad kasegurohan *Eng.* warranty \security \assurance.

Seguro [adj.] *Ceb.* seguro *Eng.* sure \assurance \certain.

Sekreto [adj.] *Ceb.* ang gililong nga kasayoran *Eng.* secret.

Seksi [adj.] *Ceb.* makabibihag ang porma o kaanyag sa lawas *Eng.* sexy \voluptuous \luscious \sensual \seductive.

Seksta [adj.] *Ceb.* ikaunom seksto *Eng.* sixth \6th.

Sekta [n] *Ceb.* usa ka grupo sa mga managsama og tinuhoan o prinsipyo sa relihiyon *Eng.* sect.

Sektor [n] *Ceb.* hut-ong sa usa ka grupo *Eng.* sector.

Seleriya [n] *Ceb.* ang utanon nga kintsay *Eng.* celery.

Selos [n] *Ceb.* selos \abubho \abugho *Eng.* jealousy.

Selosa [adj.] *Ceb.* babaye nga abuhoan *Eng.* jealous, referring to the female's outward emotion.

Seloso [adj.] *Ceb.* lalaki nga

abubhoan **Eng.** jealous, referring to the male's out-ward emotion.

Selyo [n] **Ceb.** tatak sa dokumento **Eng.** seal \stamp (see also tatak)

Semana [n] **Ceb.** ang magkasunod nga pito ka mga adlaw sa kalendaryo, sukad Dominggo hangtod Sabado **Eng.** week.

Sementado [adj.] **Ceb.** hinimo o hinimoan sa semento **Eng.** built or made of concrete materials.

Sementeryo [n] **Ceb.** ang lugar nga gilubngan sa mga patay **Eng.** cemetery (see also lubnganan)

Semento [n] **Ceb.** pinulbos nga apog nga ipangsagol sa graba ug balas aron mobagtok sama sa bato **Eng.** cement.

Semestre [n] **Ceb.** gidugayon nga unom ka bulan **Eng.** semester \six-month period.

Semilya [n] **Ceb.** binhi sa tanom \tagod **Eng.** seedling, of plant (see also liso)

Seminaryo [n] **Ceb.** tulonghaan sa pagkapari **Eng.** seminary (see also tulonghaan)

Senado [n] **Ceb.** balay balaoranan sa mga senador **Eng.** senate.

Senador [n] **Ceb.** usa ka magbabalaod sa senado **Eng.** senator.

Sensilyo [n] **Ceb.** salapi nga puthaw, plata, tanso, bula-

wan, ug uban pang mahalon nga mga bato o metal \sensiyo **Eng.** coin (see also salapi)

Sensitibo [adj.] **Ceb.** dali nga moabat o mobati **Eng.** sensitive.

Sentabo [n] **Ceb.** kantidad sa sensilyo \sentimos **Eng.** centavo (Note: the official currency name for Philippine coin is "sentimo")

Sentensiya [n] **Ceb.** silot nga ihatag **Eng.** sentence.

Sentido-kumon [n] **Ceb.** ang makataronganon ug kaugalingon nga panabot nga angay buhaton sa kadaghanan **Eng.** common-sense.

Sentimental [adj.] **Ceb.** makapahinuklog **Eng.** sentimental.

Sentimento [n] **Ceb.** pagbati nga makahuloganon **Eng.** sentiment.

Sentimos [n] **Ceb.** sentimos **Eng.** centavo.

Senyal [n] **Ceb.** senyal **Eng.** amulet \talisman \good-luck charm \lucky piece (see also anting-anting)

Senyales [n] **Ceb.** mga senyas **Eng.** plural form of "senyal" \signs \symbols.

Senyas [n] **Ceb.** lihok o timaan nga adunay buot ipasabot **Eng.** sign.

Septembre [n] **Ceb.** ikasiyam nga bulan sa kalendaryo \Septiyembre **Eng.** September.

Sepultero [n] **Ceb.** tagakubkob o bantay sa sementeryo \sepultorero *Eng.* digger or guardian of the cemetery \grave digger.

Serbedor [n] *Ceb.* serbedor *Eng.* server \servant.

Serbilyeta [n] *Ceb.* papel nga ipamahid *Eng.* serviette \napkin \tissue paper.

Serbisyo [n] *Ceb.* trabaho nga idalit *Eng.* service.

Seremonya [n] *Ceb.* ang mga sulundon nga buluhaton sa usa ka mahinungdanon nga tulomanon *Eng.* ceremony.

Serip [n] *Ceb.* pulis nga alagad sa hukmanan o korte ug maoy mopatuman sa kasugoan sa huwis o korte *Eng.* sheriff (see also pulis)

Sermon [n] *Ceb.* relihiyoso nga sangyaw sa mga pagtulon-an sa simbahan \wali *Eng.* sermon \preaching \homily.

Sero [adj., n.] *Ceb.* walay puntos *Eng.* zero \scoreless.

Serye [adj.] *Ceb.* yugto nga sunod-sunod *Eng.* series.

Seryoso [adj.] *Ceb.* dili kinomedya o tinonto *Eng.* serious (see also tininuod)

Sesta [n] *Ceb.* sesta *Eng.* cesta, a curved basket fastened to the arm, for catching the ball and hurling it against the wall in the game of jai alai.

Sestimado [adj.] *Ceb.* adunay pamaagi nga gisunod aron makahimo o makalam-

pos sa usa ka buluhaton *Eng.* systematic.

Siak [n] *Ceb.* liki sa pagkatipak o pagkabuak *Eng.* fissure \crack \rift.

Siaw [adj.] *Ceb.* siaw *Eng.* mischievous \naughty.

Sibakong [n] *Ceb.* sibakong \kalimbugas *Eng.* mixed rice and corn grits.

Sibat [n] *Ceb.* layas patago aron makalihay *Eng.* avoidance \abscond \scram (inf.)

Sibay [n] *Ceb.* kuwarto sa payag o gamay nga balay *Eng.* room inside the hut or any other small house \room.

Sibo [adj.] *Ceb.* sibo *Eng.* fit \exact \suited.

Sibog [n] *Ceb.* sibog *Eng.* withdrawal \retreat \change location or placement \transfer \move.

Sibuyas [n] *Ceb.* sibuyas *Eng.* onion.

Sibya [n] *Ceb.* anunsyo sa pasabot o balita *Eng.* announcement \bulletin \broadcast.

Sida [n] *Ceb.* sida *Eng.* silk \satin \velvet \velveteen (see also panapton)

Sidlak [n] *Ceb.* dan-ag sa kahayag \silaw *Eng.* ray \shine \refulgence (see also silaw)

Sidlakan [n] *Ceb.* ang subangan sa adlaw *Eng.* East.

Sidlit [n] *Ceb.* sulpot sa likido *Eng.* spurt \squirt \jet \ejaculation.

Sid-ok [n] *Ceb.* sud-ok sa tutunlan *Eng.* hiccup.

Sidsid [n] *Ceb.* ngilit sa tela, sapot, o manggas *Eng.* Hem

Siga [n] *Ceb.* siga *Eng.* light \illumination \glow \shine \beacon \beam.

Sigarilyas [n] *Ceb.* sigarilyas \seguidilyas winged bean (sc.name: *Eng.* Psophocarpus tetragonolobus)

Sigarilyo [n] *Ceb.* nilikit nga papel nga sinudlan og tinadtad nga dahon sa tabako *Eng.* cigarette (see also tabako)

Sigay [n] *Ceb.* usa ka matang sa kinhason nga bukdohon ang likod ug may lungag nga pabadlis sa ilawom nga parte sa bagal diin mogula ang ulo sa kinhason \sigay *Eng.* money cowrie.

Siglo [n] *Ceb.* ang usa ka gatos ka tuig *Eng.* a period of a hundred years \century (see also tuig)

Signit [n] *Ceb.* kuha og kalit dagit *Eng.* snatch \grab.

Signos [n] *Ceb.* panahon na aron mahitabo *Eng.* fate \destiny \predestination \foreordination.

Sigpit [adj.] *Ceb.* guot ang agianan piot *Eng.* tightly spaced \narrow \cramped.

Sihag [adj.] *Ceb.* molapos ang panan-aw *Eng.* transparent \translucent \seethrough.

Sikad-sikad [n] *Ceb.* pedikab *Eng.* tribike powered by pedal.

Sikat [adj.] *Ceb.* sikat \inila *Eng.* famous \popular \wellknown.

Sikbit [adj.] *Ceb.* managdikit o dug-ol kaayo sa usa'g-usa \tupad *Eng.* contiguous \adjoining \adjacent.

Sikit [adj.] *Ceb.* sikit \nagdikit *Eng.* joined \conjoined.

Sikma [n] *Ceb.* pisnga sa sip-on o gininhawa sa ilong *Eng.* snort.

Siko [n] *Ceb.* ang likod sa mapiko nga bahin sa kamot diin nagtakdo ang braso ug bukton *Eng.* elbow.

Siko de Karabaw [n] *Ceb.* prutas nga panabo *Eng.* sour sop (sc.name: Annona muricata)

Sikuwate [n] *Ceb.* ilimnon nga tsokolate nga hinimo sa tableya nga pinabukal og gikuraw sa batirol *Eng.* cacao chocolate drink.

Sikwa [n] *Ceb.* utanon nga patola *Eng.* sponge gourd.

Sila [pro.] *Ceb.* ang mga gitudlo sa nagsulti aron ipaila ngadto sa kasulti *Eng.* they.

Silaab [n] *Ceb.* dako nga siga sa kalayo *Eng.* blaze.

Silab [n] *Ceb.* ang lapad nga parte sa hinagiban *Eng.* blade.

Silaba [n] *Ceb.* usa ka bungat sa paglitok *Eng.* syllable.

Silang [n] *Ceb.* silang \hayag \dan-ag *Eng.* light \illumination (see also kahayag)

Silangan [n] *Ceb.* ang parte diin mosubang ang adlaw

\subangan \sidlakan **Eng.** east \orient.

Silaw [adj.] **Ceb.** sanag nga kahayag **Eng.** lustrous \bright \glaring \refulgent.

Silbato [n] **Ceb.** patunog nga huyopon sirbato **Eng.** whistle.

Silhig [n] **Ceb.** pamapha sa sagbot sa salog **Eng.** broom. [n] **Ceb.** silhig nga tukog coco **Eng.** midrib broom.

Sili [n] **Ceb.** tanom nga halang kaayo ang bunga **Eng.** chili pepper \chili \hot pepper (sc.name: Capsicum annuum, [cv group Longum, & c. Frutescens])

Silik [n] **Ceb.** silik **Eng.** fin.

Silingan [n] **Ceb.** ang tupad o atbang nga panimalay o lugar **Eng.** neighbor (US) \neighbour (Brit.)

Silong [n] **Ceb.** ang lawak o hawanan ilawom sa balay **Eng.** basement \downstairs.

Silonganan [n] **Ceb.** silonganan **Eng.** shade.

Silot [n] **Ceb.** bayad sa sala o kalapasan sa balaod **Eng.** punishment \sanction \infliction \retribution.

Siloy [n] **Ceb.** langgam nga malulot og tingog **Eng.** Cebu black shama (sc.name: Copsychuus cebuensis) nightingale \songbird \wood thrush (sc.name: Hylocichla mustelina)

Silpi [n] **Ceb.** multa **Eng.** fine (see also silot)

Silsil [n] **Ceb.** gilaw-gilaw nga papel ingon og plata **Eng.** foil \tinfoil \silver paper.

Silya [n] **Ceb.** lingkoran **Eng.** chair [imper.] silya **Eng.** turn left.

Silyado [adj.] **Ceb.** sinelyohan **Eng.** sealed.

Sima [n] **Ceb.** siwil o kaw-it nga maoy sab-itan o mopasangit sa tusok **Eng.** barb \fluke.

Simang [n] **Ceb.** ang dili pagsunog og subay sa agianan o padulngan **Eng.** deflection \deviation \diversion \deviousness.

Simba [n] **Ceb.** ang pagampo sa bathala o diyos **Eng.** worship \adoration.

Simbahan [n] **Ceb.** balay alampoan \iglesia **Eng.** church \house of worship \house of god.

Simbolo [n] **Ceb.** timaan nga tatak **Eng.** symbol.

Simhot [n] **Ceb.** ang paghingos aron mahibaloan kung unsay baho **Eng.** sniff \smell.

Simod [n] **Ceb.** ang parte sa ulo o nawong sa hayop diin midusol ang ilong, apapangig, ug baba **Eng.** snout.

Simpatiko [adj.] **Ceb.** mahatagon og simpatiya **Eng.** sympathetic \sympathizing.

Simpatiya [n] **Ceb.** pabati sa suporta o pagdapig **Eng.** sympathy \compassion.

Sin [n] **Ceb.** pawod nga hinimo sa palid nga puthaw o lata **Eng.** galvanized iron sheet \sheet of zinc.

Sinabotan [n] **Ceb.** gikasabotan gikauyonan **Eng.** agreed upon \stipulated.

Sinabtanay [n] **Ceb.** ang panagsinabot **Eng.** accord \understanding \meeting of minds.

Sinagolan [adj.] **Ceb.** may sagol **Eng.** mixed with \flavored with.

Sinagop [adj.] **Ceb.** binuhi isip kaugalingon nga anak **Eng.** adopted (see also binuhi)

Sinakit [n] **Ceb.** ang nagpakasakit **Eng.** sufferer.

Sinakpan [n] **Ceb.** nasakopan **Eng.** area \area covered \coverage.

Sinaligan [n] **Ceb.** ang gihatagan sa pagsalig ang gipiyalan **Eng.** trustee \trusted person (see also piniyalan)

Sinalikway [adj.] **Ceb.** pinahawa ug wala na ilha **Eng.** outcast.

Sinapid [adj.] **Ceb.** nilubid ang mga lugas sa uhay **Eng.** braided.

Sinati [adj.] **Ceb.** sinati **Eng.** experience \familiar with \au fit \versed.

Sinaw [adj.] **Ceb.** sinaw **Eng.** polished \bright \glossy \lustrous \shiny \smooth \sleek \burnished \refulgent.

Sine [n] **Ceb.** pasalida sa pelikula diha sa puting tabing **Eng.** movie show \movie

\motion picture \film show \cinema.

Sineguro [adv.] **Ceb.** sinegurista piniho **Eng.** assuredly.

Sinehan [n] **Ceb.** balay pasalidahan sa pelikula **Eng.** theater (US) \theatre (Brit.) \cinema \movie house.

Sinemana [adv.] **Ceb.** sa matag semana **Eng.** weekly.

Singgit [n] **Ceb.** siyagit \suwagit **Eng.** a very loud, sharp shout \shriek \screech.

Singhag [n] **Ceb.** singhag \singka **Eng.** shout of anger \outburst of anger \fume.

Singil [n] **Ceb.** singil \sukot **Eng.** bill \collection.

Singkamas [adj.] **Ceb.** singkamas **Eng.** turnip (sc.name: Pachyrrhizuz errosos) \jicama (sc.name: Pachyrhizus erosus) \yam bean.

Singkaw [adj.] **Ceb.** balikog og siko **Eng.** bent elbow.

Singot [n] **Ceb.** tubig nga migawas sa panit **Eng.** sweat.

Sinigang [n] **Ceb.** tinula nga aslom og sabaw **Eng.** steamed fish, or any meat, with sour tasting broth.

Sinilas [n] **Ceb.** sapin sa lapalapa sa tiil \tsinilas \suwalo **Eng.** slipper.

Sinina [n] **Ceb.** ang isul-ot nga sapin o putos sa lawas \biste \sapot **Eng.** dress \clothing \clothes \apparel \garments (see also panapot)

Sinsero [adj.] **Ceb.** sinsero

tangkod *Eng.* sincere.

Sintas [n] *Ceb.* higot sa sapatos liston *Eng.* shoestring \shoelace \lace.

Sintomas [n] *Ceb.* timailhan sa sakit *Eng.* symptom.

Sinubli [adj.] *Ceb.* binalikutro *Eng.* repeated \reviewed \reiterated \done again.

Sinugatan [n] *Ceb.* gasa nga dala sa miabot aron ihatag ngadto sa manugat o dangatan \tinaboan *Eng.* take-home gift \take-home present \something to take home as present \coming home present.

Sinugba [adj.] *Ceb.* sinugba *Eng.* grilled.

Sinugdanan [n] *Ceb.* kung diin o asa magsugod *Eng.* start \starting point \commencement \threshold \epoch.

Sinuglaw [n] *Ceb.* ang sinagolsagol nga mga hiniwang karne sa sinugba ug kinilaw *Eng.* a dish made of chopped, mixed pieces of grilled (sinugba) meat and ceviche (kinilaw)

Sinuholan [adj.] *Ceb.* binayaran aron motrabaho *Eng.* hired \paid to work.

Sinuka [n] *Ceb.* ang gisuka pagluwa *Eng.* vomit \vomited matter \spew.

Sinukip [adj.] *Ceb.* gisuksok *Eng.* inserted.

Sinukmagay [n] *Ceb.* away sa kinumo \sinukmaganay \sinumbagay \sumbagay *Eng.* fistfight.

sinukot [n] *Ceb.* sinukot \siningil *Eng.* collected payment.

Sinulat [adj.] *Ceb.* sinulat \gisulat *Eng.* written.

Sinulatanay [n] *Ceb.* ang pagpadala og mga sulat *Eng.* correspondence.

Sinulid [n] *Ceb.* londres nga pantahi o panghabi sa tela *Eng.* thread \sewing thread.

Sinulti [adj.] *Ceb.* sinulti *Eng.* uttered \spoken \verbal.

Sinultihan [n] *Ceb.* sinultihan \lingguwahe *Eng.* language \tongue \lingo \expression.

Sinumbong [n] *Ceb.* ang akusado *Eng.* the accused.

Sinundog [adj.] *Ceb.* sinundog *Eng.* copied \imitated \mimicked.

Sipa [n] *Ceb.* paka kaayo nga buto *Eng.* very loud and sharp explosion \ear-splitting sound of explosion.

Sipi [n] *Ceb.* pungpong nga bunga sa saging *Eng.* a cluster of banana fruits.

Sipilya [n] *Ceb.* pangkagis ug pampahamis sa kahoy, mokagis o mosapsap kung ibagnos sa kahoy *Eng.* plane.

Sipit [n] *Ceb.* ang ipamaak nga ipit *Eng.* tongs \clip \nipper \pincer \pliers

Siplat [n] *Ceb.* ang pasiplat *Eng.* glance \glimpse

\gander (inf.)

Sipol [n] *Ceb.* kutsilyo nga pangkusina *Eng.* kitchen knife.

Sip-on [n] *Ceb.* ang pluwedo nga mogawas sa ilong *Eng.* mucus [n] *Ceb.* ang sakit nga sip-on *Eng.* cold.

Sipsip [n] *Ceb.* sipsip \supsop \yupyop *Eng.* suck \suction.

Sipyat [n] *Ceb.* dili pag-igo sa puntirya *Eng.* miss.

Sira [n] *Ceb.* tabon sa ganghaan *Eng.* door (see also ganghaan)

Sirado [adj.] *Ceb.* sirado dili abli *Eng.* closed \shut.

Sireguylas [n] *Ceb.* sireguylas sirwela *Eng.* Spanish plum.

Sirena [n] *Ceb.* sirena \kataw *Eng.* mermaid.

Sirit [n] *Ceb.* latos o sulpot sa likido *Eng.* squirt \spurt \jet \ejaculation.

Sirkador [n] *Ceb.* ang mobalintong *Eng.* tumbler.

Sirko [n] *Ceb.* balintong *Eng.* tumble \somersault.

Sisi [n] *Ceb.* kinhason nga hait og bagal, manapot sa bato og mga butang nga dugay na nga nagtuslob sa dagat *Eng.* barnacle.

Sisig [n] *Ceb.* sisig *Eng.* a delicacy conventionally made of diced ears, bits of brain tissues and chopped skin from pig's head, cooked in oil and spices and sizzles while being served on a heated earthen hotplate. A variation has the fish meat, chicken meat and other meats as replacement.

Sista [n] *Ceb.* tulonggon nga adunay kuwerdas \gitara *Eng.* guitar.

Sitentahon [adj.] *Ceb.* nagpangedaron na og kapitoan ka tuig *Eng.* around seventy years old \at seventy.

Sitio [n] *Ceb.* ang mga gagmay nga nasakopan nga teritoryo sa usa ka baryo *Eng.* small part, zone or division within the territory of a barangay \barangay zone \sector.

Sitsaro [n] *Ceb.* usa ka tanom nga ang bunga nga lagpad ug nigpison, mautan *Eng.* pea shoot \sugar pea \sweet pea pod \snow pea (sc.name: Pisum sativum [var. Saccaratum])

Sitsiriko [adj.] *Ceb.* sitsiriko \luho *Eng.* dapper.

Sitsit [n] *Ceb.* tunog sa pinuwersa nga pagbuga og hangin sa pinagamay nga buka sa baba \sutsot *Eng.* a hiss, in high pitch, usually sounded when calling the attention of somebody who is quite far away, as in "pssst!"

Siwil [n] *Ceb.* labaw *Eng.* a part that juts or sticks out \protrusion \protuberance \jutting.

Siya [pro.] *Ceb.* ang lalaki nga gitudlo sa nagsulti *Eng.* he. [pro.] *Ceb.* ang babaye nga gitudlo sa nagsulti *Eng.* she.

Siyam [n] *Ceb.* ang ihap nga nuybe *Eng.* nine \No. 9.

Siyempre [adv.] *Ceb.* siyempre *Eng.* of course \surely.

Siyensiya [n] *Ceb.* sistemado nga kaalam nga nakuha pinaagi sa pag-obserba, pagsayod, ug pag-eksperimento sa kung unsa man ang giadman *Eng.* science.

Siyete [n] *Ceb.* ang numero o ihap sa pito kabuok *Eng.* seven \7.

Siyudad [n] *Ceb.* siyudad dakbayan *Eng.* city.

Siyukoy [n] *Ceb.* siyukoy \ukoy *Eng.* merman.

Sobpena [n] *Ceb.* mando sa korte nga nagsugo sa pagpatambong o pag-adto sa korte *Eng.* subpoena.

Sobra [adj.] *Ceb.* hilabihan *Eng.* excessive \fulsome \superfluous \inordinate.

Solda [n] *Ceb.* ang pagdugtong o pagpatapot sa *Eng.* puthaw soldering.

Solido [adj.] *Ceb.* tibuok ug gahion and sulod o unod *Eng.* solid (see also gahi)

Solitaryo [n] *Ceb.* ang naginusara *Eng.* solitaire.

Solo [adj.] *Ceb.* bugtong *Eng.* solo.

Solohista [n] *Ceb.* ang mokanta nga solo *Eng.* soloist.

Solohiya [n] *Ceb.* kinaadman o pag-alam mahitungod sa mga mananap *Eng.* zoology.

Solusyon [n] *Ceb.* tubag sa problema *Eng.* answer to the problem \solution.

Sombrero [n] *Ceb.* kalo nga lapad og pandong palibot *Eng.* hat.

Sona [n] *Ceb.* luna sa usa ka dapit *Eng.* zone.

Songsong [n] *Ceb.* tabon nga isuksok sa lungag *Eng.* plug \stopper \tap.

Sopa [n] *Ceb.* lingkoran nga pahuyon-huyon *Eng.* sofa \couch \cushioned seat.

Sopas [n] *Ceb.* sopas \biskwet *Eng.* biscuit (Brit.) \cracker \wafer \toasted pastry.

Sorbete [n] *Ceb.* pabugnaw nga matam-is ug makrema nga yelo *Eng.* ice cream \sundae.

Soriso [n] *Ceb.* ginaling nga karne nga giputos og panit sa tinai *Eng.* sausage.

Sorotso [n] *Ceb.* sorotso \gabas *Eng.* handsaw.

Sorpresa [n] *Ceb.* sorpresa \pakurat *Eng.* surprise.

Sospas [n] *Ceb.* nilugaw nga bugas sinubakan og karne nga manok *Eng.* rice porridge with chicken meat (see also linugaw)

Sosyalismo [n] *Ceb.* ang sistema sa pagpanag-iya og pagdumala sa paghimo og mga produkto ug pagpangapud-apod ngadto sa sosyodad o katilingban, diin ang matag usa nga kasapi sa sosyodad ug katilingban patas nga motabang sa pagtrabaho ug pag-ambit sa ma-himong produkto. Ang sistema diin wala nay pribado nga manag-iya sa produksiyon ug sa pagpang-apud-apod sa mga produkto. *Eng.* socialism.

Sosyodad [n] *Ceb.* katiponan sa katawhan o molupyo nga namuyo isip usa ka katilingban \kalipunan *Eng.* society.

Sotana [n] *Ceb.* taas ug lapad nga bisteda sa pari *Eng.* soutane \vestment \surplice.

Sotil [n] *Ceb.* sotil \lemonsito \kalamansi *Eng.* (sc.name: Citrus microcarpa) calamansi \Philippine lime or lemon, a small-sized green lemon.

Soya [n] *Ceb.* usa ka tanom nga ang liso sa bunga mautan, puwede nga pulboson aron himoon nga ilimnon, toyo, ugbp. pa nga pagkaon *Eng.* soya \soya bean (sc.name: Glycine max)

Suahe [n] *Ceb.* pasayan nga mapulapula ang lawas *Eng.* pink shrimp \greasy back shrimp.

Suati [n] *Ceb.* pasayan nga puti sa lim-aw o linaw *Eng.* white shrimp in pond.

Suba [n] *Ceb.* sapa \salog *Eng.* river. [n] *Ceb.* mabaw nga parte sa suba *Eng.* shoal.

Subak [n] *Ceb.* subak *Eng.* sliced, cubed, or rent pieces of meat for use as one of the

ingredients in cooking.

Subang [n] *Ceb.* ang paggitiw sa adlaw diha sa kabuntagon *Eng.* sunrise.

Subasta [n] *Ceb.* ang paghanyag ngadto sa pinakamahal mopalit *Eng.* auction \bidding.

Subay [adv.] *Ceb.* pinauyon sa *Eng.* along.

Subdanan [adj.] *Ceb.* pagasundogan *Eng.* ideal \exemplary.

Subersibo [adj.] *Ceb.* makadaot sa gobyerno *Eng.* subversive.

Subli [n] *Ceb.* subli \usab \utro *Eng.* reiteration \repetition.

Subo [adj.] *Ceb.* dili malipayon *Eng.* sad \unhappy (see also masulob-on)

Subok [n] *Ceb.* ubod sa tanom o punoan *Eng.* pulp (see also ubod)

Suborno [n] *Ceb.* ang ibayad aron makakuha og pabor *Eng.* subornation \bribe.

Sud-an [n] *Ceb.* niluto nga karne, isda, o utanon *Eng.* dish \viand (see also niluto)

Sudlanan [n] *Ceb.* sudlanan *Eng.* entrance \entryway \ingress.

Sudlay [n] *Ceb.* ang panghapnig o panghan-ay sa uhay *Eng.* comb.

Sud-ok [n] *Ceb.* kalit nga pagpiyok sa tutunlan nga dili tinuyo o mapugngan *Eng.* hiccough \hiccup.

Sud-ong [n] *Ceb.* sud-ong

\tan-aw *Eng.* glimpse \look \view.

Sudsod [n] *Ceb.* ang pagtulod o pagduso sa ayawan nga bato gamit ang tiil *Eng.* scuff.

Suga [n] *Ceb.* suga \iwag *Eng.* light \beacon (see also iwag)

Sugal [n] *Ceb.* ang pagdula diin ang modaog maoy makakuha sa tanan nga mga pusta *Eng.* gamble.

Sugarol [n] *Ceb.* ang mahiligon sa sugal \sugarol *Eng.* gambler \punter.

Sugat [n] *Ceb.* panagtagbo *Eng.* encounter \meeting.

Sugba [n] *Ceb.* ang pagbutang ibabaw sa mainit nga baga aron maluto *Eng.* broiling \grilling (see also sinugba)

Sugbo [n] *Ceb.* ang lalawigan sa Rehiyon 7 *Eng.* Province of Cebu \Region 7 in the Philippines.

Sugboanon [adj.] *Ceb.* ang molupyo sa Sugbo *Eng.* native or resident in the island of Cebu \Cebuano (see also bisaya)

Sugid [n] *Ceb.* sugid *Eng.* report (see also balita)

Sugilanon [n] *Ceb.* sugilanon *Eng.* story \tale.

Sugmat [n] *Ceb.* ang pagbalik og atake sa sakit *Eng.* recurrence of ailment, sickness, disease, or symptom \recurrence (see also balik)

Sugnod [n] *Ceb.* ang ibanlod o ibutang ngadto sa kalayo aron pirme nga mosiga *Eng.* fuel.

Sugo [n] *Ceb.* sugo mando *Eng.* command \order.

Sugod [n] *Ceb.* ang sukaranan *Eng.* beginning \commencement \start.

Sugong [n] *Ceb.* sugong *Eng.* a bamboo tube receptacle used in fetching water or in catching the dripping sap of coconut wine from the sanggotan.

Sugpa [n] *Ceb.* pagluwa o pagsinuka og dugo *Eng.* blood spitting.

Sugpo [n] *Ceb.* dagko nga pasayan *Eng.* prawn \tiger prawn (sc.name: Paneaus monodon)

Sugsog [n] *Ceb.* ang tusok o tunok nga miungot sa panit \salugsog *Eng.* prickle.

Sugyot [n] *Ceb.* ang gihanyag nga tambag *Eng.* proposal (see also tanyag)

Suha [n] *Ceb.* lemonsito *Eng.* lemon.

Suheto [adj.] *Ceb.* maalamon kung unsaon o unsa *Eng.* knows well \proficient \adept (see hanas, maalam)

Suhi [n] *Ceb.* hiwi nga pagkabutang sa gisabak diha sa sabakan *Eng.* cross birth.

Suhol [n] *Ceb.* bayad sa trabaho *Eng.* compensation \recompense \service fee \wage \salary (see also suweldo, bayad)

Suka [n] *Ceb.* nilugwa sa

baba *Eng.* vomit. [n] *Ceb.*
likido nga maasido ug aslom
ang lami *Eng.* vinegar.

Sukad [n] *Ceb.* ang pagsu-
kad *Eng.* starting \begin-
ning \commencement.

Sukdanan [n] *Ceb.* ang
ipangsukod *Eng.* instrument
use in taking measurement
\measuring tool.

Suki [n] *Ceb.* ang pirme
mopalit, mogamit, o magpa-
serbisyo *Eng.* regular cus-
tomer \frequent buyer \patron
\patronizer \habitué.

Sukit-sukit [n] *Ceb.* usisa
sukit-sukit *Eng.* questioning
\interrogation (see also pa-
ngutana)

Sukli [n] *Ceb.* ang sobra sa
gibayad nga ibalik og hatag
ngadto sa nagbayad *Eng.*
change.

Sukna [n] *Ceb.* pangutana
og utro *Eng.* follow-up.

Sukod [n] *Ceb.* unsa kataas,
kadako, o kabug-at *Eng.*
measurement.

Sukol [n] *Ceb.* ang pagbatok
Eng. resistance \fight back
\opposition.

Sukwahe [adj.] *Ceb.* binali o
patugbang sa direksyon o
puwersa *Eng.* in an opposite
direction or force \contrary to
\opposite \adverse.

Sulab [n] *Ceb.* ang mahait
nga bahin sa kutsilyo, espa-
da, sundang ug susama nga
hinagiban \suwab *Eng.* the
sharp edge of a blade \blade.

Sulad [n] *Ceb.* sulad *Eng.*

hell \inferno.

Sulagma [n] *Ceb.* panag-
pareho *Eng.* likeliness \si-
milarity.

Sulasi [n] *Ceb.* usa ka pana-
kot nga dahon *Eng.* basil
\basil leaf.

Sulat [n] *Ceb.* mensahe nga
sinulat *Eng.* letter (see also
panulat)

Sulaw [n] *Ceb.* sulaw \silaw
\suwaw *Eng.* very bright
\glaring \dazzling.

Sulay [n] *Ceb.* ang pagsulay
Eng. try \test \attempt.

Sulbad [n] *Ceb.* ang tubag
sa problema o tanghaga
Eng. answer to the problem.

Sulid [n] *Ceb.* isda nga
bilason *Eng.* caesios.

Sulinga [n] *Ceb.* sulinga
\yam-id *Eng.* jeer.

Suliran [n] *Ceb.* suliran *Eng.*
problem \trouble \hung-up
(inf.)

Sulo [n] *Ceb.* sulo \mitsa
Eng. torch.

Sul-ob [n] *Ceb.* ang gisul-ob
nga sapot *Eng.* worn dress
\outfit.

Sulod [n] *Ceb.* sulod *Eng.*
contents. [n] *Ceb.* ang
pagsulod *Eng.* entry.

Sulog [adj.] *Ceb.* sulog *Eng.*
rapid \swift \torrential.

Sulom [adj.] *Ceb.* itom nga
hulmigas *Eng.* black ants.

Sulong [n] *Ceb.* pangatake
Eng. invasion \raid \barrage.

Sulsi [n] *Ceb.* dagom nga
gamiton sa paghabi *Eng.*
darning needle (see also

dagom)

Sulti [n] *Ceb.* sulti *Eng.* talk \statement.

Sulti-sulti [n] *Ceb.* sulti nga hatod \tabitabi \tsismis *Eng.* gossip \rumor (see also libak)

Sulugoon [n] *Ceb.* sulugoon \katabang *Eng.* assistant \helper \servant \attendant.

Sulundon [n] *Ceb.* ang sumbanan *Eng.* standard \ideal \norm.

Suma [n] *Ceb.* suma *Eng.* sum \all \overall.

Sumada [n] *Ceb.* sumada kasumahan *Eng.* summary.

Sumasalmot [n] *Ceb.* sumasalmot \ang moentra *Eng.* participant \participator.

Sumat [n] *Ceb.* sumat \taho *Eng.* news \report.

Sumbag [n] *Ceb.* ang pagtira o pagdapat gamit ang kinumo sa kamot ang pagtira o pagdapat gamit ang kinumo sa kamot *Eng.* punch \jab \box \hit.

Sumbalik [n] *Ceb.* sumbalik ang pagbalik sa tira *Eng.* backfire.

Sumbanan [n] *Ceb.* sumbanan *Eng.* prototype \pattern \standard.

Sumbohan [n] *Ceb.* ang tumoy sa tubo sa armas, ingon sa pusil *Eng.* barrel \muzzle.

Sumbong [n] *Ceb.* sumbong *Eng.* allegation \prosecution \accusation \plaint (Law)

Sumbonganan [n] *Ceb.* sumbonganan *Eng.* confidant.

Sum-ol [n] *Ceb.* sum-ol \makapuol *Eng.* monotonous \boring \tedious \dullness \cloying.

Sumpaki [n] *Ceb.* dili panaguyon *Eng.* conflict \discord \dissonance (see also lalis)

Sumpay [n] *Ceb.* ang idugang aron motaas o modako *Eng.* annex \extension \link (see also dugtong)

Sumpay-sumpay [adj.] *Ceb.* sumpay-sumpay *Eng.* series of connections or links \connection of pieces.

Sumsuman [n] *Ceb.* ang pagkaon nga idalit sa inoman *Eng.* food served and eaten during drinking session.

Sumulunod [n] *Ceb.* sumulunod *Eng.* successor \follower.

Suna [n] *Ceb.* pangutana og utro *Eng.* follow-up question.

Sundalo [n] *Ceb.* manggugubat *Eng.* soldier.

Sundang [n] *Ceb.* hinagiban nga taas kaayo og sulab, gamit sa pagtigbas *Eng.* bolo (Phil.English)

Sundo [n] *Ceb.* ang mokuha o moadto aron motagbo o mokuyog sa pagpauli *Eng.* some who fetches somebody.

Sundog [n] *Ceb.* sundog \kopya *Eng.* copying.

Sundon [v] *Ceb.* pagsunod kung asa paingon *Eng.* go after \follow \pursue.

Sungag [n] *Ceb.* hasmag sa ulo *Eng.* head butt.

Sungay [n] *Ceb.* bukog nga midusol o mituybo sa ulo *Eng.* horn.

Sunggo [n] *Ceb.* ang pagdinugo sa ilong *Eng.* nosebleeding \nosebleed.

Sungkod [n] *Ceb.* tungkod nga ialalay sa paglakat *Eng.* cane \staff \walking stick (see also tungkod)

Sungo [n] *Ceb.* talinis nga baba sa mananap *Eng.* beak \bill \nib.

Sungog [n] *Ceb.* paghamok ingon og nanghadlok o nagpakaulaw *Eng.* tease \banter \bung.

Sunod [n] *Ceb.* ang mosunod *Eng.* next.

Sunog [n] *Ceb.* ang silaab sa kalayo *Eng.* fire \conflagration (see also kalayo)

Sunoy [n] *Ceb.* manok nga lalaki ug hamtong na ang panuigon *Eng.* rooster \cock.

Suod [adj.] *Ceb.* kaila kaayo sa usa'g-usa *Eng.* intimate \close \closely associated (see also kaila)

Suol [n] *Ceb.* suol *Eng.* stomachache due to spasm or hyperacidity \pulsation of the abdominal aorta \stomach cramp.

Supak [adj.] *Ceb.* supak *Eng.* contrary.

Supang [adj.] *Ceb.* tambok kaayo og lawas *Eng.* very fat \obese.

Supil [n] *Ceb.* dili pagsunod *Eng.* disobedience \hostility \defiance.

Supot [n] *Ceb.* sudlanan nga puyo *Eng.* pouch.

Suprema [adj.] *Ceb.* pinakalabaw *Eng.* supreme.

Sur [n] *Ceb.* ang habagatan *Eng.* South.

Suroy [n] *Ceb.* pasiyo *Eng.* saunter \stroll \walk \outing \tour.

Sursi [n] *Ceb.* ang paghabi gamit ang dagom *Eng.* needlework \stitching (see also sulsi)

Susama [adj.] *Ceb.* susama *Eng.* resembling \similar \alike.

Susapinday [n] *Ceb.* susapinday \susarasay *Eng.* totter \shamble.

Susi [n] *Ceb.* ang pagsusi *Eng.* act of checking \spot check \check-up \inspection.

Suso [n] *Ceb.* ang mituybo sa dughan *Eng.* breast.

Suspesyon [n] *Ceb.* suspesyon \suspetsa \katahap *Eng.* suspicion (see also duda)

Sustansiya [n] *Ceb.* ang pinakaunod o duga sa usa ka butang *Eng.* substance.

Sustento [n] *Ceb.* suporta nga ihatag ngadto sa gigastohan *Eng.* sustenance \financial support.

Suta [n] *Ceb.* suta *Eng.* inspection \checking.

Sutoy [n] *Ceb.* sutoy \kabad \kilab *Eng.* flitting speed

\darting off rapidly \quick motion \fast forward motion.

Suwabe [adj.] *Ceb.* hanoy sa pamati *Eng.* suave \gentle \smooth.

Suwagit [n] *Ceb.* suwagit *Eng.* shout \yell \loud cry (see also singgit)

Suwake [n] *Ceb.* suwake \tuyom *Eng.* sea urchin.

Suwang [n] *Ceb.* suwang *Eng.* chin \mandible.

Suwelas [n] *Ceb.* gagmay nga lansang para sa sapatos *Eng.* sole nail \shoe nail

Suweldo [n] *Ceb.* ang bayad o suhol nga madawat sa pagtrabaho *Eng.* salary \wage \income \compensation (see also suhol, bayad)

Suwerte [n] *Ceb.* maayo nga kapalaran *Eng.* good luck \good fortune \jackpot \windfall \bonanza \affluence.

Suyop [n] *Ceb.* suyop *Eng.* sip \suction.

~**T**~

T, t [n] *Ceb.* ang ikanapulo ug unom nga titik sa alpabeto nga Bisaya *Eng.* the sixteenth letter in Cebuano alphabet used in this dictionary (see also abakadahan)

Ta [pron.] *Ceb.* panghulip o lain nga pulong sa "ko" o "nako" "ta" is the alternative for "ko" or "nako" *Eng.* as in

"ta ka" or "ta ikaw" which means 'I will do it to you.'

Taas [adj.] *Ceb.* habog ang pamarog *Eng.* tall \high \high-rise \standing tall (see also habog)

Taay [n] *Ceb.* dunot sa puthaw taya *Eng.* rust \corrosion of iron and other metals \oxidation of metal.

Tabako [n] *Ceb.* tanom nga ang dahon himoonon nga tinustos o sigarilyo *Eng.* tobacco.

Taban [n] *Ceb.* ang panaguban og layas sa managtrato aron magtipon sa pagpuyo isip bana ug asawa *Eng.* elopement

Tabang [n] *Ceb.* tabang *Eng.* aid \assistance \backing \help \support \relief.

Tab-ang [adj.] *Ceb.* walay lami sa panilaw *Eng.* tasteless \flat.

Tabanog [n] *Ceb.* dulaan nga paluparon sa kahanginan gamit ang higot *Eng.* kite \hang-glider.

Tabas [n] *Ceb.* ang naporma sa paghiwa o paggabas *Eng.* cut form \cut \shape.

Tabayag [n] *Ceb.* ang utanon nga balantiyong *Eng.* bottle gourd (sc.name: Lagenaria siceraria)

Taberna [n] *Ceb.* balay ilimnan *Eng.* tavern.

Tabernakulo [n] *Ceb.* alampoanan nga daghan kaayo ang puwede nga makasulod *Eng.* tabernacle.

Tabi [n] *Ceb.* tabi *Eng.* talk incessantly \prate \yap \chatter.

Tabian [adj.] *Ceb.* tabian *Eng.* talkative \conversant \chatty \outspoken \verbose \loquacious.

Tabil [n] *Ceb.* tabil *Eng.* drop curtain \backdrop.

Tabitabi [n] *Ceb.* tabitabi \libak *Eng.* gossip \hearsay \rumor \mongering.

Tabla [adj.] *Ceb.* pareho ang puntos *Eng.* equal in score or points \tie.

Tableta [n] *Ceb.* hinulma nga tambal nga ipatulon sa may sakit *Eng.* tablet.

Tableya [n] *Ceb.* tsokolate nga hinulma, hinimo gikan sa ginaling o niligis nga sinangag nga mga liso sa kakaw *Eng.* cacao chocolate bars or tablet.

Tabo [n] *Ceb.* panagsugatay *Eng.* encounter \meeting together.

Taboan [n] *Ceb.* lugar diin mag-abot sa pagpamaligya og mga produkto sa dagat ug kaumahan *Eng.* in rural areas, it is a marketplace where farmers and fishermen meet together to sell their harvests and other goods \barter area.

Tabok [n] *Ceb.* ang paglabang *Eng.* cross.

Tabokanan [n] *Ceb.* tabokanan sa mga magbalaktas sa dalan *Eng.* crossing lane \pedestrian lane \crosswalk.

Tabon [n] *Ceb.* ang pangtakob *Eng.* cover \lid (see also songsong)

Tabonon [adj.] *Ceb.* may pagkamoreno ang bulok *Eng.* brown \browny \tanned \bronzed (inf.)

Tabon-tabon [n] *Ceb.* ang panit ug unod nga pangtabon sa mata *Eng.* eyelid.

Tabunok [adj.] *Ceb.* tambok ang yuta *Eng.* fertile, as to quality of soil \loam (see also tambok)

Tabyog [n] *Ceb.* tabyog *Eng.* swing \sway.

Tadlas [adv.] *Ceb.* latas *Eng.* across (see also tabok)

Tadtad [n] *Ceb.* ang tagudtagod nga pagkahiwa *Eng.* the act of chopping \a chop.

Tadtaran [n] *Ceb.* ang paoran sa pagtadtad *Eng.* chopping block \chopping board (Phil.English)

Tadyaw [n] *Ceb.* banga nga sudlanan o tubig o likido \tibod *Eng.* jar used in storing water or any other liquid.

Taga [n] *Ceb.* kaw-it sa pasol *Eng.* a pointed hook with a fluke, tied at the end of a fishing line on which a bait is attached and is used to catch fish \hook for fishing \fishing hook.

Tagaangkat [n] *Ceb.* taga-angkat *Eng.* importer \foreign buyer.

Tagaani [n] *Ceb.* ang tagaani *Eng.* harvester \gatherer of crops \reaper.

Tagaatiman [n] *Ceb.* ang tagaalima sa masakiton o matuto *Eng.* nurse \medical attendant \caregiver.

Tagabalak [n] *Ceb.* ang tagahimo o tagasulti sa balak *Eng.* poet \poem writer.

Tagabaligya [n] *Ceb.* magtitinda sa baligya *Eng.* seller \salesperson \salesman \saleswoman

Tagabalita [n] *Ceb.* ang mobalita o tagsumat sa balita *Eng.* news reporter \reporter.

Tagabutyag [n] *Ceb.* tagabutyag *Eng.* one who makes a disclosure or an exposé \someone who discloses information \teller of a secret \revealer \discloser \divulger.

Tagad [n] *Ceb.* tagad \timbaya *Eng.* attention \regard.

Tagadala [n] *Ceb.* tagagunit sa dala *Eng.* bearer \carrier.

Tagadani [n] *Ceb.* ang paragdani *Eng.* convincer \persuader \enticer.

Tagadepensa [n] *Ceb.* tagadepensa *Eng.* defender.

Tagadumala [n] *Ceb.* ang tagaasikaso sa mga buluhaton *Eng.* manager \operator \supervisor \director \overseer.

Tagaeskwater [n] *Ceb.* ang nagpuyo sa eskwater *Eng.* one who is from the squatter area \settler in squatter area \squatter people \slum dweller

Tagagiya [n] *Ceb.* tagatultol kung asa paingon *Eng.* guide \lead \usher.

Tagaguba [n] *Ceb.* tagaguba *Eng.* demolisher \demolition team \demolition crew \destroyer.

Tagahatod [n] *Ceb.* tagahatod *Eng.* one who delivers something to another place or person \deliveryman \delivery person \delivery boy \courier \transporter.

Tagahugas [n] *Ceb.* tagahugas *Eng.* washer.

Tagaihaw [n] *Ceb.* tagapatay sa hayop nga karnehonon *Eng.* slaughterer \butcher.

Tagak [adj.] *Ceb.* ang nahulog *Eng.* something fallen.

Tagakompra [n] *Ceb.* mangungomprahay *Eng.* purchaser.

Tagaktak [n] *Ceb.* tunog sa pagtulo *Eng.* a dripping sound \spat \splatter.

Tagakubkob [n] *Ceb.* tagakubkob \tagakuykoy *Eng.* digger \excavator.

Tagakulit [n] *Ceb.* mag-uukit sa mga dibuho *Eng.* carver.

Tagal [n] *Ceb.* ang kataposan nga higayon aron makahuman *Eng.* deadline.

Tagalaba [n] *Ceb.* tagalaba *Eng.* laundryman.

Tagalabay [n] *Ceb.* tagalabay *Eng.* thrower \pitcher (baseball)

Tagalangoy [n] *Ceb.* tagalangoy *Eng.* swimmer.

Tagalimos [n] *Ceb.* paraglimos *Eng.* alms giver.

Tagalukat [n] *Ceb.* ang mo-
tubos *Eng.* redeemer.

Tagalungsod [n] *Ceb.* ang
molupyo o namuyo sa lung-
sod *Eng.* townspeople.

Tagaluto [n] *Ceb.* paragluto
Eng. cook.

Tagaluwas [n] *Ceb.* ang mo-
tubos aron masalbar *Eng.*
savior(US) \saviour (Brit.)
(see also manluluwas)

Tagam [n] *Ceb.* ang pag-
kahiagom sa dili maayo *Eng.*
a bad experience, which
could give the feeling or rea-
son of not doing or trying the
same thing again \of having
pessimism or being pessi-
mistic due to bad experience.

Tagamantala [n] *Ceb.* taga-
mantala *Eng.* publicist \pub-
lisher.

Tag-an [n] *Ceb.* ang panag-
an sa kung unsa man *Eng.*
guess.

Tagana [n] *Ceb.* pangandam
alang sa *Eng.* preparation.

Tagapaanyag [n] *Ceb.* taga-
paanyag *Eng.* beautician.

Tagapadala [n] *Ceb.* taga-
padala *Eng.* sender \con-
signee.

Tagapahibalo [n] *Ceb.* ang
tagahatag og kasayoran o
pahibalo *Eng.* informer \in-
formant \teller \reporter.

Tagapahimulos [n] *Ceb.* ta-
gapahimulos *Eng.* one who
would benefit or take advan-
tage \exploiter.

Tagapaniid [n] *Ceb.* tagapa-

niid *Eng.* observer \snoop
\snooper \reconnais-sance.

Tagapanton [n] *Ceb.* taga-
panton *Eng.* disciplinarian
\discipliner \enforcer of dis-
cipline.

Tagapanuki [n] *Ceb.* ang
manukiduki sa kasayoran
Eng. examiner \researcher
\prober.

Tagapasidaan [n] *Ceb.* ang
tagahatag og pasidaan sa
kakuyaw *Eng.* one who
warns \warning giver.

Tagapatanto [n] *Ceb.* taga-
patanto *Eng.* usurer.

Tagapugas [n] *Ceb.* tagapu-
gas *Eng.* sower \seed
planter.

Tagasugid [n] *Ceb.* taga-
sugid *Eng.* narrator \story
teller.

Tagasibya [n] *Ceb.* taga-
sibya *Eng.* broadcaster
\newscaster \announcer (see
also tagabalita)

Tagasulat [n] *Ceb.* tagasulat
Eng. writer \author.

Tagasulsi [n] *Ceb.* tagasulsi
Eng. stitcher \darner.

Tagatiktik [n] *Ceb.* ang
tagasuta og kasayoran nga
maniid, mangutana o mangu-
sisa *Eng.* detective.

Tagatinda [n] *Ceb.* ang
magbabaligya og paninda
Eng. seller \vendor.

Tagatuhod [n] *Ceb.* ang ma-
nunuhod *Eng.* one who pro-
mises or asks the permission
of the parents of woman to
marry that woman \one who

betroths.

Tagay [n] *Ceb.* ang inipis nga alak diha sa baso nga pagaimnon *Eng.* a serving of poured wine or liquor offered as a drink.

Tagbo [n] *Ceb.* tagbo *Eng.* encounter \meeting together.

Tagdok [n] *Ceb.* usok nga itusok sa yuta *Eng.* stake \pale \peg.

Tagdose [adv.] *Ceb.* tagnapulo ug duha ka buok ang matag tapok, ihap, bangan, o tapok *Eng.* by a dozen \by twelve.

Taghoy [n] *Ceb.* huni o pito sa baba gikan sa hinuyop nga hangin *Eng.* whistle.

Tagimtim [n] *Ceb.* sisi sa dagat *Eng.* barnacle.

Taginasod [n] *Ceb.* taginasod *Eng.* fellow countryman \fellow citizen \compatriot.

Tagiptip [n] *Ceb.* hugaw nga midukot na sa pagpilit *Eng.* smut.

Tagkos [n] *Ceb.* laso nga bangan \higot *Eng.* lace.

Tagmag [n] *Ceb.* tagmag *Eng.* copulation \coupling \mating.

Tagna [n] *Ceb.* tagna *Eng.* prediction \foreboding \guess.

Tago [adj.] *Ceb.* dili dayag *Eng.* out of sight \out of view \hidden.

Tagod [n] *Ceb.* binhi sa tanom *Eng.* seedling, especially of rice ready for planting (see also binhi)

Tagok [n] *Ceb.* duga sa tanom, o prutas nga mopilit *Eng.* gum \resin.

Tagom [adj., n] *Ceb.* tagom *Eng.* indigo.

Tagpilaw [n] *Ceb.* tagpilaw *Eng.* a very short sleep \nap.

Tahap [n] *Ceb.* tahap \suspetsa *Eng.* doubt \suspicion.

Tahas [n] *Ceb.* tahas \sangon *Eng.* task.

Tahi [n] *Ceb.* ang pagpakot sa duha ka sidsid o tela aron magdikit gamit ang dagom ug sinulid nga ituhog-tuhog *Eng.* stitch \seam.

Tahianan [n] *Ceb.* himoanan sa sapot *Eng.* tailor's shop \dress shop.

Taho [n] *Ceb.* taho *Eng.* news \report.

Tahod [n] *Ceb.* tahod \respeto *Eng.* respect \reverence \courtesy.

Tahong [n] *Ceb.* tahong *Eng.* green saltwater mussel \mussel \mollusk.

Tahop [n] *Ceb.* panit sa bunga sa humay, trigo, sebada, ug uban pang mga lugas *Eng.* husk of rice grain, wheat, barley, and other cereal \rice peeling \rice hull.

Tahud [n] *Ceb.* ang mituybo nga bukog kilid sa tiil sa manok *Eng.* spur.

Tai [n] *Ceb.* ang ikalibang nga hugaw *Eng.* feces \faeces \stools [n] *Ceb.* tai sa hayop *Eng.* manure \dung \excrement.

Takig [n] *Ceb.* takig *Eng.* chill \rigor (US) \rigour (Brit.) \flu \cold.

Takilid [n] *Ceb.* takilid *Eng.* lying position with one's side on the ground or floor, or the side is tilted to the ground slant \slant position \leaning position \tilt.

Takilya [n] *Ceb.* ang pali-tanan og etiketa sa sinehan *Eng.* ticket office in a movie house \box-office.

Takla [n] *Ceb.* takla *Eng.* lobster \prawn \crawfish.

Taklid [n] *Ceb.* ang patalikod nga pagpiko sa bukton o kamot \baklid *Eng.* crossing of hands behind.

Takna [n] *Ceb.* takna *Eng.* time \hour (see also oras)

Taknaan [n] *Ceb.* taknaan *Eng.* clock \watch \time-piece.

Takob [n] *Ceb.* ang itabon para masira ang sudlanan *Eng.* cover \lid (see also tabon)

Takoban [n] *Ceb.* dili tinuod nga ngalan *Eng.* nickname \pseudonym.

Takod [n] *Ceb.* takod *Eng.* infection \contamination \communication.

Takore [n] *Ceb.* takore *Eng.* kettle.

Takos [adj.] *Ceb.* takos *Eng.* has the guts \gutsy \manful. [n] *Ceb.* sukod sa isulod *Eng.* measurement of con-tents \scoop \dry mea-surement.

Takubo [n] *Ceb.* takubo *Eng.* mother-of-pearl \pearl clam \pearl oyster \big oyster \oyster.

Takulahaw [adv.] *Ceb.* kalit lang *Eng.* over a short while \suddenly \abruptly.

Talaan [n] *Ceb.* talaan *Eng.* list \listing \record \roll.

Talad [n] *Ceb.* talad \lamesa *Eng.* table \desk.

Talagsa [adv.] *Ceb.* dili pirme \usahay *Eng.* seldom \some-times.

Talagsaon [adj.] *Ceb.* kata-lagsa lang *Eng.* rare \un-common \unusual \odd \pe-culiar \extraordinary \aber-rant.

Talahoron [adj.] *Ceb.* inila nga halangdon *Eng.* hono-rable \respectable \venerable \reverend.

Talamayon [adj.] *Ceb.* tala-mayon *Eng.* can be scorned \degrading \low \mean \vile.

Talamdan [n] *Ceb.* talamdan *Eng.* instruction \guide \refe-rence \cue \index.

Talan-awon [n] *Ceb.* talan-awon *Eng.* view \scenery \sight.

Talanghaga [n] *Ceb.* kahi-bulongan tulukibon *Eng.* e-nigma \wonder \wonderment.

Talaw [n] *Ceb.* kawalay katakos \kahadlok *Eng.* co-wardice.

Talawan [adj.] *Ceb.* talawan \hadlokan *Eng.* coward \timid \fearful \craven \un-manly \recreant \sissy.

Talento [n] *Ceb.* ang kalaki nga gibaton *Eng.* talent (see also abilidad)

Talhog [n] *Ceb.* talhog *Eng.* threat \intimidation \blackmail \blacklist.

Tali [n] *Ceb.* taliwala sa duha *Eng.* between \in between (see also taliwala)

Taliabot [n] *Ceb.* taliabot *Eng.* coming \forthcoming \upcoming \in the offing \arriving.

Talianak [adj.] *Ceb.* hapit na manganak *Eng.* expecting a baby \about to deliver a baby \about to give birth of an offspring.

Taligsik [n] *Ceb.* hinay kaayo nga ulan *Eng.* drizzle \shower.

Talinghog [n] *Ceb.* talinghog pamati *Eng.* listening (see also patalinghog)

Talinis [adj.] *Ceb.* hait og tumoy \taliwtiw *Eng.* pointed \sharp \pointy (inf.)

Talithi [n] *Ceb.* pisik-pisik nga ulan \alindahaw *Eng.* drizzle.

Taliwala [adj.] *Ceb.* naa sa tunga *Eng.* in between \in the middle \middle (see also tunga)

Taliwtiw [ad.] *Ceb.* taliwtiw *Eng.* topmost \highest point \pinnacle \apex \zenith.

Talo [n] *Ceb.* esperma nga makuha gikan sa tambok sa hayop *Eng.* tallow (see also tambok)

Talong [n] *Ceb.* tanom nga ang bunga porma og batuta, mautan *Eng.* (sc.name: Solanum melongena) aubergine (Brit.) \eggplant.

Taluktuk [n] *Ceb.* ang pinakatumoy nga bahin *Eng.* peak \summit (see also tuktok)

Talyer [n] *Ceb.* buhatan sa paghimo o pag-ayad og sakyanan *Eng.* auto repair shop \motor shop.

Tamak [n] *Ceb.* tamak \tunob *Eng.* footstep.

Taman [n] *Ceb.* taman kinutoban *Eng.* limitation \limit \extent \capacity.

Tamaraw [n] *Ceb.* usa ka matang sa kabaw nga makitan sa Mindoro, adunay tul-id nga sungay *Eng.* tamaraw (sc.name: Bubalus mindorensis)

Tamarong [n] *Ceb.* isda nga hasahasa *Eng.* short-bodied mackerel (sc.name: Rastrelliger brachysomus)

Tamay [n] *Ceb.* pagtagad nga nakagamay *Eng.* scorn \mockery \ridicule \contempt.

Tambag [n] *Ceb.* ang gitanyag sa kung unsay angay buhaton *Eng.* advice \counsel.

Tambak [n] *Ceb.* tambak \tapun-og *Eng.* stock \stack \pile \heap.

Tambal [n] *Ceb.* tambal *Eng.* remedy \medicament \medication.

Tambalan [n] *Ceb.* ang tagaayo sa balatian o kadaot sa

lawas *Eng.* doctor \physi-
cian \quack doctor \charlatan
\medicine man \witch doctor.

Tambalanan [n] *Ceb.* balay
diin himoon ang pagtambal o
pagpaayo sa may mga sakit
Eng. hospital \infirmary \sa-
nitarium \dispensary.

Tamban [n] *Ceb.* usa ka ma-
tang sa isda nga sardinas
Eng. sardinella \Indian sar-
dine.

Tambayawan [n] *Ceb.* tam-
bayawan \lawalawa *Eng.*
spider.

Tambis [n] *Ceb.* usa ka
matang sa kahoy nga ang
prutas porma og kampanilya
Eng. water apple (sc.name:
Syzygium aqueum)

Tambok [adj.] *Ceb.* tambok
Eng. fat \fatty.

Tambol [n] *Ceb.* tambol
Eng. drum.

Tambong [n] *Ceb.* pag-
atender *Eng.* attend.

Tambutso [n] *Ceb.* tambutso
Eng. muffler \tailpipe (US)
\exhaust pipe (Brit.) \engine
exhaust (see also panghaw)

Tamdanan [n] *Ceb.* balasa-
hon kung unsay angay buha-
ton *Eng.* manual of instruc-
tion \guide book.

Taming [n] *Ceb.* panangga
aron dili maigo *Eng.* shield
\escutcheon.

Tam-is [adj.] *Ceb.* matam-is
Eng. sweet \luscious \sac-
charine.

Tampalas [n] *Ceb.* tampalas
Eng. blasphemy \profana-

tion \desecration.

Tampalasan [adj.] *Ceb.* tam-
palasan *Eng.* blasphemous
\irreverent \profane \wicked.

Tampihak [n] *Ceb.* kilid sa
agtang *Eng.* migraine \tem-
ple.

Tanaman [n] *Ceb.* tanaman
\pananom *Eng.* plantation.

Tanan [adj.] *Ceb.* dili kinu-
haan o pinihigan \hurot *Eng.*
all-out \gross \general \gene-
ric.

Tan-aw [n] *Ceb.* panud-
ongan sa mata *Eng.* sight
\look (see also panan-aw)

Tanda [n] *Ceb.* tanda \duaw
\bisita *Eng.* visit \visitation.

Tandi [n] *Ceb.* tandi *Eng.*
comparison \match \analogy.

Tandog [n] *Ceb.* tandog
Eng. slight brushing touch
\budge \contact.

Tanga [adj.] *Ceb.* tanga
Eng. thoughtless \inattentive
\careless. [n] *Ceb.* tanga
Eng. scorpion.

Tangad [n] *Ceb.* ang sagbot
nga tanglad, ipangpanakot
sa sinabaw nga sud-an
\tanglad *Eng.* lemon grass.

Tangige [n] *Ceb.* isda nga
tanguigue *Eng.* Spanish
mackerel.

Tangkag [adj.] *Ceb.* dako og
dalunggan nga mituyhakaw
pagawas *Eng.* having a big
and stiffly erect ears.

Tangkay [n] *Ceb.* punga sa
bunga, dahon, o bulak *Eng.*
stalk.

Tangkod [adj.] *Ceb.* matinud-anon sa buhat *Eng.* dutiful \dedicated \devoted \sincere.

Tangkong [n] *Ceb.* tanom sa tubigan nga mokatay, mautan ang dahon ug udlot sa bagon *Eng.* swamp cabbage (sc.name: Ipomoea aquatica) \water convolvulus.

Tangkugo [n] *Ceb.* ang likod sa liog *Eng.* back of neck \nape.

Tango [n] *Ceb.* ngipon nga talinis nga mitubo kilid sa lagos *Eng.* canine tooth \fang (see also ngipon)

Tangtang [n] *Ceb.* ang pagkuha aron mawagtang diha *Eng.* removal \dethronement \abolition.

Tanhong [adj.] *Ceb.* adunay landong o anino nga mitabon sa palibot *Eng.* not exposed to sunlight \shady.

Tanlag [n] *Ceb.* tanlag \konsiyensiya *Eng.* conscience.

Tanod [n] *Ceb.* tanod *Eng.* watcher \watchman \lookout \overseer (see also bantay)

Tanom [n] *Ceb.* ang motubo sa yuta nga manggamot, manahon, mamulak, mamunga o mangunod ilawom sa yuta *Eng.* plant.

Tanos [adj.] *Ceb.* tul-id kaayo *Eng.* very straight (see also tarong)

Tanyag [n] *Ceb.* ang ihanyag *Eng.* petition \plea \request \bid.

Taob [n] *Ceb.* ang pagsaka o pagdako sa tubig dagat o kasubaan *Eng.* high tide.

Tapad [n] *Ceb.* ang kauban sa paglingkod \kasikbit \katupad *Eng.* seatmate.

Tapak [n] *Ceb.* ang ipangtabon sa lungag o buslot \bulit \tapal *Eng.* filler \patch.

Taphaw [adj.] *Ceb.* dili segurado *Eng.* uncertain \not certain \unsure \not sure.

Tapis [n] *Ceb.* lapad nga panapton o tela nga itabon sa atubangan *Eng.* apron (see also tabon)

Tapok [n] *Ceb.* tapok *Eng.* gathering \group \pile \accumulation (see also pundok)

Tapol [n] *Ceb.* tapol \kataslak *Eng.* laziness \indolence \stupor \sloth.

Tapolan [adj.] *Ceb.* tapolan taspokan *Eng.* idle \indolent \lazy \slothful \sluggard.

Taptap [n] *Ceb.* taptap *Eng.* wallpaper \wrapper (see also tabon)

Tarbaho [n] *Ceb.* tarbaho *Eng.* work \job (see also trabaho)

Tari [n] *Ceb.* silab nga pangsamad nga itaod sa tiil sa panabong nga manok *Eng.* spur \gaff.

Taripa [n] *Ceb.* buhis sa inangkat nga produkto *Eng.* tariff \duty (see also buhis)

Tarog [n] *Ceb.* tarog *Eng.* shaky and unstable stance due to weak or weakened foundation \budge (see also tandog)

Tarong [imper.] *Ceb.* tarong

Eng. be upright \be straight \behave.

Tartanilya [n] **Ceb.** kalisa nga guyoron sa kabayo **Eng.** horse drawn carriage \buggy (see also karwahe.

Tasa [n] **Ceb.** gamay nga ipisanan sa ilimnon **Eng.** cup.

Taslak [n] **Ceb.** taslak \katapol **Eng.** laziness \indolence \sloth.

Tastas [n] **Ceb.** katangtang sa tahi **Eng.** slash.

Tatak [n] **Ceb.** ang naipatik o gitatak **Eng.** marking \print (see also patik)

Tataw [adj.] **Ceb.** tataw **Eng.** clear visible from a distance.

Tatay [n] **Ceb.** ang lalaki nga ginikanan **Eng.** father.

Taudtaod [adv.] **Ceb.** taudtaod **Eng.** later on \then.

Tawag [n] **Ceb.** ang pagtawag **Eng.** call.

Taw-an [adj.] **Ceb.** taw-an **Eng.** spooky \haunted.

Tawgi [n] **Ceb.** ang nanurok nga mga liso sa monggos **Eng.** bean sprout \mung bean sprout \green gram bean sprout.

Tawo [n] **Ceb.** tawo **Eng.** man \human \human being \person (see also katawhan)

Tawumtom [n] **Ceb.** itomon nga puntik-puntik sa panit **Eng.** blackhead.

Taya [n] **Ceb.** taya **Eng.** rust \corrosion of iron and other metals \oxidation of metal.

Taytayan [n] **Ceb.** latayanan sa pagtabok **Eng.** bridge (see also tulay)

Tayubong [n] **Ceb.** harina gikan sa unod sa kalibre **Eng.** cassava-starch \tapioca.

Tela [n] **Ceb.** panapton **Eng.** cloth \fabric \textile (see also panapton)

Telebisyon [n] **Ceb.** telebisyon **Eng.** television \TV \boob tube (inf.)

Telepono [n] **Ceb.** ng himan sa pagtawag sa layo nga lugar nga mogamit og numero aron makontak ang tawagan **Eng.** phone \telephone.

Teleskopyo [n] **Ceb.** ang gamiton sa pagtan-aw nga adunay lente nga mopadako o mopaduol sa talan-awon **Eng.** telescope \binocular (see also largabista)

Tema [n] **Ceb.** ang pagahisgotan **Eng.** theme \topic \subject.

Templo [n] **Ceb.** balay alampoanan **Eng.** temple.

Tempo [n] **Ceb.** kumpas sa tuno **Eng.** tempo.

Tental [n] **Ceb.** tentasyon \panani **Eng.** temptation.

Terminal [n] **Ceb.** hunonganan sa mga sakyanan **Eng.** terminal.

Termino [n] **Ceb.** ang gidugayon sa katungdanan **Eng.** term of office \length of service in office or duty \term.

Tersira [n] *Ceb.* tersira \tersiro *Eng.* third \3rd \tertiary.

Tersiya [adj., n] *Ceb.* ikatulo nga bahin *Eng.* one-third (1/3)

Testigo [n] *Ceb.* tersira ang mismo nga nakakita, nakaabat, o nakabati kung unsay tinuod nga nanghitabo *Eng.* witness.

Tiaw [n] *Ceb.* tiaw *Eng.* komedya joke \humor \anecdote \gag \antics.

Tiawtiaw [n] *Ceb.* tiawtiaw *Eng.* spoof \jest.

Tibhang [n] *Ceb.* kabhang o pangag sa silab kibang *Eng.* nick \clip \indention \gap.

Tibi [n] *Ceb.* tibi \tisis *Eng.* pulmonary tuberculosis (Med., abbre.: PTB)

Tibod [n] *Ceb.* tibod *Eng.* big earthen or porcelain jar \crock \jar.

Tibugok [n] *Ceb.* ang bugon nga natibuok o nahulma \tibugol *Eng.* lump \granule \chunk.

Tibuok [adj.] *Ceb.* tibuok *Eng.* whole \entire \unbroken \intact \gross (see also tañan)

Tibuok [adv.] *Ceb.* adlaw tibuok adlaw *Eng.* daylong \whole day.

Tiesa [n] *Ceb.* may dako nga lusok sa liso sa ilawom *Eng.* carristel tiesa.

Tig-a [adj.] *Ceb.* magahi *Eng.* hard \hardy \firm \rigid \stiff.

Tigbantay [n] *Ceb.* magba-lantay *Eng.* guard \watcher (see also bantay)

Tighatod [n] *Ceb.* tagahatod *Eng.* deliveryman.

Tigi [n] *Ceb.* tigi \indigay *Eng.* competition.

Tigib [n] *Ceb.* ang gamiton sa pag-ukit sa kahoy o pagsilsil sa bato *Eng.* chisel.

Tigmo [n] *Ceb.* hulobaron nga pasambingay *Eng.* riddle \enigma.

Tigom [n] *Ceb.* tigom *Eng.* gathering \social gathering \assemblage \congregation \convention.

Tigpaanyag [n] *Ceb.* tigpa-anyag *Eng.* beautician.

Tigpamaba [n] *Ceb.* tigpamaba tigpamulong *Eng.* spokesman \spokesperson \speaker.

Tigpaniid [n] *Ceb.* tigpaniid *Eng.* spy \watcher.

Tigre [n] *Ceb.* usa ka hayop nga ingon og usa ka dako nga iring diin ang balahibo may badlis-badlis nga orange, itom, ug puti *Eng.* tiger.

Tigulang [adj.] *Ceb.* tigulang \gulang \tiguwang *Eng.* old \elderly \senior \aged.

Tihik [adj.] *Ceb.* tihik \kuripot *Eng.* thrifty \penurious \niggard \tightwad \tight-fisted \stingy.

Tiil [n] *Ceb.* ang parte sa lawas sa tawo o hayop nga maoy gamiton sa paglakaw o pagdalagan *Eng.* foot \feet (pl.) \leg \limb.

Tikab [n] *Ceb.* usa ka matang sa halaan *Eng.* bay scallop.

Tikang [n] *Ceb.* lakang sa tiil *Eng.* step (see also tunob)

Tikarol [n] *Ceb.* langgam nga managit og isda *Eng.* kingfisher.

Tikasan [n] *Ceb.* tikasan \tulisan *Eng.* thief \stealer \pilferer \robber.

Tiket [n] *Ceb.* gamay nga piraso sa papel nga may nakasulat nga katugotan ngadto sa makadal *Eng.* ticket.

Tiketa [n] *Ceb.* ang tiket *Eng.* ticket.

Tiki [n] *Ceb.* hayop nga mokamang ug mopilit sa bongbong ug kisame sa balay *Eng.* house lizard.

Tiklaob [n] *Ceb.* kabalit-ad nga pakulob *Eng.* keel over.

Tikling [n] *Ceb.* langgam nga taas og liog ug mga sa tiil, puti ang balahibo *Eng.* crane \heron \Philippine heron.

Tiklo [n] *Ceb.* tiklo *Eng.* strangulation by hand (see also tuok)

Tiklop [n] *Ceb.* tiklop \tikyop *Eng.* fold (see also pilo)

Tikod [n] *Ceb.* ang bahin sa may likod nga parte sa lapalapa *Eng.* heel.

Tiktik [n] *Ceb.* tiktik *Eng.* spy. [n] *Ceb.* putipution nga hugaw sa otin nga natipon ilalom sa palos *Eng.* smegma.

Tila [n] *Ceb.* ang pagtila *Eng.* the act of licking or passing the tongue \lick \glossing over.

Tilap [n] *Ceb.* tila sa dila *Eng.* a lick.

Tilapya [n] *Ceb.* isda nga makaon, puwede nga buhion diha sa tubig tab-ang o sa arat-arat nga tubigan aron managhan *Eng.* tilapia fish \St. Peter's fish.

Tilaw [n] *Ceb.* sulay kung unsay lami *Eng.* taste.

Tilimad-on [n] *Ceb.* senyales *Eng.* sign \omen \augury \premonition \foreboding.

Tilon [n] *Ceb.* tilon \tabil *Eng.* movie screen \silver screen \theater curtain \stage curtain.

Timaan [n] *Ceb.* timaan *Eng.* mark \marker.

Timailhan [n] *Ceb.* timailhan *Eng.* identification \label \earmark.

Timawa [adj.] *Ceb.* timawa kabos *Eng.* poor \indigent \penniless \hard up \needy (see also pobre)

Timba [n] *Ceb.* ang balde nga ipangkalos sa tubig *Eng.* bucket \dipper.

Timbang [n] *Ceb.* timbang *Eng.* weight [adj.] *Ceb.* timbang *Eng.* balance.

Timbangan [n] *Ceb.* sukdanan sa gibug-aton *Eng.* balance scale \balance \weigh scale \weighing scale \scales \weighing machine.

Timbaya [n] *Ceb.* pagtagad

sa kasugat o bisita *Eng.* greetings.

Timo [n] *Ceb.* kadiyot nga pangaon *Eng.* light meal.

Timon [n] *Ceb.* giya sa sakayan o barko nga itaod likod ilawom sa salog sa sakayan *Eng.* rudder \helm \tiller.

Timpla [n] *Ceb.* timpla *Eng.* mixture \the mix.

Tina [n] *Ceb.* ang ipangbulok *Eng.* tint \dye.

Tinabal [n] *Ceb.* tinabal *Eng.* brined fish \salted big fish, preferably a parrot fish, and is dipped in a very salty brine.

Tinabangay [n] *Ceb.* tinabangay *Eng.* cooperation \teamwork \joint effort.

Tinaboan [n] *Ceb.* gasa nga dala sa miabot aron ihatag ngadto sa manugat o dangatan \sinugatan *Eng.* take-home gift \take-home present \something to take home as present \coming home present \bring home goodies.

Tinaglawas [n] *Ceb.* tinaglawas *Eng.* delegate \representative.

Tinago [adj.] *Ceb.* tinago *Eng.* reserved \ulterior \secluded (see tinagoan) [adj.] *Ceb.* tinago *Eng.* out of sight \out of view \hidden

Tinagoan [adj.] *Ceb.* tinagoan *Eng.* kept

Tinagumkom [n] *Ceb.* tinagumkom *Eng.* crunchiness \crispiness.

Tinahalan [adj.] *Ceb.* gipanitan ang tumoy, ingon og lapis *Eng.* sharpened, as in a pencil.

Tinahi [n] *Ceb.* tinahi *Eng.* sewn.

Tinahod [adj.] *Ceb.* tinahod *Eng.* respectable \revered \honorable (US) \honourable (Brit.) \respected.

Tinai [n] *Ceb.* tinai *Eng.* intestine \viscera \gut.

Tinamay [adj.] *Ceb.* tinamay *Eng.* despised \scorned \disdained.

Tinamod [adj.] *Ceb.* tinahod *Eng.* honored \dignified.

Tinapa [n] *Ceb.* de-lata nga niluto nga isda *Eng.* canned cooked fish, as in canned sardines, canned mackerel, canned tuna, etc.

Tinap-an [n] *Ceb.* isda nga niluto sa mainit nga aso o inanay nga pagdangdang sa baga *Eng.* Visayan-style smoked fish in a stick.

Tinapolan [adv.] *Ceb.* dili makugihon ang pagkatrabaho o pagbuhat *Eng.* lazily \indolently \nonchalantly \slackly.

Tinaptapan [adj.] *Ceb.* tinabonan ang mga mata *Eng.* blindfolded.

Tin-aw [adj.] *Ceb.* tin-aw *Eng.* visually clear \clear \visible.

Tinda [n] *Ceb.* ang gibaligya *Eng.* goods for sale \items sold \merchandise \commodity \ware.

Tindahan [n] *Ceb.* lugar o balay diin mapalit ang mga gipamaligya *Eng.* store \shop.

Tindera [n] *Ceb.* babaye nga magbabaligya *Eng.* female storekeeper \salesgirl

Tindog [n] *Ceb.* tindog *Eng.* stance \stature \stand (see also barog)

Tingali [adj.] *Ceb.* tingali \basin *Eng.* perhaps \maybe \probably.

Tingga [n] *Ceb.* matang sa puthaw nga humokon, dali nga matunaw sa init *Eng.* lead. [n] *Ceb.* tingga sa bala *Eng.* slug.

Tinggil [n] *Ceb.* ang migitiw pagbukol nga unod ibabaw sa may puwerta sa kinatawo sa babaye, sensitibo kung masabod atol sa pakighilawas *Eng.* clitoris.

Tinghulaw [n] *Ceb.* panahon nga mamala, dugay na nga walay ulan \hulaw *Eng.* drought \dry season \dry spell (see also ting-init)

Tinghunhon [n] *Ceb.* panahon diin mangahulog na ang mga dahon sa kahoy o pananom, timailhan nga hapit na ang tingtugnaw *Eng.* autumn.

Ting-init [n] *Ceb.* panahon nga init, minus ang tag-ulan *Eng.* hot season \warm weather \sunny weather \tropical heat \sunny days \hot days \dog days.

Tingkoy [n] *Ceb.* ang pinaka-ubos ug puok nga bahin likod sa ulo *Eng.* nape of neck.

Tingob [n] *Ceb.* ang naipon nga dunganon sa pagkuha *Eng.* lump sum.

Tingog [n] *Ceb.* ang mabati nga tunog \tingog sa pagsulti *Eng.* sound \voice.

Tingtugnaw [n] *Ceb.* panahon nga bugnaw ang palibot *Eng.* cold season \autumn.

Tinguha [n] *Ceb.* tinguha \tingusbawan *Eng.* desire \endeavor \aspiration \ambition \craving.

Ting-ulan [n] *Ceb.* panahon nga tag-ulan *Eng.* rainy days \rainy season \wet season.

Tinidor [n] *Ceb.* ang pares sa kutsara, gamit sa pagtusok sa pagkaon *Eng.* fork.

Tiniil [adj.] *Ceb.* walay sapin o gisul-ot sa tiil *Eng.* barefoot \on foot.

Tinikling [n] *Ceb.* ang sayaw nga maglukso-lukso patabok-tabok sa mga bos sa kawayan, nga pingki-pingkion sa duha ka tawo, ingon og dakpon sa pag-ipit ang mga tiil sa naglukso-lukso nga mananayaw *Eng.* bamboo folk dance, a folk dance perform by a pair of dancers that keep on hopping across two bamboo poles placed on the floor and held by another pair of persons who would keep on banging the poles on the ground in rhythmic intervals and then abruptly close the poles with sharp snapping sound and then spread open as if trying to snatch the feet of hopping dancers.

Tininuod [adj.] *Ceb*. tininuod *Eng*. real \true.

Tinipong Nasod [n] *Ceb*. ang hiniusa nga mga nasod *Eng*. United Nations.

Tino [adj.] *Ceb*. naa sa maayo nga pangisip *Eng*. of sound mind \sane.

Tinonto [n] *Ceb*. yagayaga nga dili maayo *Eng*. stupidity \foolishness \nonsense (see also binuang)

Tinubdan [n] *Ceb*. tinubdan *Eng*. source \resource \origin.

Tinuboan [n] *Ceb*. ang sapot nga tinuboan o ginamit na *Eng*. second hand clothes \handed down clothes \hand-me-down clothes.

Tinuboy [n] *Ceb*. ang gitudlo nga iapil sa pilionon o piniliay *Eng*. appointed \designated \nominated.

Tinudlo [adj.] *Ceb*. gibutang sa katungdanan *Eng*. appointed \designated.

Tinughong [n] *Ceb*. nilugaw nga bahaw nga kan-on *Eng*. porridge made of old cooked rice boiled again with plenty of water and sweetened with sugar.

Tinugyanan [n] *Ceb*. sinaligan sa pagbantay o pagdumala *Eng*. custodian

\caretaker.

Tinuhoan [n] *Ceb*. tinuhoan pagtuo *Eng*. belief \faith.

Tinuig [adv.] *Ceb*. matag tuig kung modangat o mahitabo *Eng*. annually \yearly (see also tuig)

Tinulo [n] *Ceb*. patak sa tulo *Eng*. drip \dripping \drop \trickle \dribble.

Tinun-an [n] *Ceb*. tinun-an *Eng*. scholar \student.

Tinuod [adj.] *Ceb*. tinuod *Eng*. real \true \authentic \genuine.

Tinuohan [n] *Ceb*. tinuohan *Eng*. ideology.

Tinuwa [n] *Ceb*. tinuwa *Eng*. fresh fish stewed in clear broth mixed with few green leafy vegetables, commonly with garlic, onion and salt to flavor taste, and lightly soured with sliced tomatoes, iba or juice of sotil.

Tinuyo [adj.] *Ceb*. tinuyoan *Eng*. intended \intentional \willful \special.

Tipak [n] *Ceb*. tipak *Eng*. the cutting, breaking, or splitting a portion of something \crack \fracture \splintering

Tipaka [n] *Ceb*. ang piraso sa tipak *Eng*. bit \debris \rubble \shard \detritus.

Tipas [n] *Ceb*. tipas simang *Eng*. deviation \diversion.

Tipasi [n] *Ceb*. lugas sa humay o mais nga wala pa magaling o malubok *Eng*. unhusked rice grain \unhulled grain \brown rice.

Tipay [n] *Ceb.* dako nga matang sa halaan *Eng.* giant clam

Tipdas [n] *Ceb.* sakit sa panit nga makatol, manghuboy ug mamula ang panit, inubanan sa taas nga hilanat ug sakit sa ulo *Eng.* measles.

Tipo [n] *Ceb.* ang matang sa \ang gusto nga matang *Eng.* type \kind \variety \class.

Tipon-tipon [n] *Ceb.* panag-puyo isip manag-asawa sa mga dili kinasal *Eng.* living together as husband and wife without being married \live-in relationship \living together \common-law marriage.

Tipos [n] *Ceb.* impeksiyon nga inubanan sa taas kaayo nga hilanat, pangurog nga magkalisang, pagtumbok-tumbok og mapula sa panit, ug grabe nga sakit sa ulo *Eng.* typhus \typhoid fever \typhoid \enteric fever.

Tira [n] *Ceb.* ang pagpabuto sa armas aron makaigo *Eng.* firing of gun \gunfire \fire \a shoot \gunshot.

Tirador [n] *Ceb.* tirador *Eng.* shooter [n] *Ceb.* higot o goma nga bingaton aron pangpalagpot sa ibala nga bato o bola \saplong *Eng.* sling \slingshot.

Tirante [n] *Ceb.* higot sa kar-sones nga isablay sa abaga *Eng.* suspender.

Tiratira [n] *Ceb.* balikutsa nga initos gikan sa duga sa

tubo *Eng.* dry-ram.

Tirong [n] *Ceb.* igtutuhog sa isugba o aslonon *Eng.* skewer \spit \barbecue stick (see also tusok)

Tisa [n] *Ceb.* tisa *Eng.* pressed brick \brick \cube \breeze-block \building block. [n] *Ceb.* tisa *Eng.* carristel tiesa tree.

Tisas [adj.] *Ceb.* ang ipang-sulat sa pisara nga hinimo gikan sa apog *Eng.* chalk.

Tisis [n] *Ceb.* sakit nga pag-kadunot sa baga gumikan sa bakterya ug mga impeksiyon *Eng.* pulmonary tuberculosis (Med., abbre.: PTB)

Titanus [n] *Ceb.* makamatay nga panggahi sa kaunoran sa apapangig, nawong, ug liog gumikan sa impeksiyon sa samad *Eng.* tetanus \lockjaw.

Titik [n] *Ceb.* ang patik sa pagsulat o gibasa *Eng.* let-ter \character.

Titser [n] *Ceb.* magtutudlo sa tulonghaan *Eng.* teacher \instructor \tutor (see also magtutudlo)

Tiya [n] *Ceb.* igsoon nga babaye sa ginikanan \iya-an \yaya *Eng.* respectful ad-dress for aunt \aunt \auntie (slang)

Tiyabaw [n] *Ceb.* tiyabaw *Eng.* shout \outburst \roar \bawl wail \loud cry (see also singgit)

Tiyan [n] *Ceb.* ang parte sa lawas diin naa sa sulod ang mga tinai ug mga galamhan **Eng.** abdomen \stomach \tummy (inf.) \belly.

Tiyangge [n] **Ceb.** tiyangge **Eng.** market \mart (see also tiyanggehan)

Tiyanggehan [n] **Ceb.** tiyanggehan **Eng.** trading center \trade center \barter house.

Tiyo [n] **Ceb.** igsoon nga lalaki sa ginikanan \uyoan \yoyo **Eng.** uncle.

Toda [n] **Ceb.** toda \paspas **Eng.** acceleration.

Todo [adv.] **Ceb.** gibuhat og maayo **Eng.** thoroughly.

Toga [n] **Ceb.** sapot nga isulob sa migraduwar sa tulonghaan **Eng.** toga.

Toge [n] **Ceb.** toge \tawgi **Eng.** bean sprout \mung bean sprout (sc.name: Vigna radiata)

Tolda [n] **Ceb.** lapad nga tela o luna nga gibukhad aron maoy puy-an o silongan **Eng.** tent.

Tomboy [adj.] **Ceb.** may pagkalalaki ang kinaiya o linihokan \lakin-on \babaye nga adunay kaibog nga hilawasnon sa isigkababaye **Eng.** boyish \butch \lesbian \homosexual. (see also lalaki)

Tonelada [n] **Ceb.** gibugaton nga katumbas sa 2,000 ka libra o 907.1847 kilogramos **Eng.** ton.

Tong [n] **Ceb.** bayad nga pangayoon tungod sa paggamit

sa lugar o himan sa pasugalan **Eng.** in gambling, the amount paid for using the place or gambling paraphernalia \toll.

Tore [n] **Ceb.** ang parte sa kuta o edipisyo nga mituybo palabaw sa tanan **Eng.** tower.

Torneyo [n] **Ceb.** torneyo **Eng.** tournament.

Toro [n] **Ceb.** lalaki nga baka **Eng.** bull \ox.

Torotot [n] **Ceb.** torotot \budyong **Eng.** horn \bugle \hooter.

Torta [n] **Ceb.** tinapay nga ingon og mamon nga binuliboran og asukal sa ibabaw, hinimo sa harina nga sinagolan og mantikilya o kaha mantika gikan sa tambok sa hayop **Eng.** sugar-sprinkled pastry made of flour mixed with egg, margarine, butter, or animal fat.

Tosta [n] **Ceb.** ang pagluto nga pagoron ang giluto sa pagsugba o pagdangdang **Eng.** toast.

Toyo [n] **Ceb.** patis nga gikan sa soya **Eng.** soy sauce.

Trabahante [n] **Ceb.** trabahante magbubuhat **Eng.** worker \laborer.

Trabaho [n] **Ceb.** trabaho \buluhaton **Eng.** work \job \things to do \function \labor (US) \labour (Brit.)

Trabahoan [n] **Ceb.** trabahoan

Eng. work place \work area \work site \workstation.

Tradisyon [n] *Ceb.* nabatasan *Eng.* tradition \conventional.

Trahe [n] *Ceb.* pamiste sa probinsya *Eng.* usual dress in a province or country \provincial attire (see also panapot)

Trahedya [n] *Ceb.* panghitabo o sugilanon sa usa ka makadestroso ug makapasubo og maayo nga sangpotanan *Eng.* tragedy.

Trak [n] *Ceb.* sakyanan nga gamiton sa paghakot og mabug-at o daghan kaayo nga butang *Eng.* truck (see also sakyanan)

Trangkaso [n] *Ceb.* panakit sa kalawasan nga inubanan sa hilanat *Eng.* influenza \flu (see also takig)

Trapiko [n] *Ceb.* ang agos sa mga sakyanan diha sa kadalanan *Eng.* flow of traffic \traffic.

Trapo [n] *Ceb.* pamahid nga iglilimpiyo *Eng.* wipe rag (see also trapo)

Trato [n] *Ceb.* hinigugma *Eng.* lover \fiancé (see also uyab)

Traydor [adj.] *Ceb.* ang maluibon *Eng.* traitor \traitorous (see also mabudhion)

Traysikad [n] *Ceb.* biseklita nga tuloy ligid, dunay sakyanan sa pasahero *Eng.* a bicycle with an attached sidecar and third wheel, for transporting passenger \tribike.

Traysikol [n] *Ceb.* motorsiklo nga tuloy ligid, may kahon nga nakataod sa kiliran aron sakyan sa pasahero ug mga kargamento *Eng.* tricycle \motorized tribike.

Tretiya [n] *Ceb.* kauyonan tali sa duha o pipila ka mga nasod accord or agreement *Eng.* between countries \treaty.

Tribu [n] *Ceb.* balangay sa usa ka lahi *Eng.* tribe.

Trigo [n] *Ceb.* ang tanom nga ang bunga himoonon nga harina *Eng.* wheat.

Trinidad [n] *Ceb.* ang tulo ka persona sa diyos: amahan, anak, ug espiritu santo *Eng.* trinity \the Holy Trinity (rel.)

Trinser [n] *Ceb.* ali sa palibot *Eng.* trench.

Tripulante [n] *Ceb.* mga tawo nga nagdumala sa pagpadagan sa sakyanan *Eng.* crew.

Trono [n] *Ceb.* lingkoranan sa may katungdanan sa usa ka gingharian *Eng.* throne.

Tropa [n] *Ceb.* panon sa kasundalohan o usa ka grupo sa katawhan *Eng.* troop \troupe.

Tropiyo [n] *Ceb.* ang premyo sa midaog, usa ka butang nga nagsimbolo og kadogan *Eng.* trophy.

Troso [n] *Ceb.* punoan sa kahoy nga pinutol *Eng.* timber \log.

Trumpeta [n] *Ceb.* torotot *Eng.* trumpet.

Tsa [n] *Ceb.* dahon sa tanom nga lagaonon aron mainom *Eng.* tea.

Tsada [adj.] *Ceb.* nindot tanawon *Eng.* beautiful (see also nindot)

Tsako [n] *Ceb.* tsako *Eng.* martial arts weapon consisting of two solid short wooden or metal sticks joined together by a chain \nunchuks.

Tsaliko [n] *Ceb.* sinina nga walay bukton *Eng.* vest \sleeveless shirt.

Tsamba [adj.] *Ceb.* tsamba panaghap *Eng.* hit by chance.

Tsamporado [n] *Ceb.* nilugaw nga bugas sinagolan og tableya o cocoa *Eng.* chocolate rice porridge \rice porridge cooked or flavored with cacao chocolate or cocoa powder.

Tsani [n] *Ceb.* ipit nga pangibot sa balahibo o pangpunit sa gagmay nga butang *Eng.* tweezers.

Tsansing [n] *Ceb.* mahilas nga pagbag-id, pagsabod o paghikap sa uban nga tawo *Eng.* frottage.

Tsaryote [n] *Ceb.* kalisa nga duha lang kabuok ang ligid, usa sa matag kilid, nga ipaguyod sa kabayo, sagad magbarog ang sakay *Eng.* chariot.

Tseke [n] *Ceb.* papel nga gisulat sa tag-iya sa pundo, nga maoy magsugo sa bangko sa paghatag og kantidad ngadto sa angay bayaran *Eng.* check (US) \cheque (Brit.)

Tsiko [n] *Ceb.* usa ka matang sa kahoy nga prutas linginon og kolor tabonon og panit ug unod *Eng.* sapodilla (sc.name: Achras sapota [L.])

Tsinilas [n] *Ceb.* tsinilas \sinilas \suwalo *Eng.* pair of slippers \slippers \flip-flops.

Tsinita [n] *Ceb.* babaye nga ingon og Intsik ang pamayong *Eng.* Chinese-looking girl or woman.

Tsinito [n] *Ceb.* tsinito *Eng.* Chinese-looking boy or man.

Tsismis [n] *Ceb.* sulti o sugilon nga dili makaayo sa tawo nga gihisgotan \libak *Eng.* gossip \hearsay \rumor \mongering.

Tsismosa [n] *Ceb.* himalitaon mahitungod sa uban nga tawo libakera *Eng.* newsmonger \gossipmonger \rumormonger \scandalmonger \tattler \telltale \talebearer.

Tsitsaron [n] *Ceb.* tagumkom nga pinirito nga panit sa karne nga baboy, baka, manok, ugbp. *Eng.* crisp fried skin of pork, beef, chicken meat, etc. \fried skin cracker \crackling \cracker.

Tsupa [n] *Ceb.* ang pag-usap sa pagkaon aron ihungit sa gamay nga bata o inakay **Eng.** chewing of food before feeding to an infant or youngling of birds [n] **Ceb.** ang pagtamos ug pagsupsop sa otin **Eng.** oral stimulation of penis \oral sex \fellatio \blow job (slang)

Tsupon [n] **Ceb.** botelya nga patutoyan sa bata nga masu-so \biberon **Eng.** feeding bottle.

Tualya [n] **Ceb.** panapton nga ipamahid sa lawas hu-man maligo **Eng.** towel \bath towel.

Tuba [n] **Ceb.** alak gikan sa inipon nga duga sa inadlipan nga pungahan sa bunga sa lubi **Eng.** coconut wine \a wine made from the sweet and frothy sap of coconut stalk. Tuba juice is produced by lopping off the tip of newly sprouting stalk of coconut flower that allows the sap to ooze out and drip. The sap is collected by allowing it to drip into the sugong installed by the manananggot.

Tuba Nga Siyete Biyernes [n] **Ceb.** tuba nga dali nga ma-kahubog **Eng.** highly intoxi-cating coconut wine.

Tubag [n] **Ceb.** ang ibalos nga pulong o lihok ngadto sa pangutana **Eng.** answer \response \reply.

Tubatuba [n] **Ceb.** usa ka kahoy nga sagad maoy himoon nga poste sa koral palibot sa nataran, tagokon

ang lapad nga dahon, ug ang bunga adunay lana nga kung mapuga puwede himoon nga panghulip sa krudo **Eng.** jatropha tree (sc.name: Jatropha curcas)

Tubero [n] **Ceb.** tagataod o tagaayo sa tubo sa tubig ug uban pa nga likido **Eng.** plumber.

Tubig [n] **Ceb.** ang likido nga ilimnon, panghugas, o pang-kaligo **Eng.** water.

Tubil [v] **Ceb.** pagsulod og likido sa sudlanan **Eng.** fill or refill with liquid.

Tubo [n] **Ceb.** tubo **Eng.** tube \conduit. [n] **Ceb.** tubo **Eng.** nourishing growth.

Tubod [n] **Ceb.** tubod \hingu-haan **Eng.** source.

Tubol [n] **Ceb.** mibagtok o gahi nga tai, diin lisod ikalibang **Eng.** hard stool, due to constipation \hard fecal matter, usually difficult to excrete during defecation.

Tubos [n] **Ceb.** bayad \lukat aron mabawi **Eng.** re-demption.

Tuboy [n] **Ceb.** tuboy \alsa **Eng.** raise \ascension \pro-motion.

Tudlo [n] **Ceb.** ang galamay sa palad **Eng.** finger \digit. [n] **Ceb.** ang pagtudlo og tawo sa usa ka katungdanan **Eng.** appointment of some-one to a particular position in office \commission someone to do a particular work

\assignment of office or position to somebody \designation [n] *Ceb.* ang pagtudlo og kaalam *Eng.* teaching.

Tug-ab [n] *Ceb.* tug-ab \panug-ab *Eng.* belching \eructation.

Tugbang [n] *Ceb.* katugbang \kabalit-aran *Eng.* the opposite \the contrary \converse \antonym \offset.

Tugbong [n] *Ceb.* kanaog gikan sa bukid ngadto sa kapatagan *Eng.* the act of going downhill \descension from the mountain or hill \descent.

Tugdon [n] *Ceb.* tugdon \ang pagtugpa *Eng.* perching \roosting \landing upon something.

Tugho [n] *Ceb.* gagmay nga mananap nga manago sa suoksuok sa katre *Eng.* bedbug.

Tugkaran [n] *Ceb.* tugkaran \hawanan *Eng.* front yard and around the house.

Tugnaw [adj.] *Ceb.* bugnaw nga temperatura *Eng.* cold (see also bugnaw)

Tugob [adj.] *Ceb.* tugob \buhong *Eng.* a lot of \abundant \profuse \full (see also abunda)

Tugon [n] *Ceb.* mensahe nga gipanugon o gipasa *Eng.* a message left behind purposely for relay to others \message relay.

Tugotan [v] *Ceb.* hatagan sa pagtugot *Eng.* give permis-

sion \permit \allow \authorize.

Tugpa [v] *Ceb.* tugdong gikan sa paglupad *Eng.* alight \land.

Tugpahanan [n] *Ceb.* tugdonganan sa mga sakyanan sa kahanginan sama sa eroplano, helikopter, ugbp. *Eng.* airport \air strip \airfield \air base.

Tugpo [n] *Ceb.* gunit sa kamot nga paharop *Eng.* grasp.

Tugtog [n] *Ceb.* tugtog kanta *Eng.* music \song.

Tugwayan [n] *Ceb.* tugwayan \sibsibanan *Eng.* grazing land [v] *Ceb.* tugwayan *Eng.* loosen the tie or rope of a tethered animal so that it could roam or move in wider space.

Tugyan [n] *Ceb.* tugyan \piyal \hatag *Eng.* submission \remittance.

Tuhod [n] *Ceb.* ang mapiko nga atubangan nga parte sa tiil diin nagdugtong ang paa ug bitiis *Eng.* knee.

Tuhog [n] *Ceb.* ang itusok nga tirongan *Eng.* spit \skewer \barbecue stick (see also tusok)

Tuhop [n] *Ceb.* ang pagsupsop o pagsulod sa likido *Eng.* absorption.

Tuig [n] *Ceb.* ang gidugayon sa panahon sulod sa usa ka tibuok nga kalendaryo, katumbas sa usa ka paglibot sa kalibotan liyok sa adlaw *Eng.* year, which is equivalent to 365 and 1/4 days \the total number of time in one complete calendar, equivalent to one rotation of the earth around the sun.

Tuki [n] *Ceb.* panukiduki \usisa *Eng.* scrutiny \inspection \checking.

Tukib [n] *Ceb.* ang pagsayod og maayo *Eng.* exploration.

Tuklibon [adj.] *Ceb.* tuklibon \gikapoy *Eng.* tired \weary.

Tuklo [n] *Ceb.* tuok \tiklo sa liog gamit ang mga kamot *Eng.* strangulation by hand (see also tuok)

Tukma [n] *Ceb.* sakto ug pareho *Eng.* exact \timely \equivalent.

Tukmo [n] *Ceb.* salampati nga ihalas *Eng.* wild dove.

Tukmod [n] *Ceb.* tukmod \duso \tulod *Eng.* push \thrust.

Tukod [n] *Ceb.* tukod \haligi *Eng.* brace \support.

Tukog [n] *Ceb.* ang gahion nga uhay sa dahon *Eng.* midrib.

Tuktok [n] *Ceb.* kinatumyan nga bahin sa ibabaw *Eng.* topmost point \peak \summit \tip \apex \zenith \rap \tap (see also tumoy). [n, v] *Ceb.* hinay nga dukdok *Eng.* knock.

Tulay [n] *Ceb.* latayan *Eng.* bridge.

Tulbok [n] *Ceb.* tuldok *Eng.* dot \point.

Tul-id [adj.] *Ceb.* tul-id *Eng.* upright posture \straight body.

Tulis [n] *Ceb.* tulis \kawat *Eng.* robbery \thief (see also pangawat)

Tulo [adj., n] *Ceb.* ang ihap o numero nga tres *Eng.* three \No. 3.

Tulod [n] *Ceb.* tulod \duso \handos *Eng.* thrust \push.

Tulog [n] *Ceb.* ang pagkatulog *Eng.* sleep.

Tulomanon [n] *Ceb.* tulomanon *Eng.* work to do \activity \function.

Tulonghaan [n] *Ceb.* tulonghaan \eskuwelahan *Eng.* school.

Tulos [n] *Ceb.* binhi sa lalaki *Eng.* semen \sperm.

Tultol [n] *Ceb.* asin nga hinimo gikan sa initos nga tubigdagat nga sinagolan og diyotay nga tuno sa lubi *Eng.* homemade rock salt.

Tulukibon [adj.] *Ceb.* kinahanglan hunahunaon og maayo *Eng.* requires thorough analysis or deep analytical thinking.

Tumba [n] *Ceb.* tumba \sukamod *Eng.* tumble \stumble.

Tumbaga [n] *Ceb.* tumbaga *Eng.* bronze.

Tumod [n] *Ceb.* hatod sa mga butang o produkto *Eng.* delivery or transportation of goods.

Tumong [n] *Ceb.* tumong *Eng.* aim \goal \purpose \pursuit.

Tumotumo [n] **_Ceb._** tumo-
tumo butang-butang **_Eng._**
allegation \accusation \impu-
tation \innuendo.

Tumoy [n] **_Ceb._** ang kata-
posan nga parte sa ibabaw
Eng. summit \top \peak \pin-
nacle.

Tuna [n] **_Ceb._** ang dagko nga
isda nga bariles **_Eng._** tuna
fish (genus: Thunnus) \blue-
fin tuna (sc.name: Thunnus
thynnus)

Tunaan [n] **_Ceb._** tunaan
Eng. mire where carabaos,
pigs, and other animals wal-
low.

Tunaw [n] **_Ceb._** ang pag-
humok sa miyelo nga tubig o
likido **_Eng._** thaw \melt.

Tunay [adj.] **_Ceb._** tunay \ma-
tuod **_Eng._** real \authentic
(see also tinuod)

Tunga [n] **_Ceb._** tunga **_Eng._**
middle part \central part
\inner part \nucleus \heart
[n] **_Ceb._** tunga **_Eng._** half.

Tungang Gabii [n] **_Ceb._**
tungang gabii **_Eng._** mid-
night \middle of the night.

Tungas [n] **_Ceb._** tungas
Eng. upward climb \inclina-
tion \ascent.

Tungaw [n] **_Ceb._** gamitoy ka-
ayo nga insekto nga katol
kaayo kung motapot sa panit
Eng. tick.

Tungkod [n] **_Ceb._** tungkod
\baston **_Eng._** scepter \wand
\walking stick \cane.

Tunglo [n] **_Ceb._** daotan nga
mga pulong \panungo **_Eng._**

curse \damnation.

Tungod [adv.] **_Ceb._** natung-
dan sa ubos **_Eng._** aligned
beneath.

Tungog [n] **_Ceb._** panit sa usa
ka minyapi nga gitawag og
"marka tungog." Inila sa
tawag nga "tangal" sa Pala-
wan ug Tawitawi nga sagad
gamiton sa Bisayas ug
Mindanao nga pangsagol sa
tuba para mopula ang bulok
ug mopait ang lami sa
maong ilimnon **_Eng._** a kind
of mangrove bark used in
flavoring coconut wine and
for tanning hide. Also called
tungog.

Tungol [n] **_Ceb._** tungol \gin-
hawaan **_Eng._** bowel \in-
testine.

Tungtong [n] **_Ceb._** ang pag-
barog sa ibabaw o pagtindog
nga nakapatong **_Eng._** stand-
ing on top of something \per-
ching.

Tunhay [adj.] **_Ceb._** malung-
taron **_Eng._** lasting \durable.

Tuno [n] **_Ceb._** ang makrema
nga duga sa unod sa lubi
Eng. coconut cream \coco-
nut milk [n] **_Ceb._** tuno
Eng. tune.

Tunob [n] **_Ceb._** imprenta sa
pagtamak **_Eng._** footstep
\footprint \track \trace.

Tun-og [n] **_Ceb._** tun-og \ha-
mog \yamog **_Eng._** dew
\moist.

Tunok [n] **_Ceb._** ang nanubo
nga tusok-tusok **_Eng._** thorn
\prickle (see also tusok)

Tuo [n] *Ceb.* katugbang sa wala nga bahin *Eng.* right.

Tuod [n] *Ceb.* ang nahabilin nga pinutlan nga punoan sa kahoy *Eng.* stump.

Tuohon [adj.] *Ceb.* tuo nga kamot ang gigamit *Eng.* right-handed.

Tuok [n] *Ceb.* ang pagpitlok sa liog pinaagi sa pag-ipit og hugot sa liog o tutunlan *Eng.* act of choking the neck by squeezing or clutching the neck or throat \strangle \strangulation (Med.)

Tupad [n] *Ceb.* tupad *Eng.* adjacent \adjoining \contiguous \seatmate (see also tapad)

Tupi [n] *Ceb.* ang pagpamutol sa buhok *Eng.* haircut.

Tupok [n] *Ceb.* tupok *Eng.* pierce \piercing \inject \prick.

Tupong [adj.] *Ceb.* tupong *Eng.* equal in measurement \proportional \proportionate \abreast.

Turban [n] *Ceb.* nilukon nga tela nga ipurong o ipatong sa ulo *Eng.* turban.

Turno [n] *Ceb.* ang gisangon nga panahon aron mag-trabaho o buhaton ang buluhaton *Eng.* turn \schedule \shift.

Turok [n] *Ceb.* turok \bulaos *Eng.* sprout \germination (Bot.)

Turon [n] *Ceb.* turon *Eng.* fried banana fruit coated in melted brown sugar (caramelized), and wrapped in lumpia wrapper.

Tusloanan [n] *Ceb.* ang sarsa nga tusloan sa pagkaon *Eng.* dipping sauce \dip sauce.

Tuslok [n] *Ceb.* ang pagtulpok *Eng.* poking pricking (see also tulpok)

Tutok [n] *Ceb.* lutok nga tinan-awan *Eng.* stare \ogle.

Tutoy [n] *Ceb.* tutoy \suso *Eng.* breast \bosom \boob (slang)

Tutunlan [n] *Ceb.* ang tubo sa but-ol o ilawom nga parte sa liog diin moagi ang gitulon *Eng.* throat.

Tuwad [n] *Ceb.* ang pagbalitad o paalsa ang likoran o lubot nga bahin *Eng.* turning bottom up \turning upside down.

Tuwapos [n] *Ceb.* ang bata o tawo nga patay na ang ginikanan *Eng.* orphan.

Tuway [n] *Ceb.* kinhason nga mag-akob ang bagal *Eng.* clam.

Tuway-tuway [n] *Ceb.* ang linginon nga bukog ibabaw sa tuhod *Eng.* knee cap.

Tuyatuya [n] *Ceb.* duyan-duyan nga tabla *Eng.* see-saw.

Tuyo [n] *Ceb.* tuyo *Eng.* intent \intention \objective \purpose \aim \goal \sake \pursuit.

Tuyok [n] *Ceb.* tuyok *Eng.* twist \turn \tweak \warp \wrench \torsion \contortion.

~U~

U, u [n] *Ceb.* ikanapulo ug pito nga titik sa alpabeto nga Bisaya *Eng.* the seventeenth letter in Cebuano alphabet used in this dictionary (see also abakadahan)

Uban [n] *Ceb.* ang kauban *Eng.* companion \company (see also kauban) [n] *Ceb.* puti nga buhok *Eng.* white hair \gray hair (US) \grey hair (Brit.)

Uban Niini [adv.] *Ceb.* uban niini \kuyog niani *Eng.* included here \hereby \herewith.

Ubanan [v] *Ceb.* ubanan \kuyogan *Eng.* accompany \go along with \escort.

Uban-Uban [adv.] *Ceb.* uban-uban *Eng.* together.

Ubas [n] *Ceb.* tanom nga mokalay, mamunga og pinungpong nga prutas, ligninon sama kadagko sa holins, gam-onon nga alak ang duga niani *Eng.* grape.

Ubay-Ubay [adj.] *Ceb.* ubay-ubay *Eng.* plenty \several \numerous \diverse (see also daghan)

Ubi [n] *Ceb.* lagutmon nga morado o tapol og bunga o unod sa gamot *Eng.* ubi yam \purple yam.

Ubo [n] *Ceb.* kusog nga pagigham sa ginhawa *Eng.* cough.

Ubod [n] *Ceb.* ang pinakau-unod nga bahin sa punoan sa tanom *Eng.* stamen [n] *Ceb.* pinakaunod sa bag-o nga saha sa tanom *Eng.* shoot.

Ubol-Ubol [n] *Ceb.* ang bugdo nga parte sa tutunlan *Eng.* throat \larynx \Adam's apple \crag (N.Scot.)

Ubos [n] *Ceb.* ang ilalom nga parte \ubos *Eng.* base \bottom \sub. [adj.] *Ceb.* ubos ang pagkatawo sa katilingban *Eng.* ignoble.

Uboson [adj.] *Ceb.* naa sa ubos nga kabutang o kahimtang *Eng.* lowly.

Ubos-Ubos [adj.] *Ceb.* ubos-ubos mas ubos *Eng.* lower.

Udlot [n] *Ceb.* bag-ong turok nga dahon *Eng.* newly sprouting leaf \tops.

Udto [n] *Ceb.* oras sa tunga-tunga sa adlaw, diin ang adlaw naa tungod sa ibabaw *Eng.* noon \noontime \midday (see also kaudtohon)

Udyit [adj.] *Ceb.* pinakaulahi *Eng.* last \hindmost \hindermost \behind the rest.

Ug [conj.] *Ceb.* ug \kauban ang *Eng.* and.

Ug Uban Pa [prep.] *Ceb.* ug uban pa apil na ang lain pa *Eng.* and others \et cetera.

Uga [adj.] *Ceb.* dili basa \mala *Eng.* dry (see also mamala)

Ugahit [n] *Ceb.* sakit sa panit, ingon og dako nga nuka *Eng.* big skin lesion (see also nuka)

Ugangan [n] *Ceb.* mga ginikanan sa napangasawa o nabana *Eng.* in-laws. [n] *Ceb.* ugangan nga lalaki father-in-law. *Eng.* [n] *Ceb.* ugangan nga babaye. *Eng.* mother-in-law.

Ugat [n] *Ceb.* ugat *Eng.* root. [n] *Ceb.* ang tubo nga dagaydayan sa dugo sa lawas *Eng.* blood vessel.

Ugdo [n] *Ceb.* ugdo \bugdo \butol *Eng.* bulge \protrusion.

Ughanan [n] *Ceb.* paughanan *Eng.* drier.

Ugma [n] *Ceb.* ang adlaw sunod karon *Eng.* morrow (poet) \tomorrow.

Ugmad [n] *Ceb.* tingkad sa umahan \kutsitsa sa yuta *Eng.* tillage \cultivation.

Ugom [n] *Ceb.* ang pagbutang o pagtago sulod sa baba nga dili usapon o tunlon *Eng.* keeping or putting into the mouth the entire stuff, and without chewing or swallowing it \mouthing the whole piece.

Ugsok [n] *Ceb.* ugsok *Eng.* stake driven into the ground \pale \peg \pike.

Uha [n] *Ceb.* hinilakan sa bata nga masuso *Eng.* baby cry.

Uhaw [n] *Ceb.* kagusto nga makainom \hangdaw *Eng.* thirst.

Uhay [n] *Ceb.* ang gitugkan sa mga bunga *Eng.* stalk.

Uhong [n] *Ceb.* ang ulaping nga makaon *Eng.* edible mushroom (see also ulaping)

Ukab [adj.] *Ceb.* ukab \bukas \nagtukas *Eng.* open (see also abli)

Ukay [n] *Ceb.* ukay *Eng.* a stir \stirring \mixing.

Ukay-Ukay [n] *Ceb.* paninda sa mga sapot nga ginamit na ug ukay-ukayon sa pagpili *Eng.* jumble sale \used clothing sale.

Ukit [n] *Ceb.* ukit \kulit *Eng.* carving \gnaw.

Uk-Ok [n] *Ceb.* insekto nga sagad makit-an sulod sa balay nga manago sa suoksuok *Eng.* cockroach.

Ukon-Ukon [n] *Ceb.* ukonukon \panagana *Eng.* hesitation \apprehension.

Ukoy [n] *Ceb.* ukoy \siyukoy *Eng.* merman.

Ulabod [n] *Ceb.* mananap nga porma og tubo ang lawas, may daghan kaayo nga gagmitoy nga mga tiil *Eng.* millipede \millepede.

Ulag [n] *Ceb.* lawasnon nga gana o higal \uwag *Eng.* sexual urge \sexual desire \sexual appetite \sexual excitement \sexual arousal \arousal \libido \sensation.

Ulahi [adj.] *Ceb.* ulahi \uwahi *Eng.* late \came late \tardy.

Ulalong [n] *Ceb.* ang karaan nga ngalan sa bulan nga Enero *Eng.* old Cebuano name for the month of January.

Ulamang [n] *Ceb.* ulamang

\uyamang \alamang **_Eng._** spawn of fresh water crab.

Ulan [n] **_Ceb._** mga patak sa tubig nga nahulog gikan sa langit **_Eng._** rain \precipitation.

Ulang [n] **_Ceb._** ulang **_Eng._** freshwater shrimp \freshwater prawn \crayfish.

Ulang-Ulang [n] **_Ceb._** humokon nga bukog **_Eng._** cartilage.

Ulaping [n] **_Ceb._** ulaping \uhong \libgos **_Eng._** edible mushroom.

Ulat [n] **_Ceb._** marka sa naayo na nga samad, nuka, o sakit sa panit \uwat sa panit **_Eng._** scar.

Ulaw [n] **_Ceb._** ulaw **_Eng._** shame \shyness (see also kaulaw)

Ulay [n] **_Ceb._** ulay \putli **_Eng._** virgin \chaste \sexually inexperienced.

Ulin [n] **_Ceb._** likoran nga bahin sa sakayan o barko **_Eng._** stern \poop (see also likod)

Uling [n] **_Ceb._** ang tibugon sa sunog nga kahoy **_Eng._** charcoal \coal.

Ulipon [n] **_Ceb._** ang alagad **_Eng._** servant (see also alagad)

Ulit [adj.] **_Ceb._** kusog mokaon **_Eng._** big eater \greedy \gluttonous \voracious \avaricious.

Ulitawo [adj.] **_Ceb._** kahimtang sa lalaki nga dili pa minyo **_Eng._** unmarried \single.

Ulitawohay [adj.] **_Ceb._** ulitawohay **_Eng._** male teenager \male adolescent \young man \lad.

Ulo [n] **_Ceb._** ang pinakaibabaw o unahan nga tumoy nga parte sa lawas **_Eng._** head.

Ulod [n] **_Ceb._** mananap nga tubohon og lawas, mogitiw ang lawas aron makakamang **_Eng._** worm.

Ulog-Ulog [n] **_Ceb._** ulog-ulog \palapala **_Eng._** flattery \adulation \blarney \smooth talk \sweet talk \cajoling.

Ulohan [n] **_Ceb._** ulohan **_Eng._** title \heading.

Ulok [n] **_Ceb._** uloulo tumoy sa otin **_Eng._** head of penis \glans penis \glans.

Ulosahon [n] **_Ceb._** ulosahon \kahibulongan \talagsaon **_Eng._** amazing \wonderful.

Ulpot-Ulpot [n] **_Ceb._** ulpot-ulpot **_Eng._** fluctuation.

Ulser [n] **_Ceb._** sakit sa tiyan nga mabuslot o mapaslot ang bayanbayanan o batikulon tungod nga walay kinaon o nasobrahan sa asido **_Eng._** ulcer.

Uma [n] **_Ceb._** umahan **_Eng._** farm \field \cropland \cropper \green belt.

Umaabang [n] **_Ceb._** ang miplete pagpuyo \kasera **_Eng._** paying guest \boarder.

Umaabot [adj.] **_Ceb._** umaabot **_Eng._** coming \forthcoming \upcoming \in the offing \arriving.

Umagad [n] *Ceb.* ang naasawa o nabana sa anak *Eng.* child-in-law. [n] *Ceb.* umagad nga lalaki *Eng.* son-in-law. [n] *Ceb.* umagad nga babaye *Eng.* daughter-in-law.

Umahan [n] *Ceb.* luna sa yuta nga gitingkad para sa pananom *Eng.* farm \field \cropland \cropper \green belt.

Umal [adj.] *Ceb.* dili makapaanak *Eng.* unable to produce fruits or reproduce crops \infertile.

Umalagi [n] *Ceb.* ang molabay *Eng.* passer by.

Umalasdang [n] *Ceb.* umalasdang *Eng.* attacker \assailant.

Umang [n] *Ceb.* kinhason nga may paak sama sa agukoy o alimango *Eng.* hermit crab.

Umangkon [n] *Ceb.* ang anak sa igsoon *Eng.* the child of one's sibling. [n] *Ceb.* pag-umangkon nga lalaki *Eng.* nephew. [n] *Ceb.* pag-umangkon nga babaye *Eng.* niece.

Umari Ka [imper.] *Ceb.* umari ka \duol ngari *Eng.* come \come here.

Umaw [adj.] *Ceb.* dili mabuhi ang tanom tungod sa sobra nga kauga, katanhong, o kawalay sustansiya sa yuta *Eng.* barren, as to a piece of land [adj.] *Ceb.* dili na mamunga *Eng.* no longer capable of producing fruits, as to plants.

Umoy [n] *Ceb.* kabaskog \kusog *Eng.* energy.

Umyanon [adj.] *Ceb.* umyanon \baskog *Eng.* energetic \healthy \sound (see also kusgan)

Una [adj.] *Ceb.* ang nag-una *Eng.* first \fore \foremost.

Unano [n] *Ceb.* unano \dili tag-as ang barog *Eng.* dwarf \dwarfish \pygmy \pigmy \runt.

Unas [n] *Ceb.* laya nga dahon sa saging *Eng.* dried and brown banana leaf.

Unaunahon [n] *Ceb.* unaunahon hagit-hagiton *Eng.* provocative \provoking \instigating.

Unayan [n] *Ceb.* ang pinakababag o sagbayan sa lawas sa kasko sa sakayan \lasti *Eng.* keel.

Undang [n] *Ceb.* undang \hunong *Eng.* stop \stoppage \halt \cessation (see also hunong)

Undang-Undang [adj.] *Ceb.* sige og hunong matag karon og unya *Eng.* fluctuating \intermittent \discontinuous.

Undanon [adj.] *Ceb.* makahuloganon *Eng.* meaningful.

Unggoy [n] *Ceb.* unggoy *Eng.* monkey.

Ungo [n] *Ceb.* ungo *Eng.* witch \sorcerer \sorceress \warlock \enchantress.

Ungol [n] *Ceb.* inagulo \ungol

Eng. moan \whining.

Unlan [n] *Ceb.* ang ibangil sa ulo kung matulog *Eng.* pillow.

Uno [n] *Ceb.* ang ihap sa usa ka buok *Eng.* one \the number "1"

Unod [n] *Ceb.* unod *Eng.* flesh.

Unom [adj., n] *Ceb.* ihap o numero nga sais *Eng.* six \No. 6

Unong [n] *Ceb.* ang pagdapig hangtod sa hangtod pakigduyog *Eng.* loyalty \faithfulness.

Unoran [n] *Ceb.* undanon og lawas *Eng.* fleshy \brawny \beefy.

Unos [adj.] *Ceb.* unos \bagyo *Eng.* typhoon \storm \windstorm \hurricane \tempest \blast (see also ulan)

Unsa [inter.] *Ceb.* pangutana aron mahibaw-an ang pangalan, kahimtang, o detalye sa panghitabo? *Eng.* what?

Unsaon [adv.] *Ceb.* sa unsa nga paagi *Eng.* how.

Unsoy [n] *Ceb.* usa ka panakot sa pagluto \unsoy *Eng.* coriander leaves.

Unta [adj.] *Ceb.* gilaoman nga maoy mahitabo \pagpanghinaot og sulti *Eng.* would-be \being hoped \think likely \to suppose \dare say.

Untol [n] *Ceb.* untol *Eng.* bouncing back \bounce \rebound.

Unya [adv.] *Ceb.* karong

taudtaod *Eng.* later \then.

Upat [adj., n] *Ceb.* ang numero o ihap nga kuwatro *Eng.* four.

Upaw [adj.] *Ceb.* upaw \walay buhok *Eng.* hairless \bald.

Upos [n] *Ceb.* ang salin sa dinagkotan nga sigarilyo *Eng.* butt \stub of cigar.

Urna [n] *Ceb.* tadyaw nga sudlan sa abo sa sinunog nga patay *Eng.* urn.

Urog [n] *Ceb.* urog *Eng.* fashion \trend.

Urom [n] *Ceb.* daotan nga damgo *Eng.* nightmare.

Uros-uros [n] *Ceb.* nagpitipiti pa sa kainit *Eng.* the sizzling sound produced while cooking, especially frying or sautéing \sizzle.

Usa [n] *Ceb.* ang ihap sa nag-inusara *Eng.* one \the number "1"

Usab [n] *Ceb.* usab *Eng.* repetition \reiteration \recurrence \reoccurrence \repeating \reappearance \redundancy. [adv.] *Ceb.* usab *Eng.* also \too

Usabon [v] *Ceb.* usabon *Eng.* do over again \repeat \reiterate.

Usahay [adj.] *Ceb.* katalagsa lang modangat o mahitabo \usahay *Eng.* once in a while \seldom \infrequent \sometimes.

Usahon [v] *Ceb.* usahon *Eng.* group together \make into one \unify \unite \integrate.

Usbaw [n] *Ceb.* usbaw \tubo \asenso *Eng.* increase \rise \increment \advancement \boom \enhancement \improvement.

Usbon [v] *Ceb.* utrohon aron malain *Eng.* modify \alter \change (see also usabon)

Usik [n] *Ceb.* nawala lang sa walay pulos *Eng.* decrement \wastage \lavishness extravagance.

Usikan [adj.] *Ceb.* dili maampingon sa paggastos *Eng.* extravagant \lavish \prodigal \wasteful.

Usisa [n] *Ceb.* usisa *Eng.* act of checking \scrutiny \spot check \checking \spot check \check-up \inspection \exploration \review.

Uso [n] *Ceb.* ang sikat ug nahiligan nga modo o desinyo \urog *Eng.* fad \fashion \trend \vogue.

Us-os [adv.] *Ceb.* paingon sa ubos \kunhod *Eng.* going down \downward \decrease \reduction.

Usosero [n] *Ceb.* ang manukitsukit sa pagtan-aw kung unsay nahitabo *Eng.* kibitzer \onlooker.

Usurero [n] *Ceb.* tigpatanto *Eng.* usurer.

Utan [n] *Ceb.* tanom nga puwede nga lutoon aron makaon o masud-an *Eng.* vegetable (see also utanon)

Utang [n] *Ceb.* hinulam nga pagabayaran *Eng.* loan \debt

Utang Kabubut-on [n] *Ceb.* utang kabubut-on \utang buot *Eng.* favor \debt of gratitude.

Utangan [n] *Ceb.* utangan *Eng.* one who owes something from \one who is indebted to \debtor. [n] *Ceb.* utangan nga dili mobayad *Eng.* welsher.

Utanon [adj.] *Ceb.* bunga, dahon, ug uban pang parte sa tanom nga puwede nga lutoon aron kan-on *Eng.* vegetable.

Utaw [n] *Ceb.* init nga puthaw nga gamiton sa pagkuha sa mga kum-ot sa panapton *Eng.* flat iron (see also plantsa)

Utaw-utaw [n] *Ceb.* lutawlutaw *Eng.* flotation \levitation (see also lutaw)

Utlanan [n] *Ceb.* kinutoban sa nasakopan *Eng.* border \boundary \bounds \verge.

Utnga [n] *Ceb.* kalit nga pagtaas sa naipit nga tingog *Eng.* falsetto.

Utog [n] *Ceb.* ang paggahi sa kinatawo sa lalaki *Eng.* penile erection \erection \hard-on (id.)

Utok [n] *Ceb.* ang parte sulod sa ulo nga maoy gamiton sa pag-isip o paghunahuna \alimpatakan *Eng.* brain \mind.

Utokan [adj.] *Ceb.* adunay kahibalo \hawod \halod *Eng.* intellectual \brainy \bright \mentally bright \brilliant.

Utong [n] *Ceb.* ang pagpugong og dugay sa ginhawa *Eng.* holding of one's breath, as if while underwater.

Utot [n] *Ceb.* hangin nga migawas sa lubot *Eng.* fart.

Utro [n] *Ceb.* utro *Eng.* repetition \reiteration \recurrence \reoccurrence \repeating \redundancy.

Utrohon [v] *Ceb.* utrohon *Eng.* do over again \repeat \reiterate.

Uwag [n] *Ceb.* ang gibati nga gana sa pakighilawas \ulag *Eng.* sexual urge.

Uwahi [adj.] *Ceb.* naulahi pag-abot *Eng.* late \tardy.

Uwak [n] *Ceb.* langgam nga itomon, mokaon og patay nga hayop *Eng.* crow \raven \black raven.

Uwan [n] *Ceb.* ang ulan *Eng.* rain \prooipitation.

Uwang [n] *Ceb.* uwang *Eng.* long wailing cry of dog or wolf \canine cry \howl \yowl \hoot. [n] *Ceb.* pasayan sa tubig tab-ang *Eng.* fresh water shrimp.

Uwaw [n] *Ceb.* ang kaulaw *Eng.* shame \shyness.

Uway [n] *Ceb.* tanom nga mokatay ug tunokon, ang panit sa bagon lig-onon, gamiton sa pagbangan sa mga kahoy-kahoy nga parte sa balay o kagamitan *Eng.* rattan.

Uy [interj.] *Ceb.* uy *Eng.* used to get someone's attention; it is considered vulgar.

Uyab [n] *Ceb.* ang karelasyon sa pagminahalay *Eng.* lover \sweetheart

Uyamot [adj.] *Ceb.* walay salapi \kabos *Eng.* penniless \penurious \pauper (see also pobre)

Uyap [n] *Ceb.* inasin nga pino nga ulang *Eng.* tiny shrimp paste and its sauce.

Uyoan [n] *Ceb.* ang igsoon nga lalaki sa ginikanan \tiyo *Eng.* uncle.

Uyog [n] *Ceb.* uyog \uy-og \lugo *Eng.* quake \shake \tremor.

Uyok [n] *Ceb.* ang dalagon ug mapilit-pilit nga krema o mantika sa gatas, gamiton sa pagluto, pangsagol sa salad, o palaman sa tinapay *Eng.* cream.

Uyon [adj., adv.] *Ceb.* midapig \misugot *Eng.* in favor \pro \agreed \concurred \conformed.

~W~

W, w [n] *Ceb.* ang ikanapulo ug walo nga titik sa alpabeto nga Bisaya *Eng.* the eighteenth letter in Cebuano alphabet used in this dictionary (see also abakadahan)

Wa [adj.] *Ceb.* wala *Eng.* none \no one [n] *Ceb.* ang wala nga bahin *Eng.* left side.

Wahing [n] *Ceb.* waling \patakilid \kaling *Eng.* turning over the side of something.

Wait [n] *Ceb.* ang ibabaw nga parte ug katugbang sa ngabil sa baba *Eng.* upper lip.

Wala [n] *Ceb.* ang wala nga bahin, katugbang sa tuo *Eng.* left side \left part \left.

Wala damha [adv.] *Ceb.* wala mahunahunai nga mahitabo *Eng.* unexpected \uncontemplated \fortuitous \unlooked for.

Wala na [adj.] *Ceb.* wala na \nawagtang *Eng.* phased out \removed \vanished \disappeared (see also nawala)

Wala tuyoa [adj.] *Ceb.* wala tuyoa *Eng.* unintentional \involuntary \unpurposely.

Wala-sabota [adj.] *Ceb.* wala hibaloi wala hibaw-i *Eng.* subconscious \unknown.

Wala-tuo [adj.] *Ceb.* pareho nga duha ka kamot ang gigamit, sa wala ug tuo *Eng.* left and right \ambidextrous.

Walay [adj.] *Ceb.* wala na ang *Eng.* no \with no \without \have no \having no \bereft.

Walay sapayan [phr.] *Ceb.* tubag ngadto sa nagpasalamat *Eng.* a reply spoken to someone who give thanks. "Walay sapayan" is used as a reply to someone who said "Salamat!" This reply would mean: "You're welcome." "It's OK." "Don't mind it." "Don't mention it." "Never mind." or

"Anyway."

Walay ulaw [adj.] *Ceb.* dili maantigo nga maulaw *Eng.* shameless \barefaced \brazen \impudent \impertinent.

Waldas [adj.] *Ceb.* waldas \usikan *Eng.* extravagant \lavish \prodigal \wasteful.

Walhon [adj.] *Ceb.* wala nga kamot ang gamiton sa mga buluhaton *Eng.* left-handed.

Wali [n] *Ceb.* sangyaw *Eng.* sermon \preaching \homily.

Walo [n] *Ceb.* walo \otso *Eng.* eight \No.8

Waloan [n] *Ceb.* waloan *Eng.* by group of eight \by eight \octet.

Walog [n] *Ceb.* bingawog sa yuta o bukid *Eng.* valley \dale.

Wanang [n] *Ceb.* wanang kawanangan *Eng.* space \universe.

Waping [n] *Ceb.* ang ulaping *Eng.* fungus \shiitake mushroom (sc.name: Lentinus edodes)

Waray [n] *Ceb.* ang pinulongan nga gigamit sa Samar ug sidlakan nga bahin sa Leyte *Eng.* the dialect spoken by the people of Samar and eastern part of Leyte (see also bisaya)

Wasay [n] *Ceb.* dako nga atsa *Eng.* big ax (see also atsa)

Waswas [n] *Ceb.* waswas *Eng.* washing \cleansing.

Wati [n] *Ceb.* ulod ilawom sa yuta *Eng.* earthworm.

Welga [n] *Ceb.* welga *Eng.* strike \picket . [n] *Ceb.* welga diha sa kadalanan *Eng.* street demonstration.

Welgista [n] *Ceb.* ang nagparada aron magpahayag sa ilang gibati, demanda, o reklamo *Eng.* demonstrator \striker.

~Y~

Y, y [n] *Ceb.* ang ikanapulo ug siyam nga titik sa alpabeto nga Bisaya *Eng.* the nineteenth letter in Cebuano alphabet used in this dictionary (see also abakadahan)

Yabag [adj.] *Ceb.* wala sa ensakto nga tuno sintunado *Eng.* out of tune \dissonant.

Yabi [n] *Ceb.* pang-abli sa kandado *Eng.* key (see also yawe)

Yagawyaw [n] *Ceb.* yagawyaw \yawyaw \yawit *Eng.* murmur \mutter \plaint (see also banha)

Yagayaga [n] *Ceb.* yagayaga \tiawtiaw \binuang *Eng.* comedy \comic \anecdote \gag \spoof \jest \joke.

Yagayagaon [adj.] *Ceb.* yagayagaon *Eng.* fond of giving or telling jokes \humorous \comic \comical joker \humorist.

Yagpis [adj.] *Ceb.* yagpis *Eng.* skinny \thin.

Yakon [n] *Ceb.* lagutmon nga ingon og unod sa kamote *Eng.* yacon (sc.name: Smallanthus sonchifolis)

Yam-id [n] *Ceb.* kusmod sa nawong *Eng.* grimace \jeer \pout.

Yam-it [adj.] *Ceb.* nagkamulitsing *Eng.* dirty faced.

Yamog [n] *Ceb.* yamog \hamog *Eng.* dew \moist \mist.

Yampong [n] *Ceb.* tanom nga kapamilya sa kamote *Eng.* morning glory.

Yanang [n] *Ceb.* tubigan sa kalapokan *Eng.* swamp.

Yango [n] *Ceb.* tangdo sa ulo *Eng.* nod.

Yano [adj.] *Ceb.* yano *Eng.* simple \unsophisticated \unpretentious.

Yarda [n] *Ceb.* sukod sa gitas-on nga katumbas sa tulo sa piye *Eng.* yard.

Yardahan [n] *Ceb.* sukdanan sa yarda *Eng.* yardstick

Yasyas [n] *Ceb.* yasyas \tastas *Eng.* stash (see also hiwa)

Yate [n] *Ceb.* sakyan sa dagat nga panglulinghayaw *Eng.* yacht.

Yawe [n] *Ceb.* pang-abli sa kandado *Eng.* key. yawehanan suksokanan sa yawe aron maabli ang kandado keyhole

Yawit [n] *Ceb.* sulti nga walay hunong *Eng.* eyewash \talk (see also yawyaw)

Yawyaw [n] *Ceb.* yawyaw *Eng.* bluster \nag \gibberish \twaddle \rave \eyewash.

Yaya [n] *Ceb.* yaya *Eng.* baby-sitter \nanny \nurse \wet nurse. [n] *Ceb.* tawag sa iyaan *Eng.* aunt \auntie (slang) [adj.] *Ceb.* dili alis-to *Eng.* lousy (inf.) \slow.

Yayha [adj.] *Ceb.* dako og tiyan \busdik \busdang \dasok ug puno kaayo *Eng.* having a fat belly \filled to the utmost \tight, round and very full.

Yayong [n] *Ceb.* yayong \dayong \bagayong *Eng.* carrying of object on shoulder of two or more persons \helping to carry something altogether.

Yelo [n] *Ceb.* tubig nga mibagtok sa kabugnaw *Eng.* ice.

Yema [n] *Ceb.* dulsi o binalikutsa nga asukal ug gatas *Eng.* junket (see also dulsi)

Yosi [n] *Ceb.* sigarilyo *Eng.* cigarette.

Yotyot [adj.] *Ceb.* yotyot \loyloy *Eng.* sagging \drooping \hanging down \slumping \flaccid \flab.

Yoyo [n] *Ceb.* linginon nga dulaan nga iitsa-itsa gamit ang higot aron motuyok-tuyok *Eng.* yoyo. [n] *Ceb.* tawag sa uyoan \tiyo *Eng.* uncle.

Yubit [n] *Ceb.* yubit \tamay *Eng.* mockery \ridicule \despise.

Yudo [n] *Ceb.* usa ka elemento nga kemikal nga dili ingon ug puthaw, kamatang sa "halogens" diin sinakpan og mga kristal nga pug-awon ang pagkaitom nga moalisngaw sa pagka morado ang bulok, gamiton nga tambal o pangontra sa impeksyon, paghimo og mga tina, pagimprenta sa litrato, ugbp.. *Eng.* iodine.

Yugto [n] *Ceb.* usa ka parte sa sugilanon *Eng.* episode \part \section.

Yukbo [n] *Ceb.* yuko sa ulo *Eng.* bow.

Yuko [n] *Ceb.* yuko \paghupo *Eng.* suddenly bending one's body or head to avoid being hit or seen \ducking.

Yukog [adj.] *Ceb.* nagyuko ang pamarog *Eng.* stoop \crouchback.

Yungit [n] *Ceb.* kadili paghilwas og maayo sa gisulti *Eng.* mispronunciation, usually by mispronouncing, as if by eating the end sound of the word \misaccentuation.

Yuta [n] *Ceb.* ang yuta *Eng.* land \soil.

Yutaan [adj.] *Ceb.* adunay gipanag-iya nga luna sa yuta *Eng.* landed \owned a parcel of land.

Yutang Natawhan [n] *Ceb.* ang lugar nga natawhan *Eng.* birthplace.

Yutan-on [n] *Ceb.* ang tagayuta *Eng.* inhabitant of dry land \land creature \terrestrial (Astron.)